U0932978

河北省高等学校人文社科基地研究成果

河北上市公司财务发展报告（2017）

Financial Development Report on Listed Company in Hebei (2017)

袁振兴　和丽芬　等 / 著

河北经贸大学金融与企业创新研究中心
河北经贸大学上市公司财务评价研究所
合作成果

社会科学文献出版社
SOCIAL SCIENCES ACADEMIC PRESS (CHINA)

《河北上市公司财务发展报告（2017）》

课题组

负责人：袁振兴　和丽芬

成　员：宋广蕊　付　威　申富平

徐一民　郑秀杰

前　言

随着改革开放和市场经济进程不断完善，中国资本市场经过20多年的发展取得了不菲成绩：截至2016年12月底，中国A股上市公司数量3052家，总市值508245.11亿元，流通市值393266.27亿元，2016年股票成交总金额98288.01亿元，证券市场成为推动中国社会经济发展的重要基础，上市公司的发展状况也日益成为中国社会经济发展的“晴雨表”。对于某一省份或地区而言，其上市公司的数量与规模既体现着该省份或地区在全国配置资源的能力，又体现了该省份或地区社会经济的开放程度。其发展状况不仅反映了上市公司对本省或地区社会经济的贡献，在一定程度上也反映了该地区的社会经济结构和质量。河北省自1994年1月河北威远成功上市以来，截至2016年底，共有52家上市公司（50家纯A股，1家A、B兼发，1家纯B股），总市值金额为7923.0126亿元，其中A股市值7814.8754亿元，B股市值108.1372亿元。2016年度，河北省全年股票交易总额23699.1811亿元，上市公司平均市值153.23亿元，较2015年度分别增长-43.04%和-0.60%。那么，河北省上市公司的数量与规模的总体状况如何？其在全国配置资源的能力以及对社会经济发展的贡献如何？每个上市公司的经营状况、投资效率、经营业绩和社会责任的履行情况如何？等等问题需要我们长期的追踪研究，并从中得出普遍性的能够促进河北省社会经济发展具有现实指导意义的结论。所以，本报告以研究河北省上市公司的发展状况为主题，以期为政府机构、行业学（协）会和上市公司等提供决策支持。

本报告以2012~2016年为时间序列，以河北上市公司作为具体研究对象，从公司筹资、投资、资金运营、业绩及履行社会责任情况等方面，分析河北上市公司近5年的发展状况，并对其最近年度的具体筹资、投资、运营、业绩及社会责任履行情况进行详细研究，探求河北省上市公司的各项财务活动状况及发展水平。本报告共包括一个总报告和五个分报告，分别为：总报告，河北上市公司财务发展总报告；分报告一，河北上市公司融资发展报告；分报告二，河北上市公司投资发展报告；分报告三，河北上市公司营运能力分析报告；分报告四，河北上市公司业绩发展报告；分报告五，河北上市公司社会责任发展报告。

上市公司作为国民经济持续发展的价值支撑，构成整个市场经济的微观基石，其财务状况直接影响到证券市场的发展水平。本报告致力于研究上市公司财务状况，并力求在以下几方面有所突破：其一，全面分析河北上市公司的财务现状及其发展，涵盖融资、投资、营运、业绩等现状及近5年以来的发展趋势；其二，补充河北上市公司社会责任履行情况的全面分析评价，为政府公共治理提供依据；其三，以“总—分”形式构建全书框架，每个总、分报告各成体系，同时整合成为一个全面的财务发展报告，便于读者分类抽取信息；其四，立足河北上市公司与全国A股上市公司的数据比较，为河北上市公司的进一步发展提供先进水平依据，有助于读者了解河北上市公司的总体经营水平、判别这些公司未来的努力方向，并为上市公司的研究者提供数据资料。

本报告为河北省高等学校人文社科基地河北经贸大学“金融与企业创新研究中心”系列研究报告之一，为河北经贸大学“上市公司财务评价研究所”的年度研究成果。我们于2017年已出版《河北上市公司财务发展报告（2016）》，今年基于以往的研究经验，再次撰写并出版《河北上市公司财务发展报告（2017）》。本报告各部分撰写分工如下：申富平、袁振兴负责整体框架构建及各分报告内容把握；总报告由宋广蕊撰写；分报告一由袁振兴撰写；分报告二由徐一民撰写；分报告三由付威撰写；分报告四由和丽芬撰写；分报告五由郑秀杰撰写。由于我们的水平有限，书中难免存在缺陷，盼广大读者予以批评和指正。我们也希望，在今后能够持续专注该方面研究，再接再厉，不断进步。

作　者

2017年12月

目 录

总报告　河北上市公司财务发展总报告 ………………………………… 001

一　河北上市公司发展概况 ……………………………………………… 001

二　河北上市公司分布情况 ……………………………………………… 009

三　河北上市公司融资情况总结 ………………………………………… 021

四　河北上市公司投资情况总结 ………………………………………… 026

五　河北上市公司营运情况总结 ………………………………………… 030

六　河北上市公司业绩情况总结 ………………………………………… 035

七　河北上市公司社会责任情况总结 …………………………………… 040

分报告一　河北上市公司融资发展报告 ………………………………… 042

一　河北上市公司融资渠道与规模 ……………………………………… 042

二　河北上市公司资本结构分析 ………………………………………… 111

三　河北上市公司融资情况分析 ………………………………………… 124

分报告二　河北上市公司投资发展报告 ………………………………… 135

一　河北上市公司投资情况总体分析 …………………………………… 135

二　河北上市公司内部投资分析 ………………………………………… 154

三　河北上市公司对外投资分析 ………………………………………… 167

四　结论 …………………………………………………………………… 188

分报告三　河北上市公司营运能力分析报告……………………………… 191
一　河北上市公司总体营运能力分析……………………………………… 192
二　河北上市公司分行业营运能力分析…………………………………… 199
三　河北上市公司分板块营运能力分析…………………………………… 224
四　河北创业板与全国创业板对比分析…………………………………… 233
五　河北上市公司营运能力研究结论……………………………………… 235

分报告四　河北上市公司业绩发展报告…………………………………… 246
一　河北上市公司市值分析………………………………………………… 246
二　河北上市公司财务指标分析…………………………………………… 255
三　河北上市公司综合业绩分析…………………………………………… 276
四　分析总结………………………………………………………………… 299

分报告五　河北上市公司社会责任发展报告……………………………… 302
一　河北上市公司社会责任履行情况总体分析…………………………… 302
二　河北上市公司社会责任水平分层级统计分析………………………… 307
三　河北上市公司社会责任水平分行业统计分析………………………… 314
四　河北上市公司社会责任水平分板块统计分析………………………… 317
五　河北上市公司社会责任水平分区域统计分析………………………… 320
六　河北上市公司社会责任水平分股权性质分析………………………… 322
七　小结……………………………………………………………………… 324

附　录……………………………………………………………………… 325
附表 1　2016 年末河北省上市公司基本情况……………………………… 325
附表 2　河北省在境外上市公司一览 ……………………………………… 330

总报告
河北上市公司财务发展总报告

一　河北上市公司发展概况

（一）河北上市公司发展历程

1994 年 1 月 3 日，河北威远（证券代码：600803，现名“新奥股份”）在上海证券交易所上市，成为河北省第一家上市公司。1994 年 1 月 14 日，华北制药（证券代码：600812）在上海证券交易所上市，成为河北省第二家上市公司。1996 年，国际大厦（证券代码：000600，现名“建投能源”）、冀东水泥（证券代码：000401）等 7 家公司先后在深圳证券交易所和上海证券交易所上市。1997 年，保定天鹅（证券代码：000687，现名“华讯方舟”）等 6 家公司上市。1998 年 1 月，乐凯胶片（证券代码：600135）、邯郸钢铁（股票代码：600001，于 2009 年 12 月退市）上市，同年共 4 家企业上市。1999 年 7 月，河北宣工（证券代码：000923）等 4 家公司上市。截至 1999 年末，河北省上市公司数量累计达到 23 家。

2000～2004 年，随着股市的低迷，河北省公司上市速度进入低谷期，每年新上市的公司仅 1～3 家：2000 年，沧州大化（证券代码：600230，现名“*ST 沧大”）等 3 家公司上市；2001 年 2 月，天威保变（证券代码：600550，现名“保变电气”）上市，当年河北省新上市公司仅此 1 家；2002 年老白干酒（证券代码：600559）等 3 家公司上市（其中承德钒钛、太行水泥已分别于 2009 年 12 月 29 日、2011 年 2 月 18 日退市）；2003 年，三友化工（证券代码：600409）等 3 家公司上市；2004 年，开滦股份（证券代码：600997）等 3 家公司上市。

2004 年 1 月 31 日，国务院出台《关于推进资本市场改革开放和稳定发展的若干意见》（简称“九条意见”），其中明确提出了逐步建立满足不同类型企业融资需求的多层次资本市场体系、分步推进创业板市场建设、完善风险投资机制、拓展中小企业融资渠道的要求。据此，深圳证券交易所为了鼓励自主创新，专门设置了中小型公司聚集板块——中小企业板（简称“中小板”）。2004 年 2 月 10 ~ 12 日，全国证券期货监管工作会议召开。时任中国证监会主席尚福林明确提到：“2004 年在深圳证券交易所设立中小盘股板块。”2004 年 5 月，经国务院批准，中国证监会批复同意深圳证券交易所在主板市场内设立中小企业板块。此后，一批符合条件的成长型、处于创业阶段的企业纷纷登陆中小企业板。河北省的公司也不例外：2005 年，晶源电子（证券代码：002049，现名“紫光国芯”）在深圳证券交易所中小企业板上市，成为河北省第一家在中小板上市的公司。作为一家专业的集成电路设计公司，紫光国芯是目前国内领先的集成电路芯片设计和系统集成解决方案供应商。2007 年，沧州明珠（证券代码：002108）和荣盛发展（证券代码：002146）两家公司在中小企业板上市，其中荣盛发展成为河北省首家通过 IPO 上市的房地产企业。2009 年 8 月，博深工具（证券代码：002282）上市，成为石家庄市第一家登陆 A 股市场的民营企业。2010 年 1 月，巨力索具（证券代码：002342）、龙星化工（证券代码：002442）、天业通联（证券代码：002459）和华斯股份（证券代码：002494）4 家公司在中小企业板上市。

2009 年 10 月 30 日，中国创业板正式上市，首批上市的企业有 28 家。2010 年，河北省有 4 家公司先后在创业板上市：恒信移动（证券代码：300081）、建新股份（证券代码：300107）、晨光生物（证券代码：300138）和先河环保（证券代码：300137）。其中，2010 年 5 月 20 日上市的恒信移动系河北省第一家在创业板上市的公司，建新股份是全国精细化行业首家在创业板上市的公司，先河环保为中国环境监测仪器行业首家上市公司。与此同时，河北省上市公司再次登陆主板市场。2010 年 7 月 5 日，唐山港（证券代码：601000）在上海证券交易所上市交易。中小企业板、主板、创业板三板出击，2010 年河北省共有 9 家公司上市，成为自 1994 年以来河北省上市公司数量增长最快的一年。

2008 年 6 月，河北省政府将唐钢集团、邯钢集团、承德钒钛集团组建成河北钢铁集团，然后集团启动以唐钢股份为平台、吸收合并邯钢股份和承德钒钛股份公司整合钢铁主业的工作。2010 年 1 月 20 日，唐钢股份（证券代码：000709，现名“河钢股份”）发布公告，公司换股吸收合并邯郸钢铁和承德钒钛工作完成，公司全称由“唐山钢铁股份有限公司”变更为“河北钢铁股份有限公司”，股票简称变更为“河北钢铁”。重组后的河北钢铁规模在国内排名仅次于宝钢股份，成为国内第二大钢铁企业。

2011 年，庞大集团（证券代码：601258）、以岭药业（证券代码：002603）、常山药业（证券代码：300255）、长城汽车（证券代码：601633）4 家公司先后在主板、中小企业板、创业板上市。2012 年 7 月，石中装备（证券代码：002691，现名“冀凯股份”）在中小企业板上市。2014 年 1 月 23 日，汇金股份（证券代码：300368）和汇中股份（证券代码：300371）两家公司同时在创业板上市，使得河北省上市公司数量达到了 50 家。

2015 年，河北省又有 3 家公司在创业板上市，首发上市的 3 只股票融资 6.43 亿元，其中，四通新材（证券代码：300428）首发融资 2.97 亿元，乐凯新材（证券代码：300446）首发融资 1.36 亿元，通合科技（证券代码：300491）首发融资 2.1 亿元。

2016 年 8 月 19 日，*ST 金源（证券代码：000408）完成了注册地址及法定代表人变更的工商登记手续，并取得了青海省工商行政管理部门换发的营业执照。截至 2016 年 12 月 31 日，河北辖区 A 股上市公司家数为 51 家，占全国 A 股上市公司家数的 1.68%，居全国第 14；A 股上市公司总市值 7814.8754 亿元，占全国的 2.00%，居全国第 14；总股本 683.80 亿股，占全国的 1.64%，居全国第 12。

1990～2016 年河北省境内每年 IPO 公司数量（A 股）及其占当年全国（沪深股市）IPO 公司的比例见表 0－1。

表 0－1　1990～2016 年河北省 IPO 公司数量及其占全国的比例

年份	IPO 公司数量（家）		占比（%）	年份	IPO 公司数量（家）		占比（%）
	全国	河北省			全国	河北省	
1990	8	0	0.00	2004	100	3	3.00
1991	5	0	0.00	2005	15	1	6.67
1992	40	0	0.00	2006	66	0	0.00
1993	129	0	0.00	2007	126	2	1.59
1994	107	2	1.87	2008	77	0	0.00

续表

年份	IPO 公司数量（家）		占比（%）	年份	IPO 公司数量（家）		占比（%）
	全国	河北省			全国	河北省	
1995	28	0	0.00	2009	99	1	1.01
1996	206	7	3.40	2010	349	9	2.58
1997	209	6	2.87	2011	282	4	1.42
1998	104	4	3.85	2012	155	1	0.65
1999	97	4	4.12	2013	2	0	0.00
2000	133	2	1.50	2014	125	2	1.60
2001	75	1	1.33	2015	223	3	1.35
2002	71	3	4.23	2016	227	0	0.00
2003	67	3	4.48	合计	3125	58	1.86

数据来源：国泰安 CSMAR 数据库。

另外，自 1994 年石药集团在香港联合交易所上市起，截至 2016 年 12 月 31 日，河北省先后有 20 家公司赴香港上市；2007 年，中国太阳能电池龙头企业——晶澳太阳能有限公司在美国纳斯达克证券交易市场上市，成为河北省首家在美上市公司。截至 2016 年 12 月 31 日，河北省在境外上市的公司共有 25 家。

（二）2016年末河北上市公司基本情况

1. 境内上市公司基本情况

截至 2016 年 12 月 31 日，河北省上市公司数量为 52 家，其中一家公司同时发行 A 股和 B 股（东旭光电，证券代码 000413；东旭 B，证券代码 200413），一家公司仅发行 B 股（南江 B，证券代码 200160）。按照上市时间先后统计，具体情况见附表 1。

截至 2016 年 12 月 31 日，河北省与全国各省份上市公司（A 股）数量比较见表 0 – 2。

表 0 – 2　2016 年末全国各省份上市公司（A 股）数量对比

排名	省份	上市公司数量（家）	占全国的比例（%）
1	广东	471	15.52

续表

排名	省份	上市公司数量（家）	占全国的比例（%）
2	浙江	327	10.78
3	江苏	316	10.42
4	北京	282	9.29
5	上海	237	7.81
6	山东	169	5.57
7	四川	110	3.63
8	福建	106	3.49
9	湖北	95	3.13
10	安徽	93	3.07
11	湖南	85	2.80
12	河南	74	2.44
12	辽宁	74	2.44
14	河北	51	1.68
15	新疆	48	1.58
16	陕西	45	1.48
16	天津	45	1.48
18	重庆	43	1.42
19	吉林	41	1.35
20	山西	38	1.25
21	江西	37	1.22
22	广西	36	1.19
23	黑龙江	35	1.15
24	云南	32	1.05
25	甘肃	30	0.99
26	海南	28	0.92
27	内蒙古	25	0.82
28	贵州	23	0.76
29	西藏	14	0.46
30	宁夏	12	0.40
30	青海	12	0.40

续表

排名	省份	上市公司数量（家）	占全国的比例（%）
	合计	3034	—

数据来源：Wind 数据库。

由表 0－2 可以看到，截至 2016 年 12 月 31 日，河北省仅有 51 家 A 股上市公司，占全国 3034 家的 1.68%，上市公司数量排名全国第 14 位。而 2016 年，河北省实现国内生产总值（GDP）31827.86 亿元，排名全国第 8 位。可见，河北省上市公司数量在全国的排名与其国内生产总值的全国排名不匹配。这也从一个侧面反映出河北省上市公司不仅数量少，而且上市公司质量不高，对地方经济发展的贡献不足。

值得说明的是，截至 2016 年 12 月 31 日，金谷源、石劝业、石炼化和耀华玻璃 4 家上市公司因股权转让、重组等原因被其他省份的控股股东控制，并变更注册地，不再属于河北省的上市公司。具体情况见表 0－3。

表 0－3　原河北省上市公司注册地变更情况

证券代码	原公司名称	原公司注册地	上市时间	现公司名称	现公司注册地	变更注册地时间
000408	金谷源	河北省邯郸市	1996－06－28	藏格控股	青海省格尔木市	2016－08－19
600892	石劝业	河北省石家庄市	1996－03－15	大晟文化	广东省深圳市	2010－06－30
600716	耀华玻璃	河北省秦皇岛市	1996－07－02	凤凰股份	江苏省南京市	2010－01－26
000783	石炼化	河北省石家庄市	1997－07－31	长江证券	湖北省武汉市	2007－12－27

上述 4 家公司变更的具体情况如下。

（1）金谷源

1996 年，经河北省人民政府冀股办〔1996〕2 号文批准，原邯郸陶瓷（集团）总公司将其所属第一瓷厂、第二瓷厂、工业瓷厂经资产重组后和其他四家发起人共同发起以募集方式设立河北华玉股份有限公司，第一大股东为邯郸陶瓷集团有限责任公司。

2001 年 2 月，公司控股股东由邯郸陶瓷集团有限责任公司变更为军神实业有限公司。2003 年 6 月，公司控股股东由军神实业有限公司变更为北京路源世纪投资管理有限公司。

2005年9月14日，河北华玉股份有限公司在河北省工商行政管理局登记变更名称为“玉源控股股份有限公司”。公司证券简称自2005年10月26日起发生变更，变更后的证券简称为“玉源控股”，公司证券代码不变，仍为“000408”。

2010年8月28日，公司第五届董事会临时会议审议通过了公司变更主营业务的议案，根据公司产业结构调整，主营业务将从陶瓷行业变更为以黄金为主导产业的矿产资源的勘探、采矿、选矿、冶炼及矿产品的销售。公司主营业务发生较大变化，经公司股东大会批准变更公司名称，公司名称由“玉源控股股份有限公司”变更为“金谷源控股股份有限公司”，证券简称变更为“*ST金谷”。

2016年7月，控股股东由北京路源世纪投资管理有限公司变更为青海藏格投资有限公司。2016年8月19日，公司完成了注册地址及法定代表人变更的工商登记手续并取得了青海省工商行政管理部门换发的营业执照。

（2）石劝业

石家庄劝业场股份有限公司是河北省第一家向社会公开募集股份设立的商业股份制公司。1996年3月在上海证券交易所上市交易，证券简称“石劝业”，证券代码为600892。

1997年2月，河南思达科技集团有限公司受让公司发起人石家庄市桥东区城市开发建设公司持有的1492.7万股公司股份（占公司总股本的29.56%），成为公司第一大股东及控股股东。

2000年3月，湖南大学百泉科技发展有限责任公司受让河南思达科技集团股份有限公司持有的1492.7万股公司股份（占公司总股本的29.56%），成为公司第一大股东及控股股东。2001年6月更名为河北湖大科技教育发展股份有限公司（证券简称“湖大科教”）。

2003年6月，中国华星汽车贸易集团有限公司（2008年3月更名为中国华星氟化学投资集团有限公司，简称“华星氟化学”）受让原湖南大学百泉科技发展有限责任公司（2002年8月更名为深圳市百泉科技发展有限责任公司）持有的1492.7万股公司股份（占公司总股本的29.56%），成为该公司第一大股东及控股股东。

2010年4月29日，华星氟化学与深圳市钜盛华实业发展有限公司（简称“钜盛华公司”）签订了《股份转让协议》，向钜盛华公司转让持有的公司有限售条件流通股份1190.4142万股，占公司总股本的18.86%；同时作为本次股权转让的组成部分，华星氟化学将一并转让收回股改代垫股份44.2108万股的权利和对公司的债权11172.99万元。2010年6月17日，上述股份完成过户登记。钜盛华公司第一大股东的控股股东为深圳市宝能投资集团有限公司，2010年7月9日起，公司名称更名为宝诚投资股份有限公司（证券简称“宝诚股份”），证券代码不变。

（3）耀华玻璃

1996年6月17日，经中国证券监督管理委员会证监发审字〔1996〕74号、〔1996〕75号文批准，耀华玻璃首次向社会公众公开发行人民币普通股（A股）。耀华玻璃股票于1996年7月2日在上海证券交易所上市，股票代码为600716，主营业务为玻璃、工业技术玻璃及其制品、不饱和聚酯树脂及玻璃钢制品的生产销售，开展国内、国外合资、合作经营、补偿贸易等，自产产品和技术出口业务与所需原辅材料、机械设备、零配件及相关技术出口。公司控股股东一直为中国耀华玻璃集团公司。

2009年9月29日，中国证券监督管理委员会《关于核准秦皇岛耀华玻璃股份有限公司重大资产重组及向江苏凤凰出版传媒集团有限公司发行股份购买资产的批复》（证监许可〔2009〕1030号）核准耀华玻璃重大资产重组及向江苏凤凰出版传媒集团有限公司发行股份购买相关资产。重组完成后，公司控股股东变更为凤凰集团。2010年2月8日，经上海证券交易所核准，公司股票简称由“ST耀华”变更为“ST凤凰”，股票代码不变。2010年4月2日，经上海证券交易所核准，公司股票简称由“ST凤凰”变更为“凤凰股份”。

（4）石炼化

1997年7月经中国石油化工总公司批准，采用局部改制的形式进行资产重组，募集发起设立石家庄炼油化工股份有限公司（简称“石炼化”），在河北省工商行政管理局登记注册，独家发起人为中国石化集团石家庄炼油厂，注册资本为72000万元，于深圳证券交易所上网定价向社会公开募集资金68880万元。公司主要从事炼油、化工、化纤的技术研发和生产工作。中国石化石家庄炼油厂持有该公司60000万股，占股份总额的83.3%，为石炼化的绝对控股股东，而中国石油化工股份有限公司又是中国石化石家庄炼油厂的母公司，因此中国石化是公司的实际控制人。

长江证券股份有限公司的前身为湖北证券公司，注册地为湖北武汉，2000年经中国证监会核准，通过公司增资扩股而发展成为综合性证券公司。2007年12月，长江证券通过借壳S石炼化实现上市。2007年12月5日，根据中国证监会《关于核准石家庄炼油化工股份有限公司定向回购、重大资产出售暨以新增股份吸收合并长江证券有限责任公司的通知》（证监公司字〔2007〕196号），长江证券股份有限公司设立；2007年12月19日，公司完成迁址、变更法人代表等工商登记手续。2007年12月27日，S石炼化正式更名为长江证券，证券代码不变。

2. 境外上市公司基本情况

在境内上市的同时，河北省还有一批公司“走出去”，到境外资本市场上市。截至2016年12月31日，河北省共有25家在境外上市的公司。具体见附表2。

二　河北上市公司分布情况

（一）2016年末河北境内上市公司分布情况

1. 河北境内上市公司行业分布

截至2016年12月31日，河北省52家上市公司中，制造业有39家，占75%，由此可见河北省产业结构的特点。另外12家公司的行业分布为：批发和零售业3家；房地产业3家；电力、热力、燃气及水生产和供应业2家；农林牧渔业1家；采矿业1家；交通运输、仓储和邮政业1家；金融业1家；综合类行业1家。具体行业分布见表0－4。

表0－4　2016年末河北省上市公司行业分布

证券代码	证券简称	行业大类	行业细分
000937	冀中能源	采矿业	煤炭开采和洗选业
600149	廊坊发展	综合	综合
601000	唐山港	交通运输、仓储和邮政业	水上运输业
600965	福成五丰	农、林、牧、渔业	畜牧业
000958	东方能源	电力、热力、燃气及水生产和供应业	电力、热力生产和供应业
000600	建投能源		

续表

证券代码	证券简称	行业大类	行业细分
600340	华夏幸福	房地产业	房地产业
200160	南江 B		
002146	荣盛发展		
000408	金谷源	批发和零售业	批发业
601258	庞大集团		零售业
300081	恒信移动		
000889	茂业通信		
002459	天业通联	制造业	专用设备制造业
300368	汇金股份		
002691	冀凯股份		
000923	河北宣工		
000856	冀东装备		
300371	汇中股份		仪器仪表制造业
300137	先河环保		
300138	晨光生物		农副食品加工业
600803	新奥股份		化学原料和化学制品制造业
600722	金牛化工		
600409	三友化工		
600230	沧州大化		
600135	乐凯胶片		
300446	乐凯新材		
300107	建新股份		
002442	龙星化工		
000687	华讯方舟		化学纤维制造业
600812	华北制药		医药制造业
300255	常山药业		
002603	以岭药业		
300428	四通新材		有色金属冶炼和压延加工业
002108	沧州明珠		橡胶和塑料制品业

续表

证券代码	证券简称	行业大类	行业细分
601633	长城汽车	制造业	汽车制造业
600480	凌云股份		
600550	保变电气		电气机械和器材制造业
600482	风帆股份		
300491	通合科技		
002494	华斯股份		皮革、毛皮、羽毛及其制品和制鞋业
600997	开滦股份		石油加工、炼焦和核燃料加工业
000158	常山股份		纺织业
002049	紫光国芯		计算机、通信和其他电子设备制造业
000413	东旭光电		
002282	博深工具		通用设备制造业
600559	老白干酒		酒、饮料和精制茶制造业
000848	承德露露		
002342	巨力索具		金属制品业
000778	新兴铸管		
000401	冀东水泥		非金属矿物制品业
000709	河北钢铁		黑色金属冶炼和压延加工业
600155	宝硕股份	金融业	资本市场服务

2. 河北境内上市公司板块分布

截至2016年12月31日，河北省共有18家公司在沪市A股上市；13家公司在深市A股上市；2家公司在深市B股上市（其中，东旭光电同时在深市A股、B股上市）；10家公司在中小企业板上市；10家公司在创业板上市。具体板块分布见表0-5和图0-1。

表0-5　2016年末河北省上市公司板块分布

证券代码	证券简称	所属板块
600803	新奥股份	沪市A股
600812	华北制药	
600722	金牛化工	

续表

证券代码	证券简称	所属板块
600135	乐凯胶片	沪市 A 股
600155	宝硕股份	
600149	廊坊发展	
600230	* ST 沧大	
600550	保变电气	
600559	老白干酒	
600409	三友化工	
600480	凌云股份	
600340	华夏幸福	
600997	开滦股份	
600965	福成股份	
600482	中国动力	
601000	唐山港	
601258	庞大集团	
601633	长城汽车	
000600	建投能源	深市 A 股
000401	冀东水泥	
000413	东旭光电	
000687	华讯方舟	
000709	河钢股份	
000778	新兴铸管	
000848	承德露露	
000889	茂业通信	
000856	* ST 冀装	
000923	河北宣工	
000937	冀中能源	
000958	东方能源	
000158	常山股份	
200413	东旭 B	深市 B 股
200160	南江 B	

续表

证券代码	证券简称	所属板块
002049	紫光国芯	中小企业板
002108	沧州明珠	
002146	荣盛发展	
002282	博深工具	
002342	巨力索具	
002442	龙星化工	
002459	天业通联	
002494	华斯股份	
002603	以岭药业	
002691	冀凯股份	
300081	恒信移动	创业板
300107	建新股份	
300138	晨光生物	
300137	先河环保	
300255	常山药业	
300368	汇金股份	
300371	汇中股份	
300428	四通新材	
300491	通合科技	
300446	乐凯新材	

3. 河北上市公司地区分布

截至2016年12月31日，河北省52家上市公司分布在全省11个地级市，其中石家庄市15家，保定市10家，唐山市8家，沧州市5家，廊坊市4家，邯郸市、秦皇岛市、邢台市和承德市各2家，衡水市和张家口市各1家。具体分布见表0－6。石家庄、唐山、保定集中了河北省上市公司总数的63.5%，而张家口和衡水市分别仅有1家上市公司，可见河北省上市公司区域性分布差异较大。

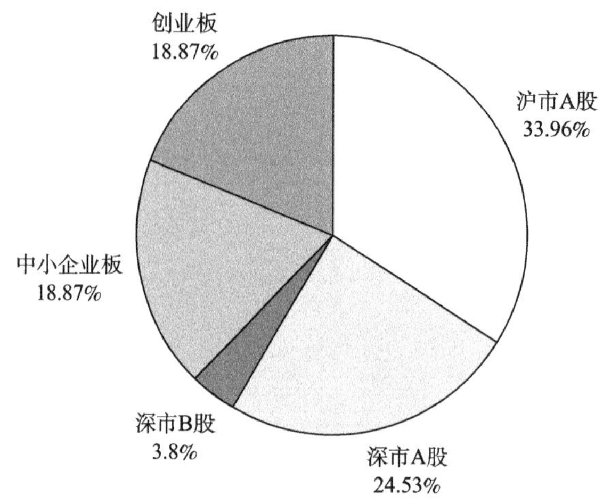

图 0-1 2016 年末河北省上市公司板块分布

表 0-6 2016 年末河北省上市公司地区分布

单位：家

数量排名	地区	上市公司数量	证券简称	
1	石家庄	15	建投能源	河钢股份
			东方能源	华北制药
			新奥股份	以岭药业
			先河环保	博深工具
			汇金股份	常山药业
			恒信移动	冀凯股份
			东旭光电	常山股份
			通合科技	
2	保定市	10	乐凯胶片	长城汽车
			中国动力	凌云股份
			保变电气	华讯方舟
			宝硕股份	巨力索具
			乐凯新材	四通新材
3	唐山市	8	三友化工	冀东水泥
			汇中股份	开滦股份
			紫光国芯	庞大集团
			*ST 冀装	唐山港

续表

数量排名	地区	上市公司数量	证券简称	
4	沧州市	5	沧州明珠 金牛化工 华斯股份	* ST 沧大 建新股份
5	廊坊市	4	华夏幸福 荣盛发展	廊坊发展 福成股份
6	邯郸市	2	新兴铸管	晨光生物
6	秦皇岛市	2	茂业通信	天业通联
6	邢台市	2	冀中能源	龙星化工
6	承德市	2	承德露露	南江 B
10	衡水市	1	老白干酒	
10	张家口市	1	河北宣工	
合计		52		

4. 河北上市公司股权结构及股权性质

从股权结构来看，截至 2016 年 12 月 31 日，河北省 51 家 A 股上市公司（不含仅发行 B 股的南江 B）中，控股股东性质为国有的有 23 家，占 45%；控股股东为民营企业或自然人的有 28 家，占 55%，具体见图 0-2。

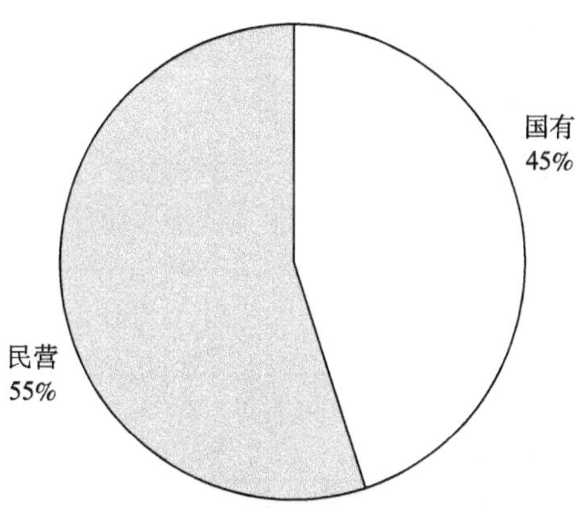

图 0-2　2016 年末河北省上市公司所有权结构分布

截至 2016 年 12 月 31 日，河北省 51 家 A 股上市公司控股股东名称、持股比例、股份性质等具体情况见表 0-7。

表0-7　2016年末河北省上市公司控股股东及股权性质

序号	证券代码	证券简称	控股股东名称	控股股东持股比例（%）	股份性质	所有权性质
1	000158	常山股份	石家庄常山纺织集团有限责任公司	27.32	流通A股	国有
2	000401	冀东水泥	冀东发展集团有限责任公司	30	流通A股	国有
3	000600	建投能源	河北建设投资集团有限责任公司	67.31	国有法人股，流通A股	国有
4	000709	河钢股份	邯郸钢铁集团有限责任公司	39.69	流通A股	国有
5	000778	新兴铸管	新兴际华集团有限公司	45.38	流通A股	国有
6	000856	*ST冀装	冀东发展集团有限责任公司	30	流通A股	国有
7	000923	河北宣工	河北宣工机械发展有限责任公司	35.54	流通A股	国有
8	000937	冀中能源	冀中能源集团有限责任公司	44.12	国有法人股，流通A股	国有
9	000958	东方能源	国家电力投资集团公司	33.37	国有法人股	国有
10	002049	紫光国芯	西藏紫光春华投资有限公司	36.39	流通A股	国有
11	600135	乐凯胶片	中国乐凯集团有限公司	34.11	国有法人股，流通A股	国有
12	600149	廊坊发展	恒大地产集团有限公司	20.00	流通A股	国有
13	600230	*ST沧大	沧州大化集团有限责任公司	48.01	流通A股	国有
14	600409	三友化工	唐山三友碱业（集团）有限公司	39.98	流通A股	国有
15	600480	凌云股份	北方凌云工业集团有限公司	34.71	国有法人股，流通A股	国有
16	600482	中国动力	中国船舶重工集团公司	26.15	国有法人股，流通A股	国有
17	600550	保变电气	中国兵器装备集团公司	33.47	国有法人股，流通A股	国有
18	600559	老白干酒	河北衡水老白干酿酒（集团）有限公司	28.85	流通A股	国有
19	600722	金牛化工	冀中能源集团有限责任公司	29.99	流通A股	国有
20	600812	华北制药	冀中能源集团有限责任公司	21.60	国有法人股，流通A股	国有
21	600997	开滦股份	开滦（集团）有限责任公司	56.74	流通A股	国有

续表

序号	证券代码	证券简称	控股股东名称	控股股东持股比例（%）	股份性质	所有权性质
22	601000	唐山港	唐山港口实业集团有限公司	44.55	国有法人股，流通A股	国有
23	300446	乐凯新材	中国乐凯集团有限公司	30.61	国有法人股	国有
24	000413	东旭光电	东旭集团有限公司	11.32	境内法人持有股份，流通A股	民营
25	000687	华讯方舟	华讯方舟科技有限公司	29.80	境内法人持有股份	民营
26	000848	承德露露	万向三农集团有限公司	40.68	流通A股	民营
27	000889	茂业通信	中兆投资管理有限公司	33.46	流通A股	民营
28	002108	沧州明珠	河北沧州东塑集团股份有限公司	29.16	境内法人持有股份，流通A股	民营
29	002146	荣盛发展	荣盛控股股份有限公司	35.23	流通A股	民营
30	002282	博深工具	陈怀荣、吕桂芹、任京建、程辉、张淑玉	13.83	境内自然人持有股份，流通A股	民营
31	002342	巨力索具	巨力集团有限公司	20.03	流通A股	民营
32	002442	龙星化工	刘江山	27.19	境内自然人持有股份	民营
33	002459	天业通联	深圳市华建盈富投资企业（有限合伙）	36.39	境内法人持有股份	民营
34	002494	华斯股份	贺国英	31.31	境内自然人持有股份，流通A股	民营
35	002603	以岭药业	河北以岭医药集团有限公司	25.36	流通A股	民营
36	002691	冀凯股份	深圳卓众达富投资合伙企业（有限合伙）	29.00	流通A股	民营
37	600155	宝硕股份	新希望化工投资有限公司	10.76	境内法人持有股份，流通A股	民营
38	600340	华夏幸福	华夏幸福基业控股股份公司	61.67	流通A股	民营
39	600803	新奥股份	新奥控股投资有限公司	30.97	流通A股	民营
40	600965	福成股份	福成投资集团有限公司	35.51	境内法人持有股份	民营

续表

序号	证券代码	证券简称	控股股东名称	控股股东持股比例（%）	股份性质	所有权性质
41	601258	庞大集团	庞庆华	20.42	流通 A 股	民营
42	601633	长城汽车	保定创新长城资产管理有限公司	56.04	流通 A 股	民营
43	300081	恒信移动	孟宪民	32.72	境内自然人持有股份，流通 A 股	民营
44	300107	建新股份	朱守琛	39.64	境内自然人持有股份，流通 A 股	民营
45	300137	先河环保	李玉国	13.86	境内自然人持有股份，流通 A 股	民营
46	300138	晨光生物	卢庆国	18.58	境内自然人持有股份，流通 A 股	民营
47	300255	常山药业	高树华	38.28	境内自然人持有股份，流通 A 股	民营
48	300368	汇金股份	石家庄鑫汇金投资有限公司	35.48	境内法人持有股份	民营
49	300371	汇中股份	张力新	37.88	境内自然人持有股份，流通 A 股	民营
50	300428	四通新材	臧氏家族	11.88	境内自然人持有股份	民营
51	300491	通合科技	贾彤颖、马晓峰、李明谦	19.72	境内自然人持有股份	民营

注：1. 证券名称为截至 2016 年 12 月 31 日的名称。2. 本表数据截至 2016 年 12 月 31 日。3. 本表上市公司排序为：先国有，再民营；在国有和民营两类中，再按照深市主板—深市中小板—上海主板—深圳创业板排序；同一板块内部按照证券代码序号排序。

（二）2016年末河北境外上市公司分布情况

1. 河北境外上市公司市场分布

从市场分布来看（见表 0－8），25 家境外上市公司中，20 家在中国香港联交所上市，占 80%；4 家在美国上市，占 16%；1 家在新加坡上市。可见，中国香港一直是河北省上市公司境外上市的首选之地，在河北省企业境外上市中占据主导地位。2007 年，随着晶澳太阳能有限公司和英利绿色能源控股有限公司先后在纳斯达克和纽约证券交易所上市，河北省企业赴美上市的大门打开，此后又有两家企业成功在美国上市，美国成为河北省企业境外上市的第二大市场。而自从2005年立中车轮集团有限公司在新加坡证券交易所上市以后，最近10年河北省没有其他企业再次到新加坡上市。另外，与全国情况相比，目前河北省尚无企业到英国伦敦AIM市场和德国法兰克福市场上市。25家境外上市公司中，仅长城汽车股份有限公司同时在上海证券交易所和香港联合交易所上市，即同时发行A+H股。

表0-8　2016年末河北省境外上市公司市场分布

单位：家，%

上市地	香港	美国	新加坡
上市公司数量	20	4	1
占比	80	16	4

注：长城汽车股份有限公司同时发行A+H股。

2. 河北境外上市公司行业分布

从行业分布来看（见表0-9），河北省境外上市的企业主要集中在医药制造、新能源开发与利用、钢铁等具有传统优势的行业，以及近年来活跃的房地产行业。近年来，新增了金融服务等第三产业。

表0-9　2016年末河北省境外上市公司行业分布

单位：家

行业	数量	行业	数量
制药	3	电子制造	1
房地产业	3	公用事业	1
新能源	3	工业机械	2
钢铁	3	通信业	1
汽车制造	2	林业	1
建筑机械	2	其他制造业	1
金融	1	交通运输业	1

3. 河北境外上市公司上市时间分布

从时间分布来看（见表0-10），河北省第一家赴境外上市的企业是石药集团，1994 年在香港联交所上市，2000 年以前河北省在境外上市的企业仅此一家。2007～2009 年，河北省赴境外上市的三家企业均在美国上市，香港市场未新增河北的上市公司。2010 年以后，香港再次成为河北省企业赴境外上市的首选地，2010～2015 年每年均新增两家在香港联交所上市的河北省公司，2016 年新增翼辰实业在香港联交所上市。而河北省在美国上市的公司主要集中在 2007～2010 年，2011 年以来未曾有河北省的企业在美国上市。

表 0－10　2016 年末河北省境外上市公司上市时间分布

单位：家

上市年份	数量	上市年份	数量
1994	1	2006	1
1995	0	2007	2
1996	0	2008	0
1997	0	2009	1
1998	0	2010	3
1999	0	2011	2
2000	0	2012	2
2001	0	2013	2
2002	1	2014	2
2003	1	2015	2
2004	2	2016	1
2005	2		

4. 河北境外上市公司总部所在地分布

从地区分布来看（见表 0－11），河北省境外上市公司总部所在地分布在 8 个地市，其中石家庄最多，有 9 家，占河北省境外上市公司的 36%；其次是保定和廊坊，分别有 6 家和 4 家；而沧州、衡水、承德三地无一家在境外上市的企业。总体上看，河北省境外上市公司地区分布比较集中，位列前三的石家庄、保定、廊坊三个城市囊括了境外上市公司总数的 76%。

5. 河北境外上市公司注册地分布

从注册地分布来看（见表 0－12），河北省 25 家境外上市公司中仅有 5 家在内地注册，而在境外注册的有 20 家。其中在“避税天堂”英属开曼群

表 0-11 2016 年末河北省境外上市公司总部所在地分布

单位：家

地区	石家庄	保定	廊坊	邢台	唐山	邯郸	张家口	秦皇岛	沧州	衡水	承德
数量	9	6	4	2	1	1	1	1	0	0	0
占比	36%	24%	16%	8%	4%	4%	4%	4%	0%	0%	0%

岛注册的最多，有 15 家，占河北省境外上市公司总数的 60%，另外还有 1 家公司在百慕大注册，显然，注册地的选择主要考虑的是税收因素。结合附表 2 可以看到，公司注册地和总部所在地一致的仅有 5 家，分别为保定的长城汽车股份有限公司、石家庄的新天绿色能源股份有限公司、秦皇岛的秦皇岛港股份有限公司、石家庄的河北翼辰实业集团股份有限公司以及保定的河北省东方造纸有限公司。

表 0-12 2016 年末河北省境外上市公司注册地分布

单位：家

注册地	开曼群岛（英属）	中国	中国香港	美国	百慕大	新加坡
数量	15	5	2	1	1	1
占比	60%	20%	8%	4 %	4%	4%

三 河北上市公司融资情况总结

（一）河北省上市公司融资规模

1. 股票融资规模

2012 年 1 月 1 日至 2016 年底，河北省上市公司发行股票融资累计额为 2865.10 亿元，占全国上市公司发行股票融资累计额的比重为 2.90%。其中，IPO 融资累计额占全国的比例为 1.46%。河北省上市公司新增股票融资额合计为 2057.00 亿元，占全国比例的 3.82%。其中，这 5 年河北新增 IPO 融资额平均占全国新增 IPO 融资额的 0.25%。无论是从河北省发行股票融资累计额还是发行股票新增融资额来看，河北省通过股票市场发行股票筹集的资金较少，在全国配置资源的能力有限，甚至说非常弱。但是，股票融资是河北省上市公司筹资的重要途径，其中，增发和配股成为股票融资的重要组成部分。

从市场板块来看，河北省上市公司的主要融资来源于沪深 A 股市场和中小企业板，三个市场板块股票融资累计额合计占河北省全部上市公司的 97.06%；河北省 IPO 融资累计额主要集中在沪市 A 股，占比 53.78%。但是，创业板的增幅最大。

从行业来看，河北省上市公司股票融资主要集中在第一、第二产业，包含了农林牧渔业，房地产业，批发和零售业，制造业，综合类行业，交通运输、仓储和邮政业，采矿业，电力、热力、燃气及水生产和供应业 8 个行业。股票融资累计额和 IPO 融资累计额最高的是制造业；新增股票融资主要集中在房地产业、农林牧渔业、批发和零售业、制造业等传统行业。农林牧渔业，综合类行业，交通运输、仓储和邮政业，采矿业，电力、热力、燃气及水生产和供应业 5 个行业的股票融资累计额/总资产都高于全国的水平，尤其是农林牧渔业在 2014 年中出现了翻番式增长，河北省房地产业的股票融资累计额/总资产低于全国水平。采矿业，电力、热力、燃气及水生产和供应业，房地产业和制造业 4 个行业的 IPO 融资累计额/总资产都低于全国水平；交通运输业、批发和零售业、综合类行业的 IPO 融资累计额/总资产都高于全国水平。

2. 债券融资规模

2012 年 1 月 1 日至 2016 年底，河北省上市公司债券融资累计额占全国债券融资累计额的 0.60%。从整个时间序列来看，自 2012 年开始，河北省的债券融资累计额环比增长率始终低于全国水平。河北省运用发行债券融资的能力低于全国水平。2012 ~ 2016 年，河北省新增债券融资额占全国的比例为 0.6%。河北省新增债券融资额环比增长率与全国的趋势基本一致。

从不同的板块市场来看，河北省上市公司发行债券融资主要依赖于沪市 A 股和深市 A 股两个市场板块，在中小板市场上仅 2015 ~ 2016 年进行了债券融资，而在创业板市场上没有发行过债券。

从行业来看，2012 ~ 2016 年，河北省债券融资主要分布在采矿业，电力、热力、燃气及水生产和供应业，交通运输、仓储和邮政业，批发和零售业，制造业，其中，房地产业占全国比重最高。

3. 银行借款融资规模

河北省上市公司银行借款融资余额总体呈上升趋势，上市公司对银行的负债水平不断提高。但是总体而言，河北省上市公司银行借款余额占全国上市公司银行借款余额的比例在2%～3%，占比较小。

从板块来看，2016年，河北省上市公司银行借款余额最高的是深市A股市场，达到1130.64亿元，占全国该板块上市公司银行借款余额的5.91%，在创业板中的占比最小，仅为0.81%。河北省上市公司银行借款余额/总资产的比例指标中，均值最高的为深市A股市场，占26.91%，创业板市场比例最小，为10.64%。

从行业来看，截至2016年底，河北上市公司存在银行借款余额的行业有采矿业，电力、热力、燃气及水生产和供应业，制造业等8个行业，其中银行借款最多的为制造业，达到了1266.72亿元，信息传输软件、信息技术服务业借款最少，仅为0.2亿元，仅占全国该行业上市公司银行借款余额的0.01%。

4. 商业信用融资规模

2012年1月1日至2016年底，河北省上市公司商业信用融资余额为4517.29亿元，占全国的比例为2.95%。环比增长率总体上高于全国水平。

从市场板块来看，河北省上市公司在沪市A股商业信用融资余额最高，中小板最低。在河北省上市公司商业信用融资余额占全国的比例中，中小板所占比例最高，创业板最低。沪市A股和中小板总体呈上升趋势，创业板和深市A股总体呈下降趋势。2016年，沪市A股市场河北省上市公司融资余额占总资产比例最高，创业板市场最低。截至2016年底，沪市A股市场河北省上市公司融资余额占总资产均值最高，创业板市场最低。2012～2016年，在沪市A股市场和创业板市场，河北省上市公司融资余额占总资产总体均呈现上升趋势；在中小板市场，河北省上市公司融资余额占总资产比例呈现上升趋势；深市A股市场无明显趋势。

从行业来看，河北省上市公司商业信用融资余额最多的是房地产业，其次是制造业；商业信用融资额最低的是综合业。河北省商业信用融资额占全国商业信用融资额比例最高的是房地产业，其次是批发和零售业，占比最低的是金融业。截至2016年底，批发和零售业商业信用融资余额占总资产均值最高，综合类行业最低。2012～2016年，农林牧渔业、批发和零售业、制造业商业信用融资余额占总资产比例均呈现上升趋势，采矿业、房地产业呈现下降趋势，其他行业呈波动趋势。

5. 自我积累融资规模

截至2016年底，河北省上市公司自我积累融资余额占全国的比例保持在1.00%左右，自我积累融资余额累计增长率是111%，高于全国16个百分点。2012～2016年环比增长率也高于全国水平。指标上也反映了河北省的环比增长率总体高于全国的环比增长率；自我积累余额占总资产呈现“N”形变动，但是，2016年全国的自我积累融资余额占总资产比例出现下滑。

从市场板块来看，截至2016年底，沪市A股市场自我积累融资余额最多，其次是深市A股市场，创业板市场最少。河北省上市公司自我积累融资余额占全国比例最高的是深市A股市场，其次是中小板市场，最低的是沪市A股市场。从时间序列上来看，2012～2016年，深市A股市场的河北省上市公司自我积累融资余额占全国的比例呈下降趋势，其他市场均呈波动趋势。2016年，沪市A股市场河北省上市公司融资余额占总资产最高，深市A股市场最低。创业板市场河北省上市公司融资余额占总资产均值最高，深市A股市场最低。2012～2016年，在中小板和沪市A股市场，河北省上市公司融资余额占总资产总体均呈现下降趋势；在创业板市场呈现上升趋势；深市A股市场无明显趋势。

从行业来看，截至2016年底，河北省上市公司自我积累融资余额占全国的比例比较高的行业是房地产业、制造业和农林牧渔业，比例最低的是综合类行业。综合类行业占比2012～2016年一直为负值，房地产业是2012～2016占比均为正值的行业中上升幅度最大的行业。批发和零售业、制造业的趋势比较平稳。采矿业自我积累融资余额占总资产比例均值最高，综合类行业最低。

（二）河北省上市公司资本结构

1. 河北省与全国上市公司资本结构对比

截至2016年底，河北省上市公司资产负债率平均水平低于全国平均水平，平均长期资本资产率高于全国平均水平。河北省上市公司与全国上市公司一样，把绝大多数的收益留在了公司内部，上市公司对于股东责任的履行程度一般。河北省与全国资本结构指标相差最多的是产权比率，均值分别是208.53%和574.91%，相差366.38%，说明河北省上市公司股东对债权人利益的保障程度要好于全国水平；河北省和全国上市公司流动比率自 2012～2016 年以来波动较温和，均值分别是 105.81% 和 116.69%，说明河北省上市公司的财务风险低于全国上市公司财务风险的平均水平。

2. 河北省与全国上市公司不同板块资本结构对比

截至 2016 年底，河北省上市公司的资产负债率均值在 A 股市场最高，达到 69.38%，创业板市场最低，为 21.04%；沪市 A 股市场、深市 A 股市场和创业板市场的均值均低于全国上市公司，中小板市场的均值高于全国上市公司。

截至 2016 年底，河北省上市公司长期资本资产率的均值创业板市场最高，为 80.88%；沪市 A 股市场最低，为 43.99%。河北省上市公司在沪市 A 股市场、深市 A 股市场和创业板市场的均值均高于全国水平，中小板市场的均值低于全国水平。

截至 2016 年底，河北省上市公司留存收益率均值中小板市场最高，为 72.66%；创业板市场最低，为 67.71%。河北省上市公司在沪市 A 股市场和中小板市场的均值均高于全国上市公司，在深市 A 股市场和创业板市场的均值低于全国上市公司。

截至 2016 年底，河北省上市公司产权比率均值在沪市 A 股市场最高，为 226.56%；创业板市场最低，为 26.64%。河北省上市公司在深市 A 股市场、创业板市场的产权比率的均值均略低于全国上市公司，在沪市 A 股市场的均值远低于全国上市公司，而在中小板市场则高于全国上市公司。

截至 2016 年底，河北省上市公司流动比率在创业板市场最高，为 326.84%；深市 A 股市场最低，为 70.73%。在沪市 A 股市场、中小板市场的均值略高于全国上市公司，在创业板市场的均值远高于全国上市公司，而在深市 A 股市场则低于全国上市公司。

3. 河北省与全国上市公司不同行业资本结构对比

截至 2016 年底，河北省上市公司资产负债率均值房地产业最高，为 83.18%；综合类行业最低，为 19.30%。在采矿业、房地产业、批发和零售业、制造业的均值均高于全国上市公司，在电力、热力、燃气及水生产和供应业，交通运输、仓储和邮政业，农林牧渔业和综合类行业的均值均低于全国上市公司。

截至 2016 年底，河北省上市公司长期资本资产率均值综合业最高，为 90.4%；批发和零售业最低，为 25.16%。河北省上市公司在电力、热力、燃气及水生产和供应业，交通运输、仓储和邮政业，农林牧渔业、综合类行业的均值均高于全国上市公司，在采矿业、房地产业、批发和零售业、制造业的均值均低于全国上市公司。

截至2016年底，河北省上市公司留存收益率均值综合业最高，为100%，批发和零售业最低，为-58.49%。河北省上市公司在采矿业，电力、热力、燃气及水生产和供应业，房地产业，交通运输、仓储和邮政业，农林牧渔业和综合类行业的均值均高于全国上市公司，在批发和零售业、制造业的均值均低于全国上市公司。

截至2016年底，河北省上市公司产权比率均值房地产业最高，为494.58%；农林牧渔业最低，为34.76%。河北省上市公司产权比率在采矿业、房地产业、批发和零售业、制造业的均值均高于全国上市公司，而在电力、热力、燃气及水生产和供应业，交通运输、仓储和邮政业，农林牧渔业和综合类行业的均值均低于全国上市公司，其中在批发和零售业差距最大。

截至2016年底，河北省上市公司流动比率均值综合业最高，为459.39%，电力、热力、燃气及水生产和供应业最低，为60.46%。河北省上市公司在采矿业，电力、热力、燃气及水生产和供应业，交通运输、仓储和邮政业，农林牧渔业和综合类行业均值均高于全国上市公司，其中在综合业差距最大，而在房地产业、批发和零售业、制造业的均值均低于全国上市公司。

四　河北上市公司投资情况总结

（一）投资支出情况

2012~2016年，河北省上市公司用于长期资产投资的支出平均为8.03亿元，而全国上市公司平均水平仅为7.21亿元，河北省上市公司长期资产投资支出占总资产的比重为5.58%，高于全国5.03%的平均水平。发展趋势上，河北省上市公司投资支出规模和投资支出占总资产的比重大体呈现下降趋势，投资规模从2012年的平均为10.00亿元下降到2015年的6.89亿元，2016年上升至7.00亿元，投资比重从2012年的8.72%下降到2016年的3.08%。2012~2016年，不管是投资规模还是投资支出占总资产的比重的下降速度均快于全国上市公司的平均水平。

从分行业和分年度来看，河北省上市公司长期投资占总资产比重较高的主要分布在交通运输、仓储和邮政业，制造业，电力、热力、燃气及水生产和供应业，采矿业。信息传输、软件和信息技术服务业，房地产业比重低于全国平均水平。农林牧渔业、批发和零售业、综合业的投资比重相对于全国平均水平波动较大，2012~2016年各年的长期投资支出水平和比重波动都比较大。从投资支出规模上看，制造业、房地产业、批发和零售业的长期投资现金支出绝对规模平均数明显高于全国平均水平，信息传输、软件和信息技术服务业，综合类行业的投资支出数额不足全国平均水平的10%，交通运输、仓储和邮政业，农林牧渔业，电力、热力、燃气及水生产和供应业，采矿业的长期投资支出的绝对规模也明显低于全国平均水平。

从市场板块上来看，河北省主板上市公司的长期投资支出规模呈现“U”形趋势，从2012年的14.10亿元下降到2014年、2015年的10.70亿元，而后上升到2016年的11.00亿元。从长期投资支出占总资产的比重来看，2012~2016年河北省上市公司呈现整体下降的趋势，从2012年最高的7.93%，下降到2016年的2.61%，主板市场上河北省上市公司长期资产投资支出占总资产的比重五年平均水平为5.06%，高于全国4.28%的平均水平。中小板市场上河北省上市公司长期投资规模明显低于全国平均水平，河北省中小板市场上市公司的投资支出规模呈现出波动震荡趋势，平均为1.71亿元，低于全国中小板市场上市公司平均2.47亿元的平均规模。2012~2016年，中小板市场上河北省上市公司投资现金支出占总资产比重呈现震荡下降走势，2012年投资支出水平最高为8.53%，2016年为3.95%，五年总体平均投资支出水平河北省为6.11%，略高于全国6.00%的平均水平。创业板市场上河北省上市公司长期投资规模呈明显总体下降趋势，平均投资规模为0.72亿元，而同期全国创业板市场上市公司的平均投资规模为1.16亿元，且呈现整体上升趋势。在创业板市场，2012~2016年河北省上市公司和全国上市公司的投资支出都呈现整体下降的趋势，河北省上市公司的下降速度更快，由2012年的13.90%，远高于7.95%的全国平均水平，下降到2016年的3.63%，低于2016年4.65%的全国平均水平，河北省创业板市场上市公司五年整体投资支出占总资产的比重为6.90%，高于全国创业板市场5.83%的平均比重。

（二）内部投资情况

2012～2016 年，河北省上市公司固定资产、无形资产、在建工程、在研无形资产等内部长期资产的投资规模呈现持续增长趋势，平均为 56.00 亿元，高于全国 40.50 亿元的平均水平。从内部长期资产占总资产的比重来看，河北省上市公司平均比重为 31.84%，高于全国上市公司 27.25% 的平均水平。

从分行业来看，河北省上市公司在制造业、房地产业、批发和零售业的内部长期资产规模远高于全国平均水平，其他行业的规模远低于全国平均水平。从内部长期资产占总资产比重来看，交通运输、仓储和邮政业，电力、热力、燃气及水生产和供应业，采矿业，农林牧渔业和制造业的内部长期资产比重高于河北省所有上市公司的平均水平，也高于全国同行业的平均水平。

在不同市场板块方面，除了中小板和创业板市场上河北省上市公司内部长期资产投资规模低于全国平均水平，主板市场和不同性质控股的上市公司的内部长期资产的规模都高于全国同类平均水平。中小板市场上内部长期资产投资占总资产的比重略低于全国同类市场的平均水平，其他板块和不同性质控股的上市公司的长期资产投资占总资产的比重均高于全国平均水平。

固定资产方面，2012～2016 年，河北省上市公司固定资产的平均规模为 49.60 亿元，高于全国 34.30 亿元的平均水平。河北省上市公司固定资产占总资产的比重为 26.86%，高于全国 22.28% 的平均水平。河北省上市公司中，制造业、房地产业、批发和零售业的固定资产规模远超全国同行业平均水平，并且由于行业特点不同，不同行业的固定资产规模相差悬殊。在中小板和创业板市场河北省上市公司固定资产的规模小于全国同板块平均水平。在企业性质上，河北省国有控股上市公司和民营上市公司，固定资产不论是在规模还是在支出占企业总资产的比重上均高于全国同性质的上市公司平均水平，河北省外资控股上市公司的固定资产规模和占总资产的比重均低于全国外资上市公司固定资产的平均水平。

无形资产方面，2012～2016 年河北省上市公司无形资产规模总体平均为 6.39 亿元，略高于全国 6.22 亿元的平均水平。行业方面，采矿业无形资产的规模最大，达 62.80 亿元，其次是批发和零售业，综合类行业的上市公司没有无形资产。

（三）对外投资情况

2012～2016年，河北省的52家上市公司中，每年有33～40家上市公司持有对外投资，平均占河北省上市公司总数的80.33%，河北省持有对外投资的上市公司持有的对外投资平均规模为6.98亿元，对外投资规模呈现逐年递增趋势。2012～2016年，河北省上市公司持有对外投资占总资产的比重平均为5.71%，低于全国7.20%的平均水平。

2012～2016年，河北省上市公司对外短期投资占总资产的比重平均为1.69%，低于全国3.08%的平均水平。在规模上，河北省持有短期投资上市公司的短期投资规模在2012年略有下降，然后呈现上升之势，和全国趋势相一致。从行业上来看，农林牧渔业持有短期投资的规模小于全国同行业平均规模，但是占总资产的比重高于全国同行业平均水平，采矿业短期投资规模低于全国平均水平，但是占总资产的比重高于全国同行业平均水平，其他行业不论是短期投资的规模，还是占总资产的比重均低于全国同行业平均水平。

2012～2016年，河北省上市公司对外长期投资平均占总资产的比重为5.02%，低于全国5.76%的平均比重，全国持有长期投资的上市公司的长期投资比重大致呈现稳定并略有下降趋势，河北省持有长期投资上市公司长期投资比重2012～2016年呈现“N”趋势。从行业上来看，电力、热力、燃气及水生产和供应业持有长期投资的规模小于全国同行业平均水平，但是占总资产的比重高于全国同行业平均水平，制造业长期投资持有规模高于全国同行业平均水平，但是长期投资占总资产的比重低于全国同行业平均水平，其他行业不论是长期投资的规模，还是占总资产的比重均低于全国同行业平均水平。

河北省有商誉上市公司数量从2012年的20家增长到2016年的29家，占当年河北省上市公司的比重由2012年的44.44%上升到2016年的58.00%，河北省列报商誉上市公司商誉占总资产的比重平均为4.08，低于全国上市公司4.99%的平均水平。2012～2016年，河北省上市公司商誉的行业分布差异较大，信息传输、软件和信息技术服务业，制造业，批发和零售业，采矿业，房地产业和农林牧渔业均有企业通过并购产生商誉，其他行业企业没有商誉。

五　河北上市公司营运情况总结

（一）河北省上市公司总体情况

从营运资金来看，河北省上市公司营运资金额不足，明显低于全国上市公司平均水平，可能存在一定的财务风险。从流动资产和流动负债的资本结构来看，与全国上市公司平均水平几乎一致，总体结构较为合理。

2012～2016年河北省上市公司平均应收账款周转天数、存货周转天数和营业周期均短于全国上市公司平均水平。另外河北省上市公司流动资产周转率和总资产周转率均略微低于全国平均水平。这说明，与全国上市公司相比，河北省上市公司资产周转速度较快，营运周期较短，对资产的利用和管理能力较强。

（二）与全国同行业对比情况

1. 河北省农林牧渔业

从营运资金来看，河北省农林牧渔业具有较好的营运能力。从流动资产占总资产的比重来看，河北省农林牧渔业流动资产比重总体合理。从流动负债占总负债的比重来看，河北省农林牧渔业上市公司流动负债占总负债的比重高于全国同行业以及河北省上市公司平均值，建议通过降低河北省农林牧渔业上市公司流动负债的比率以降低短期财务风险。

从营运资金效率来看，与全国同行业相比，河北省农林牧渔业上市公司应收账款、存货、流动资产与总资产的周转速度较快，资产的利用效率较高。与河北省总体的比较情况看，河北省农林牧渔业行业上市公司营运效率较高，高于河北省上市公司平均水平。

2. 河北省采矿业

从营运资金来看，河北省采矿业营运资金不足。另外全国采矿业上市公司营运资金也均为负，说明营运资金不足是全国采矿业面临的共同问题。从流动资产占总资产的比重和流动负债占总负债的比重来看，河北省采矿业流动资产结构达到了全国同行业整体水平，但是跟河北省其他行业相比仍有一定差距，流动负债结构优于全国同行业和河北省整体水平。

从营运资金效率来看，与全国同行业相比，河北省采矿业存货周转速度快，应收账款回收期略有不足，营业周期短，但是流动资产和总资产周转速度显著低于全国同行业平均水平，有待提高。与河北省总体的比较情况看，河北省采矿行业上市公司存货周转速度远高于河北省平均水平，其余指标与平均水平基本持平，说明河北省采矿业上市公司资产利用效率较高，营运管理水平较高。

3. 河北省制造业

从营运资金来看，河北省制造业上市公司营运资金不足，但是全国同行业同期营运资金都为正数，显示营运资金不足是困扰河北省制造业的突出问题。从流动资产和流动负债资本结构看，河北省制造业应该进一步增加流动资产，调整流动负债结构，从而提高河北省制造业企业的营运能力。

从营运资金效率来看，与全国同行业相比，河北省制造业与全国同行业平均水平基本持平，营运能力较好，但是仍有一定的上升空间。与河北省平均水平相比，河北省制造业的营运效率与平均值相差不大，营运效率处于中等水平，通过营运资金管理，有一定的提高空间。

4. 河北省电力、热力、燃气及水生产和供应业

从营运资金来看，河北省电力、热力、燃气及水生产和供应业营运资金不足，而且全国同行业同期营运资金都为负数，显示营运资金不足是困扰全国该行业的普遍问题。从流动资产占总资产的比重以及流动负债占总负债的比重来看，河北省电力、热力、燃气及水生产和供应业应从增加流动资产的比重和调节负债结构入手提高河北省电力、热力、燃气及水生产和供应业的营运能力。

从营运资金效率来看，相对于全国同行业，河北省电力、热力、燃气及水生产和供应业营运效率较高。与河北省上市公司整体相比，除了总资产周转速度略慢，河北省电力、热力、燃气及水生产和供应业营运效率较高，显著高于河北省其他类别上市公司。

5. 河北省批发和零售业

从营运资金来看，河北省批发和零售业营运资金不足。在全国同行业同期营运资金为正数的情况下，河北省批发和零售业营运资金为负，显示营运资金不足是困扰河北省批发和零售行业的重要问题。从流动资产占总资产的比重以及流动负债占总负债的比重来看，河北省批发和零售业应从调节负债结构和筹资方式入手提高河北省批发和零售业企业的营运能力。

从营运资金效率来看，与全国同行业相比，河北省批发和零售业整体营运效率不高。与河北省上市公司相比，除了流动资产周转速度略慢，河北省批发和零售业的营运效率较高，高于河北省其他类别上市公司。

6. 河北省交通运输、仓储和邮政业

从营运资金来看，营运资金额较小，显示河北省交通运输、仓储和邮政业营运资金不足。在全国同行业同期营运资金为负数的情况下，河北省交通运输、仓储和邮政业营运资金也为负，显示营运资金不足是困扰全国交通运输行业的普遍问题。从流动资产占总资产的比重以及流动负债占总负债的比重来看，河北省交通运输、仓储和邮政业具有一定的财务风险。同河北省所有上市公司数据比较看，无论是流动资产占总资产比还是流动负债占总负债的比，都低于河北省总体平均水平，应从调节负债结构和增加流动资产入手提高河北省交通运输、仓储和邮政业的营运能力。

从营运资金效率来看，同全国同行业相比，河北省交通运输、仓储和邮政业存货和应收账款周转速度较快，存货和应收账款的营运效率显著高于全国平均水平，流动资产周转速度和总资产周转速度略低于全国平均水平，这两方面的营运效率有待提高。与河北省上市公司相比，虽然除了总资产周转速度偏低外，河北省交通运输、仓储和邮政业其他方面的营运效率较高，并且高于河北省其他类别上市公司，但是总资产周转速度会进一步影响企业的盈利能力，因此提高总资产周转率对于交通运输、仓储和邮政业来说是很有必要的。

7. 河北省房地产业

从营运资金来看，河北省房地产行业营运资金较为充足，营业能力较强。从流动资产占总资产的比重和流动负债占总负债的比重来看，显示河北省房地产行业的营运形势与全国形势基本一致。同河北省上市公司数据比较看，无论流动资产占总资产比还是流动负债占总负债的比，都高于河北省上市公司总体平均水平，另外流动资产占总资产比重较高也是房地产行业一个突出特点，应当促进库存的销售，使流动资产在总资产中保持合理的比例。

从营运资金效率来看，与全国同行业对比，河北省房地产行业营运效率相对较高，尤其是存货的周转速度快，销售能力较强。另外，与河北省上市公司相比，河北省房地产类行业营运效率非常低，而营运效率低的直接原因是存货库存量过大，应当增加存量房产的销售，提高营运效率。

8. 河北省综合类行业

从营运资金来看，河北省综合类行业上市公司的营运资金虽然充足，但是数额极小。从流动资产占总资产的比重和流动负债占总负债的比重来看，河北省综合类行业上市公司短期内可能具有一定的财务风险，应从提高流动资产的比例和降低流动负债入手提高河北省综合类行业企业的营运能力。

从营运资金效率来看，与全国同行业相比，河北省综合类行业上市公司存货的营运效率高，但是应收账款、流动资产以及总资产的营运效率相对较低。另外，与河北省上市公司相比，河北省综合类行业上市公司平均应收账款周转天数、存货周转天数和营业周期均高于河北省上市公司平均水平，流动资产周转率和总资产周转率指标都显著低于河北省上市公司总体水平，说明河北省综合类行业营运效率相对较低。

9. 河北省信息传输、软件和信息技术服务业

从营运资金来看，河北省信息传输、软件和信息技术服务业营运资金较为充足。从流动资产占总资产的比重以及流动负债占总负债的比重来看，与河北省上市公司相比，河北省信息传输、软件和信息技术服务业上市公司短期内可能具有一定的财务风险，应从调整流动资产的比例和降低流动负债入手提高河北省信息传输、软件和信息技术服务业的营运能力。

从营运效率来看，与全国同行业相比，河北省信息传输、软件和信息技术服务业上市公司营运效率较高。另外，与河北省上市公司相比，河北省信息传输、软件和信息技术服务业上市公司总平均应收账款周转天数、存货周转天数和营业周期均低于河北省上市公司平均水平，流动资产周转率和总资产周转率指标都高于河北省上市公司总体水平，说明河北省信息传输、软件和信息技术服务业类营运效率相对较高。

（三）河北省上市公司分板块营运能力分析

1. 河北省深市 A 股

从营运资金来看，河北省深市 A 股营运资金不足，在全国深市 A 股同期营运资金都为正的情况下，说明营运资金不足是困扰河北省深市 A 股的突出问题。从流动资产占总资产的比重以及流动负债占总负债的比重来看，相对于全国深市A股，河北省深市A股的营运能力较低，有待提高；同河北省所有上市公司数据比较看，无论流动资产占总资产比还是流动负债占总负债的比，都低于河北省总体平均水平，应从调节负债结构和增加流动资产入手提高河北省深市A股企业的营运能力。

从营运资金效率来看，与全国深市A股相比，河北省深市A股营运效率较高，河北省深市A股存货周转速度较快，存货的营运效率显著高于全国平均水平，应收账款回收期、流动资产周转速度和总资产周转速度与全国平均水平基本持平，有一定的提升空间。另外，与河北省上市公司相比，虽然除了应收账款回收周期略长，河北省深市A股的存货周转天数较短，流动资产周转率和总资产周转率较高，营运效率较高，资产的利用率较好。

2. 河北省沪市A股

从营运资金来看，河北省沪市A股营运资金较为充足。从流动资产占总资产的比重以及流动负债占总负债的比重来看，河北省沪市A股流动资产与流动负债结构较为合理，营运能力达到全国沪市A股和河北省上市公司总体平均水平。

从营运效率来看，与全国同板块相比，河北省沪市A股营运效率较高，资产的利用率较好。与河北省上市公司相比，虽然除了存货周转天数略长，河北省沪市A股其他方面的营运效率较高，且应收账款回收期明显低于河北省平均水平，说明应收账款的周转较快，应收账款的变现能力较强和管理水平较高。

3. 河北省中小板

从营运资金来看，河北省中小板营运资金较为充足。从流动资产占总资产的比重和流动负债占总负债的比重来看，河北省中小板营运能力较强，短期营运资金较为充裕。

从营运效率来看，与全国同板块相比，河北省中小板营运效率相对较低。另外，与河北省上市公司相比，河北省中小板平均应收账款周转天数、存货周转天数和营业周期都明显高于河北省上市公司的平均数，流动资产周转率和总资产周转率比河北省上市公司平均水平明显偏低，河北省中小板营运效率依然相对较低。

4. 河北省创业板

从营运资金来看，河北省创业板营运资金较为充足。从流动资产占总资产的比重和流动负债占总负债的比重来看，河北省创业板具有一定的财务风险，应从调节负债结构和增加流动资产入手提高河北省创业板企业的营运能力，降低财务风险。

从营运效率来看，与全国同板块相比，河北省创业板应收账款周转速度较快，应收账款的利用效率显著高于全国平均水平，流动资产周转速度和总资产周转速度略高于全国平均水平，存货的周转周期略长，存货的管理水平有待提高。另外，与河北省上市公司相比，河北省创业板存货周转速度较快，销售能力较强，应收账款的回收期和总资产周转率达到平均水平，而流动资产周转率偏低，流动资产的利用效率有待增强。

六　河北上市公司业绩情况总结

业绩是企业经营的最终成果，也是企业持续发展的基础和价值支撑。我们采取市值分析方法、财务指标分析方法、综合及分项业绩计分方法对河北省上市公司业绩状况进行了研究。

（一）市值分析总结

从市值看，我们采用市值状况和个股投资回报率两个指标对河北省 A 股上市公司的市值业绩进行分析发现：截至 2016 年底，河北省上市公司总市值 7923.0126 亿元，平均市值为 153.23 亿元，在全国各省份中排名分别为第 14 位、第 7 位。其中，河北省总市值排名在全国居中等偏上水平，但是，距各省平均总市值 16345.7396 亿元，河北还有较大差距；河北省平均市值比总市值排名靠前，与全国平均值 144.66 亿元相比要高（见表 0－13）。河北省 51 家 A 股上市公司涉及的 10 个行业中，制造业总市值最高，房地产业的平均市值最高。华夏幸福（600340）的个股总市值最高，*ST 冀装的个股市值最低，河北省上市公司最高市值与最低市值差距较大，最高市值是最低市值的 20 余倍。

从 2012～2016 年的个股回报率水平看，河北省上市公司个股回报率水平与 A 股上市公司个股回报率水平在近 5 年的变动趋势大体相当，并交叉

表 0-13　河北省上市公司 2016 年市值分析

指　标	河北省	各省份平均/A 股平均	全国排名（位）
总市值（亿元）	7923.0126	16345.7396	14
平均市值（亿元）	153.23	144.66	7
个股回报率（%）	1.65%	-9.51%	—

上涨。无论是河北还是全国 A 股上市公司，2012～2015 年其个股回报率水平均呈上升趋势，2016 年急剧下降。其中 2016 年河北上市公司个股回报率（1.65%）高于 A 股水平（-9.51%）。

10 个行业中，综合类行业上市公司个股回报率水平最高，综合类行业，采矿业，制造业，金融业，信息传输行业软件和信息技术服务业，交通运输、仓储和邮政业的个股回报率高于 A 股同行业水平，房地产业，农林牧渔业，批发和零售业，电力、热力、燃气及水生产和供应业的个股回报率低于 A 股水平。51 家 A 股上市公司中，2016 年度个股回报率最高为通合科技（300491），最低为华斯股份（002494）。

（二）财务指标分析总结

我们从国务院国资委对央企进行财务绩效评价的指标体系中选取净资产收益率、总资产报酬率、总资产周转率、应收账款周转率、资产负债率、已获利息倍数、销售（营业）增长率、资本保值增值率共四大类八个基本财务指标进行分析后发现：

盈利指标方面，A 股上市公司 2012～2016 年净资产收益率比较平稳，河北上市公司则发生了较大变动。无论 A 股总资产报酬率还是河北省上市公司的总资产报酬率，近 5 年均呈先升后降趋势。2016 年，河北盈利指标高于 A 股水平；资产质量指标方面，河北省上市公司总资产周转率与 A 股上市公司近 5 年均呈下降趋势，其中河北上市公司总资产周转水平低于 A 股平均水平，但差别不大；应收账款周转率方面，近 5 年河北省应收账款周转率均低于 A 股公司水平，其中 2012～2015 年差距较小，2016 年差距较大；债务风险指标方面，河北省上市公司 2012～2015 年资产负债率比 A 股略高，2016 年，河北资产负债率比 A 股略低，但差别很小；已获利息倍数方面，河北上市公司与 A 股公司近 5 年来呈现较为波动的变化趋势，2012～2015

年，两者上下交替，2016 年河北上市公司已获利息倍数（-67.40 倍）显著低于 A 股水平（0.41 倍），利息保障程度不理想；经营增长指标方面，河北省上市公司的销售（营业）增长率与 A 股存在差异，2015 年、2016 年均低于 A 股上市公司水平；资本保值增值方面，河北省上市公司 2013 年资本保值增值率稍高于 A 股水平，2012 年、2014 年、2015 年、2016 年则均低于 A 股上市公司水平，但差距不大。

（三）综合业绩分析总结

我们根据央企财务绩效评价所采取的指标体系，采用功效系数法，依据全部 A 股上市公司的指标数据，确定不同指标不同档次的标准值，计算每个公司的各部分得分，算出公司综合业绩得分，并对上市公司业绩得分进行排序和分类。研究发现：

河北省上市公司 2016 年整体综合业绩表现一般，业绩最高分为 75.05 分，最低分为 11.30 分，均值 47.80 分，缺乏优秀业绩水平上市公司。50 家 A 股非金融上市公司中：3 家公司业绩水平良好，占比 6%；16 家公司业绩水平中等，占比 32%；19 家公司业绩水平较低，占比 38%；12 家公司业绩水平较差，占比 24%。整体业绩得分平均水平未能达到中等（见表 0-14）。从各板块情况看，创业板得分最高，主板次之，中小板最低（见表 0-15）。

表 0-14　2016 年河北省上市公司综合业绩分布

单位：家，%

业绩类型	良好	中等	较低	较差	合计
公司家数	3	16	19	12	50
占比	6	32	38	24	100

表 0-15　2016 年河北省不同板块上市公司业绩得分情况

单位：分

得分与排名	创业板	主板	中小板
综合业绩得分	53.11	46.60	46.08
排名	第 1 位	第 2 位	第 3 位

在河北省上市公司所涉及的10个行业中，交通运输、仓储和邮政业排名第一，综合类行业排名最后，制造业上市公司排名第4。所涉及制造业的19个细分行业中，酒、饮料和精制茶制造业排名第1，专用设备制造业排在最末位，制造业细分行业业绩得分最高与最低之间相差2.38倍左右。

（四）分项业绩分析总结

针对构成综合业绩的盈利水平、资产质量、债务风险、经营增长分项业绩看：河北上市公司四方面分项业绩均表现较好的公司较少。基本上每个公司都存在某一两个方面的短板。综合业绩排名第一位的乐凯新材其盈利能力排名第一，但其资产质量和经营增长排名靠后；排名第二的老白干酒其资产质量、债务风险排名靠前，经营增长排名落后；综合业绩排名第三位的以岭药业其盈利能力、债务风险排名靠前，但经营增长排名靠后。四个分项业绩中，盈利能力是综合业绩最有力的支撑，盈利能力好的上市公司基本上其综合业绩水平较高。

各个板块情况为：创业板公司盈利水平最高、债务风险最高、经营增长最快、资产质量较主板稍差一些，综合业绩得分最高；中小板的盈利水平最低、资产质量最差、债务风险居中、经营增长最低，综合业绩得分最低；主板的盈利水平、经营增长、综合业绩均处于中间水平，债务风险最高，但其资产质量表现最好（见表0－16）。

表0－16　2016年河北省上市公司各板块分项业绩情况

单位：分，位

板块	盈利能力		资产质量		债务风险		经营增长	
	得分	排名	得分	排名	得分	排名	得分	排名
主板	17.28	2	12.54	1	8.91	3	7.87	2
中小板	17.17	3	8.43	3	12.87	2	7.61	3
创业板	20.38	1	11.47	2	13.15	1	8.12	1

从各行业分项业绩看：房地产业上市公司的盈利能力和经营增长得分排名第一，资产质量排名第六，但债务风险排名第九，说明房地产行业上市公司在2016年实现了较高的利润水平以及资产的高速增长，但该行业存

在资产质量弱化，尤其是债务风险较高的隐患；农林牧渔业上市公司的盈利能力排名第二，资产质量和经营增长排名第四，债务风险得分排名第八，说明该行业上市公司的盈利状况较好，资产质量及经营增长相对不错，债务风险需要关注；交通运输、仓储和邮政业上市公司的经营增长排名第二，盈利能力排名第三，资产质量排名第五，债务风险排名第六，说明该行业上市公司的增长状况及盈利水平较高，资产质量一般，存在一定的债务风险；电力、热力、燃气及水生产和供应业上市公司的行业盈利能力得分排名第四，资产质量及债务风险得分排名第三，经营增长得分排名第七，前三项业绩表现相对比较均衡，经营增长速度比较平稳；制造业上市公司的盈利能力排名第六，资产质量排名第七，债务风险排名第四，经营增长排名第五，各分项得分相对均衡；信息传输、软件和信息技术服务业的盈利能力得分排名第五，资产质量、债务风险排名第二，经营增长得分排名第九，说明该行业上市公司的资产质量较好、债务风险小，盈利能力和盈利水平尚可，但其经营增长水平较差；采矿业盈利能力排名第七，资产质量排名第八，债务风险排名第五，经营增长排名第三，表明采矿业上市公司2016年经营增长状况好，但存在盈利能力差、资产管理水平弱、债务风险较高的问题；批发和零售业上市公司的行业盈利能力排名第八，资产质量排名第一，经营增长排名第八，债务风险排名第七，说明该行业上市公司的资产管理水平较高、债务风险高、盈利能力和发展能力差；综合类行业上市公司的盈利能力、资产质量排名均在最末位，经营增长排名第五，说明该行业盈利能力弱，资产质量差、发展能力差，详见表0－17。

表0－17　2016年河北省上市公司各行业分项业绩得分

单位：分，位

行业	盈利能力		资产质量		债务风险		经营增长	
	得分	排名	得分	排名	得分	排名	得分	排名
房地产业	23.58	1	11.50	6	4.50	9	12.07	1
农林牧渔业	21.75	2	12.84	4	8.45	8	9.03	4
交通运输、仓储和邮政业	21.53	3	12.52	5	9.06	6	10.02	2
电力、热力、燃气及水生产和供应业	20.79	4	13.13	3	11.58	3	6.05	7

续表

行业	盈利能力		资产质量		债务风险		经营增长	
	得分	排名	得分	排名	得分	排名	得分	排名
信息技术、软件和信息技术服务业	19.68	5	13.95	2	12.38	2	1.42	9
制造业	18.23	6	11.18	7	10.79	4	7.87	6
采矿业	10.63	7	9.95	8	9.77	5	9.82	3
批发和零售业	10.27	8	18.14	1	8.54	7	5.69	8
综合类行业	0.00	9	4.59	9	18.00	1	8.46	5

七　河北上市公司社会责任情况总结

企业社会责任是当今社会企业发展中不可忽视的重要问题。我们首先从管理层面和具体业务层面两个方面构建了由3个层级40个具体指标构成的社会责任评价指标体系，然后运用该指标体系对河北省上市公司2012～2016年连续5年的社会责任履行情况进行了分析和评价，分析结果如下。

（一）社会责任总体情况

自2012年以来，河北省上市公司的社会责任水平逐年提升，从2012年的平均46.66分上升到2016年的49.87分，尽管总体得分不高，但2016年增长速度较前几年有了明显提高，2013年较2012年增幅为2.25%，而2016年较2015年的增幅达到了5.02%。

（二）社会责任具体情况

我们分别从不同层级、不同行业、不同板块、不同区域、不同股权性质等角度进行了具体分析。

就第一层级的两个指标而言，管理层面的指标得分明显小于业务层面的指标得分，管理层面各年平均得分在17.27～24.56分，业务层面得分在57.40～60.72分，说明河北省上市公司在具体履行社会责任的业务方面要比在社会责任制度建设和信息披露方面做得好。管理层面得分较低具体体现为公司官网设置社会责任专栏和披露社会责任报告的比例都很低，2012～2016年基本处于20%～40%，说明河北省上市公司普遍对社会责任的宣传和重视不够。

从业务层面分析河北省上市公司的社会责任履行情况可以发现，河北省上市公司遵守法规（其他社会责任的主要体现）和维护中小投资者权益情况较好，两者的5年均值分别为88.64分和85.32分，这两项也是40个指标中仅有的两个得分超过80分的指标；其他几项指标得分都不高，除促进就业与员工责任刚满60分外，安全生产责任、产品质量和消费者责任、环保与资源节约责任、公益慈善责任等的得分均在60分以下，其中环保责任得分最低，5年平均得分仅为32.46分。河北上市公司对环保和慈善方面的工作应该更加重视。

从行业分布情况来看，金属制造业和房地产业是河北省上市公司中社会责任表现最好的行业，其5年得分均值分别为67.26分和58.04分；零售业和专用设备制造业则是得分最低的行业，其5年得分分别为34.54分和35.82分。

板块方面，主板上市公司的社会责任优于非主板，深市主板公司的社会责任优于沪市，深市主板得分为52.23分，沪市主板得分为48.77分，深市主板比沪市主板高出7.09个百分点；中小板公司的社会责任优于创业板，中小板得分为46.39分，创业板得分为37.81分，中小板高出创业板22.69个百分点。

按照区域划分，邢台、唐山、保定三个市的上市公司社会责任5年来一直稳居河北省前三名，邯郸于2016年首次与保定并列第三；而衡水和秦皇岛的上市公司社会责任得分最低。

股权性质方面，国有上市公司的社会责任水平明显高于民营公司，尤其是管理层面的指标值，高出民营企业6个百分点。

综合以上评价结果，我们认为，政府应在舆论方面加大力度宣传企业履行社会责任的正能量事件，在制度上向履行社会责任的企业倾斜，鼓励更多企业更好地履行社会责任。从公司自身的角度讲，河北省各上市公司应提高对社会责任的重视程度，充分重视社会责任建设的紧迫性和重要性，积极履行社会责任。尤其要从制度建设和信息披露入手，提高社会责任制度建设水平和信息披露水平，鼓励企业积极进行社会责任建设，让更多的企业参与到社会责任建设中，为和谐社会的构建做出进一步努力。

分报告一
河北上市公司融资发展报告

融资是企业采用一定的方式，通过一定渠道筹集资金的行为与过程。其规模和结构不仅影响企业的融资能力，而且影响企业的经营质量。本报告以公司的资产负债表、利润表项目结构分类为主要依据，结合常见的融资渠道分类标准，将融资分为股票融资、债券融资、银行借款、商业信用和自我积累五类，研究了2012～2016年河北上市公司融资规模和资本结构的发展状况。按照资本来源、资本构成、内源融资及公司对股东责任履行程度、股东对债权人利益保障程度、公司财务风险的逻辑顺序构建了包含资产负债率、长期资本资产率、留存收益率、产权比率的资本结构指标体系，分别从全国、市场板块和行业的角度，分析了河北省上市公司的融资规模和资本结构。

一　河北上市公司融资渠道与规模

（一）河北上市公司发行股票融资规模

1. 河北省上市公司发行股票整体融资规模

（1）河北省上市公司股票融资累计额及新增额

本报告从上市公司发行股票融资累计额和上市公司新增股票融资额两个角度描述上市公司股票融资的规模。

上市公司发行股票融资累计额是指截至统计年度12月31日发行股票筹集资金的累计额。它反映了该公司自上市发行股票至统计年度12月31日通过发行股票筹集资金的累计额，包括首发、增发和配股所筹集的资金。

从统计数据（见表1－1、图1－1至图1－4）来看，截至2016年12月31日，全国上市公司发行股票融资累计额为95466.25亿元，河北上市公司发行股票融资累计额为2865.10亿元，占全国上市公司发行股票融资累计额的比重为2.90%。从2012～2016年的发展趋势来看，河北省发行股票融资累计额占全国的比重呈上升趋势，2016年小幅下降，但是总体来看所占比重还是很小。2012年占全国的比重最小，为1.98%，最高年份为2015年，为3.14%。从环比数据来看，河北省通过公开发行股票筹集资金的环比增长率总体高于全国的环比增长率，2011年呈现爆发式增长远高于全国环比增长率，但2016年河北环比增长率有所下降，小于全国的环比增长率。

从全国来看，IPO融资累计额在2015年大幅度增长，河北省则在2014年大幅度增长，IPO融资累计额整体增长趋势不稳定。河北省IPO融资累计

表1－1　河北省与全国发行股票融资累计额及其环比增长率

单位：亿元，%

年份	河北省				全国				河北省发行股票融资占全国的比重	
	发行股票融资累计额		环比增长率		发行股票融资累计额		环比增长率			
	累计额	IPO	累计额	IPO	累计额	IPO	累计额	IPO	累计额	IPO
2012	916.95	373.86	13.47	1.00	46346.95	23596.31	11.36	4.63	1.98	1.58
2013	1085.06	373.86	18.33	0	50404.91	23961.43	8.76	1.55	2.15	1.56
2014	1352.13	381.55	24.61	2.06	59414.91	24747.98	17.88	3.28	2.28	1.54
2015	2419.32	387.98	78.93	1.69	76976.78	28161.99	29.56	13.80	3.14	1.38
2016	2865.10	387.98	18.43	0	95466.25	29666.09	24.02	5.34	2.90	1.31
合计	8638.56	1905.23			328609.81	130133.80			2.60	1.46

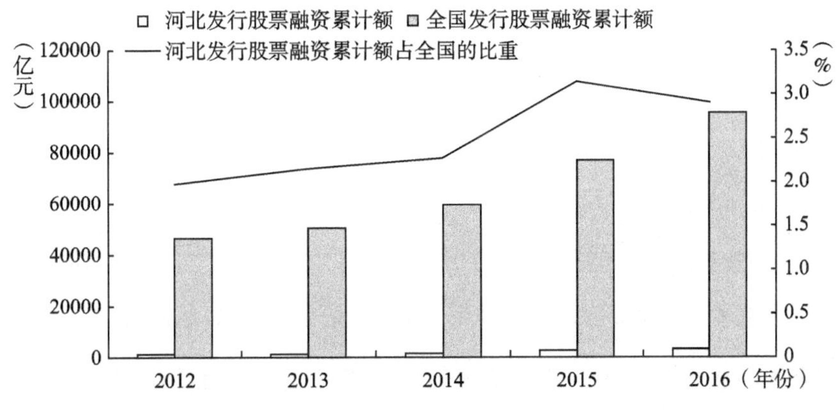

图1－1　2012～2016年河北与全国发行股票融资累计额及比重

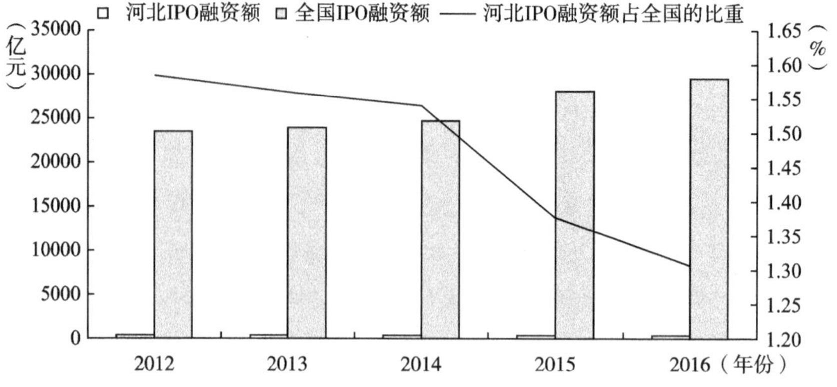

图 1－2　2012～2016 年河北省与全国 IPO 融资累计额及比重

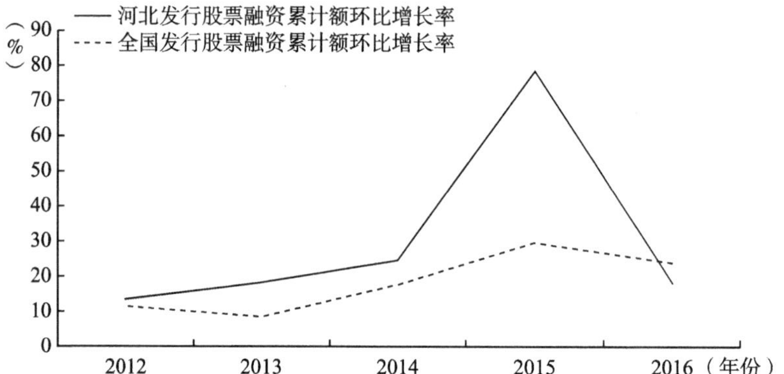

图 1－3　2012～2016 年河北与全国发行股票融资累计额环比增长趋势

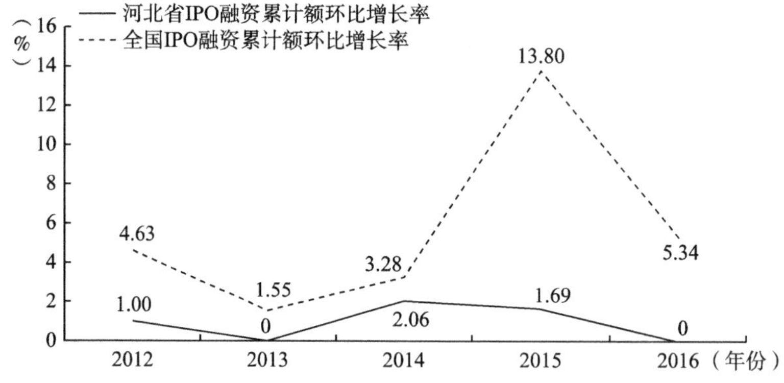

图 1－4　2012～2016 年河北与全国 IPO 融资累计额环比增长趋势

额占全国的比重也较小，并且呈现逐年下降的趋势，最高年度在 2012 年，占比为 1.58%。5 年平均占比仅为 1.46%。

上市公司新增股票融资额是指上市公司在某个年度新发行股票的融资额，反映上市公司当年股票融资的规模，包括IPO融资额、配股和增发股票再融资额。

从新增股票融资额的统计数据（见表1－2、图1－5至图1－8），2012～2016年全国上市公司新增股票融资额53840.53亿元，河北省上市公司新增股票融资额为2057.00亿元，占全国的3.82%。从时间维度来看，河北省上市公司新增股票融资额在2015年最多，达到1067.19亿元，2012年最少，仅有108.84亿元。河北省新增股票融资额占全国的比例总体增长幅度波动较大，其中，2012年占比最小，为2.31%，2015年占比最大，为6.08%。这种波动可能与中国股票发行制度有关，中国政府会根据股票市场的行情调节股票发行的速度，从而影响新增股票融资的规模与占比。

表1－2　河北与全国新增股票融资额及其占比

单位：亿元，%

<table>
<tr><th rowspan="3">年份</th><th colspan="4">河北</th><th colspan="4">全国</th><th colspan="2" rowspan="2">河北占全国的比重</th></tr>
<tr><th colspan="2">新增股票融资额</th><th colspan="2">环比增长率</th><th colspan="2">新增股票融资额</th><th colspan="2">环比增长率</th></tr>
<tr><th>融资额</th><th>IPO</th><th>融资额</th><th>IPO</th><th>融资额</th><th>IPO</th><th>融资额</th><th>IPO</th><th>融资额</th><th>IPO</th></tr>
<tr><td>2012</td><td>108.84</td><td>3.70</td><td>－69.42</td><td>－97.21</td><td>4721.23</td><td>1044.01</td><td>－34.88</td><td>－62.13</td><td>2.31</td><td>0.35</td></tr>
<tr><td>2013</td><td>168.11</td><td>0</td><td>54.46</td><td>－100</td><td>4057.96</td><td>365.12</td><td>－14.05</td><td>－65.03</td><td>4.14</td><td>0</td></tr>
<tr><td>2014</td><td>267.08</td><td>7.69</td><td>58.87</td><td>—</td><td>9010.01</td><td>786.56</td><td>122.03</td><td>115.42</td><td>2.96</td><td>0.98</td></tr>
<tr><td>2015</td><td>1067.19</td><td>6.43</td><td>299.58</td><td>－16.38</td><td>17561.86</td><td>3402.20</td><td>94.91</td><td>332.54</td><td>6.08</td><td>0.19</td></tr>
<tr><td>2016</td><td>445.78</td><td>0</td><td>－58.23</td><td>－100.00</td><td>18489.47</td><td>1504.10</td><td>5.28</td><td>－55.79</td><td>2.41</td><td>0</td></tr>
<tr><td>合计</td><td>2057.00</td><td>17.82</td><td></td><td></td><td>53840.53</td><td>7101.99</td><td></td><td></td><td>3.82</td><td>0.25</td></tr>
</table>

河北上市公司新增股票融资额在2015年增长最快，环比增长299.58%，2012年和2016年都出现了负增长，增长率分别为－69.42%、－58.23%。自2012年开始，河北新增股票融资额总体上呈现增长，但2016年又大幅度降低。全国新增股票融资额在2014年增长最快，增长率达122.03%。

全国IPO新增融资主要集中在2014～2015年，河北同样也集中在这两年。河北IPO新增融资额占全国IPO新增融资额的比例最高出现在2014年，但仍然低于1.00%，2012～2016年这5年平均占比仅为0.25%。

无论是从发行股票融资累计额还是从新增股票融资额来看，河北通过股票市场筹集的资金较少，在全国配置资源的能力有限，甚至可以说非常弱。

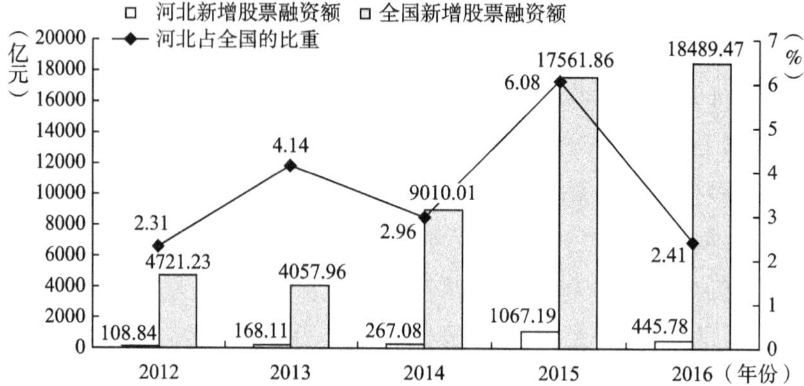

图 1－5　2012～2016 年河北与全国新增股票融资额及其占比趋势

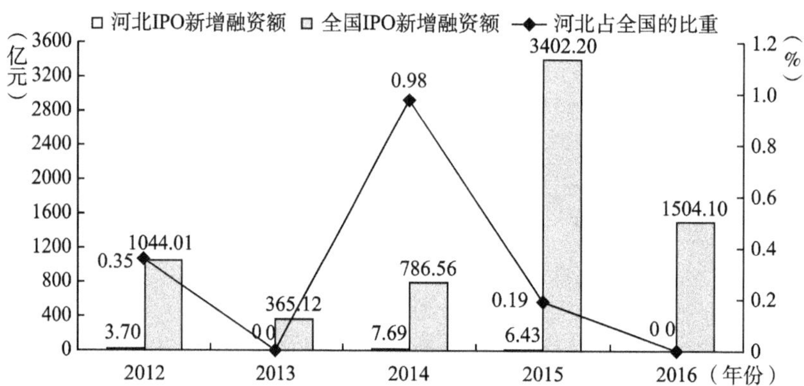

图 1－6　2012～2016 年河北与全国 IPO 新增融资额及其占比趋势

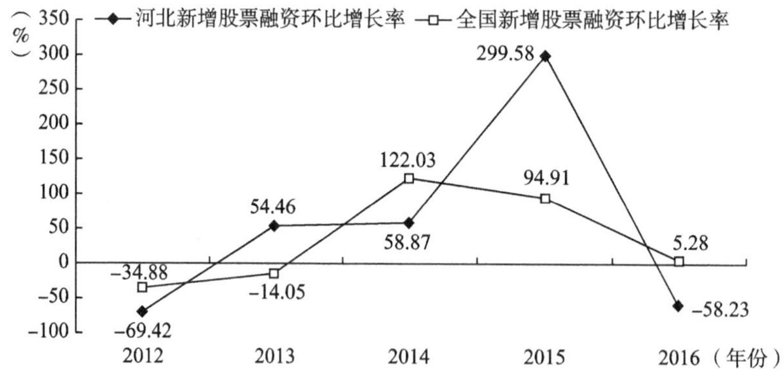

图 1－7　2012～2016 年河北与全国新增股票融资额环比增长率趋势

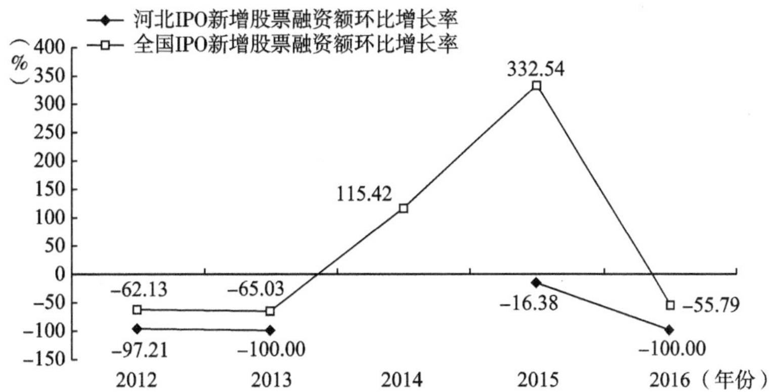

图1-8　2012~2016年河北与全国IPO新增股票融资额环比增长率

（2）河北省上市公司股票融资额占总资产的比例

表1-3呈现的是河北省上市公司和全国上市公司股票融资额占总资产的比例，从股票融资累计额/总资产、IPO融资累计额/总资产、本年新增股票融资额/总资产、本年IPO股票融资额/总资产四个方面进行了对比。首先，除了本年IPO股票融资额/总资产，其余三个指标，河北省的比率均大于全国的比率，说明股票筹资是河北省企业筹资的重要途径。其次，在2012~2016年河北省和全国IPO融资累计额/总资产呈现下降趋势，而本年新增股票融资额/总资产和股票融资累计额/总资产呈上升趋势，说明增发和配股成为股票融资的重要组成部分。

表1-3　2012~2016年河北省上市公司和全国上市公司股票融资额占总资产比例

单位：%

指标		2012年	2013年	2014年	2015年	2016年	均值
股票融资累计额/总资产	河北省	14.56	14.72	16.20	25.27	23.38	19.70
	全国	3.89	3.79	3.97	4.47	4.73	4.23
IPO融资累计额/总资产	河北省	5.94	5.07	4.57	4.05	3.17	4.34
	全国	1.98	1.80	1.65	1.63	1.47	1.68
本年新增股票融资额/总资产	河北省	1.73	2.28	3.20	11.15	3.64	4.69
	全国	0.40	0.31	0.60	1.02	0.92	0.69
本年IPO股票融资额/总资产	河北省	0.06	0	0.09	0.07	0	0.04
	全国	0.09	0.03	0.05	0.20	0.07	0.09

2. 河北省不同板块市场上市公司股票融资规模

（1）河北省不同板块上市公司股票融资累计额及新增额

在中国，股票市场有沪市A股、深市A股、中小企业板和创业板四个不同的板块市场（本报告没有将B股市场列入其中）。前两者分别在上海证券交易所和深圳证券交易所上市交易，被称作主板市场，指传统意义上的证券市场，是一个国家或地区证券发行、上市及交易的主要场所。中小企业板市场又称中小板市场，是相对于主板市场而言的。有些企业若达不到主板市场上市的要求，可在中小板或创业板市场上市。中小板市场是创业板的一种过渡，主要服务于发展成熟的中小企业。创业板又称二板市场，主要服务于成长型的、处于创业阶段的企业，特别是那些具有自主创新能力的企业，是主板市场之外的专为暂时无法上市的中小企业和新兴公司提供融资途径和成长空间的证券交易市场，是对主板市场的有效补充，在资本市场中占据重要的位置。其最大特点就是进入门槛低，运作要求严格，有助于有潜力的中小企业获得融资机会。

中国有主板（沪市A股和深市A股）、中小板和创业板股票市场，不同板块市场对拟上市公司在经营时间、财务、股本规模、业务经营和公司管理等方面有不同的要求。也就是说，在不同板块市场上市的公司表现出不同的特点。

表1-4呈现的是2012~2016年河北省不同板块上市公司股票融资累计额、IPO融资累计额及其占全国融资累计额的比例，见图1-9、图1-10。

从这5年的变化趋势来看，深市A股股票融资累计额所占比例2012~2016年先上升后下降，2014年达到最大值5.36%。中小板2012~2014年三年来所占比例小幅下降，但2015年和2016年两年增长较为迅速。创业板和沪市A股2012~2016年来发展比较平稳，波动不大，但创业板呈小幅下降趋势，沪市A股则呈小幅上升趋势。

2016年，不同板块上市公司股票融资累计额占河北省的比例分别是：创业板2.94%，沪市A股32.71%，深市A股29.98%，中小板34.37%（见图1-11）。不同板块上市公司股票融资累计额占全国的比例分别是：创业板6.50%，沪市A股54.01%，深市A股21.49%，中小板18.00%（见图1-12）。可见，全国和河北省的上市公司在主板市场上的融资累计额最多。从2016年不同板块上市公司股票融资累计额的数据来看，河北省中小板为

表 1－4　2012～2016 年河北省不同板块上市公司股票融资累计额、IPO 融资累计额及其占全国的比例

单位：亿元，%

		2012 年		2013 年		2014 年		2015 年		2016 年	
		累计额	IPO	累计额	IPO	累计额	IPO	累计额	IPO	累计额	IPO
创业板	河北省	34.07	34.07	34.07	34.07	45.24	41.77	61.95	48.20	84.33	48.20
	全国	2320.66	2310.39	2367.67	2310.39	2927.94	2532.76	4334.45	2917.92	6205.99	3176.05
	河北省占全国比例	1.47	1.47	1.44	1.47	1.55	1.65	1.43	1.65	1.36	1.52
沪市A股	河北省	370.67	208.64	451.34	208.64	540.52	208.64	633.85	208.64	937.26	208.64
	全国	29622.79	14802.35	31882.37	14861.64	35855.40	15203.82	43285.09	16346.31	51559.47	17365.73
	河北省占全国比例	1.25	1.41	1.42	1.40	1.51	1.37	1.46	1.28	1.82	1.20
深市A股	河北省	405.44	53.73	491.57	53.73	641.91	53.73	750.40	53.73	858.91	53.73
	全国	8085.43	1690.62	9363.50	1996.44	11975.36	1996.44	16495.81	3698.44	20515.64	3698.43
	河北省占全国比例	5.01	3.18	5.25	2.69	5.36	2.69	4.55	1.45	4.19	1.45
中小板	河北省	106.76	77.41	108.06	77.41	124.46	77.41	973.12	77.41	984.60	77.41
	全国	6318.07	4792.95	6791.37	4792.95	8656.21	5014.96	12861.64	5199.33	17185.14	5425.88
	河北省占全国比例	1.69	1.62	1.59	1.62	1.44	1.54	7.57	1.49	5.73	1.43
合计	河北省	916.95	373.86	1085.06	373.86	1352.13	381.55	2419.32	387.98	2865.10	387.98
	全国	46346.95	23596.31	50404.91	23961.42	59414.91	24747.98	76976.99	28162.00	95466.24	29666.09
	河北省占全国比例	1.98	1.58	2.15	1.54	2.28	1.54	3.77	1.38	3.00	1.31

984.60 亿元，其后依次是沪市 A 股 937.26 亿元、深市 A 股 858.91 亿元、创业板 84.33 亿元。河北省各板块上市公司股票融资累计额占比最高的是中小板，全国各板块上市公司股票融资累计额占比最高的是沪市 A 股，这与河北省和中国的经济发展状况、经济体制改革、各板块市场发展的历史

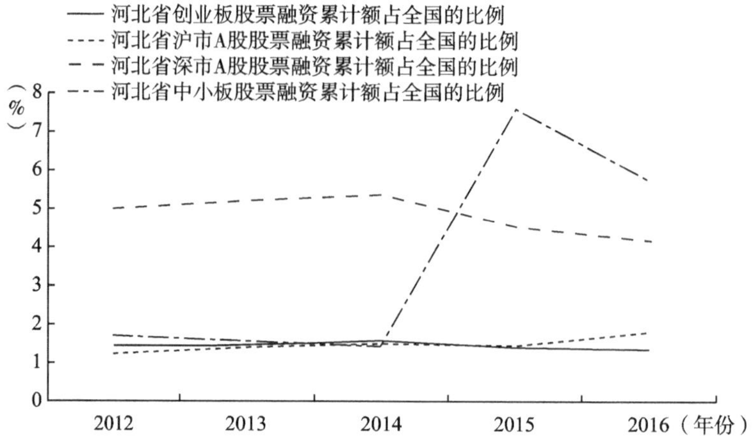

图 1－9　2012～2016 年河北省不同板块上市公司股票融资累计额占全国的比例趋势

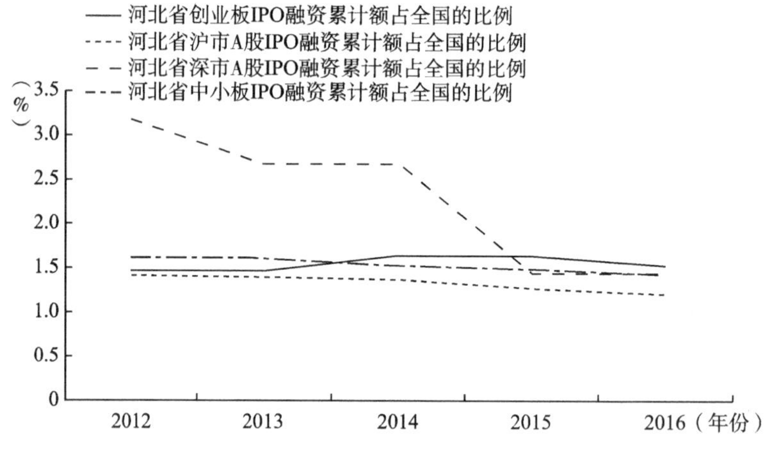

图 1－10　2012～2016 年河北省不同板块上市公司 IPO 融资累计额占全国的比例趋势

有关。

2016 年，不同板块上市公司 IPO 融资累计额占河北 IPO 融资累计额的比例分别是：创业板 12.42%、沪市 A 股 53.78%、深市 A 股 13.85%、中小板 19.95%（见图 1－13）。不同板块上市公司 IPO 融资累计额占全国 IPO 融资累计额的比例分别是：创业板 10.71%、沪市 A 股 58.54%、深市 A 股 12.47%、中小板 18.29%（见图 1－14）。河北省在沪市 A 股市场上 IPO 融资累计额最多，为 208.64 亿元；在创业板市场上 IPO 融资累计额最少，仅为 48.20 亿元。

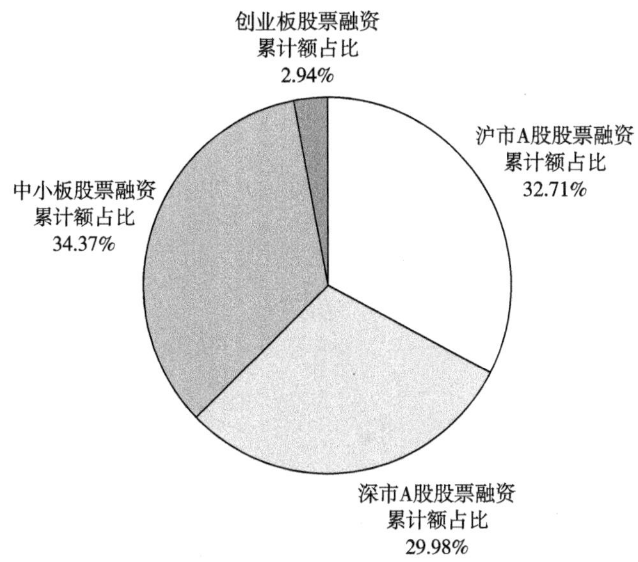

图 1－11　2016 年不同板块上市公司股票融资累计额占河北省的比例

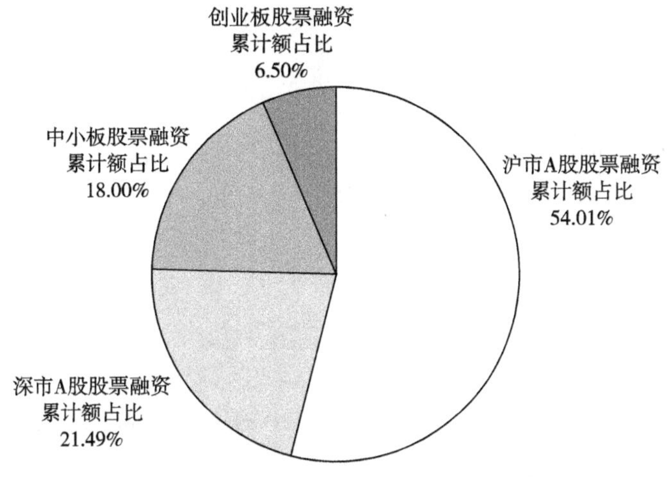

图 1－12　2016 年不同板块上市公司股票融资累计额占全国的比例

河北省在创业板市场上 IPO 融资累计额占全国的比例最高，为 1.52%；占比最低的为沪市 A 股，仅为 1.20%。

表 1－5 呈现的是 2012～2016 年河北省不同板块上市公司新增股票融资额、新增 IPO 融资额及其占全国的比例，比例趋势见图 1－15、图 1－16。

从 2012～2016 年不同板块上市公司新增股票融资总额来看，河北省中

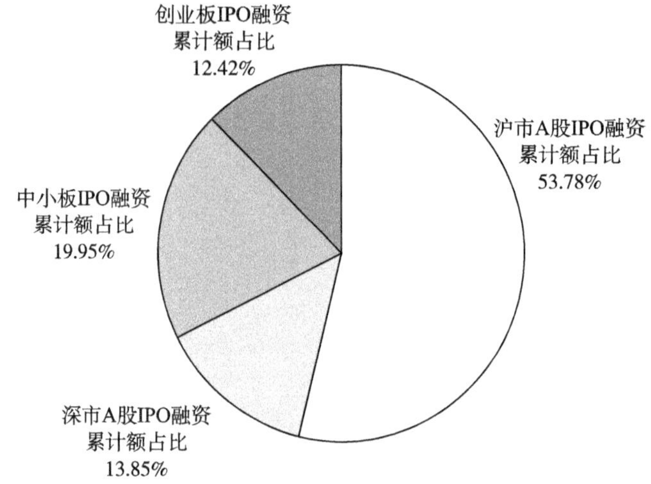

图 1－13　2016 年不同板块上市公司 IPO 融资累计额占河北省的比例

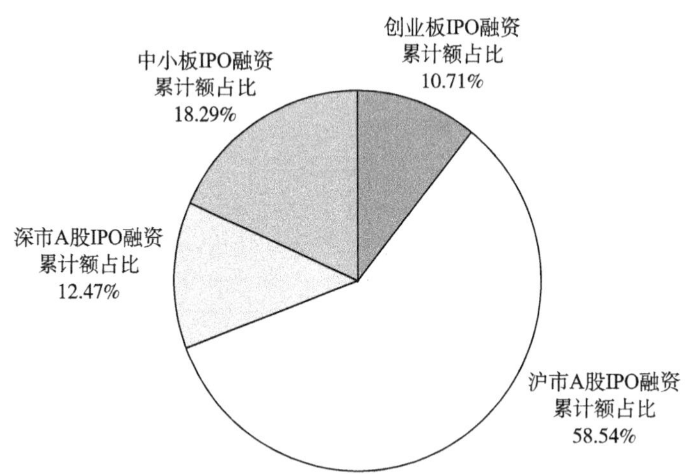

图 1－14　2016 年不同板块上市公司 IPO 融资累计额占全国的比例

小板上市公司新增股票融资额最多，创业板最少。在 2012～2016 年，全国沪市 A 股上市公司新增股票融资总额最多，最少的是创业板。这与板块市场的股票上市条件、历史发展以及主要市场目标有关。2012～2016 年，河北省新增 IPO 融资额合计为 17. 82 亿元，其中，融资额最多的板块是创业板（14. 12 亿元），深市 A 股和沪市 A 股最少（0 元），中小板为 3. 70 亿元。

从各板块 5 年的变化趋势来看，深市 A 股和沪市 A 股的河北省新增股票融资额占比趋势大致相同，在 2013 年上升后，2014 年和 2015 年都呈下降趋势，2016 年又有所回升。中小板河北新增股票融资额占比普遍较低，只有 2015 年大幅度增长。创业板河北新增股票融资额占比在 2012 年和 2013 年均为 0，在 2014 ~2016 年三年间比较稳定。

表 1 -5　2012 ~2016 年河北省不同板块上市公司新增股票融资额、新增 IPO 融资额及其占全国的比例

单位：亿元，%

			2012 年	2013 年	2014 年	2015 年	2016 年	合计
创业板	新增股票融资额	河北省	0	0	11.17	16.71	22.38	50.26
		全国	361.76	47.01	560.27	1406.31	1871.74	4247.09
		河北省占全国的比例	0	0	1.99	1.19	1.20	1.18
	新增 IPO 融资额	河北省	0	0	7.69	6.43	0	14.12
		全国	339.97	0	222.37	385.16	258.12	1205.62
		河北省占全国的比例	0	—	3.46	1.67	0	1.17
沪市 A 股	新增股票融资额	河北省	59.69	80.68	89.17	93.33	303.41	626.28
		全国	2602.24	2259.58	3973.03	7429.69	8274.39	24538.93
		河北省占全国的比例	2.29	3.57	2.24	1.26	3.67	2.55
	新增 IPO 融资额	河北省	0	0	0	0	0	0
		全国	382.54	59.29	342.18	1140.13	1019.42	2943.56
		河北省占全国的比例	0	0	0	0	0	0
深市 A 股	新增股票融资额	河北省	30.75	86.13	150.34	108.49	108.50	484.21
		全国	1013.32	1278.07	2611.87	4520.45	4019.83	13443.54
		河北省占全国的比例	3.03	6.74	5.76	2.40	2.70	3.60
	新增 IPO 融资额	河北省	0	0	0	0	0	0
		全国	0	305.83	0	1692.53	0	1998.36
		河北省占全国的比例	—	0	—	0	—	0
中小板	新增股票融资额	河北省	18.40	1.30	16.40	848.65	11.49	896.24
		全国	743.91	473.30	1864.84	4205.42	4323.51	11610.98
		河北省占全国的比例	2.47	0.27	0.88	20.18	0.27	7.72
	新增 IPO 融资额	河北省	3.70	0	0	0	0	3.70
		全国	321.50	0	222.01	184.37	226.56	954.43
		河北省占全国的比例	1.15	—	0	0	0	0.39

续表

			2012年	2013年	2014年	2015年	2016年	合计
合计	新增股票融资额	河北省	108.84	168.11	267.08	1067.19	445.78	2057.00
		全国	4721.23	4057.96	9010.01	17561.86	18489.47	53840.53
		河北省占全国的比例	2.31	4.14	2.96	6.08	2.41	3.82
	新增IPO融资额	河北省	3.70	0	7.69	6.43	0	17.82
		全国	1044.01	365.12	786.56	3402.20	1504.10	7101.98
		河北省占全国的比例	0.35	0	0.98	0.19	0	0.25

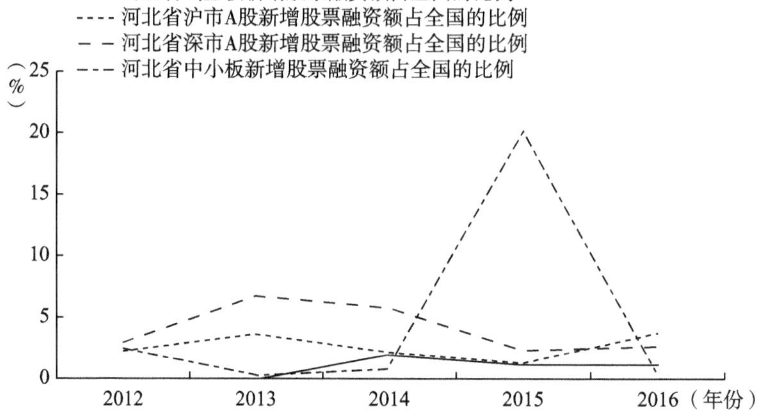

图1-15 2012~2016年河北省不同板块上市公司新增股票融资额占全国的比例

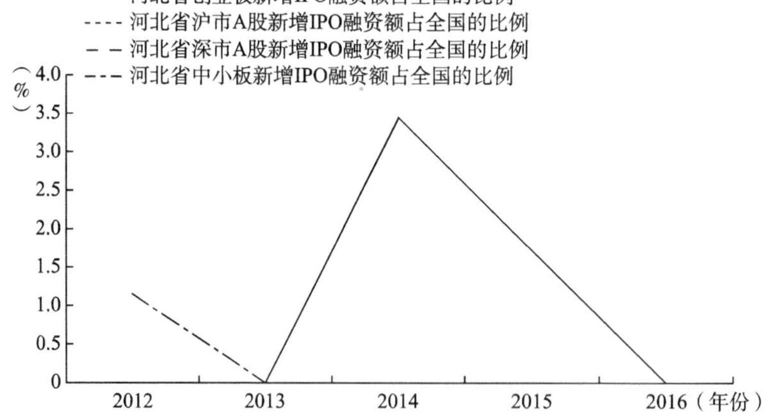

图1-16 2012~2016年河北不同板块上市公司新增IPO融资额占全国的比例

2012～2016 年，深市 A 股和沪市 A 股河北省每年度新增 IPO 融资额占全国的比例均为 0，创业板和中小板的河北新增 IPO 融资额占比非常小，并且呈下降趋势。

（2）河北省不同板块上市公司股票融资额占总资产的比例

表 1－6 呈现的是 2012～2016 年河北省和全国不同板块上市公司股票融资累计额占总资产的比例。截至 2016 年，河北省股票融资累计额占总资产的比例均值最高的是创业板（57.26%），最低的是沪市 A 股，仅为 15.07%。除中小板外，其他三个板块中河北省的股票融资累计额/总资产都高于全国的股票融资累计额/总资产，在波动中呈稳定上升趋势。在中小板，河北省的股票融资累计额/总资产总体呈现快速上升趋势，在 2015 和 2016 年均实现了大幅度增长。

表 1－6　2012～2016 年河北省和全国不同板块上市公司股票融资累计额占总资产的比例

单位：%

指标	板块		2012 年	2013 年	2014 年	2015 年	2016 年	均值
股票融资累计额/总资产	创业板	河北省	57.96	55.13	57.44	53.47	60.99	57.26
		全国	52.81	45.80	40.83	37.59	37.51	40.52
	沪市 A 股	河北省	14.84	14.97	14.99	14.99	15.32	15.07
		全国	2.70	2.62	2.63	2.78	2.86	2.73
	深市 A 股	河北省	12.96	14.13	17.52	18.99	20.09	17.02
		全国	12.32	12.31	13.50	15.28	15.11	14.01
	中小板	河北省	17.38	13.21	12.46	76.30	57.05	42.28
		全国	25.25	23.09	23.47	27.11	28.00	25.89

表 1－7 呈现的是 2012～2016 年河北省和全国不同板块上市公司 IPO 融资累计额占总资产的比例。截至 2016 年底，河北省 IPO 融资累计额占总资产的比例均值最高的是创业板为 45.50%，最低的是深市 A 股，仅为 1.45%。在创业板和沪市 A 股，河北省的 IPO 融资累计额/总资产都高于全国的 IPO 融资累计额/总资产，但呈现连续下降的趋势。而在深市 A 股和中小板，河北省的 IPO 融资累计额/总资产总体呈现下降趋势。

表 1－7　2012～2016 年河北省和全国不同板块上市公司 IPO 融资累计额占总资产的比例

单位：%

指标	板块		2012 年	2013 年	2014 年	2015 年	2016 年	均值
IPO 融资累计额/总资产	创业板	河北省	57.96	55.13	67.59	61.20	41.61	45.50
		全国	52.57	44.69	48.99	40.69	27.55	29.56
	沪市 A 股	河北省	8.35	6.92	6.92	5.79	4.93	5.36
		全国	1.35	1.22	1.25	1.20	1.12	1.12
	深市 A 股	河北省	1.72	1.54	1.54	1.47	1.36	1.45
		全国	2.58	2.62	2.62	4.17	3.43	2.76
	中小板	河北省	12.60	9.46	9.46	7.75	6.07	7.12
		全国	19.16	16.30	17.05	14.09	11.44	12.60

3. 河北省不同行业上市公司股票融资规模

（1）河北省不同行业上市公司股票融资累计额及新增额

表 1－8 呈现的是 2012～2016 年河北省不同行业上市公司股票融资累计额、IPO 融资累计额及其占全国的比例。分行业来看，2012～2016 年河北上市公司股票融资主要集中在第一、二产业，包含了农林牧渔业，批发和零售业，制造业，综合类行业，交通运输、仓储和邮政业，采矿业，电力、热力、燃气及水生产和供应业等 8 个行业。2016 年，河北省股票融资累计额最高的是制造业，为 2251.40 亿元；房地产业次之，为 158.32 亿元。河北省

表 1－8　2012～2016 年河北省不同行业上市公司股票融资累计额、IPO 融资累计额及其占全国的比例

单位：亿元，%

			2012 年	2013 年	2014 年	2015 年	2016 年
采矿业	股票融资累计额	河北	53.08	53.08	84.08	84.08	84.08
		全国	3275.35	3475.96	3743.81	4297.78	4665.38
		河北占全国的比例	1.62	1.53	2.25	1.96	1.80
	IPO 融资累计额	河北	7.83	7.83	7.83	7.83	7.83
		全国	2410.88	2410.88	2470.18	2501.39	2525.27
		河北占全国的比例	0.32	0.32	0.32	0.31	0.31

续表

			2012 年	2013 年	2014 年	2015 年	2016 年
电力、热力、燃气及水生产和供应业	股票融资累计额	河北	31. 62	31. 62	48. 62	48. 62	61. 62
		全国	2201. 82	2594. 55	2894. 01	3770. 03	4696. 02
		河北占全国的比例	1. 44	1. 22	1. 68	1. 29	1. 31
	IPO融资累计额	河北	3. 36	3. 36	3. 36	3. 36	3. 36
		全国	517. 30	576. 58	585. 51	741. 33	767. 64
		河北占全国的比例	0. 65	0. 58	0. 57	0. 45	0. 44
房地产业	股票融资累计额	河北	38. 01	38. 01	38. 01	88. 32	158. 32
		全国	2660. 43	2660. 43	3206. 00	5330. 52	6841. 65
		河北占全国的比例	1. 43	1. 43	1. 19	1. 66	2. 31
	IPO融资累计额	河北	11. 97	11. 97	11. 97	11. 97	11. 97
		全国	487. 74	487. 74	487. 74	1035. 74	1027. 39
		河北占全国的比例	2. 45	2. 45	2. 45	1. 16	1. 17
建筑业	股票融资累计额	河北	0	0	0	0	0
		全国	2109. 24	2216. 63	2467. 67	3173. 03	3502. 41
		河北占全国的比例	0	0	0	0	0
	IPO融资累计额	河北	0	0	0	0	0
		全国	1761. 48	1761. 48	1772. 81	1812. 53	1855. 41
		河北占全国的比例	0	0	0	0	0
交通运输、仓储和邮政业	股票融资累计额	河北	25. 10	25. 10	25. 10	50. 18	62. 15
		全国	2697. 69	2820. 78	3098. 94	3333. 16	3894. 45
		河北占全国的比例	0. 93	0. 89	0. 81	1. 51	1. 60
	IPO融资累计额	河北	16. 40	16. 40	16. 40	16. 40	16. 40
		全国	1375. 97	1375. 97	1382. 84	1413. 51	1429. 29
		河北占全国的比例	1. 19	1. 19	1. 19	1. 16	1. 15
教育	股票融资累计额	河北	0	0	0	0	0
		全国	0. 33	0. 33	2. 28	12. 28	75. 71
		河北占全国的比例	0	0	0	0	0
	IPO融资累计额	河北	0	0	0	0	0
		全国	0. 33	0. 33	0. 33	0. 33	9. 46
		河北占全国的比例	0	0	0	0	0

续表

			2012年	2013年	2014年	2015年	2016年
金融业	股票融资累计额	河北	2.50	2.50	4.50	4.50	78.10
		全国	9895.02	10488.75	11425.12	13810.73	15212.27
		河北占全国的比例	0.05	0.04	0.04	0.03	0.51
	IPO融资累计额	河北	2.50	2.50	2.50	2.50	2.50
		全国	4810.63	4810.63	4880.59	6540.61	6927.47
		河北占全国的比例	0.05	0.05	0.05	0.04	0.04
科学研究和技术服务业	股票融资累计额	河北	0	0	0	0	0
		全国	56.50	63.55	103.41	133.09	213.82
		河北占全国的比例	0	0	0	0	0
	IPO融资累计额	河北	0	0	0	0	0
		全国	56.50	56.50	93.51	108.89	126.96
		河北占全国的比例	0	0	0	0	0
农林牧渔业	股票融资累计额	河北	2.52	10.07	25.07	40.07	40.07
		全国	343.84	357.52	506.47	727.87	856.04
		河北占全国的比例	0.73	2.82	4.95	5.51	4.68
	IPO融资累计额	河北	2.52	2.52	2.52	2.52	2.52
		全国	239.11	239.11	253.67	334.98	342.18
		河北占全国的比例	1.05	1.05	0.99	0.75	0.74
批发和零售业	股票融资累计额	河北	77.25	80.99	207.84	207.84	112.49
		全国	1426.42	1508.39	2066.97	2737.03	4382.32
		河北占全国的比例	5.42	5.37	10.06	7.59	2.57
	IPO融资累计额	河北	71.45	71.45	71.45	71.45	69.59
		全国	594.33	594.33	609.65	655.51	706.57
		河北占全国的比例	12.02	12.02	11.72	10.90	9.85
水利环境和公共设施管理业	股票融资累计额	河北	0	0	0	0	0
		全国	309.61	320.98	408.46	478.98	614.00
		河北占全国的比例	0	0	0	0	0
	IPO融资累计额	河北	0	0	0	0	0
		全国	136.01	136.01	149.08	144.99	148.35
		河北占全国的比例	0	0	0	0	0

续表

			2012 年	2013 年	2014 年	2015 年	2016 年
卫生和社会工作	股票融资累计额	河北	0	0	0	0	0
		全国	18.83	18.83	18.83	24.43	92.34
		河北占全国的比例	0	0	0	0	0
	IPO融资累计额	河北	0	0	0	0	0
		全国	18.83	18.83	18.83	20.43	27.43
		河北占全国的比例	0	0	0	0	0
文化体育和娱乐业	股票融资累计额	河北	0	0	0	0	0
		全国	394.93	491.77	654.40	1036.03	1816.00
		河北占全国的比例	0	0	0	0	0
	IPO融资累计额	河北	0	0	0	0	0
		全国	211.91	211.91	211.91	249.76	335.35
		河北占全国的比例	0	0	0	0	0
信息传输、软件和信息技术服务业	股票融资累计额	河北	0	0	0	0	14.4
		全国	1042.85	1165.73	1526.34	2296.28	3480.20
		河北占全国的比例	0	0	0	0	0.41
	IPO融资累计额	河北	0	0	0	0	1.13
		全国	749.62	749.62	810.36	938.25	1094.97
		河北占全国的比例	0	0	0	0	0.10
制造业	股票融资累计额	河北	686.90	843.71	920.93	1897.73	2251.40
		全国	19402.37	21651.48	26533.42	34301.10	42892.02
		河北占全国的比例	3.54	3.90	3.47	5.53	5.25
	IPO融资累计额	河北	257.86	257.86	265.56	270.21	270.21
		全国	10037.79	10343.62	10824.34	11426.77	12086.08
		河北占全国的比例	2.57	2.49	2.45	2.36	2.24
住宿和餐饮业	股票融资累计额	河北	0	0	0	0	0
		全国	46.93	49.54	99.92	201.78	285.69
		河北占全国的比例	0	0	0	0	0
	IPO融资累计额	河北	0	0	0	0	0
		全国	27.40	27.40	27.40	29.19	29.19
		河北占全国的比例	0	0	0	0	0

续表

			2012 年	2013 年	2014 年	2015 年	2016 年
综合类行业	股票融资累计额	河北	2.47	2.47	2.47	2.47	2.47
		全国	117.15	117.15	125.46	269.54	418.48
		河北占全国的比例	2.11	2.11	1.97	0.92	0.59
	IPO 融资累计额	河北	2.47	2.47	2.47	2.47	2.47
		全国	54.85	54.85	54.85	58.58	51.76
		河北占全国的比例	4.50	4.50	4.50	4.22	4.77
租赁和商务服务业	股票融资累计额	河北	0	0	0	0	0
		全国	347.62	402.51	533.39	1043.10	1527.44
		河北占全国的比例	0	0	0	0	0
	IPO 融资累计额	河北	0	0	0	0	0
		全国	105.61	105.61	114.36	149.21	175.32
		河北占全国的比例	0	0	0	0	0
总计	股票融资累计额	河北	916.95	1085.06	1352.13	2419.32	2865.10
		全国	46346.93	50404.88	59414.90	76976.76	95466.24
		河北占全国的比例	1.98	2.15	2.28	3.14	3.00
	IPO 融资累计额	河北	373.86	373.86	381.55	387.98	387.98
		全国	23596.29	23961.40	24747.96	28162.00	29666.09
		河北占全国的比例	1.58	1.56	1.54	1.38	1.31

股票融资累计额占全国比例最高的是制造业，占比为 5.25%；其次是农林牧渔业，占比为 4.68%。从纵向来看，2012～2016 年，河北省房地产业，交通运输、仓储和邮政业，制造业股票融资累计额占全国的比例趋势呈“U”字形，表明这些行业的融资受到产业发展的影响；农林牧渔业，批发和零售业，采矿业，电力、热力、燃气及水生产和供应业呈现先升后降的趋势；金融业，信息传输、软件和信息技术服务业实现了从无到有，这与河北经济未来发展趋势相符合。

2016 年底，河北有 IPO 累计融资的行业共有 10 个，融资最多的行业是制造业，达 270.21 亿元，占全国制造业 IPO 融资累计额的 2.24%；其次是批发和零售业，为 69.59 亿元，占全国批发和零售业 IPO 融资累计额的 9.85%，这一行业也是占全国比例最高的行业（见图 1－18）。

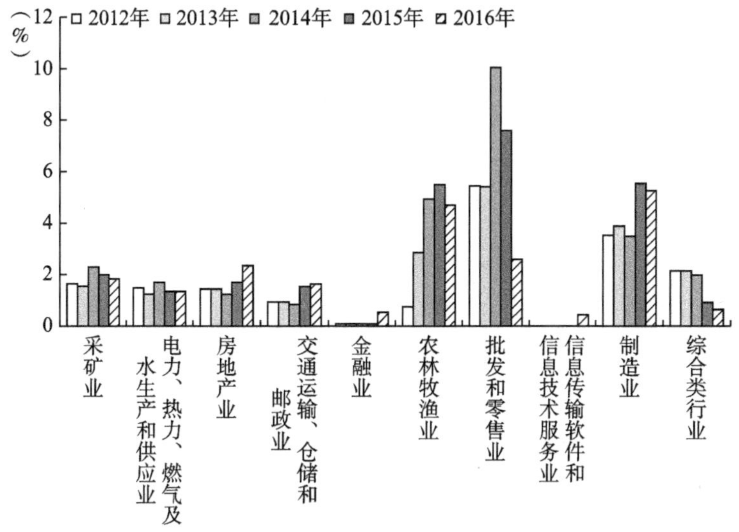

图 1－17　2012～2016 年河北省不同行业上市公司股票融资累计额占全国的比例

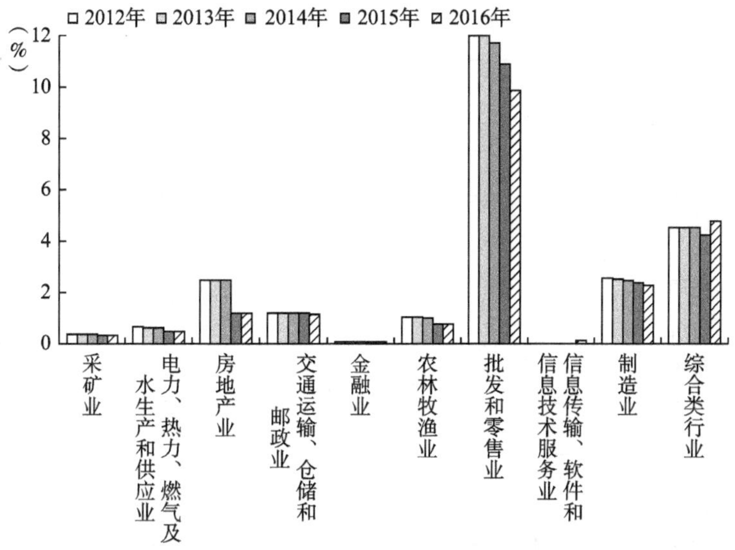

图 1－18　2012～2016 年河北省不同行业上市公司 IPO 融资累计额占全国的比例

表 1－9 呈现的是河北省分行业上市公司新增股票融资额、IPO 新增融资额及其占全国的比例。2012～2016 年，河北省通过新增股票融资的上市公司主要集中在房地产业、农林牧渔业、批发和零售业与制造业。其中，制造业新增股票融资额最多，达 1578.17 亿元，占全国制造业的 6.02%；其次是批发和零售业，新增股票融资额为 149.29 亿元，占全国批发和零售

业新增股票融资额的4.62%。其后分别是房地产业，金融业，农林牧渔业，交通运输、仓储和邮政业，采矿业，电力、热力、燃气及水生产和供应业，这说明河北省主要在传统行业中通过发行股票进行了融资，但河北省金融业2016年首次进行了融资，说明了河北省未来的发展趋势。

河北省采矿业，电力、热气、燃气及水生产和供应业，批发和零售业主要在2014年进行了股票融资；交通运输、仓储和邮政业主要在2015年进行了股票融资；房地产业主要在2016年进行了股票融资；金融业则在2016年首次进行了股票融资；农林牧渔业主要在2013年、2014年和2015年进行了股票融资；而批发和零售业与制造业各年度股票融资比较均衡，几乎每年都有融资。整体来看，河北省各行业新增股票融资额占全国的比例没有规律性，也没有表现出时间上的连续性，说明行业内企业梯队没有形成（见图1－19）。

表1－9　2012～2016年河北省不同行业上市公司新增股票融资额、IPO新增融资额及其占全国的比例

单位：亿元，%

<table>
<tr><th colspan="3"></th><th>2012年</th><th>2013年</th><th>2014年</th><th>2015年</th><th>2016年</th><th>合计</th></tr>
<tr><td rowspan="6">采矿业</td><td rowspan="3">本年新增股票融资额</td><td>河北省</td><td>0</td><td>0</td><td>31</td><td>0</td><td>0</td><td>31.00</td></tr>
<tr><td>全国</td><td>263.53</td><td>200.61</td><td>267.84</td><td>572.72</td><td>315.65</td><td>1620.35</td></tr>
<tr><td>河北省占全国比例</td><td>0</td><td>0</td><td>11.57</td><td>0</td><td>0</td><td>1.91</td></tr>
<tr><td rowspan="3">本年IPO新增融资额</td><td>河北省</td><td>0</td><td>0</td><td>0</td><td>0</td><td>0</td><td>0</td></tr>
<tr><td>全国</td><td>13.92</td><td>0</td><td>59.30</td><td>20.83</td><td>19.47</td><td>113.52</td></tr>
<tr><td>河北省占全国比例</td><td>0</td><td>—</td><td>0</td><td>0</td><td>0</td><td>0</td></tr>
<tr><td rowspan="6">电力、热力、燃气及水生产和供应业</td><td rowspan="3">本年新增股票融资额</td><td>河北省</td><td>0</td><td>0</td><td>17.00</td><td>0</td><td>13.00</td><td>30.00</td></tr>
<tr><td>全国</td><td>417.39</td><td>392.74</td><td>299.46</td><td>813.03</td><td>979.46</td><td>2902.08</td></tr>
<tr><td>河北省占全国比例</td><td>0</td><td>0</td><td>5.68</td><td>0.00</td><td>1.33</td><td>1.03</td></tr>
<tr><td rowspan="3">本年IPO新增融资额</td><td>河北省</td><td>0</td><td>0</td><td>0</td><td>0</td><td>0</td><td>0</td></tr>
<tr><td>全国</td><td>8.85</td><td>59.29</td><td>8.93</td><td>141.36</td><td>10.66</td><td>229.09</td></tr>
<tr><td>河北省占全国比例</td><td>0</td><td>0</td><td>0</td><td>0</td><td>0</td><td>0</td></tr>
</table>

续表

			2012 年	2013 年	2014 年	2015 年	2016 年	合计
房地产业	本年新增股票融资额	河北省	0	0	0	50.31	70.00	120.31
		全国	24.46	0	545.57	2127.83	1646.21	4344.07
		河北省占全国比例	0	—	0	2.36	4.25	2.77
	本年 IPO 新增融资额	河北省	0	0	0	0	0	0
		全国	0	0	0	534.39	0	534.39
		河北省占全国比例	—	—	—	0	—	0
建筑业	本年新增股票融资额	河北省	0	0	0	0	0	0
		全国	209.05	107.39	251.03	698.32	421.76	1687.55
		河北省占全国比例	0	0	0	0	0	0
	本年 IPO 新增融资额	河北省	0	0	0	0	0	0
		全国	93.98	0	11.34	32.67	67.03	205.02
		河北省占全国比例	0	—	0	0	0	0
交通运输、仓储和邮政业	本年新增股票融资额	河北省	0	0	0	25.08	11.97	37.05
		全国	236.77	123.09	278.16	242.16	542.97	1423.15
		河北省占全国比例	0	0	0	10.36	2.20	2.60
	本年 IPO 新增融资额	河北省	0	0	0	0	0	0
		全国	24.07	0	6.86	31.36	4.46	66.75
		河北省占全国比例	0	—	0	0	0	0
教育	本年新增股票融资额	河北省	0	0	0	0	0	0
		全国	0	0	1.94	10.00	8.20	20.14
		河北省占全国比例	—	—	0	0	0	0
	本年 IPO 新增融资额	河北省	0	0	0	0	0	0
		全国	0	0	0	0	8.20	8.20
		河北省占全国比例	—	—	—	—	0	0

续表

			2012 年	2013 年	2014 年	2015 年	2016 年	合计
金融业	本年新增股票融资额	河北省	0	0	0	0	73.60	73.60
		全国	693.08	593.73	936.38	2383.75	1368.96	5975.90
		河北省占全国比例	0	0	0	0	5.38	1.23
	本年 IPO 新增融资额	河北省	0	0	0	0	0	0
		全国	17.40	0	69.96	1658.16	368.89	2114.41
		河北省占全国比例	0	—	0	0	0	0
科学研究和技术服务业	本年新增股票融资额	河北省	0	0	0	0	0	0
		全国	14.52	7.05	39.86	28.44	70.53	160.40
		河北省占全国比例	0	0	0	0	0	0
	本年 IPO 新增融资额	河北省	0	0	0	0	0	0
		全国	6.54	0	37.01	19.99	16.81	80.35
		河北省占全国比例	0	—	0	0	0	0
农林牧渔业	本年新增股票融资额	河北省	0	7.55	15.00	15.00	0	37.55
		全国	23.88	13.68	148.94	208.84	127.28	522.62
		河北省占全国比例	0	55.21	10.07	7.18	0	7.18
	本年 IPO 新增融资额	河北省	0	0	0	0	0	0
		全国	12.37	0	14.56	77.24	6.31	110.48
		河北省占全国比例	0	—	0	0	0	0
批发和零售业	本年新增股票融资额	河北省	5.80	3.74	126.85	0	12.90	149.29
		全国	144.57	81.97	558.58	711.70	1734.92	3231.74
		河北省占全国比例	4.01	4.57	22.71	0	0.74	4.62
	本年 IPO 新增融资额	河北省	0	0	0	0	0	0
		全国	19.59	0	15.32	33.26	48.60	116.77
		河北省占全国比例	0	—	0	0	0	0

续表

			2012 年	2013 年	2014 年	2015 年	2016 年	合计
水利环境和公共设施管理业	本年新增股票融资额	河北省	0	0	0	0	0	0
		全国	66.29	11.37	87.48	105.95	124.54	395.63
		河北省占全国比例	0	0	0	0	0	0
	本年 IPO 新增融资额	河北省	0	0	0	0	0	0
		全国	10.75	0	13.07	12.77	0	36.59
		河北省占全国比例	0	—	0	0	—	0
卫生和社会工作	本年新增股票融资额	河北省	0	0	0	0	0	0
		全国	5.08	0	0	4.00	58.50	67.58
		河北省占全国比例	0	—	—	0	0	0
	本年 IPO 新增融资额	河北省	0	0	0	0	0	0
		全国	5.08	0	0	0	0	5.08
		河北省占全国比例	0	—	—	—	—	0
文化体育和娱乐业	本年新增股票融资额	河北省	0	0	0	0	0	0
		全国	84.38	96.84	162.63	311.54	689.57	1344.96
		河北省占全国比例	0	0	0	0	0	0
	本年 IPO 新增融资额	河北省	0	0	0	0	0	0
		全国	17.49	0	0	25.28	73.72	116.49
		河北省占全国比例	0	—	—	0	0	0
信息传输、软件和信息技术服务业	本年新增股票融资额	河北省	0	0	0	0	0	0
		全国	180.85	122.88	360.62	689.38	999.89	2353.62
		河北省占全国比例	0	0	0	0	0	0
	本年 IPO 新增融资额	河北省	0	0	0	0	0	0
		全国	105.78	0	60.74	110.78	130.20	407.50
		河北省占全国比例	0	—	0	0	0	0

续表

			2012 年	2013 年	2014 年	2015 年	2016 年	合计
制造业	本年新增股票融资额	河北省	103.04	156.81	77.22	976.79	264.31	1578.17
		全国	2273.75	2249.11	4881.94	7988.83	8808.59	26202.22
		河北省占全国比例	4.53	6.97	1.58	12.23	3.00	6.02
	本年 IPO 新增融资额	河北省	3.70	0	7.69	6.43	0	17.82
		全国	708.19	305.83	480.72	684.28	733.24	2912.26
		河北省占全国比例	0.52	0	1.60	0.94	0	0.61
住宿和餐饮业	本年新增股票融资额	河北省	0	0	0	0	0	0
		全国	7.28	2.61	50.38	100.07	83.91	244.25
		河北省占全国比例	0	0	0	0	0	0
	本年 IPO 新增融资额	河北省	0	0	0	0	0	0
		全国	0	0	0	0	0	0
		河北省占全国比例	—	—	—	—	—	—
综合类行业	本年新增股票融资额	河北省	0	0	0	0	0	0
		全国	0	0	8.32	74.91	151.43	234.66
		河北省占全国比例	—	—	0	0	0	0
	本年 IPO 新增融资额	河北省	0	0	0	0	0	0
		全国	0	0	0	0	0	0
		河北省占全国比例	—	—	—	—	—	—
租赁和商务服务业	本年新增股票融资额	河北省	0	0	0	0	0	0
		全国	76.33	54.89	130.88	490.39	357.10	1109.59
		河北省占全国比例	0	0	0	0	0	0
	本年 IPO 新增融资额	河北省	0	0	0	0	0	0
		全国	0	0	8.74	19.83	16.51	45.08
		河北省占全国比例	—	—	0	0	0	0

续表

			2012 年	2013 年	2014 年	2015 年	2016 年	合计
总计	本年新增股票融资额	河北省	108.84	168.11	267.08	1067.19	445.78	2057.00
		全国	4721.23	4057.96	9010.01	17561.86	18489.47	53840.53
		河北省占全国比例	2.31	4.14	2.96	6.08	2.41	3.82
	本年 IPO 新增融资额	河北省	3.70	0	7.69	6.43	0	17.82
		全国	1044.01	365.12	786.56	3402.20	1504.10	7101.99
		河北省占全国比例	0.35	0	0.98	0.19	0	0.25

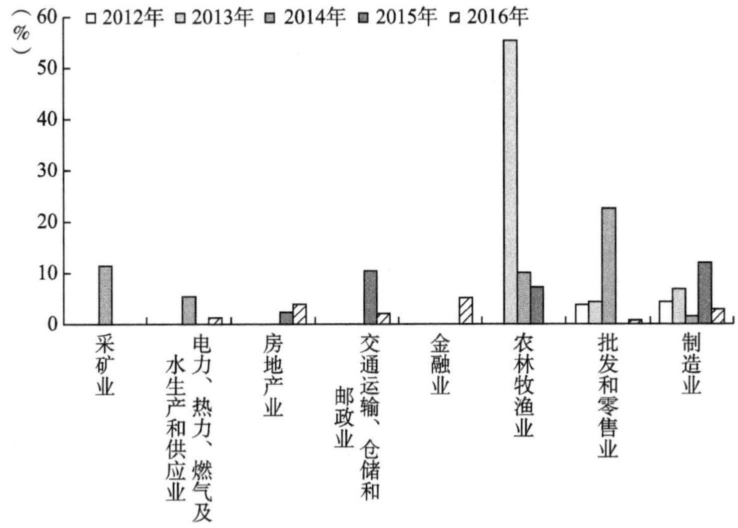

图 1-19　2012~2016 年河北省不同行业上市公司新增股票融资额占全国的比例

截至 2016 年底，河北省 IPO 新增融资的行业仅涉及制造业，5 年 IPO 新增融资额合计分别为 17.82 亿元，占全国同行业的 0.61%（见图 1-20）。

（2）河北省不同行业上市公司股票融资额占总资产的比例

表 1-10 呈现的是 2012~2016 年河北省和全国不同行业上市公司股票融资累计额占总资产的比例，综合类行业，交通运输、仓储和邮政业，采矿业，电力、热力、燃气及水生产和供应业 4 个行业中，2012~2016 年河北省的股票融资累计额/总资产都高于全国的股票融资累计额/总资产，并且在总体上都呈上升趋势。尤其是农林牧渔业在 2014 年中出现了翻番式增

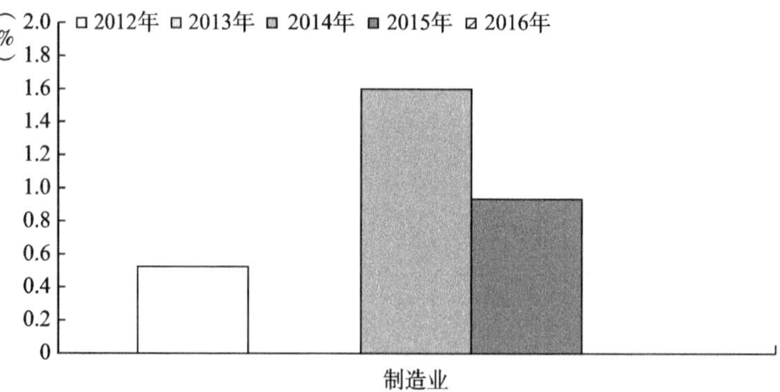

图 1－20　2012～2016 年河北省不同行业上市公司 IPO 新增融资额占全国的比例

表 1－10　2012～2016 年河北省和全国不同行业上市公司股票融资累计额占总资产的比例

单位：%

指标	行业		2012 年	2013 年	2014 年	2015 年	2016 年	均值
股票融资累计额/总资产	采矿业	河北省	13.23	12.91	20.15	20.65	19.32	17.30
		全国	6.57	6.35	6.30	7.05	7.60	6.80
	电力、热力、燃气及水生产和供应业	河北省	17.20	15.60	17.71	15.61	17.84	16.85
		全国	11.18	11.76	12.05	12.80	14.15	12.58
	房地产业	河北省	4.54	2.85	2.00	3.25	4.00	3.36
		全国	11.49	9.26	9.53	10.81	11.18	10.56
	交通运输、仓储和邮政业	河北省	22.55	19.55	16.46	30.15	30.63	24.64
		全国	15.94	15.49	15.96	15.93	15.74	15.81
	农林牧渔业	河北省	23.16	86.65	202.31	198.73	153.94	145.28
		全国	32.06	31.04	39.31	39.61	36.25	36.20
	批发和零售业	河北省	11.64	11.86	28.91	30.46	15.60	19.79
		全国	13.32	12.49	15.25	17.25	20.32	16.43
	制造业	河北省	16.80	18.35	18.90	36.03	36.09	26.34
		全国	19.82	19.79	21.13	23.93	24.44	22.22
	综合类行业	河北省	72.00	79.96	81.90	63.61	118.75	79.69
		全国	12.60	11.92	12.79	20.76	28.69	18.55

长，虽然 2015 年和 2016 年都有所下降，但仍然保持在较高水平。在 2012～

2016 年，河北省房地产业的股票融资累计额/总资产低于全国的股票融资累计额/总资产，整体上处于波动中下降。批发和零售业、制造业这两个行业，河北省的股票融资累计额/总资产呈现出大幅度上升，并且实现了从低于全国的股票融资累计额/总资产到高于全国的股票融资累计额/总资产。

表 1-11 呈现的是 2012~2016 年河北省和全国不同行业上市公司 IPO 融资累计额占总资产的比例。在采矿业，电力、热力、燃气及水生产和供应业，房地产业和制造业 4 个行业中，2012~2016 年河北省的 IPO 融资累计额/总资产都低于全国的 IPO 融资累计额/总资产，并且在总体上都呈下降趋势；在 2012~2016 年，交通运输、仓储和邮政业，批发和零售业，综合类行业的河北省 IPO 融资累计额/总资产都高于全国的 IPO 融资累计额/总资

表 1-11　2012~2016 年河北省和全国不同行业上市公司 IPO 融资累计额占总资产的比例

单位：%

指标	行业		2012 年	2013 年	2014 年	2015 年	2016 年	均值
IPO 融资累计额/总资产	采矿业	河北省	1.95	1.91	1.88	1.92	1.80	1.89
		全国	4.83	4.41	4.16	4.10	4.12	4.30
	电力、热力、燃气及水生产和供应业	河北省	1.83	1.66	1.22	1.08	0.97	1.27
		全国	2.63	2.61	2.44	2.52	2.31	2.48
	房地产业	河北省	1.43	0.90	0.63	0.44	0.30	0.56
		全国	2.11	1.70	1.45	2.10	1.68	1.80
	交通运输、仓储和邮政业	河北省	14.74	12.77	10.76	9.85	8.08	10.77
		全国	8.13	7.56	7.12	6.75	5.78	6.96
	农林牧渔业	河北省	23.16	21.68	20.34	12.50	9.68	15.54
		全国	22.29	20.76	19.69	18.23	14.49	18.27
	批发和零售业	河北省	10.76	10.46	9.94	10.47	9.65	10.24
		全国	5.55	4.92	4.50	4.13	3.28	4.28
	制造业	河北省	6.31	5.61	5.45	5.13	4.33	5.27
		全国	10.26	9.45	8.62	7.97	6.89	8.40
	综合类行业	河北省	72.00	79.96	81.90	63.61	118.75	79.69
		全国	5.90	5.58	5.59	4.51	3.55	4.87

产，整体上处于波动中，有升有降；而农林牧渔业，河北省 IPO 融资累计额/总资产呈现出大幅度下降，并且从高于全国的 IPO 融资累计额/总资产到低于全国的 IPO 融资累计额/总资产。

（二）河北省上市公司债券融资规模

1. 河北省上市公司债券融资整体规模

（1）河北省上市公司债券融资累计额及新增额

本报告上市公司债券融资的数据是从 Wind 数据库中得到的，其内容包括公司债、企业债、中期票据、金融债、短期融资券、可转债、可分离转债存债、资产支持证券。债券融资规模从债券融资累计额和本期债券融资净额两个维度描述。

表 1－12 呈现的是 2012～2016 年河北省和全国债券融资累计额及河北省占全国的比例。

表 1－12　河北省和全国债券融资累计额及河北省占全国的比例

单位：亿元，%

年份	河北省		全国		河北占全国的比例
	债券融资累计额	环比增长率	债券融资累计额	环比增长率	
2012	367.10	35.96	37897.38	42.87	0.97
2013	466.60	27.10	48301.59	27.45	0.97
2014	578.60	24.00	69669.35	44.24	0.83
2015	862.60	49.08	123549.75	77.34	0.70
2016	1260.10	46.08	210077.29	70.03	0.60

截至 2016 年底，河北省上市公司债券融资累计额为 1260.10 亿元，同期全国债券融资累计额为 210077.29 亿元，河北省占全国的比例为 0.6%。该比例一直都在 1% 以下，非常低。从该比例的发展趋势上看，河北省债券融资累计额占全国的比重，处于逐年下降的趋势。

从债券融资累计额环比增长率来看，全国上市公司债券融资累计额环比增长率从 2012 年到 2013 年有所下降，2014 年有所上升。河北省债券融资累计额环比增长率从 2012 年到 2014 年不断下降，在 2015 年出现增长趋势，在 2016 年又出现了下降的趋势。从整个时间序列来看，自 2012 年开始，河北省债券融资累计额环比增长率始终低于全国。总之，河北省运用发行债券融资的能力低于全国平均水平。

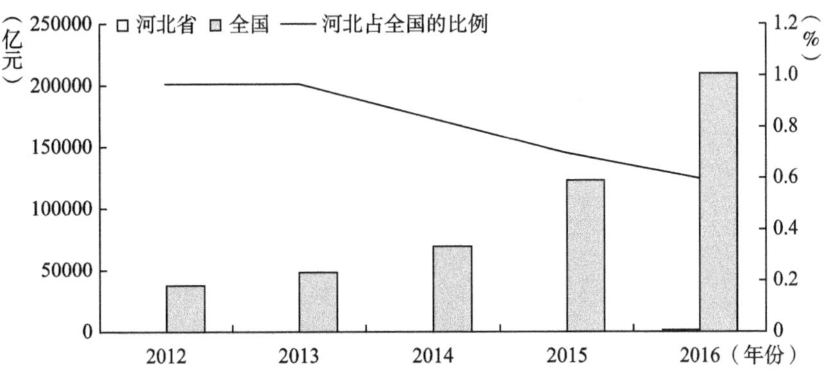

图 1－21　2012～2016 年河北省及全国债券融资累计额及河北省占全国的比例

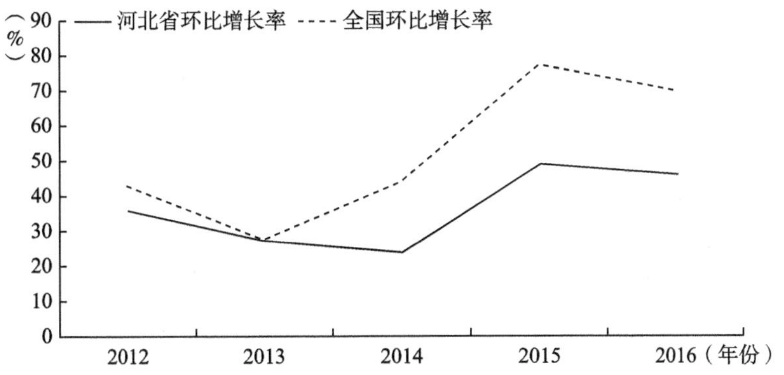

图 1－22　2012～2016 年河北省及全国债券融资累计额环比增长率趋势

表 1－13 呈现的是 2012～2016 年河北省和全国上市公司新增债券融资额及环比增长率。2012～2016 年度河北省新增债券融资额为 1171. 10 亿元，全国为 194874. 65 亿元，河北省占全国的比例为 0. 6%。2016 年，河北省新增债券融资额最高，为 578. 5 亿元；其次是 2015 年，为 284. 00 亿元。2016 年，全国新增债券融资额最高，为 97850. 54 亿元。河北省新增债券融资额占全国的比例，这五年来都不足 1%，近三年内一直在 0. 5% 左右。

河北省新增债券融资额环比增长率与全国的趋势缺乏一致性。河北省在 2012 年下降，在 2013 年以后呈上升趋势，而全国在 2012 年至 2013 年呈下降趋势，在 2014 年迅速上升。整体来看，河北新增债券融资环比增长率与全国平均水平相近，2013 年、2015 年和 2016 年高于全国平均水平，其余年份均低于全国平均水平。

表 1－13 河北省和全国上市公司新增债券融资额及环比增长率

单位：亿元，%

年份	河北省新增债券融资额	环比增长率	全国新增债券融资额	环比增长率	河北省占全国的比例
2012	97.10	－36.12	11371.74	31.44	0.85
2013	99.50	2.47	10404.21	－8.51	0.96
2014	112.00	12.56	21367.77	105.38	0.52
2015	284.00	153.57	53880.39	152.16	0.53
2016	578.5	103.70	97850.54	81.6	0.59
合计	1171.10	—	194874.65	—	0.60

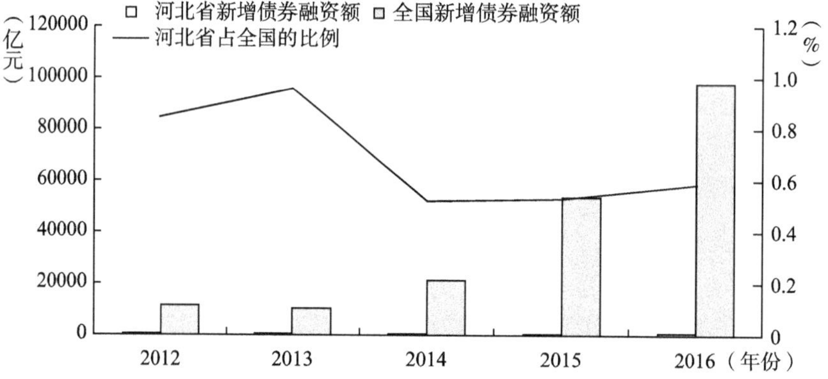

图 1－23 2012～2016 年河北省和全国上市公司新增债券融资额及河北省占全国比例趋势

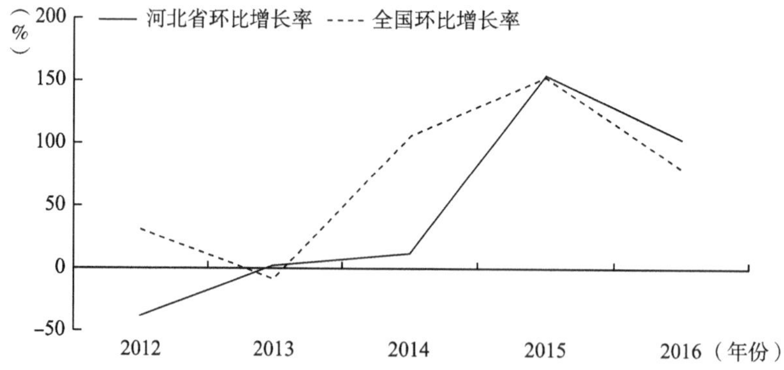

图 1－24 2012～2016 年河北省和全国上市公司新增债券融资额环比增长率趋势

（2）河北省上市公司债券融资额占总资产的比例

表1－14呈现的是河北省和全国上市公司债券融资结构总体对比情况。

截至2016年底，河北省和全国上市公司的债券融资累计额/总资产的均值分别是8.06%和6.31%。自2012～2016年，河北省的债券融资累计额/总资产逐年增加；全国的债券融资累计额/总资产的走势与河北省的基本保持一致，统计年度的5年间一直保持着不断上升的趋势。

到2016年底，河北省和全国上市公司的债券融资净额/总资产的均值分别是2.67%和2.51%。河北省上市公司的债券融资净额/总资产这一指标，在2012～2014年，不断呈现下降的趋势，在2015～2016年，出现了大幅度的回升，并且在2016年达到最大值4.72%。全国上市公司的债券融资净额/总资产这一指标与河北省的走势基本保持一致，但是全国上市公司的债券融资净额/总资产这一指标，较河北省来说，回升的时间更早，速度更快。

表1－14　2012～2016年河北省和全国上市公司债券融资额占总资产的比例

单位：%

指标		2012年	2013年	2014年	2015年	2016年	均值
债券融资累计额/总资产	河北省	5.83	6.33	6.93	9.01	10.28	8.06
	全国	3.18	3.63	4.65	7.17	10.41	6.31
本年债券融资净额/总资产	河北省	1.54	1.35	1.34	2.97	4.72	2.67
	全国	0.95	0.78	1.43	3.13	4.85	2.51

2. 河北省不同板块上市公司发行债券融资规模

（1）河北省不同板块上市公司债券融资累计额及新增额

表1－15呈现的是2012～2016年河北不同板块上市公司债券融资累计额及其占全国的比例。从表中可以看到，河北上市公司债券融资主要依赖于沪市A股和深市A股两个市场板块。2016年这两个市场上市公司债券融资累计额的比例分别为40.04%和47.3%。在中小板市场上，河北省仅在2015年和2016年进行了债券融资，该市场上市公司债券融资累计额占全省的比例仅为12.66%。而在创业板市场上，这5年河北省上市公司没有发行过债券（见图1－26）。全国债券融资累计额也主要集中在沪市A股和深市A股市场。2016年，这两个市场融资累计额占全国的比例分别为84.68%和

表1－15　2012～2016年河北省不同板块上市公司债券融资累计额及其占比

单位：亿元，%

市场板块		2012年	2013年	2014年	2015年	2016年
创业板	河北债券融资累计额	0	0	0	0	0
	全国债券融资累计额	42.90	95.67	151.17	291.47	458.28
	河北占全国的比例	0	0	0	0	0
沪市A股	河北债券融资累计额	135.10	149.60	211.60	346.60	504.60
	全国债券融资累计额	33217.60	41610.22	59413.55	101157.70	177891.22
	河北占全国的比例	0.41	0.36	0.36	0.34	0.28
深市A股	河北债券融资累计额	232.00	317.00	367.00	417.00	596.00
	全国债券融资累计额	3662.58	5122.24	7470.85	16113.30	23286.12
	河北占全国的比例	6.33	6.19	4.91	2.59	2.56
中小板	河北债券融资累计额	0	0	0	99.00	159.50
	全国债券融资累计额	974.30	1473.46	2633.79	5964.45	8441.67
	河北占全国的比例	0	0	0	1.66	1.89
总计	河北债券融资累计额	367.10	466.60	578.60	862.60	1260.10
	全国债券融资累计额	37897.38	48301.59	69669.35	123526.90	210077.30
	河北占全国的比例	0.97	0.97	0.83	0.70	0.60

11.08%（见图1－27）。截至2016年底，河北债券融资累计额为1260.10亿元，占全国0.60%。其中，在深市A股发行债券融资累计额为596.00亿元，占全国2.56%；在沪市A股发行债券融资累计额为504.60亿元，占全国0.28%；在中小板发行债券融资累计额为159.50亿元，占全国1.89%。

从统计年度5年间的变化趋势来看，河北省在深市A股市场发行债券融资累计额占全国的比例在2012年和2013年基本保持稳定，维持在6%以上，2014年下降到4.91%，2015年下降到2.59%，下降幅度较为明显，2016年继续下降，下降至2.56%。2012～2016年，河北省在沪市A股市场发行债券融资累计额占全国的比例总体变化不大，维持在0.35%左右。2012～2016年，河北省在创业板未发行债券。2012～2014年，河北省上市公司未在中小板发行债券，所占全国比例均为0，2015年则达到1.66%，2016年上升至1.89%。

表1－16呈现的是河北省和全国不同板块上市公司新增债券融资额及其占全国的比例。河北省上市公司新增债券融资额主要集中在深市A股和沪市

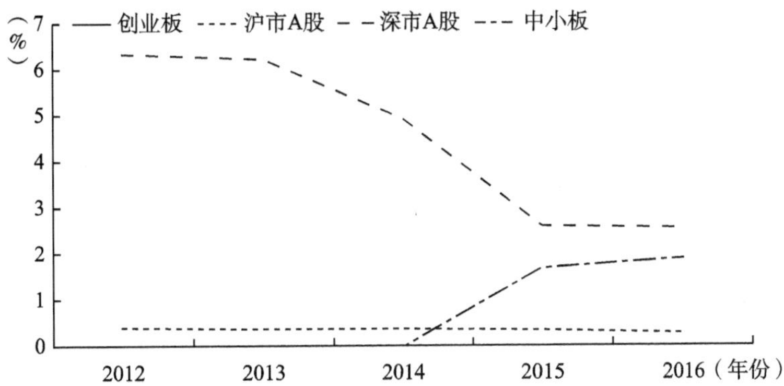

图 1-25　2012～2016 年河北省不同板块上市公司债券融资累计额占全国比例趋势

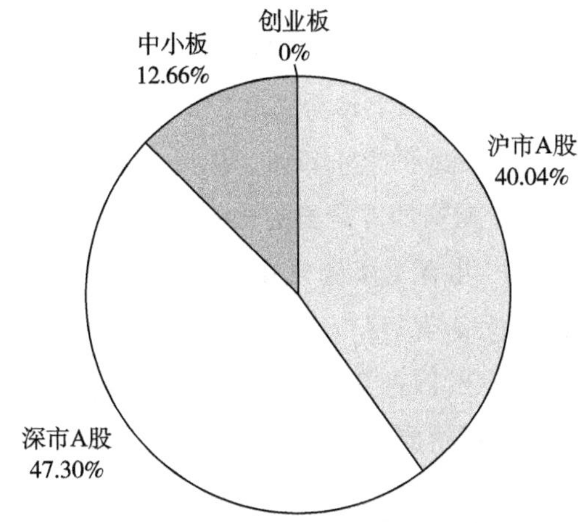

图 1-26　2016 年河北省上市公司债券融资累计额板块结构

A 股市场及中小板。其中，深市 A 股市场融资 430.50 亿元，占全国的比例为 2.22%；沪市 A 股市场融资 581.10 亿元，占全国的比例 0.39%，中小板融资 159.5 亿元，占全国的比例为 1.75%。创业板债券融资额为 0%。截至 2016 年底，河北省不同板块上市公司新增债券融资额占比分别是：沪市 A 股所占比例最高，为 55.49%；其次为深市 A 股，为 34.05%；再是中小板占比为 10.46%；而创业板占比为 0%。全国上市公司新增债券融资额最多的市场板块是沪市 A 股市场，占比为 85.09%；其次是深市 A 股市场，占比为 11.04%；再是中小板市场，占比为 3.59%；而创业板市场占比最低，仅为 0.28%。

从各板块统计年度 5 年间的变化趋势来看，2013 年和 2014 年河北省上市公司深市 A 股市场新增债券融资额占全国的比例稳定在 5.7%～5.9%，2014 年下降到 2.13%，2015 年又明显下降到 0.58%，2016 年有所回升，回升至

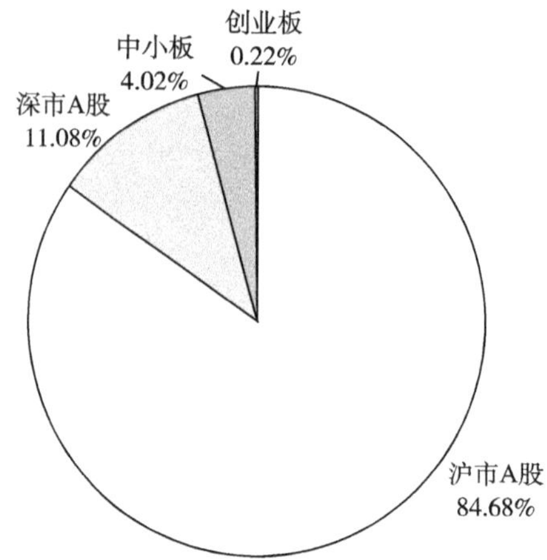

图 1-27　2016 年全国上市公司债券融资累计额板块结构

1.82%。2012~2016 年，河北省上市公司在沪市 A 股市场新增债券融资额占全国的比例最高为 0.49%，最低为 0.17%。从近 5 年的变化趋势看，2013 年，河北省上市公司新增债券融资额占全国的比例最高达到 0.96%，以后呈下降趋势。2012~2014 年，河北省上市公司在中小板市场新增债券融资额为 0，2015 年河北省上市公司新增债券融资额占全国的比例为 2.95%，到 2016 年河北省上市公司新增债券融资额占全国的比例略微下降，为 1.72%。这 5 年，河北省上市公司在创业板新增债券融资额为 0。

表 1-16　2012~2016 年河北省和全国不同板块上市公司新增债券融资额及其占全国的比例

单位：亿元，%

不同板块市场		2012 年	2013 年	2014 年	2015 年	2016 年	合计
创业板	河北省新增债券融资额	0	0	0	0	0	0
	全国新增债券融资额	34.40	52.77	55.50	140.30	278.28	561.25
	河北省占全国的比例	0	0	0	0	0	0
沪市 A 股	河北省新增债券融资额	48.60	14.50	62.00	135.00	321.00	581.10
	全国新增债券融资额	9885.13	8392.62	17803.33	41744.15	83257.17	161082.4
	河北省占全国的比例	0.49	0.17	0.35	0.32	0.39	0.39
深市 A 股	河北省新增债券融资额	48.50	85.00	50	50	197	430.50
	全国新增债券融资额	851.10	1459.66	2348.61	8642.28	10802.92	24104.57
	河北省占全国的比例	5.70	5.82	2.13	0.58	1.82	2.22

续表

不同板块市场		2012 年	2013 年	2014 年	2015 年	2016 年	合计
中小板	河北省新增债券融资额	0	0	0	99.00	60.50	159.50
	全国新增债券融资额	601.10	499.16	1160.33	3353.66	3512.17	9126.42
	河北省占全国的比例	0	0	0	2.95	1.72	1.75
总计	河北省新增债券融资额	97.10	99.50	112.00	284.00	578.50	1171.10
	全国新增债券融资额	11371.73	10404.20	21367.77	53880.39	97850.54	194874.63
	河北省占全国的比例	0.85	0.96	0.52	0.53	0.59	0.60

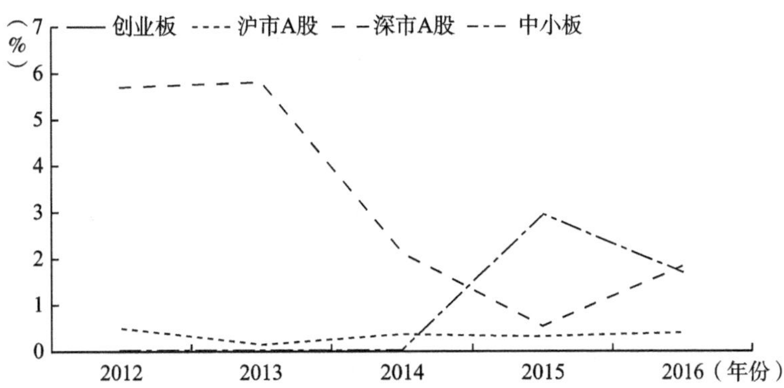

图 1－28　2012～2016 年河北省不同板块上市公司新增债券融资额占全国比例趋势

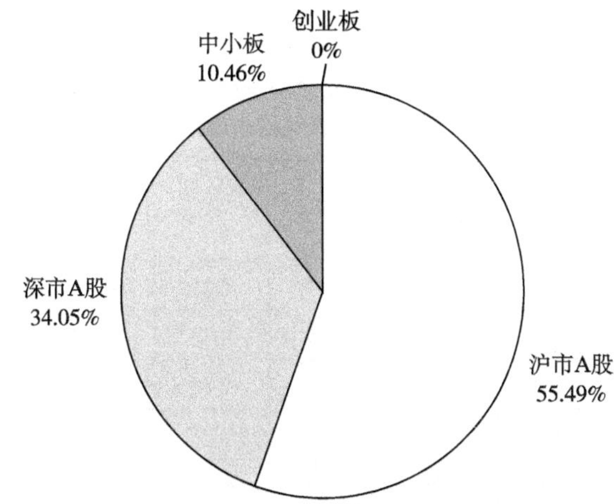

图 1－29　2016 年河北省上市公司新增债券融资额板块结构

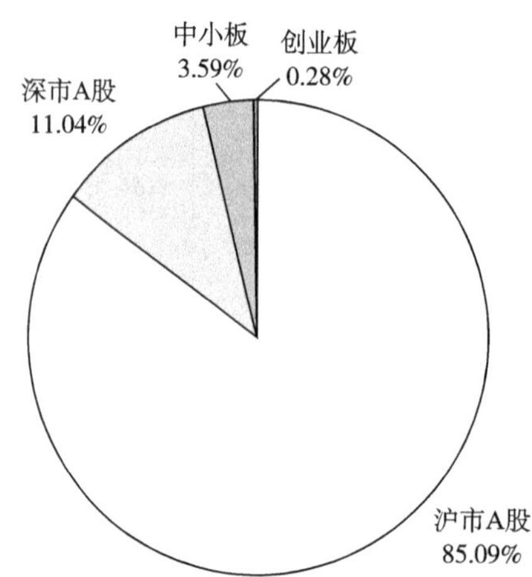

图1-30　2016年全国上市公司新增债券融资额板块结构

（2）河北省不同板块上市公司债券融资额占总资产的比例

表1-17呈现的是2012~2016年河北省和全国不同板块的上市公司的债券融资余额占总资产的比例。其中，河北省的创业板的债券融资余额占总资产的这一指标，一直为零；深市A股的这一指标，在这五年内，一直处于最高状态，并且呈现不断上升的趋势；沪市A股和中小板这一指标的值，一直处在创业板和深市A股之间，且二者也都呈现不断上升的趋势。河北省的债券融资余额占总资产的这一指标均值中，深市A股处于最高点，为10.43%，其他的均值都低于10%。

表1-17　2012~2016年河北省和全国不同板块上市公司的债券融资余额占总资产比例

			2012年	2013年	2014年	2015年	2016年	均值
债券融资余额/总资产	创业板	河北省	0	0	0	0	0	0
		全国	0.98	1.85	2.11	2.53	2.77	2.32
	沪市A股	河北省	5.41	4.96	5.87	8.19	8.25	6.92
		全国	3.03	3.42	4.35	6.50	9.86	5.87
	深市A股	河北省	7.42	9.11	10.01	10.55	13.94	10.43
		全国	5.58	6.73	8.42	14.92	17.16	11.73
	中小板	河北省	0	0	0	7.76	9.24	4.76
		全国	3.89	5.01	7.14	12.57	13.75	9.74

2012～2016 年全国的创业板的债券融资余额占总资产比值，一直是各个板块中最低的，深市 A 股的值，一直在各个板块中处于最高。深市 A 股在 2012～2016 年，一直处于上升状态，并且在 2016 年达到最大值 17.16%。其他各个板块，也一直处于上升状态。而全国债券融资余额占总资产的这一指标的均值，最高是深市 A 股，为 11.73%，最低是深市创业板，为 2.32%。

3. 河北不同行业上市公司债券融资规模

（1）河北省不同行业上市公司债券融资累计额及新增额

表 1－18 呈现的是 2012～2016 年河北省不同行业上市公司债券融资累计额及其占全国的比例。从行业来看，2012～2016 年，河北省上市公司债券融资主要分布在采矿业，电力、热力、燃气及水生产和供应业，交通运输、仓储和邮政业，批发和零售业，制造业，房地产业。截至 2016 年底，河北省债券融资累计额占全国比例最高的是房地产业，达 9.54%；其次是制造业，为 4.28%；交通运输、仓储和邮政业占比为 0.42%；批发和零售业占比为 3.86%；电力、热力、燃气及水生产和供应业占比为 0.35%；采矿业占比为 0.75%；电力、热力、燃气及水生产和供应业，交通运输、仓储和邮政业所占比重较小，其他行业均为 0（见表 1－18）。

从占比趋势方面来看，采矿业债券融资累计额河北占全国的比例，在 2015 年及以前逐年下降，2016 年开始上升；批发和零售业债券融资累计额，

表 1－18　2012～2016 年河北省不同行业上市公司债券融资累计额及其占全国的比例

单位：亿元，%

行业		2012 年	2013 年	2014 年	2015 年	2016 年
采矿业	河北债券融资累计额	54.00	54.00	54.00	54.00	84.00
	全国债券融资累计额	5624.70	6471.70	7624.38	10505.38	11259.04
	河北占全国的比例	0.96	0.83	0.71	0.51	0.75
电力、热力、燃气及水生产和供应业	河北债券融资累计额	19.50	24.50	34.50	34.50	34.50
	全国债券融资累计额	3683.75	5020.55	6711.45	8233.45	9925.85
	河北占全国的比例	0.53	0.49	0.51	0.42	0.35
房地产业	河北债券融资累计额	0	0	0	179.00	464.5
	全国债券融资累计额	624.40	749.76	1022.66	3145.72	4869.55
	河北占全国的比例	0	0	0	5.69	9.54

续表

行业		2012 年	2013 年	2014 年	2015 年	2016 年
建筑业	河北债券融资累计额	0	0	0	0	0
	全国债券融资累计额	2411.60	3242.50	4058.20	5165.25	5601.65
	河北占全国的比例	0	0	0	0	0
交通运输、仓储和邮政业	河北债券融资累计额	0	0	3.00	9.00	29
	全国债券融资累计额	2480.60	2933.55	3336.90	4169.85	6967.05
	河北占全国的比例	0	0	0.09	0.22	0.42
教育业	河北债券融资累计额	0	0	0	0	0
	全国债券融资累计额	0	0	0	0	0
	河北占全国的比例	—	—	—	—	—
金融业	河北债券融资累计额	0	0	0	0	0
	全国债券融资累计额	14196.46	18700.07	33100.46	74527.05	154658.17
	河北占全国的比例	0	0	0	0	0
科学研究和技术服务业	河北债券融资累计额	0	0	0	0	0
	全国债券融资累计额	0	2.30	4.80	11.80	0
	河北占全国的比例	—	0	0	0	—
农林牧渔业	河北债券融资累计额	0	0	0	0	0
	全国债券融资累计额	171.60	189.10	220.60	245.10	110.5
	河北占全国的比例	0	0	0	0	0
卫生和社会工作	河北债券融资累计额	0	0	0	0	0
	全国债券融资累计额	0	0	0	0	8.00
	河北占全国的比例	—	—	—	—	0
批发和零售业	河北债券融资累计额	22.00	22.00	37.00	48.00	87.00
	全国债券融资累计额	442.21	657.21	956.57	1553.42	2253.62
	河北占全国的比例	4.98	3.35	3.87	3.09	3.86
水利环境和公共设施管理业	河北债券融资累计额	0	0	0	0	0
	全国债券融资累计额	45.90	77.80	128.00	193.00	333.28
	河北占全国的比例	0	0	0	0	0
文化体育和娱乐业	河北债券融资累计额	0	0	0	0	0
	全国债券融资累计额	30	51.00	68.00	84.00	143.55
	河北占全国的比例	0	0	0	0	0

续表

行业		2012 年	2013 年	2014 年	2015 年	2016 年
信息传输、软件和信息技术服务业	河北债券融资累计额	0	0	0	0	0
	全国债券融资累计额	113.75	164.15	195.15	238.35	152.30
	河北占全国的比例	0	0	0	0	0
制造业	河北债券融资累计额	271.60	366.10	450.10	538.10	561.10
	全国债券融资累计额	7885.02	9806.49	11852.28	14926.48	13118.02
	河北占全国的比例	3.44	3.73	3.80	3.61	4.28
住宿和餐饮业	河北债券融资累计额	0	0	0	0	0
	全国债券融资累计额	16.80	19.80	22.80	24.80	0
	河北占全国的比例	0	0	0	0	—
综合	河北债券融资累计额	0	0	0	0	0
	全国债券融资累计额	62.00	66.00	115.50	160	163.50
	河北占全国的比例	0	0	0	0	0
租赁和商务服务业	河北债券融资累计额	0	0	0	0	0
	全国债券融资累计额	108.60	149.60	251.60	366.10	513.21
	河北占全国的比例	0	0	0	0	0

河北占全国的比例在 2012 年达到 4.98%，之后整体基本稳定在 3.5% 左右；制造业债券融资累计额，河北占全国的比例在 2013～2015 年较稳定，维持在 3.7% 左右，2016 年有一定程度上升，上升至 4.28%（见图 1－31）。

表 1－19 呈现的是河北省不同行业上市公司新增债券融资额及其占全国

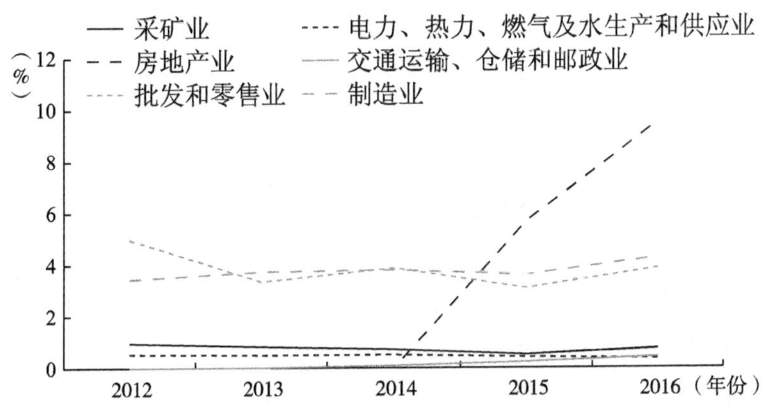

图 1－31　2012～2016 年河北省不同行业上市公司债券融资累计额占全国比例

的比例。

在18个行业中，2012～2016年，河北省上市公司债券融资有新增额的行业为采矿业，电力、热力、燃气及水生产和供应业，交通运输、仓储和邮政业，批发和零售业，制造业以及房地产业6个行业。在此5年中，河北省制造业新增债券融资额合计最多，为545.6亿元，占全国新增债券融资额合计数的4.06%；房地产业新增债券融资额合计数居第二，为464.5亿元，占全国新增债券融资额合计数的9.502%；电力、热力、燃气及水生产和供应业新增债券融资额合计数最小，为15亿元，占全国新增债券融资额合计数的0.19%（见图1－32）。

从行业新增债券融资的时间分布上来看，各行业新增债券融资没有连续性，在有新增债券融资的行业中，只有制造业连续5年进行了新增债券融资，其他行业都没有出现连续的新增债券融资行为。

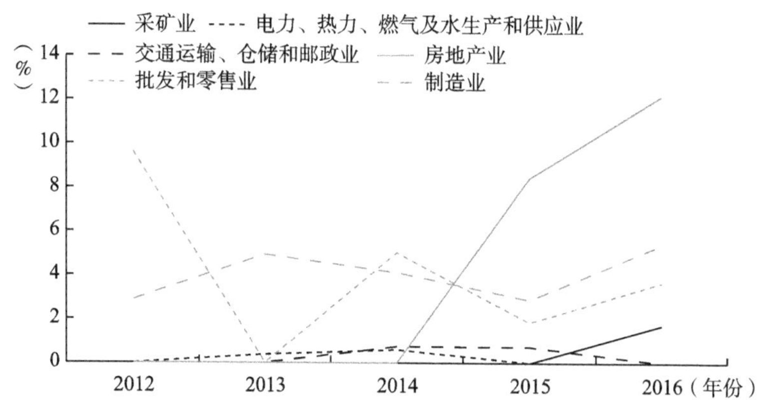

图1－32　2012～2016年河北省不同行业上市公司新增债券融资额占全国的比例

（2）河北省不同行业上市公司债券融资额占总资产的比例

表1－20呈现的是2012～2016年河北省和全国不同行业上市公司的债券融资余额占总资产的比例。

河北省采矿业的债券融资余额占总资产的这一指标，处于这8个行业中的最高，电力、热力、燃气及水生产和供应业，房地产业，交通运输，仓储和邮政业，批发和零售业，制造业数值比较低，其他行业的债券融资余额占总资产的这一指标，都为零。

全国的电力、热力、燃气及水生产和供应业的债券融资余额占总资产的这一指标，在此五年之内一直处于这8个行业中的最高，并且在2012～

表 1－19　2012～2016 年河北省不同行业上市公司新增债券融资额及其占全国的比例

单位：亿元，%

行业	地区	2012 年	2013 年	2014 年	2015 年	2016 年	合计
采矿业	河北新增债券融资额	0	0	0	0	30	30
	全国新增债券融资额	1196.50	847.00	1152.68	2881.00	1767.06	7844.24
	河北占全国的比例	0	0	0	0	1.698	0.3824
电力、热力、燃气及水生产和供应业	河北新增债券融资额	0	5.00	10	0	0	15
	全国新增债券融资额	1220.80	1336.80	1690.90	1522.00	2020.1	7790.6
	河北占全国的比例	0	0.37	0.59	0	0	0.19
房地产业	河北新增债券融资额	0	0	0	179.00	285.5	464.5
	全国新增债券融资额	15.00	125.36	272.90	2123.06	2351.93	4888.25
	河北占全国的比例	0	0	0	8.43	12.14	9.502
建筑业	河北新增债券融资额	0	0	0	0	0	0
	全国新增债券融资额	896.00	830.90	815.70	1107.05	781.5	4431.15
	河北占全国的比例	0	0	0	0	0	0
交通运输、仓储和邮政业	河北新增债券融资额	0	0	3.00	6.00	20	29
	全国新增债券融资额	515.10	452.95	403.35	832.95	3613.85	5818.2
	河北占全国的比例	0	0	0.74	0.72	0.55	0.498
教育	河北新增债券融资额	0	0	0	0	0	0
	全国新增债券融资额	0	0	0	0	0	0
	河北占全国的比例	—	—	—	—	—	—

续表

行业	地区	2012 年	2013 年	2014 年	2015 年	2016 年	合计
金融业	河北新增债券融资额	0	0	0	0	0	0
	全国新增债券融资额	4543.01	4503.62	14400.39	41426.58	81808.92	146682.52
	河北占全国的比例	0	0	0	0	0	0
科学研究和技术服务业	河北新增债券融资额	0	0	0	0	0	0
	全国新增债券融资额	0	2.30	2.50	7.00	0	11.8
	河北占全国的比例	—	0	0	0	—	0
农林牧渔业	河北新增债券融资额	0	0	0	0	0	0
	全国新增债券融资额	54.10	17.50	31.50	24.50	35	162.6
	河北占全国的比例	0	0	0	0	0	0
批发和零售业	河北新增债券融资额	22.00	0	15.00	11.00	39	87
	全国新增债券融资额	228.80	215.00	299.36	596.85	1065.12	2405.13
	河北占全国的比例	9.62	0	5.01	1.84	3.66	3.617
水利环境和公共设施管理业	河北新增债券融资额	0	0	0	0	0	0
	全国新增债券融资额	12.00	31.90	50.20	65.00	186.18	345.28
	河北占全国的比例	0	0	0	0	0	0
卫生和社会工作	河北新增债券融资额	0	0	0	0	0	0
	全国新增债券融资额	0	0	0	0	8.00	8.00
	河北占全国的比例	—	—	—	—	0	0

续表

行业	地区	2012年	2013年	2014年	2015年	2016年	合计
文化体育和娱乐业	河北新增债券融资额	0	0	0	0	0	0
	全国新增债券融资额	8.00	21.00	17.00	16.00	95.55	157.55
	河北占全国的比例	0	0	0	0	0	0
信息传输、软件和信息技术服务业	河北新增债券融资额	0	0	0	0	0	0
	全国新增债券融资额	29.00	50.40	31.00	43.20	97.3	250.9
	河北占全国的比例	0	0	0	0	0	0
制造业	河北新增债券融资额	75.10	94.50	84.00	88.00	204	545.6
	全国新增债券融资额	2609.63	1921.48	2045.79	3074.20	3782.82	13433.9
	河北占全国的比例	2.88	4.92	4.11	2.86	5.38	4.06
住宿和餐饮业	河北新增债券融资额	0	0	0	0	0	0
	全国新增债券融资额	6.80	3.00	3.00	2.00	0	14.8
	河北占全国的比例	0	0	0	0	—	0
综合类行业	河北新增债券融资额	0	0	0	0	0	0
	全国新增债券融资额	9.00	4.00	49.50	44.50	44	151
	河北占全国的比例	0	0	0	0	0	0
租赁和商务服务业	河北新增债券融资额	0	0	0	0	0	0
	全国新增债券融资额	28.00	41.00	102.00	114.50	193.21	478.71
	河北占全国的比例	0	0	0	0	0	0

2016 年呈现不断上升趋势，并在 2016 年达到最大值 29.81%。

全国的债券融资余额占总资产的这一指标的均值，除采矿业、房地产业外，一直高于河北省的指标均值。河北省采矿业的债券融资余额占总资产的这一指标均值，最高为 14.48%，而全国的电力、热力、燃气及水生产和供应业的债券融资余额占总资产的这一指标均值，最高为 26.12%。

表 1－20　2012～2016 年河北省和全国不同行业上市公司债券融资余额占总资产的比例

			2012 年	2013 年	2014 年	2015 年	2016 年	均值
债券融资余额/总资产	采矿业	河北省	13.46	13.14	12.94	13.27	19.30	14.48
		全国	11.27	11.83	12.83	17.23	17.83	14.40
	电力、热力、燃气及水生产和供应业	河北省	10.60	12.09	12.57	11.08	9.99	11.19
		全国	18.70	22.76	27.95	27.96	29.81	26.12
	房地产业	河北省	0	0	0	6.59	11.74	5.99
		全国	2.70	2.61	3.04	6.38	7.96	5.31
	交通运输、仓储和邮政业	河北省	0	0	1.97	5.41	14.29	5.38
		全国	14.66	16.11	17.18	19.92	28.15	19.84
	农林牧渔业	河北省	0	0	0	0	0	0
		全国	16.00	16.42	17.12	13.34	4.68	12.15
	批发和零售业	河北省	3.31	3.22	5.15	7.03	12.06	6.23
		全国	4.13	5.44	7.06	9.79	10.45	7.95
	制造业	河北省	6.64	7.96	9.24	10.22	8.99	8.73
		全国	8.06	8.96	9.44	10.41	7.48	8.84
	综合类行业	河北省	0	0	0	0	0	0
		全国	6.67	6.71	11.78	12.33	11.21	10.04

（三）河北省上市公司银行借款融资规模

1. 河北省上市公司银行借款整体融资规模

（1）河北省上市公司银行借款余额

本报告的银行借款是指上市公司资产负债表中“短期借款”和“长期借款”的期末余额之和。

表1－21、图1－33、图1－34反映的是河北和全国上市公司银行借款余额及两者之间的比例。河北和全国上市公司银行借款余额总体呈上升趋势，表明上市公司对银行的负债水平不断提高。在2012～2016年，以2013年为分界点，河北上市公司银行借款余额占全国的比例在2012年和2013年呈现较为平稳的趋势，2012年出现最高值，达到2.83%，2013年之后，河北上市公司银行借款余额占全国的比例呈现下降的趋势，最低值出现在2016年，为2.35%。总体上，河北上市公司银行借款余额占全国上市公司银行借款余额的比例在2%～3%，占比很小。

表1－21　河北省和全国上市公司银行借款余额及河北省占全国的比例

单位：亿元，%

年份	河北省		全国		河北省占全国的比例
	银行借款余额	环比增长率	银行借款余额	环比增长率	
2012	1521.01	30.01	53794.93	17.21	2.83
2013	1738.36	14.29	61893.30	15.05	2.81
2014	1776.26	2.18	68750.21	11.08	2.58
2015	1877.27	5.69	77549.53	12.80	2.42
2016	2028.31	8.05	86432.80	11.45	2.35

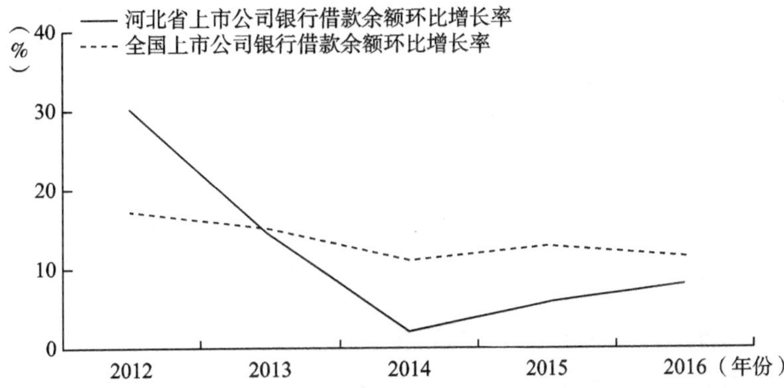

图1－33　2012～2016年河北省和全国上市公司银行借款余额环比增长趋势

（2）河北省上市公司银行借款融资额占总资产的比例

表1－22呈现的是河北省和全国上市公司银行借款余额占总资产的比例。截至2016年底，河北省和全国上市公司的银行借款融资余额与总资产

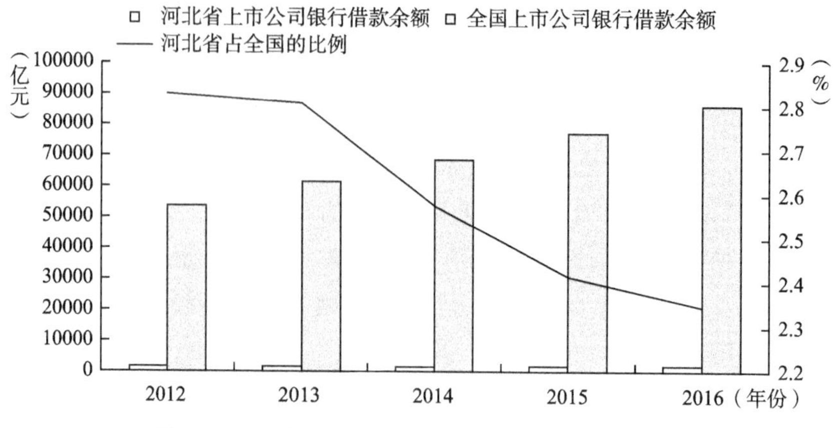

图 1－34　2012～2016 年河北省及全国上市公司银行借款余额及河北省占全国的比例

比例的均值分别是 20.39% 和 4.49%。自 2012～2016 年，河北省银行借款余额与总资产的比例逐年减少；全国的银行借款余额/总资产的走势与河北省的基本一致，统计年度的 5 年间出现了下降趋势。

河北省和全国上市公司的本年新增银行借款额/总资产的均值分别为 1.96% 和 0.52%，无论是河北省还是全国本年新增银行借款占总资产的比例，统计年度中各年份变化没有表现出明显的趋势特征。

表 1－22　2012～2016 年河北省和全国上市公司银行借款余额占总资产的比例

单位：%

指标		2012 年	2013 年	2014 年	2015 年	2016 年	均值
银行借款余额/总资产	河北省	24.15	23.58	21.28	19.61	16.55	20.39
	全国	4.51	4.66	4.59	4.50	4.28	4.49
本年银行借款净额/总资产	河北省	5.57	2.95	4.54	1.06	1.23	1.96
	全国	0.66	0.61	0.46	0.51	0.44	0.52

2. 河北省不同行业上市公司银行借款融资规模

（1）河北上市公司不同行业银行借款余额

分行业来看，截至 2016 年底，河北上市公司有银行借款余额的行业有：采矿业，电力、热力、燃气及水生产和供应业，房地产业，交通运输、仓储和邮政业，金融业，农林牧渔业，批发和零售业，信息传输、软件和信息技术服务业以及制造业 9 个行业，其他行业不存在银行借款。

河北省上市公司银行借款最多的行业是制造业，达到了1266.72亿元，占全国制造业上市公司银行借款余额的4.62%；其次是房地产业，共有银行借款余额472.72亿元，占全国该行业上市公司银行借款余额的3.92%；金融业，信息传输、软件和信息技术服务业近5年首次出现银行借款融资方式，但是数量较少，分别新增银行借款0.40亿元和0.2亿元，仅占全国该行业上市公司银行借款余额的0.01%和0.01%（见表1－23、图1－35）。

表1－23　2012～2016年河北省和全国不同行业上市公司银行借款余额及河北省占全国的比例

单位：亿元，%

行业		2012年	2013年	2014年	2015年	2016年
采矿业	河北省银行借款余额	59.23	75.56	81.90	65.02	87.92
	全国银行借款余额	7289.65	7837.23	10264.01	9710.94	8353.39
	河北省占全国的比例	0.81	0.96	0.80	0.67	1.05
电力、热力、燃气及水生产和供应业	河北省银行借款余额	105.32	88.16	89.98	95.44	102.60
	全国银行借款余额	8503.53	9026.32	8807.62	11018.86	11539.63
	河北省占全国的比例	1.24	0.98	1.02	0.87	0.89
房地产业	河北省银行借款余额	152.05	243.18	356.52	480.32	472.72
	全国银行借款余额	4771.85	6555.96	7676.90	10502.32	12063.35
	河北省占全国的比例	3.19	3.71	4.64	4.57	3.92
建筑业	河北省银行借款余额	0	0	0	0	0
	全国银行借款余额	6277.31	7463.88	7953.86	9140.84	10613.09
	河北省占全国的比例	0	0	0	0	0
交通运输、仓储和邮政业	河北省银行借款余额	26.66	31.70	30.56	13.20	8.67
	全国银行借款余额	3903.20	4263.60	4478.57	4233.32	4620.18
	河北省占全国的比例	0.68	0.74	0.68	0.31	0.19
教育	河北省银行借款余额	0	0	0	0	0
	全国银行借款余额	3.66	3.38	2.15	1.27	20.34
	河北省占全国的比例	0	0	0	0	0
金融业	河北省银行借款余额	0	0	0	0	0.40
	全国银行借款余额	369.36	676.45	1292.34	2114.56	2991.59
	河北省占全国的比例	0	0	0	0	0.01

续表

行业		2012 年	2013 年	2014 年	2015 年	2016 年
科学研究和技术服务业	河北省银行借款余额	0	0	0	0	0
	全国银行借款余额	17.16	14.87	32.94	41.54	61.20
	河北省占全国的比例	0	0	0	0	0
农林牧渔业	河北省银行借款余额	1.00	1.00	1.10	1.17	2.35
	全国银行借款余额	241.73	297.52	296.61	335.31	410.76
	河北省占全国的比例	0.41	0.34	0.37	0.35	0.57
批发和零售业	河北省银行借款余额	186.32	125.89	110.19	113.17	86.72
	全国银行借款余额	2056.85	2386.92	2631.10	2989.20	3558.27
	河北省占全国的比例	9.06	5.27	4.19	3.79	2.44
水利环境和公共设施管理业	河北省银行借款余额	0	0	0	0	0
	全国银行借款余额	289.45	278.03	359.71	466.92	547.77
	河北省占全国的比例	0	0	0	0	0
卫生和社会工作	河北省银行借款余额	0	0	0	0	0
	全国银行借款余额	0.01	0.30	4.03	19.51	55.32
	河北省占全国的比例	0	0	0	0	0
文化、体育和娱乐业	河北省银行借款余额	0	0	0	0	0
	全国银行借款余额	56.12	49.91	79.85	135.79	143.87
	河北省占全国的比例	0	0	0	0	0
信息传输、软件和信息技术服务业	河北省银行借款余额	0	0	0	0	0.20
	全国银行借款余额	902.18	1207.11	1206.77	1266.46	1474.63
	河北省占全国的比例	0	0	0	0	0.01
制造业	河北省银行借款余额	990.43	1172.89	1106.01	1108.95	1266.72
	全国银行借款余额	18468.00	20846.44	22560.80	23704.80	27411.93
	河北省占全国的比例	5.36	5.63	4.90	4.68	4.62
住宿和餐饮业	河北省银行借款余额	0	0	0	0	0
	全国银行借款余额	30.16	53.17	54.56	192.06	276.62
	河北省占全国的比例	0	0	0	0	0
综合类行业	河北省银行借款余额	0	0	0	0	0
	全国银行借款余额	239.45	278.97	234.78	268.62	252.19
	河北省占全国的比例	0	0	0	0	0

续表

行业		2012 年	2013 年	2014 年	2015 年	2016 年
租赁和商务服务业	河北省银行借款余额	0	0	0	0	0
	全国银行借款余额	375.27	653.23	813.60	1407.22	2038.67
	河北省占全国的比例	0	0	0	0	0

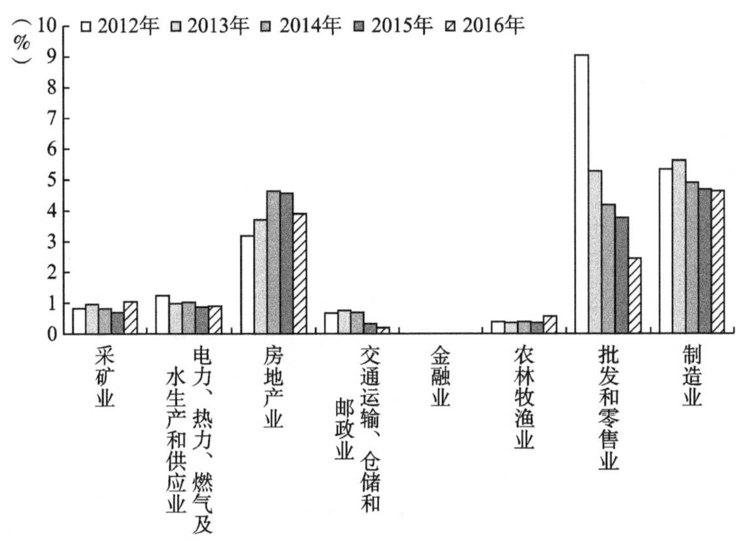

图 1－35　2012～2016 年河北省不同行业上市公司银行借款余额占全国的比例

（2）河北上市公司不同行业银行借款融资额占总资产的比例

表 1－24 呈现的是 2012～2016 年河北省和全国上市公司不同行业银行借款余额占总资产的比例。

在采矿业中，截至 2016 年底，河北省和全国上市公司银行借款占总资产的比例的均值分别是 17.84% 和 15.08%；2016 年中，河北省银行借款余额占总资产的比例指标较 2015 年相比，呈现上升趋势，全国上市公司该指标自 2014 年开始，呈现下降趋势。

在电力、热力、燃气及水生产和供应业中，截至 2016 年底，河北省和全国上市公司银行借款占总资产的比例的均值分别是 36.53% 和 38.08%；2012～2016 年，河北省的银行借款余额占总资产的比例指标呈下降趋势，2016 年，全国上市公司的指标较 2015 年，呈现下降趋势。

在房地产业上市公司银行借款余额占总资产的比例指标中，截至 2016

年底，河北省和全国上市公司的均值分别是 15.87% 和 21.21%；自 2013 年开始，河北省和全国该指标呈下降趋势。

在交通运输、仓储和邮政业上市公司银行借款余额占总资产的比例指标中，截至 2016 年底，河北省和全国的均值分别是 14.55% 和 21.45%；河北省和全国的该指标呈倒“V”形趋势。

在农林牧渔业上市公司银行借款余额占总资产的比例指标中，截至 2016 年底，河北省和全国上市公司的均值分别是 8.16% 和 20.51%；河北省和全国的该指标呈横向波动趋势。

在批发和零售业上市公司融资余额占总资产的比例指标中，截至 2016 年底，河北省和全国上市公司的均值分别是 17.94% 和 18.47%；河北省的该指标呈倒“V”形趋势，全国的该指标呈横向波动趋势。

表 1－24　2012～2016 年河北省和全国不同行业上市公司银行借款余额占总资产的比例

单位：亿元，%

	指标		2012 年	2013 年	2014 年	2015 年	2016 年	均值
银行借款余额/总资产	采矿业	河北省	14.77	18.38	19.63	15.79	20.20	17.84
		全国	14.61	14.32	17.28	15.93	13.23	15.08
	电力、热力、燃气及水生产和供应业	河北省	57.27	43.50	32.77	30.64	29.70	36.53
		全国	43.16	40.92	36.68	37.42	34.77	38.08
	房地产业	河北省	18.17	18.22	18.79	17.69	11.95	15.87
		全国	20.61	22.83	22.82	21.31	19.72	21.21
	交通运输、仓储和邮政业	河北省	23.96	24.69	20.04	7.93	4.27	14.55
		全国	23.06	23.42	23.06	20.23	18.67	21.45
	农林牧渔业	河北省	9.19	8.60	8.88	5.78	9.04	8.16
		全国	22.54	25.83	23.02	18.25	17.39	20.51
	批发和零售业	河北省	28.07	18.43	15.33	16.59	12.03	17.94
		全国	19.21	19.77	19.41	18.84	16.50	18.47
	制造业	河北省	24.23	25.51	22.70	21.05	20.31	22.52
		全国	18.87	19.06	17.96	16.54	15.62	17.34
	综合类行业	河北省	0	0	0	0	0	0
		全国	25.76	28.38	23.94	20.69	17.29	22.55

在制造业上市公司银行借款余额占总资产的比例指标中，截至2016年底，河北省和全国上市公司的均值分别是22.52%和17.34%；河北省和全国的该指标呈横向波动。

在综合业上市公司银行借款余额占总资产的比例指标中，截至2016年底，河北省和全国的均值分别是0%和22.55%；河北省的该指标5年均为0，全国该指标呈横向波动。

（四）河北省上市公司商业信用融资规模

1. 河北省上市公司商业信用融资规模

（1）河北省上市公司商业信用融资余额

本报告的商业信用融资包括：应付票据、应付账款、预收账款、应付职工薪酬、应缴税费、应付利息、其他应付款、长期应付款。其值取自上市公司资产负债表中相应项目的期末数。

表1－25、图1－36、图1－37呈现的是河北省和全国上市公司商业信用融资余额、环比增长率及比例。截至2016年底，河北省上市公司商业信用融资余额为4517.29亿元，全国为153262.09亿元，河北省占全国的比例为2.95%。河北上市公司商业信用融资余额占全国上市公司商业信用融资余额的比例在2012～2016年基本保持在2.40%～2.95%，呈现稳定小幅增长的趋势。

表1－25　河北省和全国上市公司商业信用融资余额及河北省占全国的比例

单位：亿元，%

年份	河北省商业信用		全国商业信用		河北省占全国的比例
	融资累计额	环比增长率	融资累计额	环比增长率	
2012	2091.47	17.62	86068.96	24.99	2.43
2013	2535.65	21.24	99249.07	15.31	2.55
2014	2942.43	16.04	113264.49	14.12	2.60
2015	3436.82	16.80	128979.60	13.87	2.66
2016	4517.29	31.44	153262.09	18.83	2.95

2012～2016年，从环比增长率来看，河北省上市公司商业信用融资余额环比增长率总体上高于全国。河北省环比增长率最快的是2016年，而全

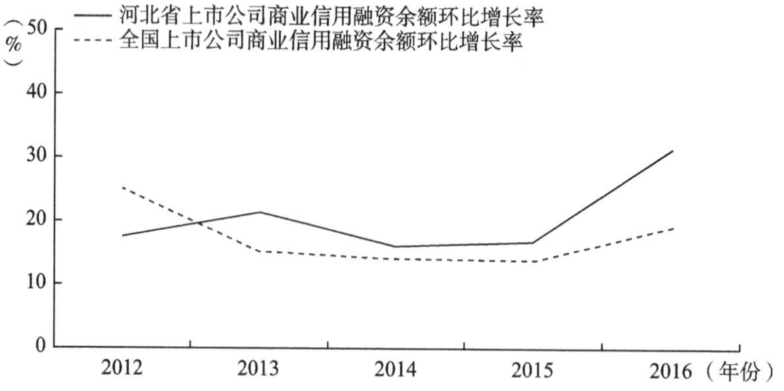

图 1-36　2012～2016 年河北省和全国上市公司商业信用融资余额环比增长率趋势

国环比增长率最快的是 2012 年。河北省环比增长率最低年份是 2014 年，而全国环比增长率最低年份是 2015 年。

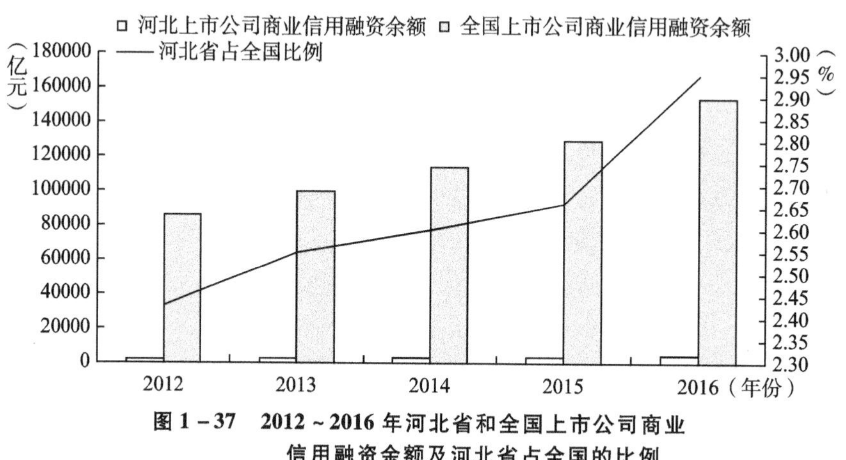

图 1-37　2012～2016 年河北省和全国上市公司商业信用融资余额及河北省占全国的比例

（2）河北省上市公司商业信用融资额占总资产的比例

表 1-26 呈现的是 2012～2016 年河北省和全国上市公司商业信用融资余额占总资产的比例。

2012～2016 年，河北省和全国上市公司商业信用融资余额占总资产的比重总体呈现上升趋势，虽然 2015 年全国的商业信用融资余额占总资产的比重出现下滑，但 2016 年继续上涨。2016 年，河北省和全国的商业信用融资余额占总资产值最高，分别为 36.86% 和 7.60%，均值分别为 35.40% 和 7.48%。

本年新增融资（净）额占总资产指标中，2016 年河北省上市公司本年商业信用融资净额占总资产值最高，为 8.82%。2012 年全国上市公司本年商业信用融资净额占总资产值最高，为 1.44%。无论是河北省还是全国本年新增融资（净）额占总资产的比例，各年份变化没有表现出明显的趋势特征。

表 1－26　2012～2016 年河北省和全国上市公司商业信用融资余额占总资产的比例

单位：%

		2012 年	2013 年	2014 年	2015 年	2016 年	均值
商业信用融资余额/总资产	河北省	33.2	34.39	35.25	35.9	36.86	35.40
	全国	7.22	7.47	7.56	7.48	7.60	7.48
本年商业信用融资净额/总资产	河北省	4.97	6.02	4.87	5.16	8.82	6.25
	全国	1.44	0.99	0.94	0.91	1.20	1.09

2. 河北省不同板块上市公司商业信用融资规模

（1）河北省不同板块上市公司商业信用融资余额

表 1－27、图 1－38 呈现的是 2012～2016 年河北省和全国不同板块上市公司商业信用融资余额及其占全国的比例。

分市场板块来看，截至 2016 年底，河北省上市公司在创业板、沪市 A 股、深市 A 股和中小板的商业信用融资余额分别为 14.16 亿元、2597.08 亿元、1188.36 亿元和 717.69 亿元；河北省不同板块上市公司商业信用融资余额占比分别是：沪市 A 股所占比例最高，为 57.49%；其次是深市 A 股，为 26.31%；再是中小板占比为 15.89%；最低占比是创业板，为 0.31%。全国上市公司商业信用融资余额最多的市场板块是沪市 A 股市场，为 110856.64 亿元，占比为 72.33%；其次是深市 A 股市场，为 26904.43 亿元，占比为 17.55%；再是中小板商业信用融资余额为 12154.11 亿元，占比为 7.93%；创业板市场商业信用融资余额最少，为 3346.91 亿元，占比 2.18%。河北省不同板块上市公司商业信用融资余额占全国上市公司商业信用融资余额的比例分别是：中小板所占比例最高，为 5.90%；其次是深市 A 股，为 4.42%；最低是创业板，为 0.42%。

从近 5 年的变化趋势来看，深市 A 股 2012 年所占比例为 5.95%，以后四年持续下降。在沪市 A 股市场中，河北省上市公司商业信用融资余额占全国的比例呈上升趋势。中小板块河北省商业信用融资余额占全国的比例在2012～2016 年呈现上升趋势，2015 年又略有下降。截至 2016 年底，中小板块河北省

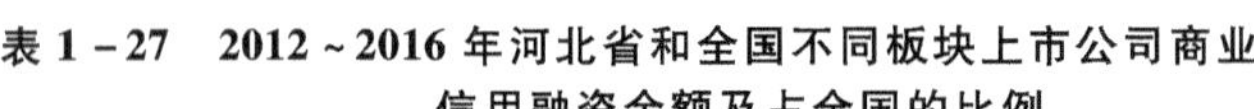

表 1－27　2012～2016 年河北省和全国不同板块上市公司商业信用融资余额及占全国的比例

单位：亿元，%

板块		2012 年	2013 年	2014 年	2015 年	2016 年
创业板	河北省商业信用融资余额	5.17	3.66	5.71	10.38	14.16
	全国商业信用融资余额	598.19	816.58	1289.08	2215.79	3346.91
	河北省占全国的比例	0.86	0.45	0.44	0.47	0.42
沪市 A 股	河北省商业信用融资余额	987.25	1250.37	1520.40	1831.83	2597.08
	全国商业信用融资余额	65343.81	74702.87	84847.31	95375.28	110856.64
	河北省占全国的比例	1.51	1.67	1.79	1.92	2.34
深市 A 股	河北省商业信用融资余额	887.70	979.27	1048.23	1142.21	1188.36
	全国商业信用融资余额	14921.09	17540.61	19615.43	21948.15	26904.43
	河北省占全国的比例	5.95	5.58	5.34	5.20	4.42
中小板	河北省商业信用融资余额	211.35	302.35	368.09	452.40	717.69
	全国商业信用融资余额	5205.87	6189.01	7512.67	9440.37	12154.11
	河北省占全国的比例	4.06	4.89	4.90	4.79	5.90
总计	河北省商业信用融资余额	2091.47	2535.65	2942.43	3436.82	4517.29
	全国商业信用融资余额	86068.96	99249.07	113264.49	128979.60	153262.09
	河北省占全国的比例	2.43	2.55	2.60	2.66	2.95

商业信用融资余额占全国的比例为 5.90%。而深市 A 股在2012～2016 年呈下降趋势。沪市 A 股在 2012～2016 年呈平缓上升趋势。创业板占比在 2012～2016 年呈现下降趋势，由 2012 年的 0.86% 下降到 2014 年的 0.44%，在 2015 年略有回升，所占比例达到了 0.47%，2016 年又下降。

（2）河北省不同板块上市公司商业信用融资额占总资产的比例

表 1－28 呈现的是 2012～2016 年河北省和全国不同板块上市公司的商业信用融资余额占总资产的比例。

2016 年，沪市 A 股市场河北省上市公司融资余额占总资产比例最高，为 42.46%；创业板市场最低，为 10.24%。创业板市场全国上市公司融资余额占总资产比例最高，为 20.23%；沪市 A 股市场最低，为 6.15%。沪市 A 股市场河北省上市公司融资余额占总资产均值最高，为 42.06%；创业板市场最低，为 8.62%。深市 A 股市场全国上市公司融资余额占总资产均值

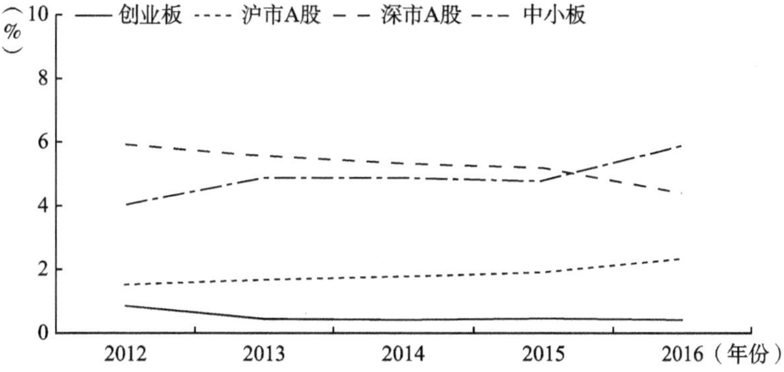

图 1－38　2012～2016 年河北省不同板块上市公司商业信用融资余额占全国的比例趋势

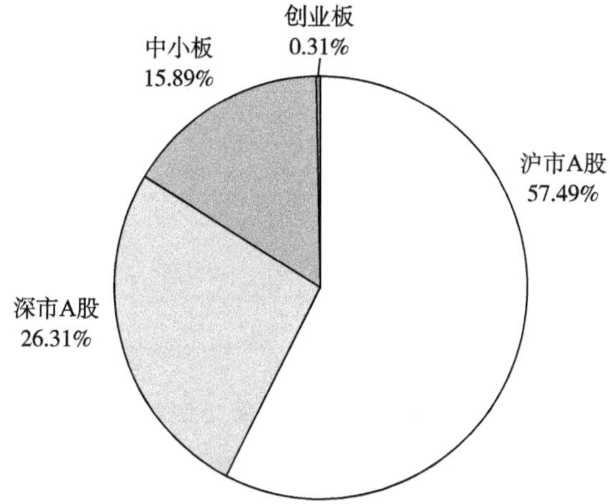

图 1－39　2016 年河北省上市公司商业信用融资余额板块结构

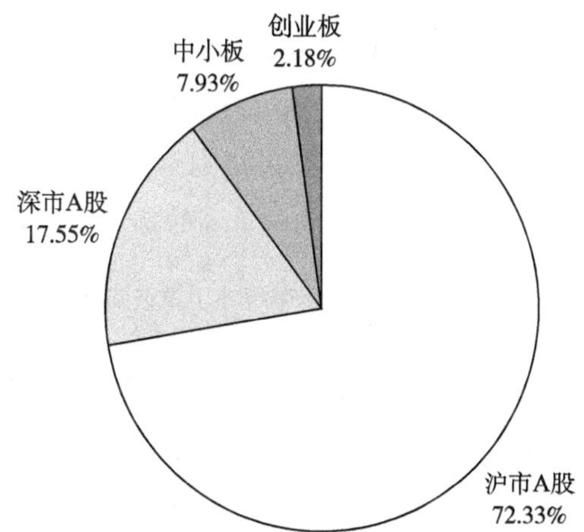

图 1－40　2016 年全国上市公司商业信用融资余额板块结构图

最高，为21.29%；沪市A股市场最低，为6.12%。

2012~2016年，在沪市A股市场和创业板市场，河北省和全国上市公司融资余额占总资产总体均呈现上升趋势；在中小板市场，河北省的呈现上升趋势，全国的呈现下降趋势；深市A股市场无明显趋势。

表1-28　2012~2016年河北省和全国不同板块上市公司商业信用融资余额占总资产的比例

单位：%

			2012年	2013年	2014年	2015年	2016年	均值
商业信用融资余额/总资产	沪市A股	河北省	39.52	41.46	42.17	43.31	42.46	42.06
		全国	5.96	6.13	6.21	6.13	6.15	6.12
	深市A股	河北省	28.38	28.16	28.60	28.90	27.80	28.36
		全国	22.73	23.06	22.11	20.33	19.83	21.29
	创业板	河北省	8.79	5.92	7.25	8.96	10.24	8.62
		全国	13.61	15.79	17.98	19.22	20.23	18.45
	中小板	河北省	34.41	36.96	36.84	35.47	41.58	37.77
		全国	20.81	21.04	20.37	19.9	19.80	20.24

3. 河北省不同行业上市公司商业信用融资规模

（1）河北省不同行业上市公司商业信用融资余额

表1-29、图1-41反映的是2012~2016年河北省不同行业上市公司商业信用融资余额及其占全国的比例。

2016年，河北省有商业信用融资余额的10个行业中，商业信用融资余额最多的是房地产业，为2097.34亿元；其次是制造业，为1832.65亿元；商业信用融资额最低的是综合类行业，仅为0.25亿元。2016年，河北省不同行业上市公司商业信用融资余额占全国的比例最高的是房地产业，占比为8.29%；

表1-29　2012~2016年河北省和全国不同行业上市公司商业信用融资余额及占比

单位：亿元，%

行业		2012年	2013年	2014年	2015年	2016年
采矿业	河北省商业信用融资余额	90.66	90.20	83.39	82.12	86.47
	全国商业信用融资余额	10840.58	11584.21	12273.31	11173.25	12500.15
	河北省占全国的比例	0.84	0.78	0.68	0.73	0.69

续表

行业		2012 年	2013 年	2014 年	2015 年	2016 年
电力、热力、燃气及水生产和供应业	河北省商业信用融资余额	26.66	38.01	40.85	45.24	53.92
	全国商业信用融资余额	2003.65	2428.20	2775.46	3488.39	4699.70
	河北省占全国的比例	1.33	1.57	1.47	1.30	1.15
房地产业	河北省商业信用融资余额	483.42	725.19	980.96	1370.52	2097.34
	全国商业信用融资余额	9618.61	11869.87	13075.44	19650.13	25310.98
	河北省占全国的比例	5.03	6.11	7.50	6.97	8.29
建筑业	河北省商业信用融资余额	0	0	0	0	0
	全国商业信用融资余额	16581.79	19378.74	22033.04	24809.17	29010.88
	河北省占全国的比例	0	0	0	0	0
交通运输、仓储和邮政业	河北省商业信用融资余额	19.44	22.68	33.66	27.86	31.40
	全国商业信用融资余额	2500.51	2837.25	3327.94	2841.82	3887.05
	河北省占全国的比例	0.78	0.80	1.01	0.98	0.81
教育	河北省商业信用融资余额	0	0	0	0	0
	全国商业信用融资余额	1.67	2.11	5.59	8.16	31.21
	河北省占全国的比例	0	0	0	0	0
金融业	河北省商业信用融资余额	0	0	0	0	8.00
	全国商业信用融资余额	11094.55	13136.95	16037.08	17269.02	17914.89
	河北省占全国的比例	0	0	0	0	0.04
科学研究和技术服务业	河北省商业信用融资余额	0	0	0	0	0
	全国商业信用融资余额	57.93	64.34	160.75	215.61	250.78
	河北省占全国的比例	0	0	0	0	0
农林牧渔业	河北省商业信用融资余额	0.97	1.74	1.98	2.68	6.08
	全国商业信用融资余额	155.40	173.62	198.93	304.61	413.61
	河北省占全国的比例	0.62	1.00	0.99	0.88	1.47
批发和零售业	河北省商业信用融资余额	313.81	373.58	402.75	356.66	396.53
	全国商业信用融资余额	4302.04	4800.50	5170.91	5831.04	7221.05
	河北省占全国的比例	7.29	7.78	7.79	6.12	5.49
水利环境和公共设施管理业	河北省商业信用融资余额	0	0	0	0	0
	全国商业信用融资余额	366.98	522.50	520.79	591.63	911.90
	河北省占全国的比例	0	0	0	0	0

续表

行业		2012 年	2013 年	2014 年	2015 年	2016 年
卫生和社会工作	河北省商业信用融资余额	0	0	0	0	0
	全国商业信用融资余额	5.59	6.98	9.47	21.19	62.20
	河北省占全国的比例	0	0	0	0	0
文化体育和娱乐业	河北省商业信用融资余额	0	0	0	0	0
	全国商业信用融资余额	239.16	297.35	369.26	493.05	697.60
	河北省占全国的比例	0	0	0	0	0
信息传输、软件和信息技术服务业	河北省商业信用融资余额	0	0	0	0	4.66
	全国商业信用融资余额	2093.42	2306.75	2609.56	3657.57	4020.63
	河北省占全国的比例	0	0	0	0	0.12
制造业	河北省商业信用融资余额	1156.25	1283.83	1398.57	1551.46	1832.65
	全国商业信用融资余额	25544.30	29010.66	33852.10	37392.01	44933.37
	河北省占全国的比例	4.53	4.43	4.13	4.15	4.08
住宿和餐饮业	河北省商业信用融资余额	0	0	0	0	0
	全国商业信用融资余额	48.00	54.01	63.10	66.43	112.74
	河北省占全国的比例	0	0	0	0	0
综合类行业	河北省商业信用融资余额	0.26	0.42	0.28	0.29	0.25
	全国商业信用融资余额	222.26	233.50	204.27	255.67	240.32
	河北省占全国的比例	0.12	0.18	0.14	0.11	0.10
租赁和商务服务业	河北省商业信用融资余额	0	0	0	0	0
	全国商业信用融资余额	392.50	541.54	577.49	910.85	1043.02
	河北省占全国的比例	0	0	0	0	0

其次是批发和零售业，占比为5.49%；占比最低的是金融业，仅为0.04%。

（2）河北省不同行业上市公司商业信用融资额占总资产的比例

表1－30呈现的是2012～2016年河北省和全国不同行业上市公司的商业信用融资余额占总资产的比例。

截至2016年底，批发和零售业河北省商业信用融资余额占总资产均值最高，为53.13%；综合类行业最低，为9.65%。房地产业全国商业信用融资余额占总资产均值最高，为40.58%；电力、热力、燃气及水生产和供应业最低，为11.99%。

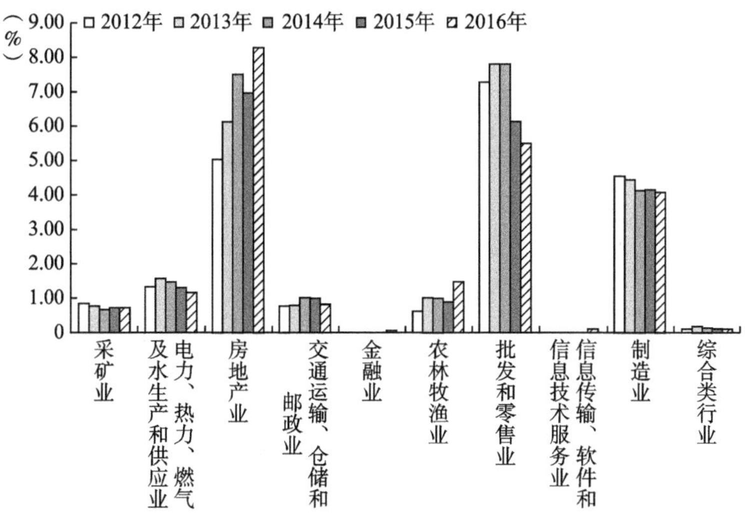

图 1－41　2012～2016 年河北省不同行业上市公司商业信用融资余额占全国的比例

2012～2016 年，电力、热力、燃气及水生产和供应业全国商业信用融资余额占总资产的比重，农林牧渔业河北省和全国商业信用融资余额占总资产的比重，批发和零售业河北省商业信用融资余额占总资产的比重，制造业河北省商业信用融资余额占总资产的比重均呈现上升趋势。采矿业河北省和全国商业信用融资余额占总资产的比重，批发和零售业全国商业信用融资余额占总资产的比重，综合类行业全国商业信用融资余额占总资产的比重呈现下降趋势。

表 1－30　2012～2016 年河北省和全国不同行业上市公司的商业信用融资余额占总资产的比例

单位：%

			2012 年	2013 年	2014 年	2015 年	2016 年	均值
商业信用融资余额/总资产	采矿业	河北省	22.6	21.95	19.99	20.17	19.87	20.89
		全国	21.73	21.17	20.66	18.32	19.79	20.26
	电力、热力、燃气及水生产和供应业	河北省	14.5	18.76	14.88	14.52	15.61	15.53
		全国	10.17	11.01	11.56	11.85	14.16	11.99
	房地产业	河北省	57.77	54.32	51.7	50.48	53.01	52.67
		全国	41.55	41.33	38.86	39.86	41.37	40.58
	交通运输、仓储和邮政业	河北省	17.47	17.66	22.08	16.74	15.47	17.73
		全国	14.77	15.59	17.14	13.58	15.71	15.36

续表

			2012 年	2013 年	2014 年	2015 年	2016 年	均值
商业信用融资余额/总资产	农林牧渔业	河北省	8.92	14.97	15.98	13.29	23.36	16.59
		全国	14.49	15.07	15.44	16.58	17.51	16.16
	批发和零售业	河北省	47.28	54.69	56.02	52.27	54.99	53.13
		全国	40.17	39.76	38.15	36.75	33.49	37.04
	制造业	河北省	28.28	27.92	28.71	29.46	29.38	28.82
		全国	26.1	26.52	26.95	26.08	25.61	26.20
	综合业	河北省	7.58	13.6	9.28	7.47	11.77	9.65
		全国	23.91	23.76	20.83	19.7	16.47	20.46

（五）河北省上市公司自我积累融资规模

1. 河北省上市公司自我积累融资规模

（1）河北省上市公司自我积累融资余额

上市公司自我积累融资包括：盈余公积和未分配利润。数据来源于上市公司的资产负债表相关项目的期末数。

表 1－31 反映的是 2012～2016 年河北省和全国上市公司自我积累融资余额，以及河北占全国的比例。近 5 年的环比增长率河北省呈波动趋势，最高年份是 2016 年，环比增长率为 28.66%，最低年份是 2015 年，环比增长率为 10.48%；全国呈下降趋势，最高年份是 2012 年，环比增长率为 20.22%，最低年份是 2016 年，环比增长率为 16.75%。

2016 年河北省上市公司自我积累融资余额是 2012 年的 2.11 倍，累计增长率是 111%，2016 年全国上市公司自我积累融资余额是 2012 年的 1.95 倍，累计增长率是 95%，河北省上市公司自我积累增长高于全国水平。2012～2016 年的环比增长率指标也反映了河北省的环比增长率总体高于全国的环比增长率。

河北省上市公司自我积累融资余额占全国的比例保持在 1.00% 左右。2012～2016 年，最高比例是 1.07%，最低是 0.97%。

（2）河北省上市公司自我积累融资额占总资产的比例

表 1－32 呈现的是 2012～2016 年河北省和全国上市公司自我积累融资余额占总资产的比例。

表 1－31　2012～2016 年河北省和全国上市公司自我积累融资余额及其占比

单位：亿元，%

年份	河北省		全国		河北省占全国比例
	自我积累融资余额	环比增长率	自我积累余额	环比增长率	
2012	655.37	16.87	66465.36	20.22	0.99
2013	795.02	21.31	79433.18	19.51	1.00
2014	970.96	22.13	94720.34	19.25	1.03
2015	1072.67	10.48	110888.67	17.07	0.97
2016	1380.11	28.66	129462.72	16.75	1.07

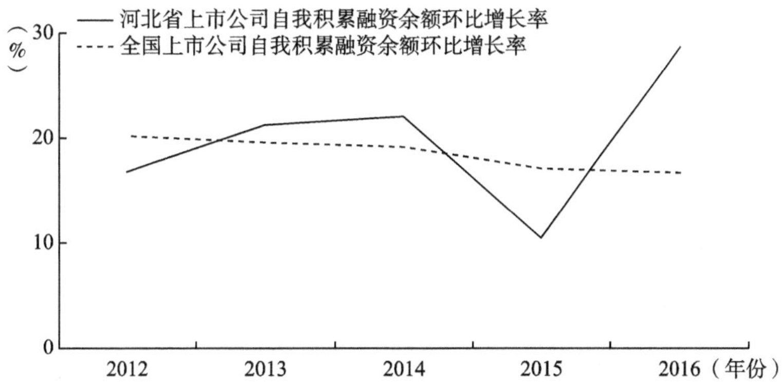

图 1－42　2012～2016 年河北省和全国上市公司自我积累融资余额环比增长率

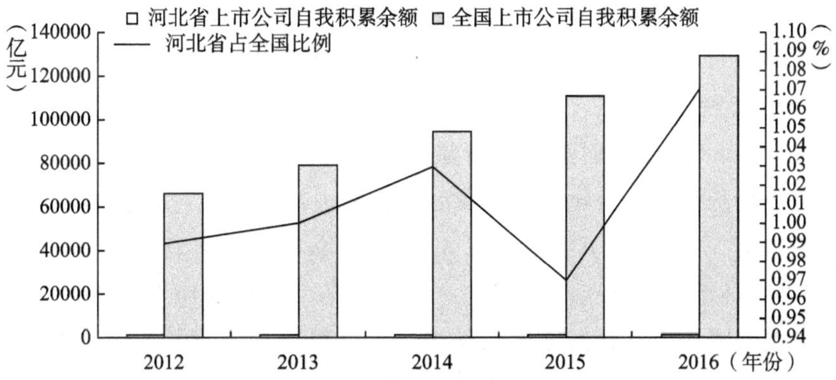

图 1－43　2012～2016 年河北省和全国上市公司自我积累融资余额及河北省占全国比例

2012~2016年，河北省上市公司自我积累余额占总资产值呈现先上升后下降再上升的趋势，全国上市公司自我积累融资余额占总资产值总体呈现上升趋势，2016年全国上市公司的自我积累融资余额占总资产值出现下滑。2014年，河北省自我积累融资余额占总资产值最高，为11.63%。2015年，全国自我积累融资余额占总资产值最高，为6.43%，均值分别为11.12%和6.20%。

本年自我积累融资净额占总资产指标中，2016年河北省上市公司自我积累融资净额占总资产最高，为2.51%。2014年全国上市公司自我积累融资净额占总资产最高，为1.02%。无论是河北省还是全国本年新增融资净额占总资产的比例，各年份变化没有表现出明显的趋势特征。

表1-32 河北省和全国上市公司自我积累融资余额占总资产的比例

单位：%

		2012年	2013年	2014年	2015年	2016年	均值
自我积累融资余额/总资产	河北省	10.40	10.78	11.63	11.20	11.26	11.12
	全国	5.57	5.98	6.32	6.43	6.42	6.20
本年自我积累融资额/总资产	河北省	1.50	1.89	2.11	1.06	2.51	1.87
	全国	0.94	0.98	1.02	0.94	0.92	0.96

2. 河北省不同板块上市公司自我积累融资规模

（1）河北省不同板块上市公司自我积累融资余额

表1-33反映的是2012~2016年河北省和全国不同市场板块上市公司自我积累融资余额。截至2016年底，通过自我积累融资余额最多的市场板块是沪市A股市场，为723.32亿元，其次是深市A股市场，自我积累融资余额为413.84亿元。创业板市场自我积累融资余额最少，为30.96亿元。河北省不同板块上市公司自我积累融资余额占比分别是：沪市A股所占比例最高，为52.41%；其次为深市A股，为29.99%；再是中小板市场，为15.36%；最低占比是创业板市场，为2.24%。截至2016年底，全国上市公司自我积累融资余额最多的市场板块是沪市A股市场，为105736.92亿元，占比为81.67%；其次是深市A股市场，为12235.74亿元，占比为9.45%；再是中小板市场，为8548.36亿元，占比为15.36%；创业板市场自我积累融资余额最少，为2941.70亿元，占比为2.27%。

表 1-33　2012~2016 年河北省和全国不同市场板块上市公司自我积累融资余额及占比

单位：亿元，%

		2012 年	2013 年	2014 年	2015 年	2016 年
创业板	河北省自我积累余额	8.72	9.85	16.14	26.43	30.96
	全国自我积累余额	728.40	909.36	1326.93	2102.33	2941.70
	河北省占全国的比例	1.20	1.08	1.22	1.26	1.05
沪市 A 股	河北省自我积累余额	274.64	347.70	454.51	511.37	723.32
	全国自我积累余额	55337.31	66056.35	78454.39	91362.44	105736.92
	河北省占全国的比例	0.50	0.53	0.58	0.56	0.68
深市 A 股	河北省自我积累余额	284.16	320.79	346.96	365.51	413.84
	全国自我积累余额	6566.44	7968.57	9409.87	10696.75	12235.74
	河北省占全国的比例	4.33	4.03	3.69	3.42	3.38
中小板	河北省自我积累余额	87.84	116.68	153.35	169.37	211.99
	全国自我积累余额	3833.22	4498.90	5529.15	6727.16	8548.36
	河北省占全国的比例	2.29	2.59	2.77	2.52	2.48

河北省上市公司自我积累融资余额占全国比例最高的是深市 A 股市场，占比为 3.38%，其次是中小板市场，占比为 2.48%，最低的是沪市 A 股市场，占比为 0.68%。从时间序列上来看，在统计年度的 5 年间，深市 A 股市场的河北省上市公司自我积累融资余额占全国的比例呈下降趋势，沪市 A 股市场河北省上市公司自我积累融资余额占全国的比例呈先上升后下降再

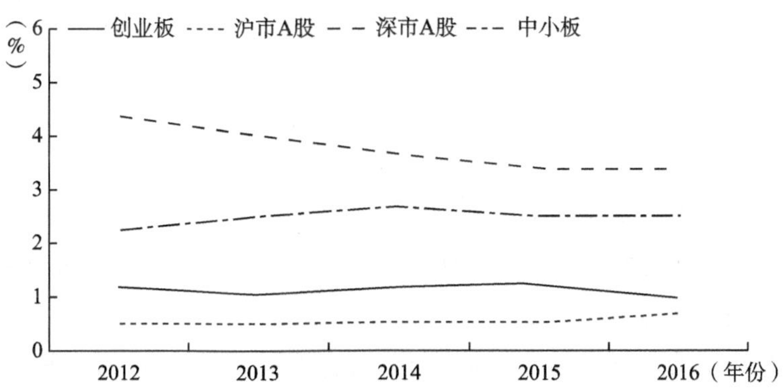

图 1-44　2012~2016 年河北省不同板块上市公司自我积累融资余额占全国的比例

上升的趋势，2016 年为最高点，与之相反，创业板市场先下降后上升再下降，2016 年为最低点，中小板市场先上升后下降，2014 年为最高点。

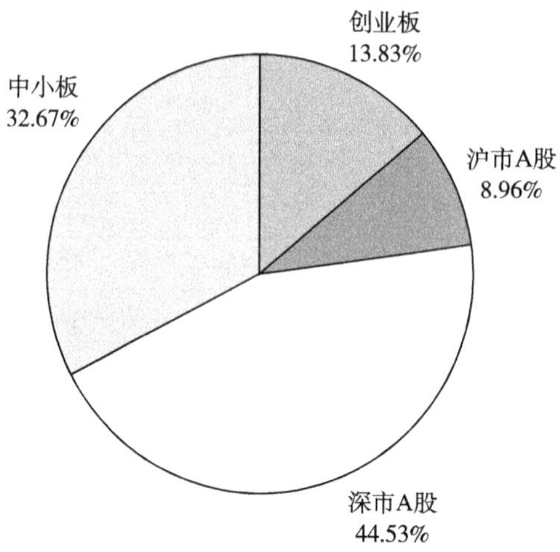

图 1－45　2016 年河北省上市公司自我积累融资余额板块结构

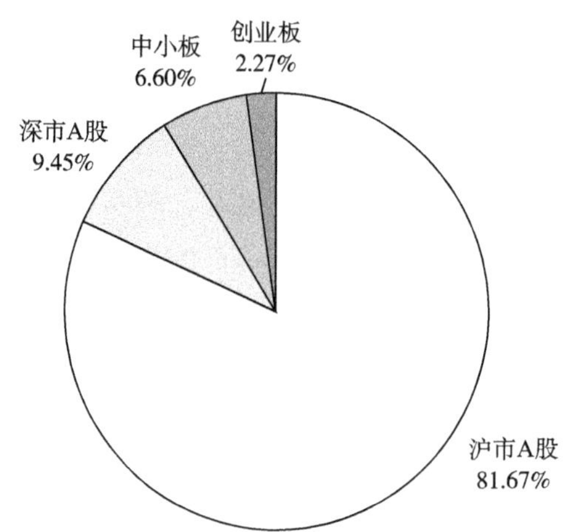

图 1－46　2016 年全国上市公司自我积累融资余额板块结构

（2）河北省不同板块上市公司自我积累融资额占总资产的比例

表 1－34 呈现的是 2012～2016 年河北省和全国不同板块上市公司的自我积累融资余额占总资产的比例。

2016 年，创业板市场河北省上市公司自我积累融资余额占总资产最高，为 22.39%；深市 A 股市场最低，为 9.68%。创业板市场全国上市公司自我积累融资余额占总资产最高，为 17.78%；沪市 A 股市场最低，为 5.86%。

创业板市场河北省上市公司自我积累融资余额占总资产均值最高，为20.31%；深市A股市场最低，为9.36%。创业板市场全国上市公司自我积累融资余额占总资产均值最高，为17.87%；沪市A股市场最低，为5.64%。

2012～2016年中小板市场，全国上市公司自我积累融资余额占总资产总体呈现下降趋势，河北上市公司除过2014年有所增长，总体上呈下降趋势；在创业板市场，河北省上市公司自我积累融资余额占总资产除2016年有所下降外，整体呈现上升趋势，全国上市公司自我积累融资余额占总资产呈现先上升后下降；在沪市A股市场，河北省上市公司自我积累融资余额占总资产呈现先上升后下降，全国上市公司自我积累融资余额占总资产呈现上升趋势；深市A股市场无明显趋势。

表1－34　2012～2016年河北省和全国不同板块上市公司的自我积累融资余额占总资产的比例

单位：%

			2012年	2013年	2014年	2015年	2016年	均值
自我积累融资余额/总资产	创业板	河北省	14.83	15.94	20.49	22.81	22.39	20.31
		全国	16.57	17.59	18.51	18.23	17.78	17.87
	沪市A股	河北省	10.99	11.53	12.61	12.09	11.82	11.87
		全国	5.04	5.42	5.75	5.87	5.86	5.64
	深市A股	河北省	9.08	9.22	9.47	9.25	9.68	9.36
		全国	10	10.48	10.61	9.91	9.02	9.89
	中小板	河北省	14.30	14.26	15.35	13.28	12.28	13.61
		全国	15.32	15.30	14.99	14.18	13.93	14.56

3. 河北省不同行业上市公司自我积累融资规模

（1）河北省不同行业上市公司自我积累融资余额

表1－35反映的是2012～2016年河北省不同行业上市公司自我积累融资余额及河北省占全国的比例。

分行业来看，截至2016年底，河北省上市公司自我积累融资余额占全国的比例比较高的行业是房地产业、制造业和农林牧渔业，分别是5.00%、3.13%和1.63%。比例最低的是综合类行业，占比为－1.52%。2012～2016年，尤其是综合类行业在统计年度5个年份都是负值，说明该行业自我积累资

表 1－35　2012～2016 年河北省不同行业上市公司自我积累融资余额及其占全国的比例

单位：亿元，%

		2012 年	2013 年	2014 年	2015 年	2016 年
采矿业	河北省自我积累余额	99.69	105.75	105.06	105.86	108.12
	全国自我积累余额	15395.91	16796.33	17961.17	17955.08	18211.86
	河北省占全国的比例	0.65	0.63	0.58	0.59	0.59
电力、热力、燃气及水生产和供应业	河北省自我积累余额	－12.51	0.84	20.30	43.43	52.73
	全国自我积累余额	1617.04	2188.42	2728.50	3400.10	3853.24
	河北省占全国的比例	－0.77	0.04	0.74	1.28	1.37
房地产业	河北省自我积累余额	84.02	129.19	188.84	220.11	299.63
	全国自我积累余额	2662.20	3322.31	3939.23	5029.87	5987.58
	河北省占全国的比例	3.16	3.89	4.79	4.38	5.00
建筑业	河北省自我积累余额	0	0	0	0	0
	全国自我积累余额	2073.26	2734.88	3450.90	4254.69	5137.49
	河北省占全国的比例	0	0	0	0	0
交通运输、仓储和邮政业	河北省自我积累余额	16.68	24.54	34.42	44.17	54.00
	全国自我积累余额	2222.31	2406.53	2931.09	3387.70	3980.04
	河北省占全国的比例	0.75	1.02	1.17	1.30	1.36
教育	河北省自我积累余额	0	0	0	0	0
	全国自我积累余额	0.13	0.28	1.18	1.78	6.84
	河北省占全国的比例	0	0	0	0	0
金融业	河北省自我积累余额	0	0	0	0	－6.34
	全国自我积累余额	24793.63	31339.72	39572.71	49133.33	58675.15
	河北省占全国的比例	0	0	0	0	－0.01
科学研究和技术服务业	河北省自我积累余额	0	0	0	0	0
	全国自我积累余额	23.24	32.64	75.48	102.82	125.46
	河北省占全国的比例	0	0	0	0	0
农林牧渔业	河北省自我积累余额	0.64	2.59	3.02	5.11	6.38
	全国自我积累余额	116.75	118.06	131.07	250.71	391.86
	河北省占全国的比例	0.55	2.19	2.30	2.04	1.63

续表

		2012 年	2013 年	2014 年	2015 年	2016 年
批发和零售业	河北省自我积累余额	20.91	23.36	25.10	28.41	30.08
	全国自我积累余额	1364.37	1604.16	1803.23	2089.65	2454.76
	河北省占全国的比例	1.53	1.46	1.39	1.36	1.23
水利环境和公共设施管理业	河北省自我积累余额	0	0	0	0	0
	全国自我积累余额	223.24	306.06	415.41	474.60	588.08
	河北省占全国的比例	0	0	0	0	0
卫生和社会工作	河北省自我积累余额	0	0	0	0	0
	全国自我积累余额	8.66	12.76	18.13	31.34	47.64
	河北省占全国的比例	0	0	0	0	0
文化、体育和娱乐业	河北省自我积累余额	0	0	0	0	0
	全国自我积累余额	190.28	245.67	350.70	512.91	753.83
	河北省占全国的比例	0	0	0	0	0
信息传输、软件和信息技术服务业	河北省自我积累余额	0	0	0	0	7.28
	全国自我积累余额	715.60	851.72	1071.00	1439.72	1883.09
	河北省占全国的比例	0	0	0	0	0.39
制造业	河北省自我积累余额	447.62	510.95	596.36	628.37	831.25
	全国自我积累余额	14752.76	17086.76	19810.49	22263.34	26526.23
	河北省占全国的比例	3.03	2.99	3.01	2.82	3.13
住宿和餐饮业	河北省自我积累余额	0	0	0	0	0
	全国自我积累余额	25.80	23.88	13.28	27.25	31.61
	河北省占全国的比例	0	0	0	0	0
综合类行业	河北省自我积累余额	-1.69	-2.19	-2.13	-2.77	-3.02
	全国自我积累余额	96.95	117.76	131.14	138.99	199.16
	河北省占全国的比例	-1.74	-1.86	-1.63	-2.00	-1.52
租赁和商务服务业	河北省自我积累余额	0	0	0	0	0
	全国自我积累余额	183.26	245.24	315.63	394.77	608.81
	河北省占全国的比例	0	0	0	0	0

金的能力非常低。2012～2016 年，电力、热力、燃气及水生产和供应业与交通运输、仓储和邮政业的河北省上市公司自我积累融资余额占全国的比

例逐年上升。综合类行业虽然占比由2012年的-1.74%，下降到了2015年的-2.00%，又上升到2016年的-1.52%，值得注意的是该行业的占比5年来一直为负值。房地产业在统计年度5年内占比均为正值的行业中上升幅度最大，由2012年的3.16%上升到了2014年的4.79%，2015年下降到4.38%，2016年又上升到5%。批发和零售业、制造业的趋势比较平稳。

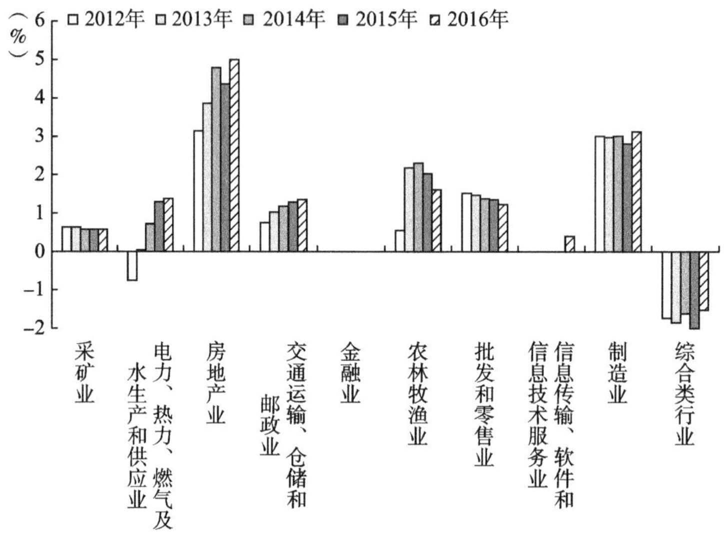

图1-47　2012~2016年河北省不同行业上市公司自我积累融资余额占全国的比例

（2）河北省不同行业上市公司自我积累融资余额占总资产的比例

表1-36呈现的是2012~2016年河北省和全国不同行业上市公司自我积累融资余额占总资产的比例。

表1-36　2012~2016年河北省和全国不同行业上市公司自我积累融资余额占总资产的比例

单位：%

			2012年	2013年	2014年	2015年	2016年	均值
自我积累融资余额/总资产	采矿业	河北省	24.86	25.73	25.18	26.00	24.85	25.32
		全国	30.86	30.70	30.24	29.45	28.84	29.96
	电力、热力、燃气及水生产和供应业	河北省	-6.80	0.41	7.39	13.94	15.26	7.95
		全国	8.21	9.92	11.36	11.55	11.61	10.74
	房地产业	河北省	10.04	9.68	9.95	8.11	7.57	8.58
		全国	11.50	11.57	11.71	10.2	9.79	10.69

续表

			2012 年	2013 年	2014 年	2015 年	2016 年	均值
自我积累融资余额/总资产	交通运输、仓储和邮政业	河北省	14.99	19.11	22.57	26.54	26.61	22.82
		全国	13.13	13.22	15.09	16.19	16.08	14.89
	农林牧渔业	河北省	5.88	22.29	24.37	25.34	24.52	21.88
		全国	10.89	10.25	10.17	13.64	16.59	13.08
	批发和零售业	河北省	3.15	3.42	3.49	4.16	4.17	3.69
		全国	12.74	13.29	13.30	13.17	11.38	12.03
	制造业	河北省	10.95	11.11	12.24	11.93	13.32	12.63
		全国	15.07	15.62	15.77	15.53	15.12	15.41
	综合类行业	河北省	-49.27	-70.89	-70.63	-71.33	-144.88	-76.12
		全国	10.43	11.98	13.37	10.71	13.65	12.11

截至2016年底，采矿业河北省自我积累融资余额占总资产均值最高，为25.32%；综合类行业最低，为-76.12%。采矿业全国自我积累融资余额占总资产均值最高，为29.96%；房地产业最低，为10.69%。

2012~2016年自我积累融资余额占总资产比例呈现上升趋势的有：电力、热力、燃气及水生产和供应业，交通运输、仓储和邮政业以及批发和零售业；呈现下降趋势的是：河北省房地产业和全国采矿业；河北省综合类行业自我积累融资余额占总资产比例2016年出现明显的下降。

二 河北上市公司资本结构分析

本部分主要研究河北省与全国上市公司的资本结构特征。具体运用资产负债率、长期资本资产率、留存收益率、产权比率、流动比率5个指标，从上市公司资本来源、资本构成、内源融资及公司对股东履行责任程度、股东对债权人利益保障程度、公司财务风险5个角度来描述上市公司的资本结构。

（一）河北省与全国上市公司资本结构比较

表1-37为河北省和全国上市公司资本结构总体比较情况。截至2016年底，河北省上市公司资产负债率平均水平低于全国平均水平，说明河北

省上市公司的资本较全国更多来源于股东投入；河北省上市公司平均长期资本资产率高于全国平均水平，分别是46.95%和18.87%，相差28.08%，说明从上市公司资本构成角度来看，河北省上市公司长期资本占比要高于全国水平；河北省上市公司和全国上市公司的留存收益率约为70%，且河北省略高于全国，可以看出河北省与全国上市公司把绝大多数的收益留在了公司内部，上市公司对于股东责任的履行程度一般；在资本结构指标中相差最多的是产权比率，河北省和全国上市公司产权比率的均值分别是208.53%和574.91%，相差366.38%，说明河北省上市公司中股东对债权人利益的保障程度要高于全国水平；河北省和全国上市公司流动比率均值分别是105.81%和116.69%，河北省比全国低10.88%，说明河北省上市公司短期偿债能力低于全国平均水平，而短期财务高于全国平均水平。

表1-37　河北省和全国上市公司资本结构总体比较

单位：%

指　标		2012年	2013年	2014年	2015年	2016年	均值
资产负债率	河北省	67.35	68.37	67.50	67.37	67.47	67.59
	全国	85.89	85.83	85.32	84.69	84.66	85.18
长期资本资产率	河北省	47.29	46.36	45.79	46.48	48.29	46.95
	全国	17.89	18.04	18.63	19.50	19.62	18.87
留存收益率	河北省	69.57	76.29	75.62	53.96	73.22	70.64
	全国	67.37	68.72	69.01	65.89	75.94	69.76
产权比率	河北省	206.28	216.20	207.66	206.47	207.42	208.53
	全国	608.65	605.93	581.37	552.98	551.96	574.91
流动比率	河北省	96.21	99.04	100.11	105.27	119.55	105.81
	全国	113.75	112.51	113.64	118.15	121.94	116.69

从图1-48可见，2012~2016年，全国上市公司资产负债率呈缓慢下降趋势，而河北省上市公司资产负债率呈现出小幅波动下降趋势，说明河北省和全国上市公司的资本来源变化不大，负债比率稍有下降。此外，五年间河北省上市公司资产负债率均低于全国上市公司资产负债率。

从图1-49可见，2012~2016年，全国上市公司长期资本资产率呈平缓上升趋势，而河北省上市公司长期资本资产率呈现出以2014年为转折点，

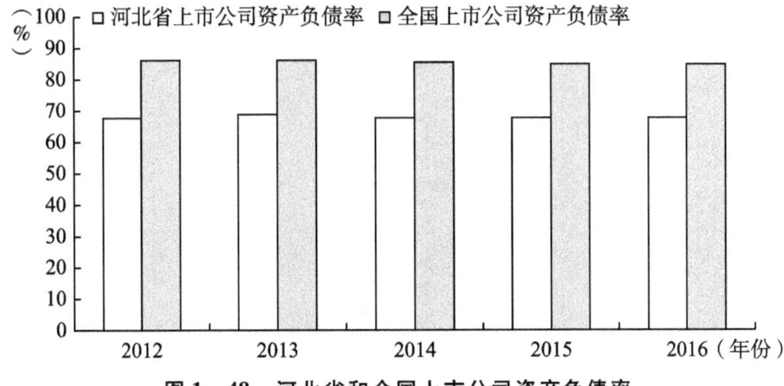

图1－48　河北省和全国上市公司资产负债率

先平缓下降，后平缓上升的态势，表明五年来河北省和全国上市公司的资本构成变化不大。此外，河北省上市公司长期资本资产率均高于全国上市公司长期资本资产率。

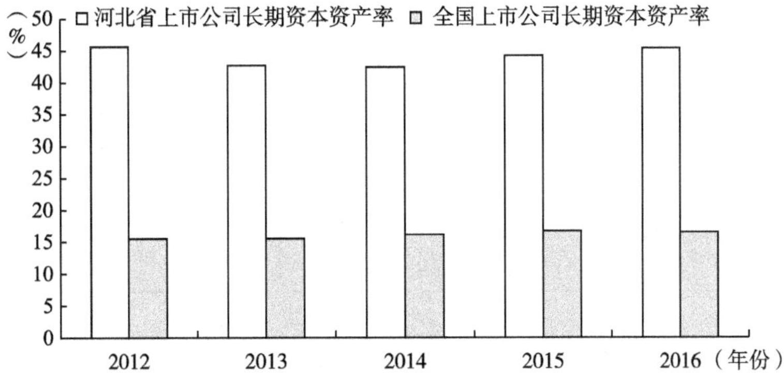

图1－49　河北省和全国上市公司长期资本资产率

从图1－50可见，河北省和全国上市公司留存收益率在2015年出现转折，2015年之前河北省上市公司留存收益率高于全国上市公司留存收益率，2015年以后，全国上市公司留存收益率高于河北省上市公司留存收益率，且两者在2015年相差最大。从变化趋势来看，河北省和全国上市公司留存收益率均在2015年出现了较大幅度的下跌，2016年又出现较大幅度的上升，2012～2014年，河北省和全国呈现波动上升趋势，可以看出前三年河北省和全国上市公司留存收益内部融资程度有所加强，对股东责任履行程度有所下降，而2015年和2016两年受宏观经济及税收政策影响内源融资和对股东责任履行程度都有较大变化。

从图1－51可见，2012～2016年，全国上市公司产权比率呈现下降趋

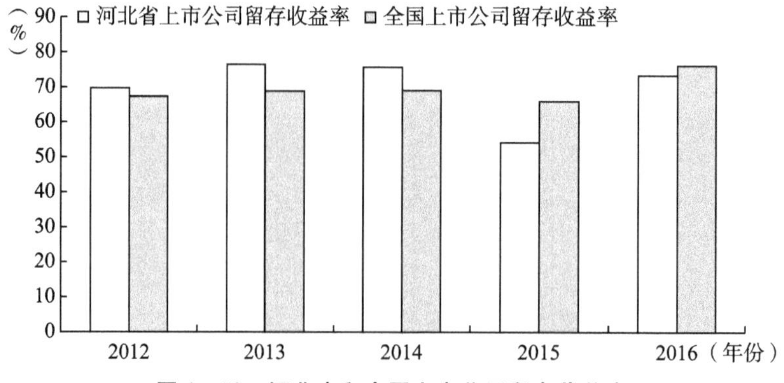

图1－50　河北省和全国上市公司留存收益率

势，河北省上市公司产权比率呈横向波动趋势。此外，可以看出河北省上市公司产权比率各年均大幅低于全国上市公司产权比率。

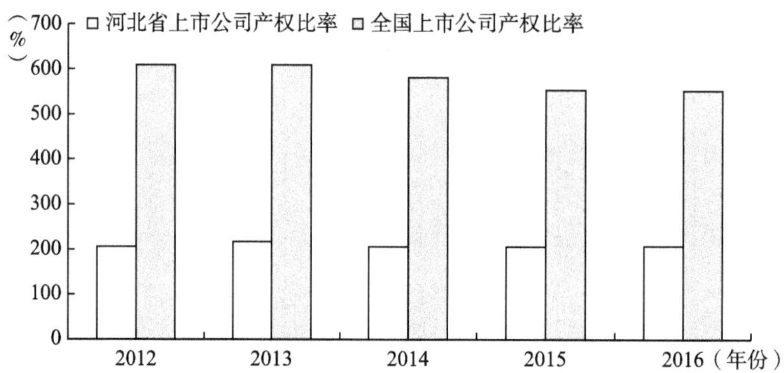

图1－51　河北省和全国上市公司产权比率

从图1－52可见，2012～2016年，河北省和全国上市公司流动比率均

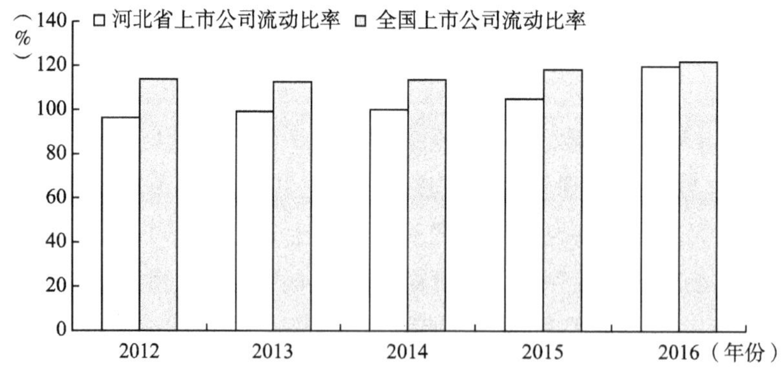

图1－52　河北省和全国上市公司流动比率

呈现平缓上升趋势，说明河北省和全国上市公司财务风险有下降趋势。此外，全国与河北省对比来看，全国上市公司流动比率均高于河北省上市公司流动比率，但2016年两者差距最小。

（二）河北省和全国不同板块上市公司资本结构比较

1. 资产负债率指标在不同板块市场的比较

表1－38呈现的是2012～2016年河北省和全国资产负债率的比较。

在资产负债率的指标中，截至2016年底，河北省上市公司在沪深两市及中小板市场上水平相当，其均值维持在65%～70%，其中在沪市A股市场最高，均值达到69.38%，创业板市场最低，均值为21.04%。从全国来看，全国上市公司在沪市A股市场的均值为87.18%；在深市A股市场的均值为72.34%；在创业板市场的均值为33.84%；在中小板市场的均值为56.72%，仍然是沪市A股市场最高，创业板市场最低。河北省上市公司在沪市A股市场、深市A股市场和创业板市场的均值均低于全国上市公司，在中小板市场的均值高于全国上市公司。

表1－38　2012～2016年河北省和全国资产负债率的比较

单位：%

指标		2012年	2013年	2014年	2015年	2016年	均值
沪市A股	河北省	69.54	70.75	69.85	69.79	68.07	69.38
	全国	87.71	87.65	87.19	86.71	86.92	87.18
深市A股	河北省	67.60	67.46	66.14	65.58	65.47	66.36
	全国	71.69	71.88	72.25	72.39	72.39	72.34
创业板	河北省	20.17	21.29	21.21	19.94	22.11	21.04
	全国	23.29	28.60	33.78	35.91	36.84	33.84
中小板	河北省	61.71	67.07	67.63	69.19	73.92	69.24
	全国	53.31	55.89	57.34	58.06	57.11	56.72

2. 长期资本资产率指标在不同板块市场的比较

表1－39呈现的是2012～2016年河北省和全国长期资本资产率的比较。

在长期资本资产率的指标中，截至2016年底，河北省上市公司在沪市A股市场的均值为43.99%；在深市A股市场的均值为49.07%；在创业板市场的均值为80.88%；在中小板市场的均值为47.55%。其中，创业板最高，沪市A股市场最低。全国上市公司在沪市A股市场的均值为16.21%；在深市A股市场的均值为39.95%；在创业板市场的均值为71.81%；在中小板的均值为50.88%。其中，创业板市场最高，沪市A股市场最低。河北省上市公司在沪市A股市场、深市A股市场和创业板的均值均高于全国上市公司，在中小板市场的均值低于全国上市公司。

表1-39　2012~2016年河北省和全国长期资本资产率的比较

单位：%

指标		2012年	2013年	2014年	2015年	2016年	均值
沪市A股	河北省	45.56	42.47	42.13	44.01	45.18	43.99
	全国	15.58	15.64	16.17	16.82	16.49	16.21
深市A股	河北省	47.14	49.21	48.89	47.37	52.08	49.07
	全国	39.49	39.86	39.34	39.57	40.91	39.95
创业板	河北省	80.76	80.3	80.43	82.15	80.37	80.88
	全国	79.47	75.33	71.36	70.03	70.13	71.81
中小板	河北省	51.89	46.05	44.9	48.7	47.39	47.55
	全国	53.53	51.88	50.08	49.37	50.96	50.88

3. 留存收益率指标在不同板块市场的比较

表1-40呈现的是2012~2016年河北省和全国留存收益率的比较。

在留存收益率的指标中，截至2016年底，河北省上市公司在沪市A股市场的均值为70.07%；在深市A股市场的均值为72.46%；在创业板市场的均值为67.71%；在中小板市场的均值为72.66%。其中，中小板市场最高，创业板市场最低。全国上市公司在沪市A股市场的均值为68.48%；在深市A股市场的均值为73.49%；在创业板市场的均值为72.94%；在中小板市场的均值为67.40%。其中，深市A股市场最高，中小板市场最低。河

表1-40　2012~2016年河北省和全国留存收益率的比较

指标		2012年	2013年	2014年	2015年	2016年	均值
沪市A股	河北省	68.35	71.81	66.67	62.65	76.97	70.07
	全国	66.23	67.90	66.57	62.80	76.03	68.48

续表

指标		2012 年	2013 年	2014 年	2015 年	2016 年	均值
深市 A 股	河北省	73.24	83.94	72.86	36.21	66.25	72.46
	全国	73.74	75.25	71.65	65.89	79.07	73.49
创业板	河北省	75.26	83.10	83.57	53.45	70.52	67.71
	全国	68.71	69.40	74.83	72.17	77.14	72.94
中小板	河北省	63.52	67.02	87.04	44.83	74.01	72.66
	全国	65.11	65.27	66.96	65.44	73.30	67.40

北省上市公司在沪市 A 股市场和中小板市场的均值均高于全国上市公司，在深市 A 股市场和创业板市场的均值低于全国上市公司。

4. 产权比率指标在不同板块市场的比较

表 1－41 呈现的是 2012～2016 年河北省和全国产权比率的比较。在产权比率的指标中，截至 2016 年底，河北省上市公司在沪市 A 股市场的均值为 226.56%；在深市 A 股市场的均值为 197.26%；在创业板市场的均值为 26.64%；在中小板市场的均值为 225.12%。其中，沪市 A 股最高，创业板市场最低。全国上市公司在沪市 A 股市场的均值为 679.78%；在深市 A 股市场的均值为 261.56%；在创业板市场的均值为 51.15%；在中小板市场的均值为 131.08%。其中，沪市 A 股市场最高，创业板市场最低。河北省上市公司在深市 A 股市场、创业板市场的产权比率的均值均低于全国上市公

表 1－41　2012～2016 年河北省和全国产权比率的比较

单位：%

指　标		2012 年	2013 年	2014 年	2015 年	2016 年	均值
沪市 A 股	河北省	228.25	241.86	231.67	231.05	213.20	226.56
	全国	713.36	709.97	680.51	652.66	664.62	679.78
深市 A 股	河北省	208.65	207.29	195.32	190.50	189.63	197.26
	全国	253.27	255.65	260.36	262.19	269.24	261.56
创业板	河北省	25.27	27.06	26.92	24.91	28.39	26.64
	全国	30.36	40.05	51.02	56.04	58.33	51.15
中小板	河北省	161.16	203.71	208.89	224.60	283.46	225.12
	全国	114.18	126.70	134.39	138.44	133.18	131.08

司，在沪市A股市场的均值远低于全国上市公司，而在中小板市场则高于全国上市公司。

5. 流动比率指标在不同板块市场的比较

表1－42呈现的是2012～2016年河北省和全国不同板块流动比率的比较。

在流动比率的指标中，截至2016年底，河北省上市公司在沪市A股市场的均值为118.92%；在深市A股市场的均值为70.73%；在创业板市场的均值为326.84%；在中小板市场的均值为164.77%。其中，创业板市场最高，深市A股市场最低。全国上市公司在沪市A股市场的均值为108.80%；在深市A股市场的均值为121.30%；在创业板的均值为213.09%；在中小板的均值为152.55%。其中，创业板市场最高，沪市A股市场最低。河北省上市公司在沪市A股市场、中小板市场的均值均略高于全国上市公司，在创业板市场的均值远高于全国上市公司，而在深市A股市场则低于全国上市公司。

表1－42　2012～2016年河北省和全国不同板块流动比率的比较

单位：%

指标		2012年	2013年	2014年	2015年	2016年	均值
沪市A股	河北省	112.06	108.65	112.27	120.64	129.92	118.92
	全国	105.45	104.17	105.73	110.47	114.89	108.80
深市A股	河北省	67.64	73.20	68.62	65.34	78.47	70.73
	全国	116.65	119.66	119.90	124.60	122.97	121.30
创业板	河北省	346.88	326.96	313.28	342.27	314.38	326.84
	全国	345.46	263.38	211.53	191.95	191.55	213.09
中小板	河北省	173.20	158.27	155.04	168.92	168.10	164.77
	全国	163.73	154.08	150.39	147.77	152.04	152.55

（三）河北省和全国不同行业上市公司资本结构比较

1. 资产负债率指标在不同行业的比较

表1－43呈现的是2012～2016年河北省和全国资产负债率的比较。

在资产负债率的指标中，截至2016年底，河北省上市公司在采矿业的均值为53.12%；在电力、热力、燃气及水生产和供应业的均值为60.64%；在房地产业的均值为83.18%；在交通运输、仓储和邮政业的均值为38.05%；

在农林牧渔业的均值为25.79%；在批发和零售业的均值为82.02%；在制造业的均值为61.94%；在综合业的均值为19.30%。其中，房地产业最高，综合类行业最低。全国上市公司在采矿业的均值为48.47%；在电力、热力、燃气及水生产和供应业的均值为65.62%；在房地产业的均值为75.96%；在交通运输、仓储和邮政业的均值为56.46%；在农林牧渔业的均值为42.87%；在批发和零售业的均值为64.59%；在制造业的均值为55.22%；在综合类行业的均值为54.09%。其中，房地产业最高，农林牧渔业最低。河北省上市公司在采矿业、房地产业、批发和零售业与制造业的均值均高于全国上市公司，在电力、热力、燃气及水生产和供应业，交通运输、仓储和邮政业，农林牧渔业和综合类行业的均值均低于全国上市公司。

表1－43　2012～2016年河北省和全国资产负债率的比较

单位：%

指标		2012年	2013年	2014年	2015年	2016年	均值
采矿业	河北省	54.56	56.02	50.24	50.96	53.83	53.12
	全国	48.10	48.87	49.75	48.07	47.58	48.47
电力、热力、燃气及水生产和供应业	河北省	81.17	71.04	57.05	52.19	54.09	60.64
	全国	69.88	67.11	65.32	64.21	63.55	65.62
房地产业	河北省	82.73	83.19	82.68	82.45	84.02	83.18
	全国	73.13	74.83	75.06	76.75	77.34	75.96
交通运输、仓储和邮政业	河北省	45.41	45.18	48.67	31.65	26.76	38.05
	全国	57.74	57.45	56.59	54.88	56.27	56.46
农林牧渔业	河北省	25.18	23.62	24.91	19.22	32.53	25.79
	全国	43.93	46.80	44.64	40.70	41.15	42.87
批发和零售业	河北省	84.80	85.01	80.97	79.30	80.25	82.02
	全国	65.57	66.65	65.52	65.16	61.99	64.59
制造业	河北省	62.77	63.49	62.62	61.87	59.79	61.94
	全国	55.33	56.10	55.78	54.21	55.05	55.22
综合类行业	河北省	7.48	13.65	9.22	46.10	11.77	19.30
	全国	57.40	59.19	55.25	54.52	46.78	54.09

2. 长期资本资产率指标在不同行业的比较

表1－44呈现的是2012～2016年河北省和全国长期资本资产率的比较。

在长期资本资产率的指标中，截至2016年底，河北省上市公司在采矿业的均值为64.85%；在电力、热力、燃气及水生产和供应业的均值为72.67%；在房地产业的均值为34.77%；在交通运输、仓储和邮政业的均值为77.14%；在农林牧渔业的均值为74.28%；在批发和零售业的均值为25.16%；在制造业的均值为51.07%；在综合类行业的均值为90.4%。其中，综合类行业最高，批发和零售业最低。全国上市公司在采矿业的均值为91.24%；在电力、热力、燃气及水生产和供应业的均值为63.65%；在房地产业的均值为41.27%；在交通运输、仓储和邮政业的均值为67.66%；在农林牧渔业的均值为63.26%；在批发和零售业的均值为42.84%；在制造业的均值为53.62%；在综合类行业的均值为57.51%。其中，采矿业最高，房地产业最低。河北省上市公司在电力、热力、燃气及水生产和供应业，交通运输、仓储和邮政业，农林牧渔业和综合业的均值均高于全国上市公司，在采矿业、房地产业、批发和零售业与制造业的均值低于全国上市公司。

表1-44　2012~2016年河北省和全国长期资本资产率的比较

单位：%

指标		2012年	2013年	2014年	2015年	2016年	均值
采矿业	河北省	65.33	61.08	69.12	63.59	65.08	64.85
	全国	70.07	68.57	70.03	73.09	71.42	91.24
电力、热力、燃气及水生产和供应业	河北省	62.14	69.22	76.63	79.62	70.91	72.67
	全国	70.58	71.14	71.93	73.72	73.06	63.65
房地产业	河北省	33.11	31.07	29.19	36.19	38.08	34.77
	全国	45.84	46.43	46.57	47.64	48.93	41.27
交通运输、仓储和邮政业	河北省	79.27	74.52	72.83	78.71	79.59	77.14
	全国	74.1	72.71	75.58	76.85	73.27	67.66
农林牧渔业	河北省	74.84	76.39	75.09	80.92	67.56	74.28
	全国	63.29	60.64	64.79	67.27	66.8	63.26
批发和零售业	河北省	25.18	21.08	25.11	26.8	27.46	25.16
	全国	41.41	41.49	43.56	43.68	49.71	42.84
制造业	河北省	50.4	51.31	50.48	49.48	53.15	51.07
	全国	56.28	55.55	55.51	56.56	55.99	53.62

续表

指标		2012 年	2013 年	2014 年	2015 年	2016 年	均值
综合类行业	河北省	92.52	86.35	90.78	92.62	88.23	90.4
	全国	55.19	57.28	60.89	61.03	66.98	57.51

3. 留存收益率指标在不同行业的比较

表 1-45 呈现的是 2012～2016 年河北省和全国留存收益率的比较。在留存收益率的指标中，截至 2016 年底，河北省上市公司在采矿业的均值为 66.63%；在电力、热力、燃气及水生产和供应业的均值为 81.64%；在房地产业的均值为 78.65%；在交通运输、仓储和邮政业的均值为 84.02%；在农林牧渔业的均值为 66.67%；在批发和零售业的均值为 -58.49%；在制造业的均值为 64.28%；在综合类行业的均值为 100.00%。其中，综合类行业最高，批发和零售业最低。全国上市公司在采矿业的均值为 63.93%；在电力、热力、燃气及水生产和供应业的均值为 67.60%；在房地产业的均值为 78.24%；在交通运输、仓储和邮政业的均值为 69.65%；在农林牧渔业的均值为 57.33%；在批发和零售业的均值为 71.97%；在制造业的均值为 66.22%；在综合类行业的均值为 75.58%。其中，房地产业最高，农林牧渔业最低。河北省上市公司在采矿业、电力、热力、燃气及水生产和供应业，房地产业，交通运输、仓储和邮政业，农林牧渔业和综合类行业的均值均高于全国上市公司，在批发和零售业与制造业的均值低于全国上市公司。

表 1-45　2012～2016 年河北省和全国留存收益率的比较

单位：%

指标		2012 年	2013 年	2014 年	2015 年	2016 年	均值
采矿业	河北省	74.31	80.46	-920.41	94.98	-44.93	66.63
	全国	74.12	72.46	68.45	126.81	23.33	63.93
电力、热力、燃气及水生产和供应业	河北省	145.45	93.36	85.47	76.93	62.15	81.64
	全国	69.25	69.48	59.92	47.33	83.37	67.60
房地产业	河北省	88.01	90.28	77.17	67.76	66.56	78.65
	全国	82.52	81.97	74.76	70.56	77.72	78.24
交通运输、仓储和邮政业	河北省	84.38	88.64	100.00	73.21	69.70	84.02
	全国	65.01	47.54	69.75	68.72	83.90	69.65

续表

指标		2012 年	2013 年	2014 年	2015 年	2016 年	均值
农林牧渔业	河北省	78.57	68.18	50.00	65.00	69.57	66.67
	全国	65.49	39.29	-204.55	4.10	78.43	57.33
批发和零售业	河北省	-17.65	100.00	100.00	23.08	89.54	-58.49
	全国	70.07	70.10	71.79	66.30	79.10	71.97
制造业	河北省	64.69	52.25	73.37	34.60	76.69	64.28
	全国	63.59	65.23	65.75	61.76	72.56	66.22
综合业	河北省	100.00	100.00	100.00	100.00	100.00	100.00
	全国	84.25	81.95	77.86	122.05	86.61	75.58

4. 产权比率指标在不同行业的比较

表1-46呈现的是2012~2016年河北省和全国不同行业上市公司产权比率的比较。在产权比率的指标中，截至2016年底，河北省上市公司在采矿业的均值为113.29%；在电力、热力、燃气及水生产和供应业的均值为154.09%；在房地产业的均值为494.58%；在交通运输、仓储和邮政业的均值为61.41%；在农林牧渔业的均值为34.76%；在批发和零售业的均值为456.21%；在制造业的均值为162.73%；在综合类行业的均值为23.91%。其中，房地产业最高，综合类行业最低。全国上市公司在采矿业的均值为94.05%；在电力、热力、燃气及水生产和供应业的均值为190.90%；在房地产业的均值为315.97%；在交通运输、仓储和邮政业的均值为129.67%；在农林牧渔业的均值为75.04%；在批发和零售业的均值为182.40%；在制造业

表1-46 2012~2016年河北省和全国不同行业上市公司产权比率的比较

单位：%

指标		2012 年	2013 年	2014 年	2015 年	2016 年	均值
采矿业	河北省	120.06	127.35	100.96	103.91	116.58	113.29
	全国	92.69	95.56	99.02	92.58	90.76	94.05
电力、热力、燃气及水生产和供应业	河北省	431.15	245.34	132.81	109.18	117.81	154.09
	全国	231.99	204.05	188.33	179.43	174.37	190.90
房地产业	河北省	479.19	494.94	477.26	469.82	525.63	494.58
	全国	272.22	297.37	301.00	330.15	341.27	315.97

续表

指标		2012 年	2013 年	2014 年	2015 年	2016 年	均值
交通运输、仓储和邮政业	河北省	83.17	82.42	94.83	46.30	36.54	61.41
	全国	136.63	135.03	130.36	121.62	128.67	129.67
农林牧渔业	河北省	33.65	30.92	33.17	23.79	48.22	34.76
	全国	78.33	87.97	80.64	68.65	69.91	75.04
批发和零售业	河北省	558.02	566.98	425.50	383.04	406.24	456.21
	全国	190.44	199.84	190.00	187.05	163.07	182.40
制造业	河北省	168.57	173.86	167.50	162.27	148.70	162.73
	全国	123.87	127.77	126.12	118.39	122.47	123.31
综合类行业	河北省	8.08	15.80	10.16	85.54	13.34	23.91
	全国	134.76	145.03	123.46	119.88	87.89	117.82

的均值为123.31%；在综合类行业的均值为117.82%。其中，房地产业最高，农林牧渔业最低。河北省上市公司在采矿业、房地产业、批发和零售业和制造业均值均高于全国上市公司，而在电力、热力、燃气及水生产和供应业，交通运输、仓储和邮政业，农林牧渔业和综合类行业的均值低于全国上市公司，其中在批发和零售业差距最大。

5. 流动比率指标在不同行业的比较

表1-47呈现的是2012~2016年河北省和全国不同板块流动比率的比较。

在流动比率的指标中，截至2016年底，河北省上市公司在采矿业的均值为102.03%；在电力、热力、燃气及水生产和供应业的均值为60.46%；在房地产业的均值为143.13%；在交通运输、仓储和邮政业的均值为102.15%；在农林牧渔业的均值为214.16%；在批发和零售业的均值为96.02%；在制造业的均值为86.85%；在综合业的均值为459.39%。其中，综合类行业最高，电力、热力、燃气及水生产和供应业最低。全国上市公司在采矿业的均值为79.44%；在电力、热力、燃气及水生产和供应业的均值为50.35%；在房地产业的均值为163.58%；在交通运输、仓储和邮政业的均值为83.31%；在农林牧渔业的均值为144.47%；在批发和零售业的均值为117.80%；在制造业的均值为122.09%；在综合业的均值为135.20%。其中，房地产业最高，电力、热力、燃气及水生产和供应业最低。河北省上市公司在采矿业，电力、热力、燃气及水生产和供应业，交通运输、仓储和邮政业，农林牧渔业和综合类行业均值均高于全国上市公司，其中在综合类行业差距最大，而在房地产业、批发和零售业与制造业的均值低于全国上市公司。

表 1－47　2012～2016 年河北省和全国不同板块流动比率的比较

单位：%

指标		2012 年	2013 年	2014 年	2015 年	2016 年	均值
采矿业	河北省	116.18	89.55	107.91	96.81	102.30	102.03
	全国	83.34	74.86	75.03	80.26	84.21	79.44
电力、热力、燃气及水生产和供应业	河北省	39.89	60.28	77.67	70.14	57.73	60.46
	全国	47.12	48.33	51.58	51.68	51.83	50.35
房地产业	河北省	144.39	137.71	134.09	145.65	148.04	143.13
	全国	161.02	163.48	161.69	163.93	165.37	163.58
交通运输、仓储和邮政业	河北省	90.13	89.05	66.71	114.06	144.45	102.15
	全国	83.43	79.33	85.73	83.34	84.44	83.31
农林牧渔业	河北省	173.91	217.67	179.00	327.30	187.37	214.16
	全国	146.72	127.16	137.40	151.20	152.47	144.47
批发和零售业	河北省	94.51	90.49	96.31	97.20	101.56	96.02
	全国	114.02	113.76	114.84	115.08	126.80	117.80
制造业	河北省	84.13	86.68	82.38	80.77	98.06	86.85
	全国	124.52	121.54	120.55	121.70	122.51	122.09
综合类行业	河北省	561.29	285.32	526.26	731.80	258.26	459.39
	全国	132.59	131.07	137.11	127.95	147.18	135.20

三　河北上市公司融资情况分析

（一）河北省上市公司融资规模

1. 股票融资规模

（1）截至 2016 年底，河北省上市的公司共有 52 家。河北省上市公司发行股票融资累计额为 2865.10 亿元，占全国上市公司发行股票融资累计额的比重为2.90%。河北省IPO融资累计额占全国的比例也较小，统计年度5年间平均占比仅为1.46%。5年间，河北省上市公司新增股票融资额合计为2057.00亿元，占全国的3.82%；河北省新增IPO融资额5年合计仅17.82亿元，平均占全国新增IPO融资额的0.25%。无论是从河北省发行股票筹资累计额还是发行股票新增筹资额来看，河北省通过股票市场发行股票筹集的资金较少，在全国配置资源的能力有限，甚至或者说非常弱。

股票融资结构从股票融资累计额/总资产、IPO融资累计额/总资产、本年新增股票融资额/总资产、本年IPO股票融资额/总资产四个方面进行了对比说明。除了本年IPO股票融资额/总资产，其余三个指标，河北省的比率均大于全国的比率，说明股票筹资是河北省企业筹资的重要途径。其次，在2012～2016年河北省和全国IPO融资累计额/总资产在2012～2016年呈现下降趋势，而本年新增股票融资额/总资产和股票融资累计额/总资产呈上升趋势，说明增发和配股成为股票融资的重要组成部分。

（2）截至2016年底，除创业板外，河北省上市公司在其他三个板块的股票融资额相差不大，三个市场板块股票融资累计额合计占河北省全部上市公司的97.06%；河北省IPO融资累计额主要集中于沪市A股，占比为53.78%。2012～2016年，河北省上市公司新增股票融资额基本稳定，且普遍偏低；新增IPO融资额非常小，大多为0。

截至2016年，河北省股票融资累计额占总资产的比例均值最高的是创业板，达到57.26%，最低的是沪市A股，仅为15.07%。除中小板外，其他三个板块中河北省的股票融资累计额/总资产都高于全国的股票融资累计额/总资产，在波动中呈稳定上升趋势。在中小板，河北省的股票融资累计额/总资产总体呈现快速上升趋势，在2015年和2016年均实现了大幅度增长。

（3）河北省上市公司股票融资主要集中在第一、第二产业，包含了农林牧渔业，批发和零售业，制造业，综合类行业，交通运输、仓储和邮政业，采矿业，电力、热力、燃气及水生产和供应业等行业。截至2016年，股票融资累计额和IPO融资累计额最高的是制造业，分别为2251.40亿元和270.21亿元。2012～2016年，新增股票融资的上市公司主要集中在房地产业、农林牧渔业、批发和零售业与制造业等传统行业，另外，在2016年金融业进行了增发股票融资；河北省IPO新增融资的行业仅有制造业一个行业。

在农林牧渔业，综合类行业，交通运输、仓储和邮政业，采矿业和电力、热力、燃气及水生产和供应业5个行业中，2012~2016年河北省的股票融资累计额/总资产都高于全国的股票融资累计额/总资产，并且在总体上都呈上升趋势；尤其是农林牧渔业在2014年中出现了翻番式增长，虽然2015年和2016年都有所下降，但仍然保持在较高水平。在2012~2016年，房地产业河北省的股票融资累计额/总资产低于全国的股票融资累计额/总资产，整体上处于波动中下降。批发和零售业、制造业这两个行业，河北省的股票融资累计额/总资产呈现出大幅度上升，并且实现了从低于全国的股票融资累计额/总资产到高于全国的股票融资累计额/总资产。在采矿业，电力、热力、燃气及水生产和供应业，房地产业和制造业4个行业中，2012~2016年河北省的IPO融资累计额/总资产都低于全国的IPO融资累计额/总资产，并且在总体上都呈下降趋势；在2012~2016年，交通运输业、批发和零售业、综合类行业的河北省IPO融资累计额/总资产都高于全国的IPO融资累计额/总资产，整体上处于波动中上升；而农林牧渔业，河北省IPO融资累计额/总资产呈现出大幅度下降，并且实现了从高于全国的股票融资累计额/总资产到低于全国的股票融资累计额/总资产。

2. 债券融资规模

（1）截至2016年底，河北省上市公司债券融资累计额占全国债券融资累计额的0.60%。从债券融资累计额环比增长率来看，全国的上市公司债券融资环比增长率整体从2012年开始呈下降趋势，2014年有所上升。河北省债券融资累计额环比增长率从2012年开始下降，在2014~2015年，出现了大幅度的上升，虽然2016年的环比增长率较2015年有所下降，但是仍然维持在40%以上。从整个时间序列来看，自2012年开始，河北省的债券融资累计额环比增长率始终低于全国水平。河北省运用发行债券融资的能力低于全国水平。2012~2016年，河北省新增债券融资额占全国的比例为0.6%。河北省新增债券融资额环比增长率与全国的趋势基本趋于一致。

在2016年，河北省上市公司债券融资累计额/总资产的这一指标为10.28%，达到近五年内的最高值，并且河北省上市公司债券融资累计额/总资产的这一指标在2012~2016年不断呈现上升趋势，在2014~2015年上升幅度最大。全国的上市公司债券融资累计额/总资产的这一指标与河北省的这一指标的发展趋势基本保持一致。而河北省和全国的债券融资累计额/总资产的这一指标的均值分别为 8.06% 和 6.31% 。河北省和全国的债券融资净额/总资产这一指标，在近五年内一直呈现不断上升的趋势，并且全国的这一指标的变动趋势与河北省的指标变动趋势具有一致性。

（2）河北省上市公司发行债券融资主要依赖于沪市 A 股和深市 A 股两个市场板块，在中小板市场上仅 2015 ~ 2016 年进行了债券融资，而在创业板市场上没有发行过债券。

由于河北省的上市公司债券融资具有以上特点，所以河北省的债券融资余额/总资产的这一指标，创业板一直为零，中小板也只是在 2015 年和 2016 年才显示有债券融资的数值，深市 A 股的数值最高，深市 A 股和沪市 A 股，在近五年内一指呈现不断上升趋势。全国的债券融资余额/总资产的指标的发展趋势与河北省的这一指标的发展趋势基本一致。

（3）2012 ~ 2016 年，河北省债券融资主要分布在采矿业，电力、热力、燃气及水生产和供应业，交通运输、仓储和邮政业，批发和零售业，制造业，房地产业。其中，房地产业占全国比重最高。

全国的债券融资余额/总资产的这一指标，电力、热力、燃气及水生产和供应业数值最高，2016 年为 29.81% 。而河北省的债券融资余额/总资产的这一指标，采矿业最高，2016 年为 19.30% 。全国的各个行业的债券融资余额/总资产的这一指标与河北省的各个行业的债券融资余额/总资产的这一指标发展趋势不完全一致。

3. 银行借款融资规模

（1）河北省上市公司银行借款融资余额总体呈上升趋势，上市公司对银行的负债水平不断提高。2016 年底，河北上市公司银行借款余额占全国的比例为 2.35% ，但是总体而言，河北省上市公司银行借款余额占全国上市公司银行借款余额的比例在 2% ~3% ，占比较小。

2012 ~2016 年，河北省的银行借款余额/总资产逐年减少，截至 2016 年底，河北省上市公司的银行借款融资余额/总资产的均值为 20.39% 。河北省上市公司本年新增银行借款额/总资产的均值为 1.96% ，该指标在统计年度中未表现出明显的变化。

（2）从板块来看，2016 年，河北省上市公司银行借款余额最高的是深市 A 股市场，达到 1130.64 亿元，占全国该板块上市公司银行借款余额的

5.91%。在创业板中的占比最少，仅为0.81%。

河北省上市公司银行借款余额/总资产的比例指标中，截至2016年底，均值最高的为深市A股市场，为26.91%，而在创业板市场当中，银行借款在总资产中的所占比例最小，为10.64%。

（3）从行业来看，截至2016年底，河北上市公司存在银行借款余额的行业有采矿业，电力、热力、燃气及水生产和供应业等8个行业，其中银行借款最多的为制造业，达到了1266.72亿元，信息传输、软件和信息技术服务业近5年首次出现银行借款融资方式，但是数量较少，仅为0.2亿元，仅占全国该行业上市公司银行借款余额的0.01%。

截至2016年底，在制造业中，河北省上市公司银行借款/总资产的比例的均值为22.52%，统计年度5年内该指标呈横向波动。

4. 商业信用融资规模

（1）截至2016年底，河北省上市公司商业信用融资余额为4517.29亿元，占全国的比例为2.95%。从环比增长率来看，5年内（除2012年），河北省上市公司商业信用融资余额增长率总体上高于全国。2012～2016年，河北省和全国上市公司商业信用融资余额占总资产总体呈现上升趋势。本年新增融资（净）额占总资产指标中，2016年河北省上市公司本年商业信用融资净额占总资产最高，为8.82%。

（2）截至2016年底，河北省上市公司在沪市A股商业信用融资余额最高，中小板最低。河北省上市公司商业信用融资余额占全国比例，中小板所占比例最高，创业板最低。沪市A股和中小板总体呈上升趋势，创业板和深市A股总体呈下降趋势。2016年，沪市A股市场河北省上市公司融资余额占总资产最高，创业板市场最低。截至2016年底，沪市A股市场河北省上市公司融资余额占总资产均值最高，创业板市场最低。2012～2016年，在沪市A股市场和创业板市场，河北省上市公司融资余额占总资产总体均呈现上升趋势；在中小板市场，河北省的呈现上升趋势；深市A股市场无明显趋势。

（3）在河北省上市公司中，商业信用融资余额最多的是房地产业，其次是制造业；商业信用融资额最低的是综合类行业。河北省商业信用融资额占全国商业信用融资额比例最高的是房地产业，其次是批发和零售业，占比最低的是金融业。截至2016年底，批发和零售业河北省商业信用融资余额占总资产均值最高，综合类行业最低。2012～2016年，农林牧渔业、批发和零售业、制造业河北省商业信用融资余额占总资产比例均呈现上升趋势。采矿业、房地产业呈现下降趋势。电力、热力、燃气及水生产和供应业，农林牧渔业，综合类行业呈现波动趋势。交通运输、仓储和邮政业呈倒“V”形趋势。

5. 自我积累融资规模

（1）2015年河北省上市公司自我积累融资余额累计增长率是111%，全国上市公司的累计增长率是95%，河北省上市公司自我积累增长高于全国水平。2012～2016年环比增长率指标上也反映了河北省的环比增长率总体高于全国的环比增长率。河北省上市公司自我积累融资余额占全国的比例保持在1.00%左右。

2012～2016年，河北省上市公司自我积累余额占总资产呈现先上升后下降再上升的趋势，全国上市公司自我积累融资余额占总资产总体呈现上升趋势，2016年全国的自我积累融资余额占总资产出现下滑。本年新增融资（净）额占总资产指标中，2016年河北省上市公司自我积累融资净额占总资产最高，无论是河北省还是全国本年新增融资（净）额占总资产的比例，各年份变化没有表现出明显的趋势特征。

（2）截至2016年底，通过自我积累融资余额最多的市场板块是沪市A股市场，其次是深市A股市场，创业板市场自我积累融资余额最少。河北省上市公司自我积累融资余额占全国比例最高的是深市A股市场，其次是中小板市场，最低的是沪市A股市场。从时间序列上来看，最近5年，深市A股市场的河北省上市公司自我积累融资余额占全国的比例呈下降趋势，沪市A股市场河北省上市公司自我积累融资余额占全国的比例呈先上升后下降再上升的趋势，2016年为最高点，与之相反，创业板市场先下降后上升再下降，2016年为最低点，中小板市场呈先上升后下降的趋势。

2016年，沪市A股市场河北省上市公司融资余额占总资产最高，深市A股市场最低。创业板市场全国上市公司融资余额占总资产最高，沪市A股市场最低。创业板市场河北省上市公司融资余额占总资产均值最高，深市A股市场最低。创业板市场全国上市公司融资余额占总资产均值最高，沪市A股市场最低。2012～2016年，在中小板市场，河北省和全国上市公司融资余额占总资产总体比重均呈现下降趋势；在创业板市场，河北省的呈现上升趋势，全国的呈现下降趋势；在沪市A股市场，河北省的呈现下降趋势，全国的呈现上升趋势；深市A股市场无明显趋势。

（3）分行业来看，截至2016年底，河北省上市公司自我积累融资余额占全国的比例比较高的行业是房地产业、制造业和农林牧渔业，比例最低的是综合类行业。综合类行业占比5年来一直为负值，房地产业是5年内占比均为正值的行业中上升幅度最大的行业。批发和零售业、制造业的趋势比较平稳。

截至2016年底，采矿业河北省自我积累融资余额占总资产均值最高，综合类行业最低。采矿业全国自我积累融资余额占总资产均值最高，房地产业最低。2012～2016年，电力、热力、燃气及水生产和供应业河北省和全国自我积累融资余额占总资产，交通运输、仓储和邮政业河北省自我积累融资余额占总资产，批发和零售业河北省自我积累融资余额占总资产比例均呈现上升趋势。房地产业河北省自我积累融资余额占总资产，采矿业全国自我积累融资余额占总资产均值呈现下降趋势。

（二）河北省上市公司资本结构

1. 河北省与全国上市公司资本结构对比

截至2016年底，河北省和全国上市公司的资产负债率和长期资本资产率变动不大，河北省上市公司资产负债率平均水平低于全国平均水平，河北省上市公司平均长期资本资产率高于全国平均水平，从资本的来源与构成来看，河北省上市公司更倾向于所有者投入资本和长期资本。从河北省上市公司和全国上市公司的留存收益率变动情况可以看出河北省与全国上市公司把绝大多数的收益留在了公司内部，上市公司对于股东责任的履行程度一般，但是在2015年和2016两年留存收益率的变动出现了异常。河北省与全国资本结构指标相差最多的是产权比率，均值分别是208.53%和574.91%，相差366.38%，虽然全国水平近五年来有下降趋势，但总体仍较大幅度高于河北省水平，说明河北省上市公司中股东对债权人利益的保障程度要好于全国水平；河北省和全国上市公司流动比率五年来波动较温和，均值分别是105.81%和116.69%，说明河北省上市公司的财务风险高于全国上市公司财务风险的平均水平。

2. 河北省与全国上市公司不同板块资本结构对比

在资产负债率的指标中，截至2016年底，河北省上市公司在沪深两市及中小板市场上水平相当，其均值维持在65%～70%，其中在沪市A股市场最高，均值达到69.38%，创业板市场最低，均值为21.04%；从全国来看，全国上市公司在沪市A股市场的均值为87.18%；在深市A股市场的均值为72.34%；在创业板市场的均值为33.84%；在中小板市场的均值为56.72%，仍然是沪市A股市场最高，创业板市场最低。河北省上市公司在沪市A股市场、深市A股市场和创业板市场的均值均低于全国上市公司，在中小板市场的均值高于全国上市公司。

在长期资本资产率的指标中，截至2016年底，河北省上市公司在沪市A股市场的均值为43.99%；在深市A股市场的均值为49.07%；在创业板市场的均值为80.88%；在中小板市场的均值为47.55%。其中，创业板最高，沪市A股市场最低。全国上市公司在沪市A股市场的均值为16.21%；在深市A股市场的均值为39.95%；在创业板市场的均值为71.81%；在中小板的均值为50.88%。其中，创业板市场最高，沪市A股市场最低。河北省上市公司在沪市A股市场、深市A股市场和创业板的均值均高于全国上市公司，在中小板市场的均值低于全国上市公司。

在留存收益率的指标中，截至2016年底，河北省上市公司在沪市A股市场的均值为70.07%；在深市A股市场的均值为72.46%；在创业板市场的均值为67.71%；在中小板市场的均值为72.66%。其中，中小板市场最高，创业板市场最低。全国上市公司在沪市A股市场的均值为68.48%；在深市A股市场的均值为73.49%；在创业板市场的均值为72.94%；在中小板市场的均值为67.40%。其中，深市A股市场最高，中小板市场最低。河北省上市公司在沪市A股市场和中小板市场的均值均高于全国上市公司，在深市A股市场和创业板市场的均值低于全国上市公司。

在产权比率的指标中，截至2016年底，河北省上市公司在沪市A股市场的均值为226.56%；在深市A股市场的均值为197.26%；在创业板市场的均值为26.64%；在中小板市场的均值为225.12%。其中，沪市A股最高，创业板市场最低。全国上市公司在沪市A股市场的均值为679.78%；在深市A股市场的均值为261.56%；在创业板市场的均值为51.15%；在中小板市场的均值为131.08%。其中，沪市A股市场最高，创业板市场最低。河北省上市公司在深市A股市场、创业板市场的产权比率的均值均低于全国上市公司，在沪市A股市场的均值远低于全国上市公司，而在中小板市场则高于全国上市公司。

在流动比率的指标中，截至2016年底，河北省上市公司在沪市A股市场的均值为118.92%；在深市A股市场的均值为70.73%；在创业板市场的均值为326.84%；在中小板市场的均值为164.77%。其中，创业板市场最高，深市A股市场最低。全国上市公司在沪市A股市场的均值为108.80%；在深市A股市场的均值为121.30%；在创业板的均值为213.09%；在中小板的均值为152.55%。其中，创业板市场最高，沪市A股市场最低。河北省上市公司在沪市A股市场、中小板市场的均值均略高于全国上市公司，在创业板市场的均值远高于全国上市公司，而在深市A股市场则低于全国上市公司。

3. 河北省与全国上市公司不同行业资本结构对比

在资产负债率的指标中，截至2016年底，河北省上市公司在采矿业的均值为53.12%；在电力、热力、燃气及水生产和供应业的均值为60.64%；在房地产业的均值为83.18%；在交通运输、仓储和邮政业的均值为38.05%；在农林牧渔业的均值为25.79%；在批发和零售业的均值为82.02%；在制造业的均值为61.94%；在综合类行业的均值为19.30%。其中，房地产业最高，综合业最低。全国上市公司在采矿业的均值为48.47%；在电力、热力、燃气及水生产和供应业的均值为65.62%；在房地产业的均值为75.96%；在交通运输、仓储和邮政业的均值为56.46%；在农林牧渔业的均值为42.87%；在批发和零售业的均值为64.59%；在制造业的均值为55.22%；在综合类行业的均值为54.09%。其中，房地产业最高，农林牧渔业最低。河北省上市公司在采矿业、房地产业、批发和零售业与制造业的均值均高于全国上市公司，在电力、热力、燃气及水生产和供应业，交通运输、仓储和邮政业，农林牧渔业和综合类行业的均值均低于全国上市公司。

在长期资本资产率的指标中，截至2016年底，河北省上市公司在采矿业的均值为64.85%；在电力、热力、燃气及水生产和供应业的均值为72.67%；在房地产业的均值为34.77%；在交通运输、仓储和邮政业的均值为77.14%；在农林牧渔业的均值为74.28%；在批发和零售业的均值为25.16%；在制造业的均值为51.07%；在综合类行业的均值为90.4%。其中，综合类行业最高，批发和零售业最低。全国上市公司在采矿业的均值为91.24%；在电力、热力、燃气及水生产和供应业的均值为63.65%；在房地产业的均值为41.27%；在交通运输、仓储和邮政业的均值为67.66%；在农林牧渔业的均值为63.26%；在批发和零售业的均值为42.84%；在制造业的均值为53.62%；在综合业的均值为57.51%。其中，采矿业最高，房地产业最低。河北省上市公司在电力、热力、燃气及水生产和供应业，交通运输、仓储和邮政业，农林牧渔业和综合类行业的均值均高于全国上市公司，在采矿业、房地产业、批发和零售业与制造业的均值低于全国上市公司。

在留存收益率的指标中，截至2016年底，河北省上市公司在采矿业的均值为66.63%；在电力、热力、燃气及水生产和供应业的均值为81.64%；在房地产业的均值为78.65%；在交通运输、仓储和邮政业的均值为84.02%；在农林牧渔业的均值为66.67%；在批发和零售业的均值为-58.49%；在制造业的均值为64.28%；在综合业的均值为100.00%。其中，综合类行业最高，批发和零售业最低。全国上市公司在采矿业的均值为63.93%；在电力、热力、燃气及水生产和供应业的均值为67.60%；在房地产业的均值为78.24%；在交通运输、仓储和邮政业的均值为69.65%；在农林牧渔业的均值为57.33%；在批发和零售业的均值为71.97%；在制造业的均值为66.22%；在综合类行业的均值为75.58%。其中，房地产业最高，农林牧渔业最低。河北省上市公司在采矿业，电力、热力、燃气及水生产和供应业，房地产业，交通运输、仓储和邮政业，农林牧渔业和综合类行业的均值均高于全国上市公司，在批发和零售业和制造业的均值低于全国上市公司。

在产权比率的指标中，截至2016年底，河北省上市公司在采矿业的均值为113.29%；在电力、热力、燃气及水生产和供应业的均值为154.09%；在房地产业的均值为494.58%；在交通运输、仓储和邮政业的均值为61.41%；在农林牧渔业的均值为34.76%；在批发和零售业的均值为456.21%；在制造业的均值为162.73%；在综合类行业的均值为23.91%。其中，房地产业最高，综合类行业最低。全国上市公司在采矿业的均值为94.05%；在电力、热力、燃气及水生产和供应业的均值为190.90%；在房地产业的均值为315.97%；在交通运输、仓储和邮政业的均值为129.67%；在农林牧渔业的均值为75.04%；在批发和零售业的均值为182.40%；在制造业的均值为123.31%；在综合类行业的均值为117.82%。其中，房地产业最高，农林牧渔业最低。河北省上市公司在采矿业、房地产业、批发和零售业和制造业均值均高于全国上市公司，而在电力、热力、燃气及水生产和供应业，交通运输、仓储和邮政业，农林牧渔业和综合类行业的均值低于全国上市公司，其中在批发和零售业差距最大。

在流动比率的指标中，截至2016年底，河北省上市公司在采矿业的均值为102.03%；在电力、热力、燃气及水生产和供应业的均值为60.46%；在房地产业的均值为143.13%；在交通运输、仓储和邮政业的均值为102.15%；在农林牧渔业的均值为214.16%；在批发和零售业的均值为96.02%；在制造业的均值为86.85%；在综合类行业的均值为459.39%。其中，综合类行业最高，电力、热力、燃气及水生产和供应业最低。全国上市公司在采矿业的均值为79.44%；在电力、热力、燃气及水生产和供应业的均值为50.35%；在房地产业的均值为163.58%；在交通运输、仓储和邮政业的均值为83.31%；在农林牧渔业的均值为144.47%；在批发和零售业的均值为117.80%；在制造业的均值为122.09%；在综合类行业的均值为135.20%。其中，房地产业最高，电力、热力、燃气及水生产和供应业最低。河北省上市公司在采矿业，电力、热力、燃气及水生产和供应业，交通运输、仓储和邮政业，农林牧渔业和综合类行业均值均高于全国上市公司，其中在综合类行业差距最大，而在房地产业、批发和零售业和制造业的均值低于全国上市公司。

分报告二
河北上市公司投资发展报告

河北省上市公司投资发展报告以2012～2016年数据为基础，首先分析河北省总的投资情况，然后分析了2012～2016年河北省上市公司的内部长期资产投资，包括企业购买固定资产和无形资产等长期资产的内部投资，不包括企业的流动资产投资，最后分析了2012～2016年河北省上市公司的对外投资，包括企业购买股票、债券、基金等形式的对外金融资产投资以及企业在并购过程中的商誉情况。

一　河北上市公司投资情况总体分析

河北省上市公司投资情况总体分析主要介绍上市公司投资活动支出情况，特别是企业运用现金购建固定资产、无形资产和其他长期资产的情况。从总体情况、行业分布、板块分布和企业性质等角度，比较分析河北省和全国上市公司的长期资产投资支出的总体规模和投资支出占企业规模的比重。

（一）河北省上市公司投资总体状况

1. 投资支出总体状况

表2－1呈现的是2012～2016年河北省与全国A股市场上市公司长期资产投资支出规模。从表2－1可以看出，2012～2016年河北省和全国上市公司用于长期资产投资平均规模分别为8.03亿元和7.21亿元，河北省上市公司高于全国平均水平11.37%，河北省和全国长期资产投资占企业总资产的比重分别为5.58%和5.03%。

表 2-1　河北省与全国 A 股市场长期投资规模

单位：亿元，%

年份	河北省		全国	
	投资支出规模	投资支出比重	投资支出规模	投资支出比重
2012	10.00	8.72	7.55	6.29
2013	9.10	6.55	7.56	5.64
2014	7.32	5.50	7.23	4.94
2015	6.89	4.42	6.86	4.40
2016	7.00	3.08	6.54	4.19
平均	8.03	5.58	7.11	5.03

图 2-1 呈现的是 2012～2016 年河北省和全国上市公司用于长期投资支出规模。河北省上市公司的长期资产投资支出规模整体高于全国平均水平，且呈现下降趋势，而在 2016 年呈现上升态势，但是河北省的长期资产投资支出规模的下降速度明显高于全国上市公司投资支出规模的下降速度。

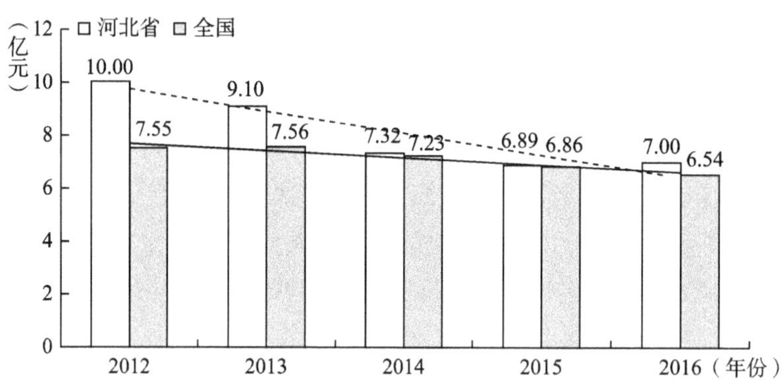

图 2-1　河北省和全国上市公司长期投资支出规模

图 2-2 呈现的是 2012～2016 年河北省和全国上市公司长期资产投资支出占企业总资产的比重。这五年来全国上市公司长期资产投资支出占总资产的比重呈现总体下降趋势，河北省上市公司投资支出比重的下降速度相对于全国上市公司下降速度更快，河北省长期投资支出占总资产的比重从 2012 年占总资产的 8.72% 下降到 2016 年的 3.08%，五年间河北省上市公司长期资产投资支出比重平均为 5.58%，高于全国 5.03% 的平均水平，但是 2016 年河北省上市公司长期资产投资占总资产的比重高于全国上市公司的

平均水平。

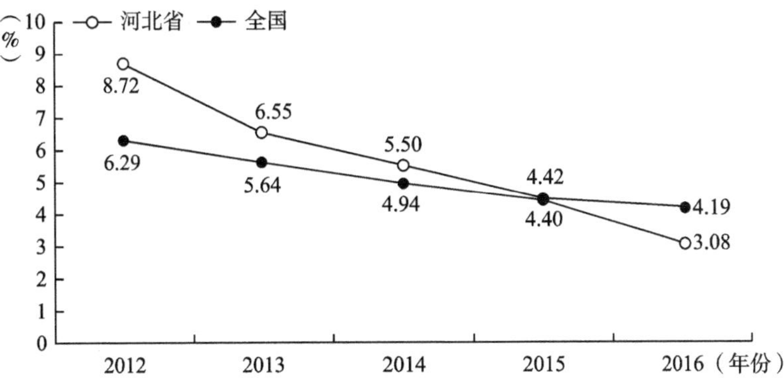

图 2-2　河北省和全国上市公司长期资产投资比重

2. 河北省上市公司投资支出分行业情况

表 2-2 呈现的是 2012~2016 年河北省和全国上市公司分行业长期资产投资占企业总资产比重。分行业和年度来看，相对于全国上市公司，河北省上市公司长期资产投资支出占总资产比重总体高于全国平均水平，投资比重较高的行业主要分布在农林牧渔业，电力、热力、燃气及水生产和供应业，批发和零售业，但是信息传输、软件和信息技术服务业，房地产业和综合类行业的投资比重低于全国平均水平。除综合类行业的投资比重一直低于全国平均水平外，河北省其他行业的投资支出比重波动都比较大。

表 2-2　河北省和全国上市公司分行业长期投资支出比重

单位：%

行业	区域	2012 年	2013 年	2014 年	2015 年	2016 年	平均
农林牧渔业	河北省	3.94	8.53	13.49	10.50	5.16	8.32
	全国	7.83	8.00	6.62	5.58	5.78	6.72
采矿业	河北省	8.22	7.67	6.89	4.71	2.43	5.98
	全国	7.36	6.36	5.89	4.47	3.41	5.45
制造业	河北省	9.07	7.16	5.49	4.62	3.11	5.79
	全国	7.01	6.15	5.30	4.74	4.46	5.45
电力、热力、燃气及水生产和供应业	河北省	7.64	5.11	6.86	8.26	8.28	7.23
	全国	6.74	6.62	6.17	6.63	6.80	6.59

续表

行业	区域	2012 年	2013 年	2014 年	2015 年	2016 年	平均
批发和零售业	河北省	19.53	5.66	3.62	1.78	2.63	6.64
	全国	4.25	3.89	3.37	3.17	2.47	3.41
交通运输、仓储和邮政业	河北省	9.13	7.82	10.85	4.12	1.50	6.68
	全国	6.73	6.22	6.96	5.83	5.94	6.33
信息传输、软件和信息技术服务业	河北省	0.81	3.13	5.81	0.53	0.40	2.13
	全国	5.81	5.40	4.45	4.06	4.06	4.68
房地产业	河北省	0.75	0.61	0.45	0.39	0.79	0.60
	全国	1.49	1.18	1.04	1.02	1.02	1.15
综合类行业	河北省	6.24	0.26	1.85	0.08	0.00	1.69
	全国	2.43	2.84	3.09	2.29	1.13	2.36
全部	河北省	8.72	6.55	5.50	4.42	3.08	5.58
	全国	6.29	5.64	4.94	4.40	4.19	5.03

表 2－3 呈现的是 2012～2016 年河北省和全国上市公司分行业长期资产投资支出规模。河北省上市公司制造业、房地产业与批发和零售业的长期资产投资支出规模平均数明显高于全国平均水平，农林牧渔业，采矿业，电力、热力、燃气及水生产和供应业，信息传输、软件和信息技术服务业，综合类行业，交通运输、仓储和邮政业的长期资产投资支出规模低于全国平均水平。总体而言，河北省上市公司的长期资产投资支出规模为 8.03 亿元，高于全国上市公司 7.11 亿元的平均水平。

表 2－3　河北省和全国上市公司分行业长期投资支出规模

单位：亿元

行业	区域	2012 年	2013 年	2014 年	2015 年	2016 年	平均
农林牧渔业	河北省	0.27	0.99	1.67	2.12	1.34	1.28
	全国	2.33	2.58	2.43	3.40	4.64	3.11
采矿业	河北省	32.90	31.50	28.70	19.20	10.60	24.60
	全国	95.90	91.50	82.70	61.00	47.80	75.20
制造业	河北省	9.81	9.21	6.98	6.69	6.62	7.80
	全国	4.05	3.94	3.71	3.74	3.53	3.78

续表

行业	区域	2012 年	2013 年	2014 年	2015 年	2016 年	平均
电力、热力、燃气及水生产和供应业	河北省	10.70	7.31	6.50	16.10	14.20	10.90
	全国	16.70	19.00	18.00	21.40	22.00	19.50
批发和零售业	河北省	23.60	14.90	10.60	5.16	4.78	11.80
	全国	3.17	3.13	3.07	3.14	2.89	3.08
交通运输、仓储和邮政业	河北省	10.20	10.00	16.50	6.85	3.04	9.33
	全国	14.30	15.50	16.30	16.10	20.20	16.50
信息传输、软件和信息技术服务业	河北省	0.15	0.54	1.63	0.18	0.12	0.52
	全国	6.71	5.86	5.46	6.41	6.50	6.20
房地产业	河北省	3.16	4.33	4.88	6.29	19.50	7.64
	全国	1.12	1.59	2.50	2.81	3.52	2.31
综合类行业	河北省	0.21	0.01	0.06	0.00	0.00	0.06
	全国	0.91	0.92	1.63	1.22	0.95	1.13
全部	河北省	10.00	9.10	7.32	6.89	7.00	8.03
	全国	7.55	7.56	7.23	6.86	6.54	7.11

3. 河北省制造业上市公司投资支出情况

表 2－4 呈现的是 2012～2016 年河北省和全国制造业上市公司内部各细分行业长期资产投资支出规模及其占企业总资产的比重。在石油加工、炼焦和核燃料加工业，黑色金属冶炼和压延加工业和汽车制造业领域，河北省上市公司的投资支出规模和投资支出占企业总资产的比重均高于全国平均水平，在农副食品加工业，酒、饮料和精制茶制造业，纺织业，皮革、毛皮、羽毛及其制品和制鞋业，化学原料和化学制品制造业，医药制造业，橡胶和塑料制品业，通用设备制造业，专用设备制造业，电气机械和器材制造业，仪器仪表制造业领域，河北省上市公司长期资产的投资支出规模及其占企业总资产的比重均低于全国平均水平。从整体上来看，河北省上市公司长期资产投资支出规模及其占企业总资产的比重均高于全国平均水平。

图 2－3 呈现的是 2012～2016 年河北省和全国制造业内部长期资产投资支出规模。河北省制造业上市公司在黑色金属冶炼和压延加工业，汽车制造业，金属制品业，石油加工、炼焦和核燃料加工业，非金属矿物制品业领域的长期资产投资支出规模高于同行业全国平均水平。河北省制造业上

表2-4 河北省和全国制造业上市公司长期资产投资规模

单位：亿元，%

细分行业	河北省		全国	
	投资支出规模	投资支出比重	投资支出规模	投资支出比重
农副食品加工业	0.83	4.79	3.31	6.25
酒、饮料和精制茶制造业	0.68	3.48	3.73	4.85
纺织业	1.81	2.57	1.97	5.24
皮革、毛皮、羽毛及其制品和制鞋业	2.72	15.87	1.19	4.88
石油加工、炼焦和核燃料加工业	12.80	6.12	4.34	4.66
化学原料和化学制品制造业	2.50	5.94	3.84	6.38
医药制造业	3.52	6.38	2.35	5.97
橡胶和塑料制品业	2.50	9.89	2.23	6.46
非金属矿物制品业	12.40	2.93	4.63	6.02
黑色金属冶炼和压延加工业	108.00	6.31	24.5	3.92
有色金属冶炼和压延加工业	0.30	4.15	6.06	5.30
金属制品业	12.80	3.67	4.27	5.74
通用设备制造业	0.52	4.61	2.16	4.37
专用设备制造业	0.47	3.84	1.66	4.14
汽车制造业	33.80	8.31	8.16	6.02
铁路、船舶、航空航天和其他运输设备制造业	3.42	6.24	5.88	4.17
电气机械和器材制造业	1.08	3.26	2.37	4.74
计算机、通信和其他电子设备制造业	4.68	7.91	3.83	5.84
仪器仪表制造业	0.46	6.30	1.09	4.98
制造业平均	7.80	5.79	3.77	5.45

市公司在有色金属冶炼和压延加工业，酒、饮料和精制茶制造业，农副食品加工业，铁路、船舶、航空航天和其他运输设备制造业，通用设备制造业，化学原料和化学制品制造业，电气机械和器材制造业，专用设备制造业，仪器仪表制造业等领域的长期资产投资支出规模低于全国同行业平均水平。从总体上看，2012～2016年河北省制造业上市公司长期资产投资支

出规模为7.8亿元，高于全国制造业上市公司3.77亿元的平均水平。

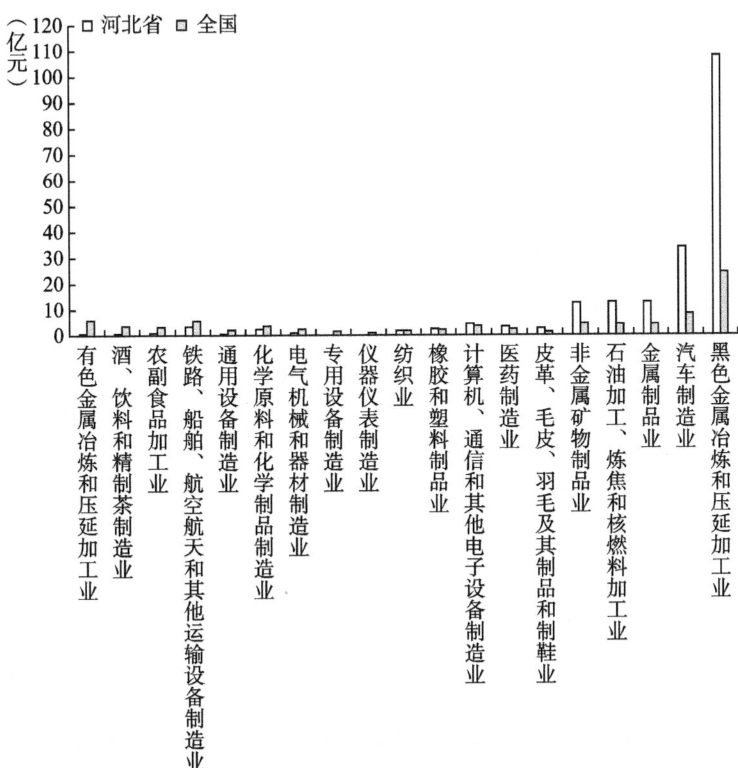

图2－3　河北省和全国制造业上市公司长期资产投资规模

图2－4呈现的是2012～2016年河北省和全国制造业内部长期资产投资占企业总资产的比重。河北省制造业上市公司在皮革、毛皮、羽毛及其制品和制鞋业，橡胶和塑料制品业，黑色金属冶炼和压延加工业，汽车制造业，计算机、通信和其他电子设备制造业等领域的投资支出比重高于全国上市公司同行业的平均水平。河北省制造业上市公司在非金属矿物制品业、纺织业、金属制品业、电气机械和器材制造业、农副食品加工业等行业的长期资产投资支出比重低于全国平均水平。从总体上来看，河北省制造业上市公司长期资产投资支出比重为5.79%，高于全国制造业上市公司5.45%的平均水平。

4. 河北省上市公司投资支出分板块情况

表2－5呈现的是2012～2016年河北省和全国不同板块上市公司的长期资产投资支出规模。从总体上来看，河北省主板上市公司长期资产投资支

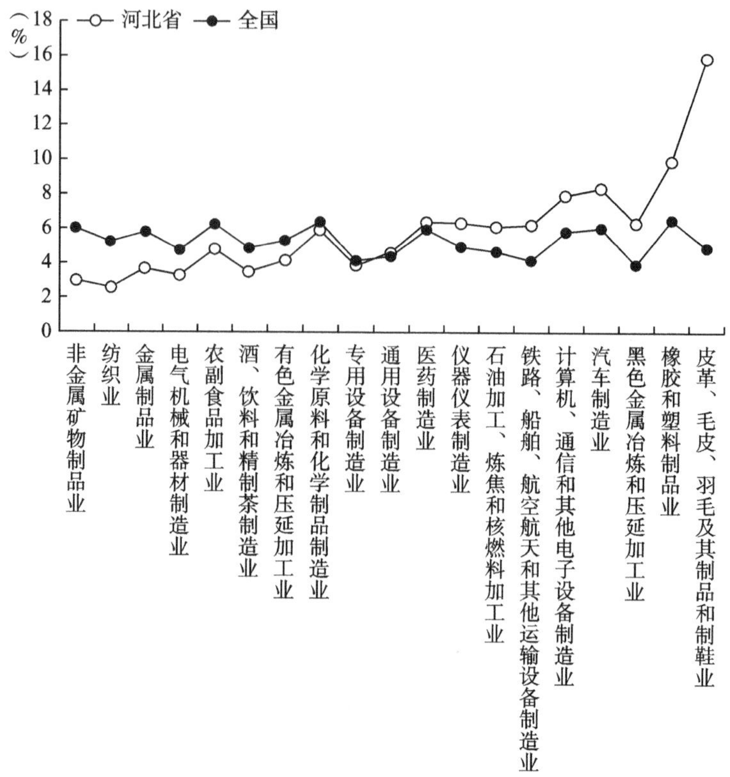

图 2-4 河北省和全国制造业长期资产投资支出占总资产比重

出平均规模高于全国同板块平均水平，在创业板和中小板上低于全国平均水平。从规模上来看，主板市场上市公司长期资产投资支出远高于中小板、创业板上市公司投资支出规模。

表 2-5 河北省和全国不同板块上市公司长期投资规模

单位：亿元

板块	地区	2012 年	2013 年	2014 年	2015 年	2016 年	平均
主板	河北省	14.10	13.50	10.70	10.70	11.00	12.00
	全国	11.90	12.10	11.60	11.00	10.30	11.40
中小板	河北省	1.96	1.69	1.64	1.77	1.47	1.71
	全国	2.40	2.31	2.29	2.53	2.79	2.47
创业板	河北省	1.63	0.87	0.74	0.42	0.45	0.72
	全国	0.97	0.96	0.96	1.22	1.48	1.16

续表

板块	地区	2012 年	2013 年	2014 年	2015 年	2016 年	平均
全部	河北省	10.00	9.10	7.32	6.89	7.00	8.03
	全国	7.55	7.56	7.23	6.86	6.54	7.11

表 2－6 呈现的是 2012～2016 年河北和全国不同板块上市公司长期资产投资支出占企业总资产的比重。从河北省上市公司各个板块来看，长期资产投资支出占总资产的比重均高于全国同板块平均水平。

表 2－6　不同板块上市公司长期投资比重

单位：%

板块	年份	2012 年	2013 年	2014 年	2015 年	2016 年	平均
主板	河北省	7.93	5.94	5.14	3.71	2.61	5.06
	全国	4.94	4.61	4.32	3.88	3.78	4.28
中小板	河北省	8.53	6.52	4.97	6.58	3.95	6.11
	全国	8.08	6.77	5.71	5.13	4.65	6.00
创业板	河北省	13.90	9.19	7.81	4.41	3.63	6.90
	全国	7.95	7.20	5.70	4.83	4.65	5.83
全部	河北省	8.72	6.55	5.50	4.42	3.08	5.58
	全国	6.29	5.64	4.94	4.40	4.19	5.03

图 2－5 呈现的是 2012～2016 年不同板块河北省上市公司长期投资比重。河北省在创业板块上的上市公司长期资产投资支出比重总体略高于主

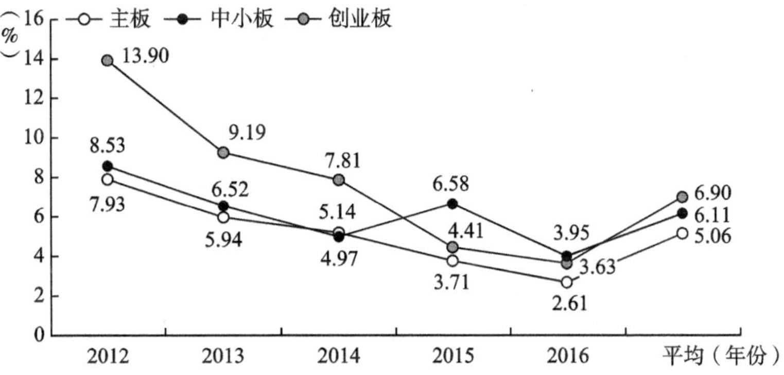

图 2－5　不同板块河北省上市公司长期投资比重

板市场和中小板市场上的河北省上市公司比重，且呈现下降趋势，但是在2015年和2016年中小板市场上河北省上市公司长期资产投资支出比重高于其他两个市场。

（1）河北省主板市场上市公司投资支出情况

图2-6呈现的是2012~2016年河北省与全国主板市场上市公司长期资产投资支出规模。从总体上来看，河北省上市公司的长期资产投资支出规模的平均数和全国公司相近，但是从趋势上来看，河北省主板市场上市公司的长期资产投资支出规模呈现小幅波动的整体下降趋势，全国的平均水平呈现波动性的整体平稳略有下降趋势，河北省相对全国的长期资产投资支出规模呈现相对下降的趋势。

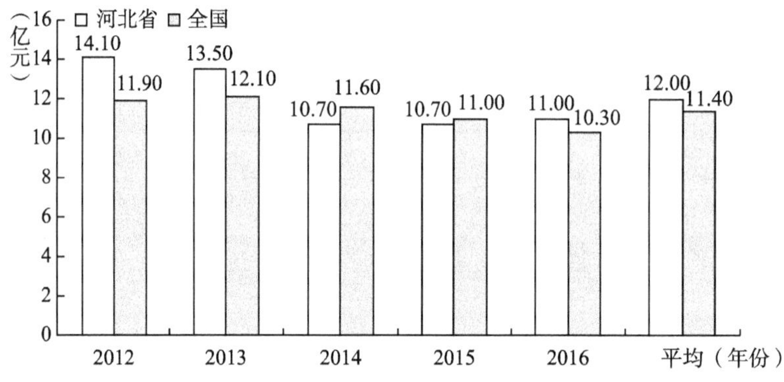

图2-6 主板市场上市公司长期投资规模

图2-7呈现的是2012~2016年河北省和全国主板市场上市公司长期资产投资支出占总资产比重。在主板市场上，和全国主板市场投资支出整体

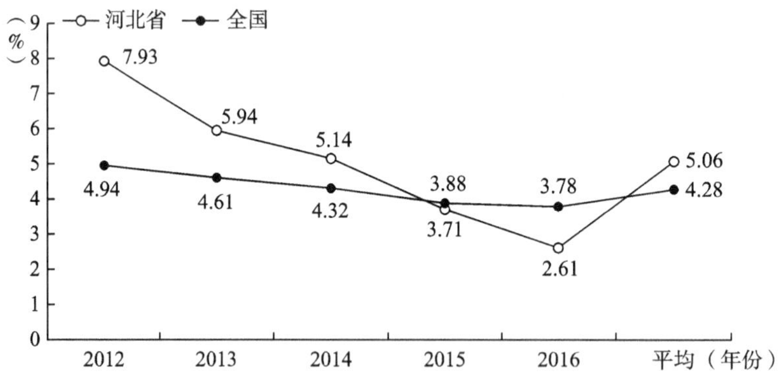

图2-7 主板市场长期投资支出占总资产比重

呈现下降趋势一样，2012～2016 年河北省上市公司长期资产投资占总资产的比重下降更快，从 2012 年最高 7.93%，到 2016 年 2.61%。河北省上市公司长期资产投资支出占总资产的比重 5 年平均水平为 5.06%，高于全国 4.28% 的平均水平。

（2）河北省中小板市场上市公司投资支出情况

图 2－8 呈现的是 2012～2016 年河北省和全国中小板市场上市公司长期资产投资支出规模。从图中可以看出，在中小板市场上，河北省上市公司长期资产投资支出规模明显低于全国平均水平，仅为全国的 69.23%，和全国长期资产投资支出规模呈现总体“U”形趋势不同，河北省呈现波动震荡下降趋势。

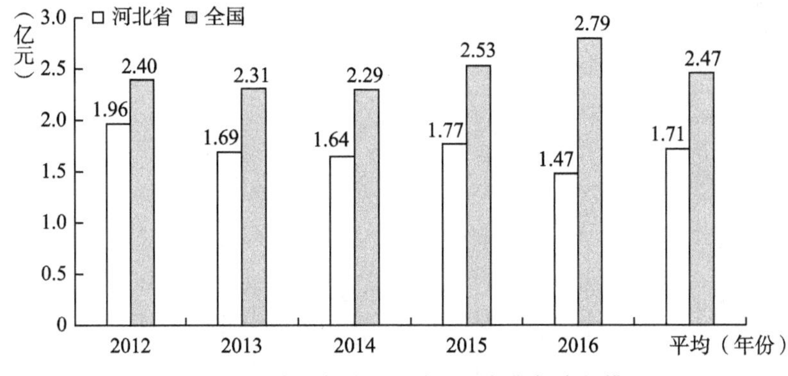

图 2－8　中小板市场上市公司长期投资规模

图 2－9 呈现的是 2012～2016 年河北省和全国中小板市场上市公司长期资产投资支出占总资产比重。在中小板市场，和全国上市公司投资支出呈

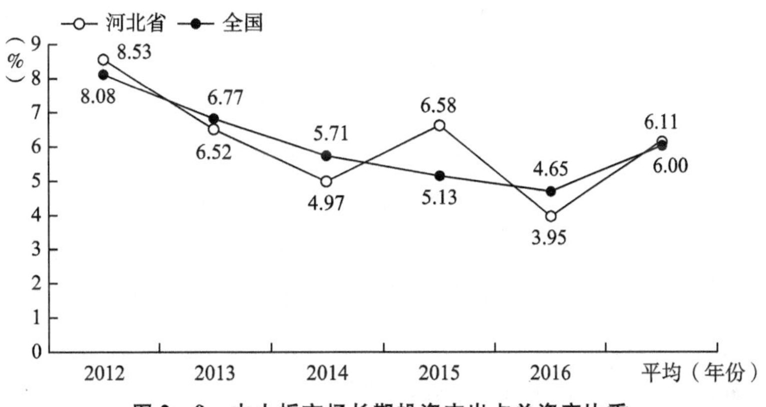

图 2－9　中小板市场长期投资支出占总资产比重

现整体下降趋势不同，2012～2016年河北省上市公司长期资产投资支出占总资产的比重呈现“N”字形下降趋势，2012年长期资产投资支出占总资产的比重最高，2016年最低，五年来长期资产投资支出占总资产的比重的平均值河北省为6.11%，略高于全国6.00%的平均水平。

（3）河北省创业板市场上市公司投资支出情况

图2－10呈现的是2012～2016年河北省和全国创业板市场上市公司长期资产投资支出规模。从图中可以看出，2012～2015年创业板市场上河北省上市公司长期资产投资支出规模呈明显下降趋势，2016年略有回升，而同期全国创业板市场长期资产投资支出规模呈现总体稳定上升之势。河北省创业板市场五年内长期资产投资支出规模平均为0.72亿元，平均投资额为全国水平的62%，低于全国创业板市场1.16亿元的平均水平。

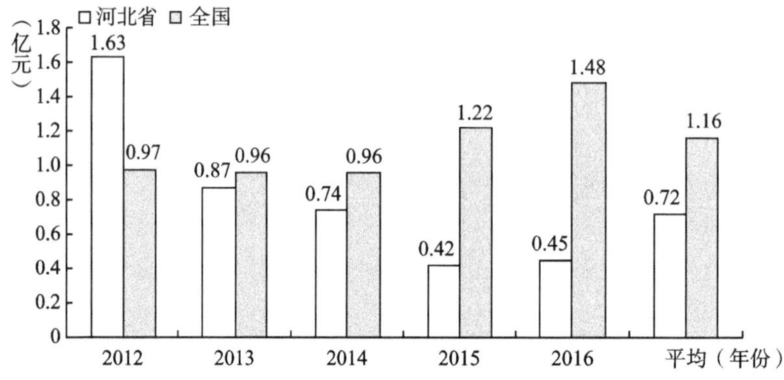

图2－10　创业板市场上市公司长期投资规模

图2－11呈现的是2012～2016年河北省和全国创业板市场上市公司长期资产投资支出占总资产比重。从图中可以看出，在创业板市场，2012～2016年河北省上市公司和全国上市公司的长期资产投资支出占总资产的比重都呈现整体下降的趋势，河北省上市公司的下降速度更快，由2012年的13.90%，远高于该年7.95%的全国水平，下降到2016年的3.63%，低于2016年4.65%的全国平均水平。河北省创业板市场上市公司五年整体长期资产投资支出占总资产的比重为6.90%，高于5.83%的全国同板块上市公司长期资产投资支出比重。

5. 河北省不同企业性质上市公司投资情况

图2－12呈现的是2012～2016年河北省不同性质上市公司长期资产投

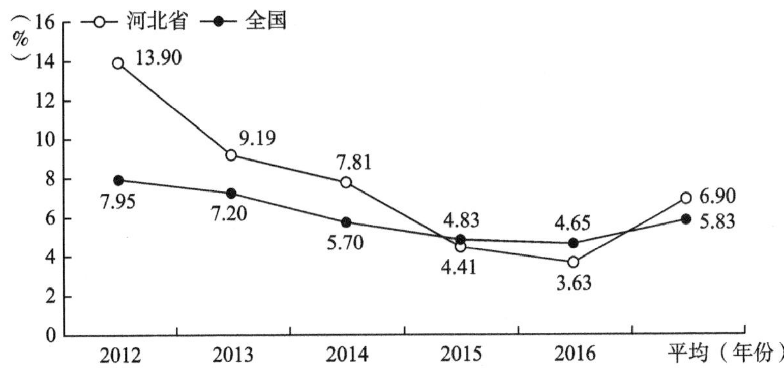

图 2－11　创业板市场长期投资支出占总资产比重

资支出规模。不同性质的上市公司长期资产投资支出规模在数量和趋势上明显不同，河北省国有控股的上市公司长期资产投资支出规模明显高于民营控股的上市公司，国有控股上市公司的投资趋势总体呈现小幅下降趋势，民营控股的上市公司呈现波浪振动态势，外资上市公司总体投资支出规模偏小。河北省国有控股上市公司五年投资支出规模平均为 11.00 亿元，明显高于民营控股上市公司 5.64 亿元的平均水平，远高于外资上市公司 0.52 亿元的平均水平。

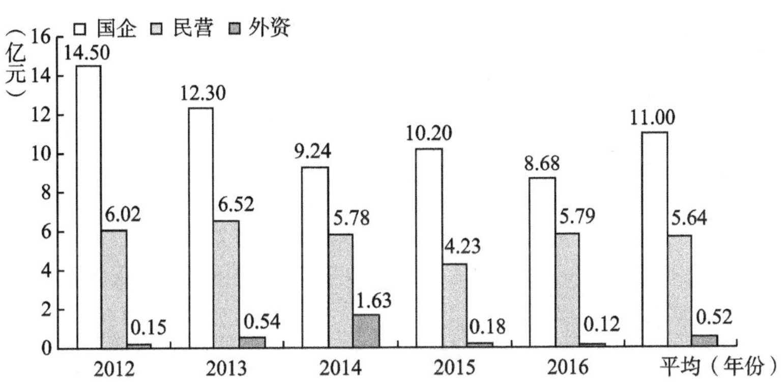

图 2－12　河北省不同性质上市公司长期资产投资规模

表 2－7 呈现的是 2012～2016 年河北省和全国不同性质上市公司长期投资支出规模。从表中可以看出，河北省国有控股上市公司的长期资产投资支出规模低于全国国有控股上市公司平均水平；外资控股上市公司类似，但是规模相对较小；民营上市公司中，河北省上市公司长期资产投资支出规模高于全国民营控股上市公司长期资产投资支出规模。

表 2－7　不同性质企业上市公司长期投资规模

单位：亿元

企业性质	地区	2012 年	2013 年	2014 年	2015 年	2016 年	平均
国企	河北省	14.50	12.30	9.24	10.20	8.68	11.00
	全国	15.50	15.90	15.40	14.80	14.40	15.20
民营	河北省	6.02	6.52	5.78	4.23	5.79	5.64
	全国	2.22	2.14	2.17	2.40	2.59	2.33
外资	河北省	0.15	0.54	1.63	0.18	0.12	0.52
	全国	2.31	2.25	2.56	2.49	2.50	2.43
全部	河北省	10.00	9.10	7.32	6.89	7.00	8.03
	全国	7.55	7.56	7.23	6.86	6.54	7.11

图 2－13 呈现的是 2012～2016 年河北省不同性质上市公司长期资产投资支出占总资产比重。河北省民营控股上市公司的长期资产投资占总资产的比重总体高于国有控股上市公司，总体都呈现下降趋势。五年总体平均长期资产投资支出占总资产的比重，河北省国有控股上市公司为 4.84%，低于民营上市公司 6.40% 的总体平均水平。

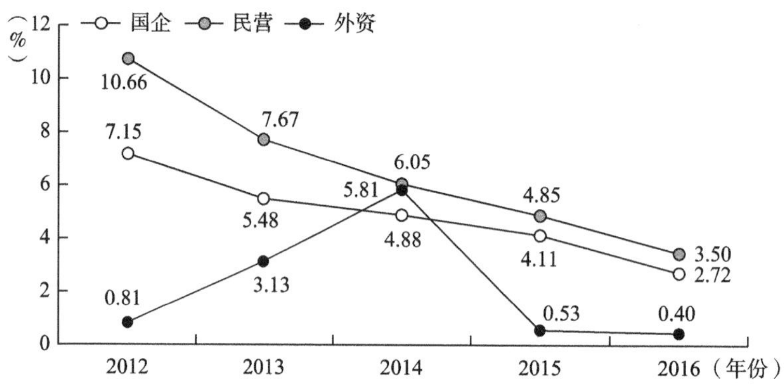

图 2－13　河北省不同性质上市公司长期资产投资支出占总资产比重

表 2－8 呈现的是 2012～2016 年河北省和全国不同性质上市公司长期投资支出占总资产的比重。从表中可以看出，河北省国有控股和民营控股上市公司的长期资产投资支出比重高于全国同性质上市公司平均水平，但是河北省外资控股上市公司长期资产投资支出比重低于全国外资控股上市公司长期资产投资比重。

表 2-8　不同性质企业上市公司长期资产投资支出比重

单位：%

企业性质	地区	2012 年	2013 年	2014 年	2015 年	2016 年	平均
国企	河北省	7.15	5.48	4.88	4.11	2.72	4.84
	全国	5.37	4.92	4.43	3.84	3.73	4.45
民营	河北省	10.66	7.67	6.05	4.85	3.50	6.40
	全国	8.72	6.55	5.50	4.42	3.08	5.58
外资	河北省	0.81	3.13	5.81	0.53	0.40	2.13
	全国	6.14	5.64	5.49	4.44	3.79	5.01
全部	河北省	8.72	6.55	5.50	4.42	3.08	5.58
	全国	6.29	5.64	4.94	4.40	4.19	5.03

（1）河北省国有控股上市公司投资支出情况

图 2-14 呈现的是 2012～2016 年河北省和全国国有控股上市公司长期资产投资支出规模。从图 2-14 中可以看出，河北省国有控股上市公司五年平均投资支出规模是 11.00 亿元，低于全国平均水平，仅为全国平均水平的 72.37%。在发展趋势上，全国国有控股上市公司保持总体稳定，河北省国有控股上市公司总体呈现下降趋势，2015 年长期资产投资支出规模略有上升。

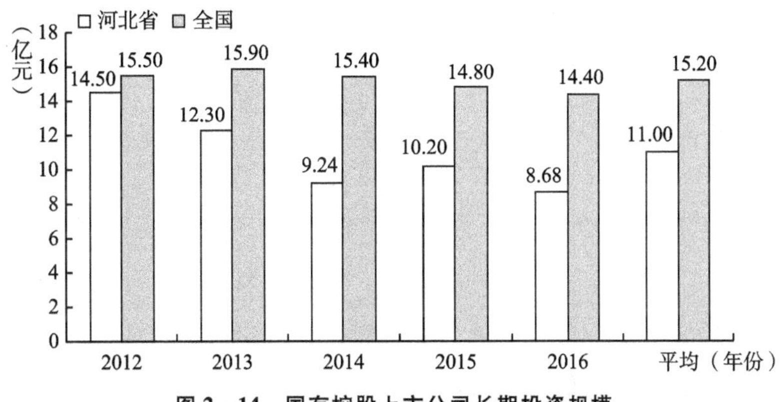

图 2-14　国有控股上市公司长期投资规模

图 2-15 呈现的是 2012～2016 年河北省和全国国有控股上市公司长期资产投资支出占总资产比重。从图中可以看出，和全国国有控股上市公司长期资产投资支出比重发展趋势一致，河北省国有控股上市公司的长期资产投资支出占总资产的比重呈现逐年下降趋势，并且下降速度明显高于全

国平均水平。从总体上来看，河北省国有控股上市公司五年长期资产投资支出占总资产的比重为4.84%，高于全国国有控股上市公司4.45%的平均投资水平。

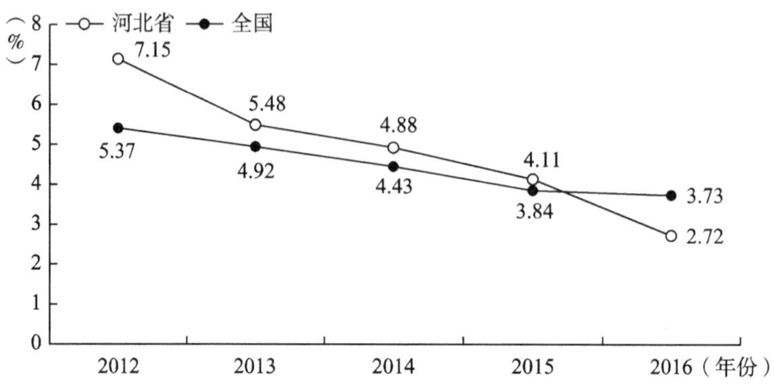

图2－15　国有控股上市公司投资支出占总资产比重

（2）河北省民营控股上市公司投资支出情况

图2－16呈现的是2012～2016年河北省和全国民营控股上市公司长期资产投资支出规模。从图中可以看出，河北省民营控股上市公司长期资产投资支出规模明显高于全国平均水平，是全国平均水平的2.42倍。和全国平均投资支出规模基本保持平稳不同，河北省民营控股上市公司长期资产投资支出规模平均水平波动较大，2013年最高为6.52亿元。

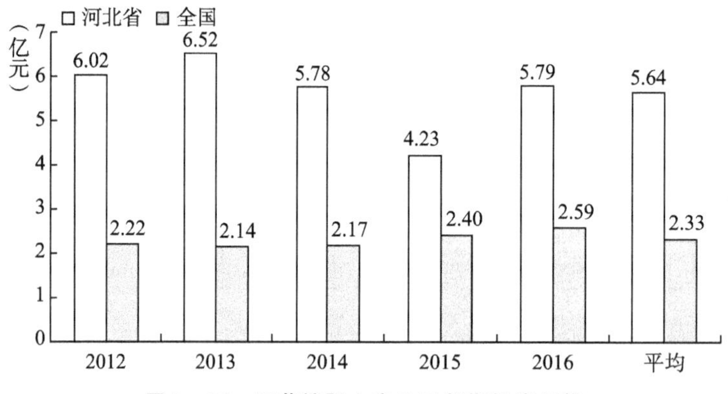

图2－16　民营控股上市公司长期投资规模

图2－17呈现的是2012～2016年河北省和全国民营控股上市公司长期资产投资支出占总资产比重。从图中可以看出，河北省民营控股上市公司的长期资产投资支出占总资产的比重和全国民营控股上市公司一样，2012

年达到最高比重10.66%。河北省民营控股上市公司2012～2016年长期资产投资支出占总资产的比重平均为6.40%，高于全国民营控股上市公司5.58%的平均水平。

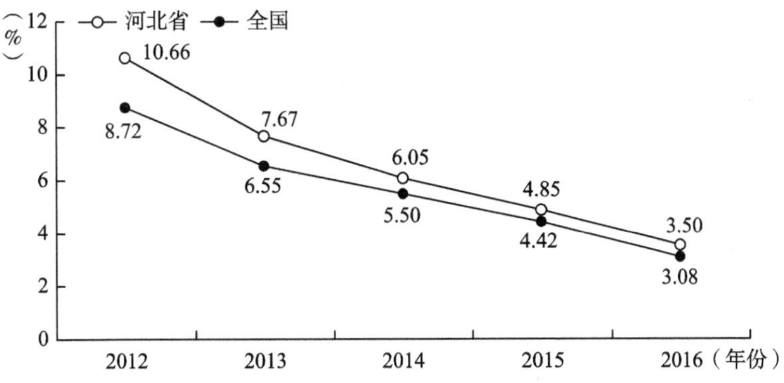

图2－17　民营控股上市公司长期投资支出占总资产比重

（3）河北省外资控股上市公司投资支出情况

图2－18呈现的是2012～2016年河北省和全国外资控股上市公司长期资产投资支出规模。从图中可以看出，河北省外资控股上市公司长期资产投资支出规模明显低于全国平均水平，仅为全国平均水平的21.4%。和全国平均投资支出规模基本保持平稳不同，河北省外资控股上市公司长期资产投资支出规模平均水平波动较大，呈现倒"U"形趋势，2014年最高为1.63亿元。

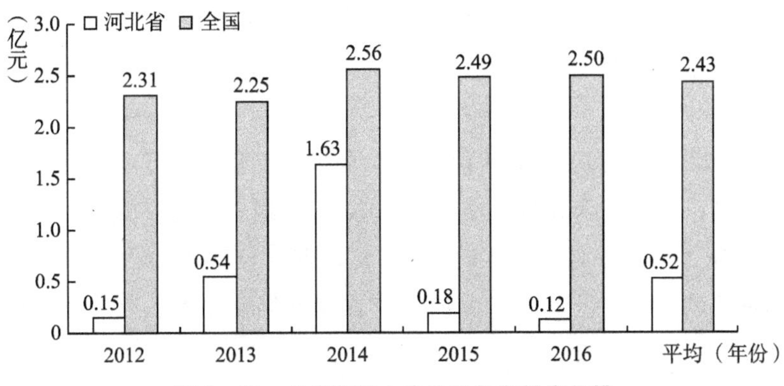

图2－18　外资控股上市公司长期投资规模

图2－19呈现的是2012～2016年河北省和全国外资控股上市公司长期资产投资支出占总资产比重。从图可以看出，和同期全国外资控股上市公

司呈现逐年下降趋势不同，河北省外资控股上市公司的长期资产投资支出占总资产的比重呈现倒“V”形趋势，2014 年达到最高比重，为 5.81%。河北省外资控股上市公司 2012～2016 年长期资产投资支出占总资产的比重平均为 2.13%，远低于全国外资控股上市公司 5.01% 的平均水平。

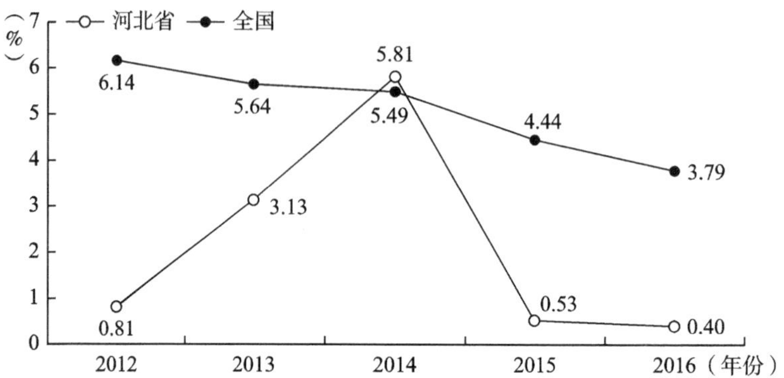

图 2－19 外资控股上市公司长期资产投资支出占总资产比重

（二）2016年河北省上市公司投资状况

2016 年河北省上市公司长期资产投资支出规模平均为 7.00 亿元，高于全国 6.54 亿元的平均水平，长期资产投资支出占总资产的比重为 3.08%，低于全国 4.19% 的平均水平。

图 2－20 呈现的是 2016 年河北省和全国上市公司分行业长期资产投资支出规模。房地产业和制造业的长期资产投资支出规模远高于全国平均水平；交通运输、仓储和邮政业，采矿业的投资支出规模远低于全国平均水平。

图 2－21 呈现的是 2016 年河北省和全国上市公司分行业长期资产投资支出占总资产比重。河北省上市公司 2016 年长期资产投资支出占总资产的比重平均为 3.08%，低于 2016 年全国长期资产投资支出占总资产的比重 4.19% 的平均水平，低于 2012～2016 年连续五年河北省上市公司 5.58% 的平均长期资产投资比重。

表 2－9 呈现的是 2016 年河北省和全国上市公司分板块长期资产投资支出规模。从表中可以看出，除了河北省主板上市公司的长期资产投资支出规模高于全国平均水平，中小板和创业板河北省上市公司的长期资产投资

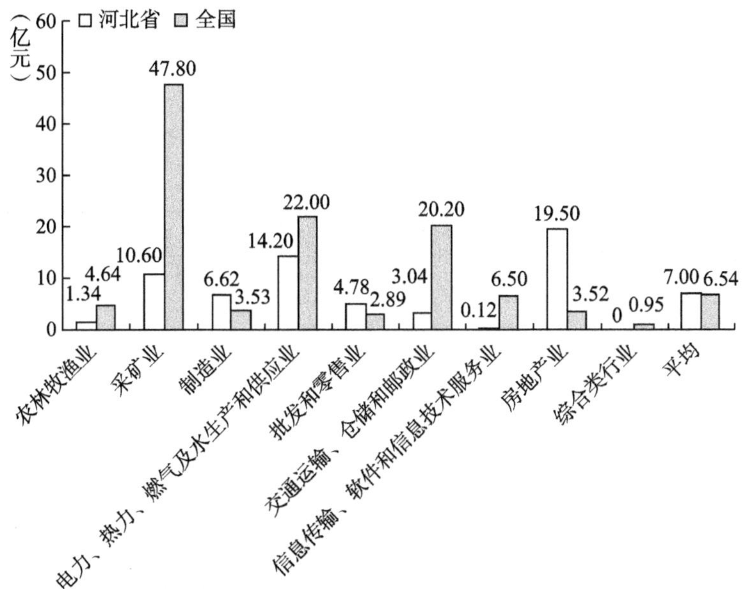

图 2-20　2016 年分行业长期资产投资支出规模

注：河北省综合类行业上市公司只有廊坊发展一家，而且其投资只有 3250 元。

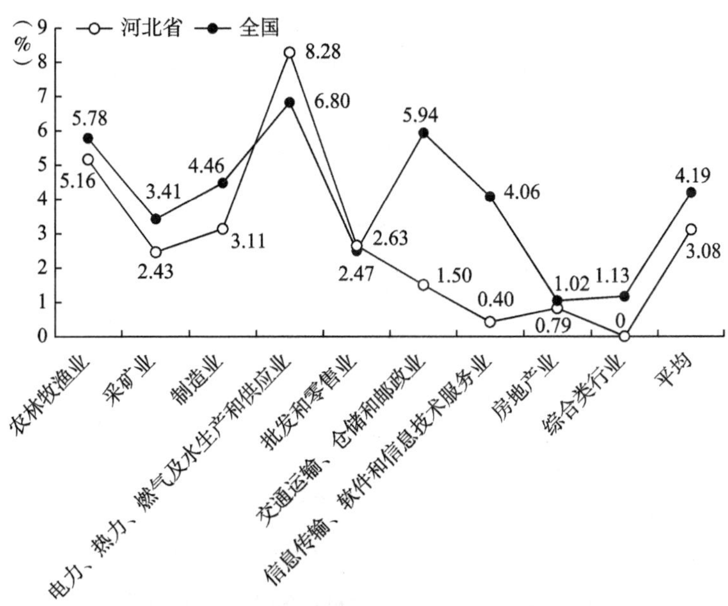

图 2-21　2016 年分行业长期资产投资支出占总资产比重

支出规模均低于全国平均水平。在长期资产投资占企业总资产的比重上，

2016 年不论是河北省全部上市公司的平均规模，还是各板块长期资产投资的平均比重均低于全国同类水平。

表 2－9　2016 年上市公司分板块长期资产投资支出规模

单位：亿元，%

板块	投资支出规模		投资比重	
	河北省	全国	河北省	全国
中小板	1.47	2.79	3.95	4.65
主板	11.00	10.30	2.61	3.78
创业板	0.45	1.48	3.63	4.65
平均	7.00	6.54	3.08	4.19

表 2－10 呈现的是 2016 年河北省和全国不同性质上市公司长期资产投资支出规模。从表中可以看出，除了河北省民营上市公司的长期资产投资支出规模高于全国平均水平，河北省国有和外资控股上市公司的长期资产投资支出规模均低于全国平均水平。在长期资产投资支出占企业总资产比重上，2016 年河北省不论是河北省全部上市公司的平均比重，还是各个不同性质的上市公司的长期资产投资的平均比重均低于全国同类水平。

表 2－10　2016 年上市公司分性质长期资产投资支出规模

单位：亿元，%

企业性质	投资支出规模		投资比重	
	河北省	全国	河北省	全国
国企	8.68	14.40	2.72	3.73
外资	0.12	2.50	0.40	3.79
民营	5.79	2.59	3.50	4.45
平均	7.00	6.54	3.08	4.19

二　河北上市公司内部投资分析

本研究报告中研究的上市公司内部投资主要指的是上市公司内部长期

资产投资，主要包括固定资产、无形资产、在建工程、在研无形资产等长期资产的投资。

（一）河北省上市公司内部投资总体情况

1. 河北省上市公司内部投资总体发展趋势

图2－22呈现的是2012～2016年河北省和全国上市公司内部长期资产投资总体情况。从内部长期资产规模上来看，2012～2016年河北省和全国上市公司企业的内部长期资产规模呈现持续增长趋势，河北省上市公司内部长期资产的规模平均为56.00亿元，高于全国40.50亿元的平均水平。

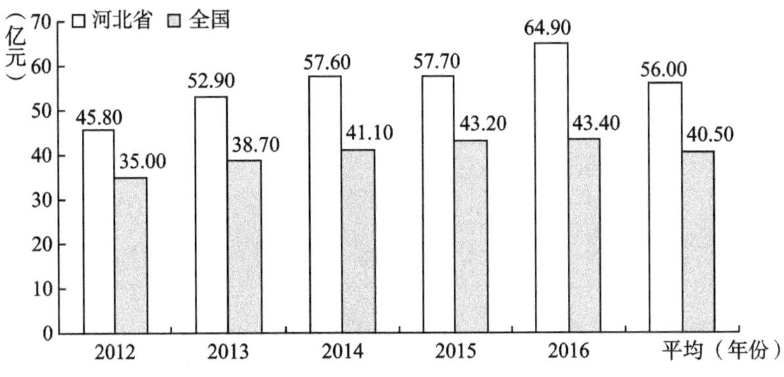

图2－22　上市公司内部长期资产规模

图2－23呈现的是2012～2016年河北省和全国上市公司内部长期资产占总资产比重。从内部长期资产占总资产的比重上来看，2012～2016年河北省和全国上市公司企业的内部长期资产的比重均呈现倒"U"形趋势，河

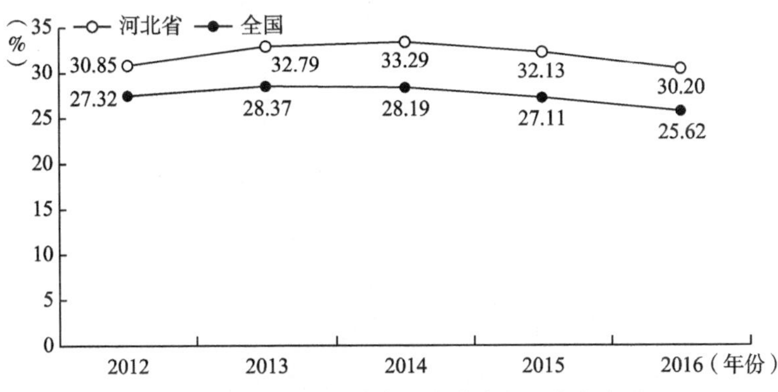

图2－23　上市公司内部长期资产占总资产比重

北省上市公司内部长期资产支出占企业总资产的比重平均为31.84%，高于全国27.25%的平均水平。

2. 河北省不同行业上市公司内部投资情况

图2-24呈现的是2012~2016年河北省和全国上市公司分行业内部长期资产规模。从行业上来看，河北省上市公司在制造业、房地产业、批发和零售业的内部长期资产规模远高于全国平均水平，其他行业的规模均低于全国平均水平，其中农林牧渔业，信息传输、软件和信息技术服务业远低于全国平均水平。

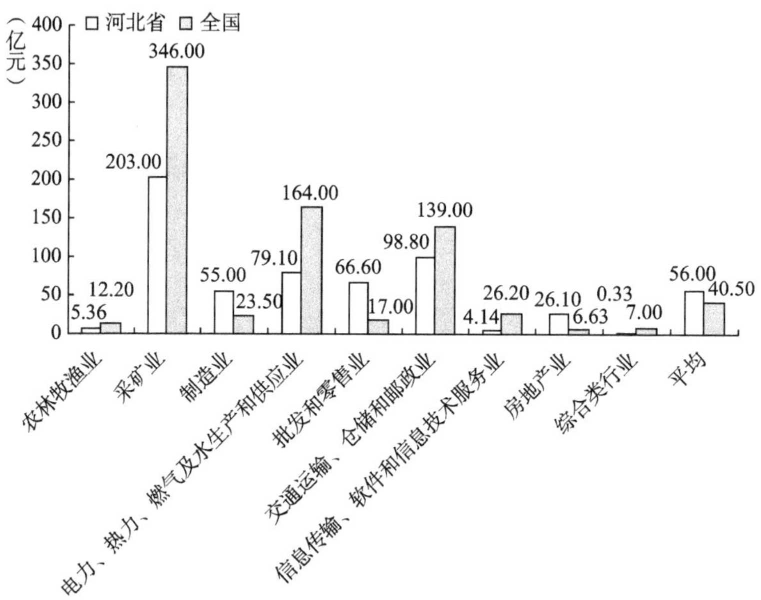

图2-24　分行业内部长期资产规模

图2-25呈现的是2012~2016年河北省和全国分行业内部长期资产占总资产比重。批发和零售业、房地产业、综合类行业领域河北省上市公司内部长期资产投资占总资产的比重低于全国同行业平均水平，其他行业内部长期资产投资比重均高于全国同行业平均比重。

3. 河北省不同板块上市公司内部投资情况

表2-11呈现的是2012~2016年河北省和全国不同板块上市公司内部长期资产投资规模。从表中可以看出，中小板和创业板市场上河北省上市公司内部长期资产投资支出规模低于全国同市场投资平均水平，主板市场

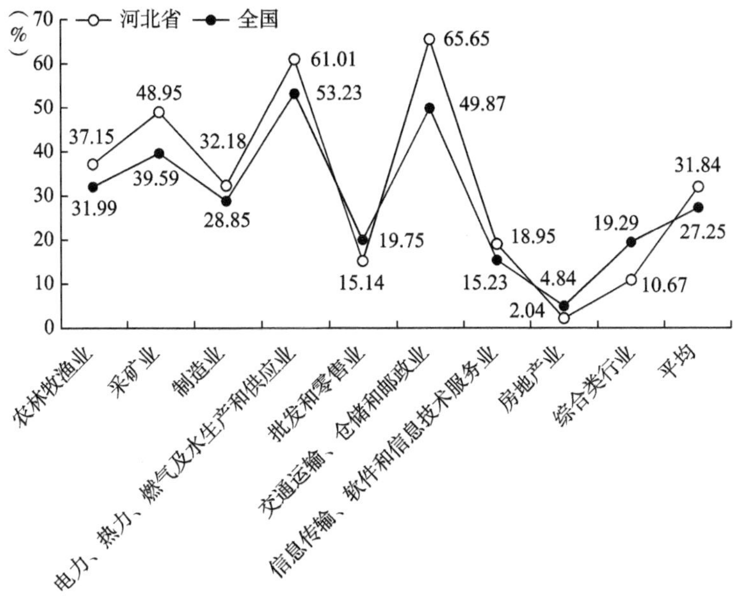

图 2－25　分行业内部长期资产占总资产比重

上河北省上市公司的内部长期资产投资支出规模高于全国同类平均水平。在企业内部长期资产投资占总资产的比重上，河北省主板和创业板市场上市公司的投资比重高于全国同市场平均水平，河北省中小板市场上市公司的投资比重略低于全国中小板市场平均水平。

表 2－11　不同板块上市公司内部长期资产规模

单位：亿元，%

板块	投资支出规模		投资比重	
	河北省	全国	河北省	全国
中小板	8.81	10.90	26.41	26.98
主板	85.50	67.10	34.97	29.57
创业板	2.99	3.96	26.76	20.26
平均	56.00	40.50	31.84	27.25

4. 河北省不同性质上市公司内部投资情况

表 2－12 呈现的是 2012～2016 年河北省和全国不同性质上市公司内部长期资产投资支出规模。从表中可以看出，河北省民营上市公司内部长期

资产投资支出规模远高于全国民营上市公司平均水平，河北省国有上市公司内部长期资产投资支出规模略高于全国国有上市公司平均水平，河北省外资上市公司内部长期资产投资支出规模远低于全国外资上市公司平均水平。在企业内部长期资产投资占总资产的比重上，河北省国有和民营上市公司的投资比重高于全国相应企业平均水平，河北省外资上市公司的投资比重低于全国外资上市公司平均比重。

表 2－12　不同性质上市公司内部长期资产投资支出规模

单位：亿元，%

企业性质	投资支出规模		投资比重	
	河北省	全国	河北省	全国
国企	93.60	90.10	38.17	32.26
外资	4.14	13.50	18.95	24.33
民营	23.60	11.00	26.56	24.29
平均	56.00	40.50	31.84	27.25

（二）河北省上市公司固定资产分布情况

本书的固定资产投资包括已经完工的固定资产投资和尚未完工的在建工程投资两部分。

1. 河北省上市公司固定资产总体情况

图 2－26 呈现的是 2012～2016 年河北省和全国上市公司固定资产投资支出规模。河北省上市公司固定资产的平均规模为 49.60 亿元，高于全国 34.30 亿元的平均水平。发展趋势和全国趋势一致，保持了整体上持续上升的态势。

图 2－27 呈现的是 2012～2016 年河北省和全国上市公司固定资产占总资产的比重。2012～2016 年河北省上市公司固定资产占总资产的比重总体高于全国上市公司平均比重，变化趋势和全国上市公司固定资产变化趋势保持一致，呈现倒“U”形趋势。河北省上市公司固定资产比重平均为 26.86%，高于全国 22.28% 的平均水平。

2. 河北省不同行业上市公司固定资产投资情况

图 2－28 呈现的是 2012～2016 年河北省和全国上市公司分行业固定资

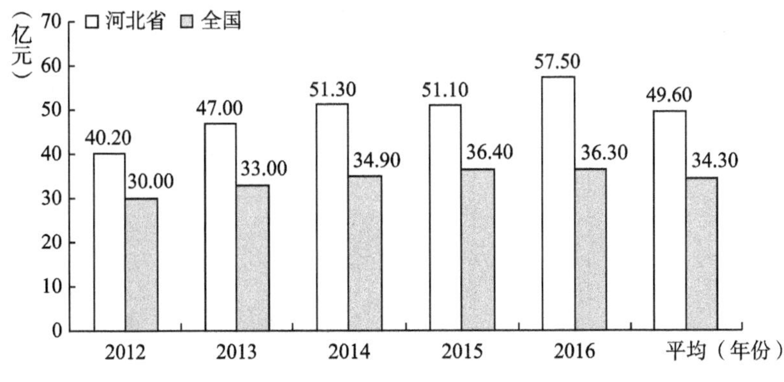

图 2－26　上市公司固定资产投资规模

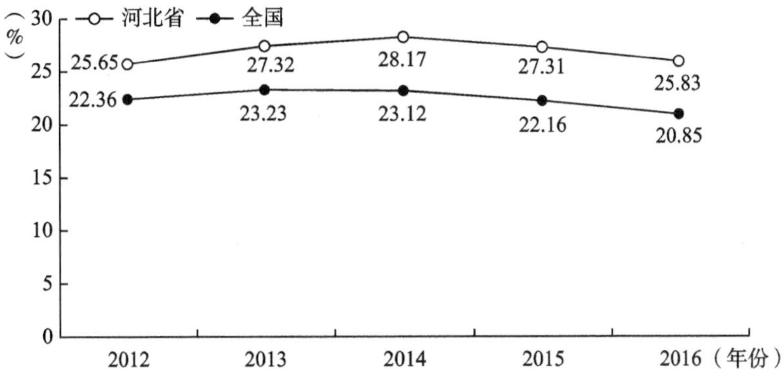

图 2－27　上市公司固定资产占总资产比重

产规模。河北省上市公司中，制造业、房地产业、批发和零售业的固定资产规模远超全国同行业平均水平，并且由于行业特点不同，不同行业的固定资产规模相差悬殊。

图 2－29 呈现的是 2012～2016 年河北省和全国上市公司分行业固定资产投资占总资产比重。2012～2016 年，电力、热力、燃气及水生产和供应业，交通运输、仓储和邮政业的固定资产比重最高。除批发和零售业、房地产业，综合类行业领域中，河北省上市公司固定资产占总资产的比重低于全国同行业上市公司的比重外，其他所有行业河北省上市公司固定资产占总资产的比重均高于全国同行业平均水平。

3. 河北省不同板块上市公司固定资产投资情况

表 2－13 呈现的是 2012～2016 年河北省和全国不同板块上市公司固定资产投资规模。固定资产投资支出规模方面，在中小板和创业板市场河北

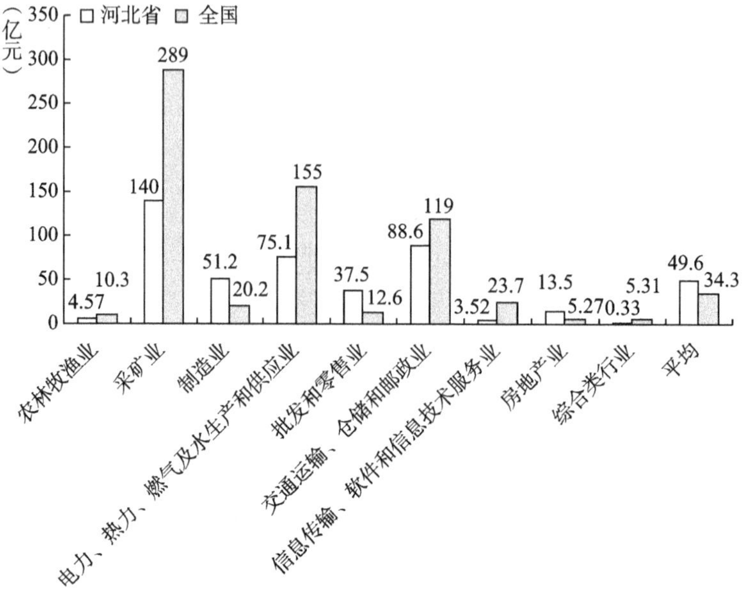

图 2－28　不同行业固定资产投资规模

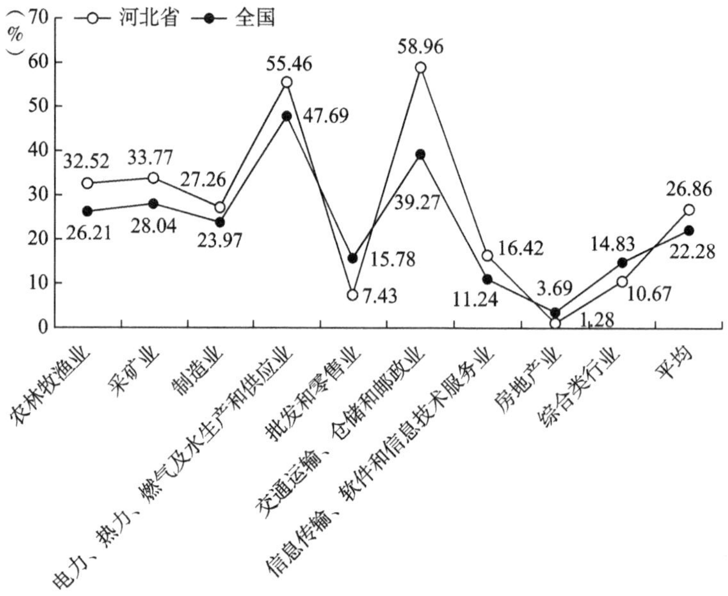

图 2－29　不同行业固定资产投资比重

省上市公司固定资产的规模小于全国同板块平均水平，在主板市场河北省上市公司固定资产规模高于全国平均水平。固定资产占总资产的比重方面，中小板市场上河北省上市公司固定资产占总资产的比重略低于全国中小板上市公司的平均比重，在主板市场和创业板市场河北省上市公司固定资产的比重高于全国同板块市场上市公司的平均比重。从总体上看，不论是河北省上市公司固定资产的规模，还是河北省上市公司固定资产占总资产的比重均高于全国上市公司平均水平。

表 2-13　不同板块上市公司固定资产投资情况

单位：亿元，%

板块	投资支出规模		投资比重	
	河北省	全国	河北省	全国
中小板	7.31	9.11	21.67	22.19
主板	76.00	57.00	29.90	24.28
创业板	2.44	3.01	21.82	16.00
平均	49.60	34.30	26.86	22.28

4. 河北省不同性质上市公司固定资产投资情况

图 2-30 呈现的是 2012~2016 年河北省和全国不同性质上市公司固定资产投资支出规模。从图中可以看出，不同性质的上市公司固定资产的投资支出规模相差悬殊，国有控股的上市公司的固定资产投资支出规模远高于民营和外资上市公司，而且河北省的国有和民营上市公司固定资产投资支出规模也高于全国同性质的上市公司。从总的平均水平上来看，河北省上市公司的固定资产投资支出规模也高于全国平均水平。

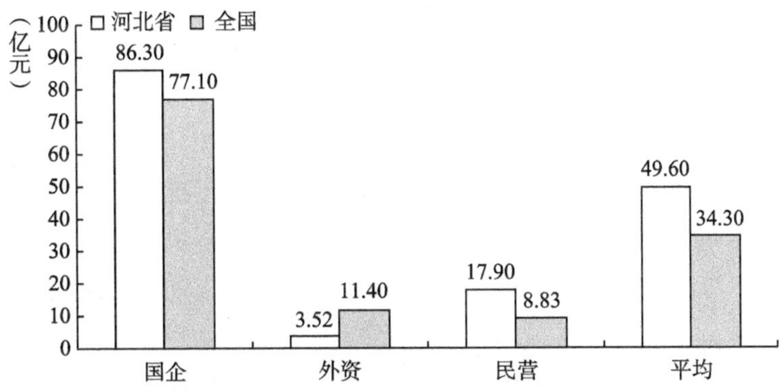

图 2-30　不同性质上市公司固定资产投资支出规模

图2-31呈现的是2012~2016年河北省和全国不同性质上市公司固定资产占总资产的比重。从总的平均水平上来看，河北省上市公司的固定资产占总资产的比重高于全国平均水平；从企业性质上来看，国有企业的固定资产比重最高，河北省国有和民营上市公司固定资产占总资产的比重高于全国同性质上市公司的平均水平。

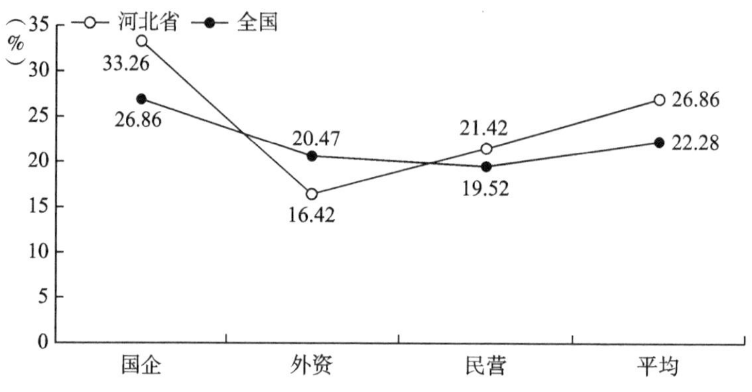

图2-31　不同性质上市公司固定资产投资比重

（三）河北省上市公司无形资产分布情况

本文研究的无形资产投资包括土地使用权、专利技术、非专利技术（专有技术）、其他无形资产等。

1. 河北省上市公司无形资产投资总体情况

图2-32呈现的是2012~2016年河北省和全国上市公司无形资产的规模。从规模上来看，2012~2016年河北省和全国上市公司无形资产的规模呈现稳定上升的趋势，河北省上市公司的无形资产规模平均为6.39亿元，略高于全国上市公司6.22亿元的平均水平。

图2-33呈现的是2012~2016年河北省和全国上市公司无形资产占总资产的比重。2012~2016年河北省和全国上市公司无形资产占总资产的比重呈现先小幅上升后平缓下降的趋势，河北省上市公司无形资产占总资产的比重五年平均为4.98%，略高于全国4.97%的平均水平。2014年以前河北省上市公司无形资产占总资产的比重高于全国上市公司平均水平，2015年以后河北省上市公司无形资产占总资产的比重低于全国上市公司平均水平，2013年以后河北省上市公司无形资产占总资产的比重下降速度大于全

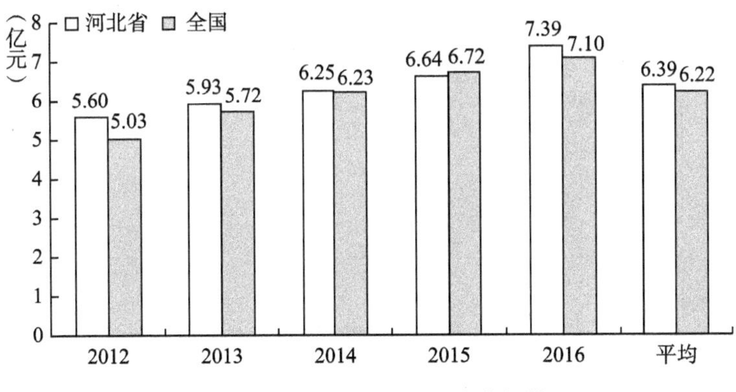

图 2－32　上市公司无形资产规模

国上市公司的下降速度。

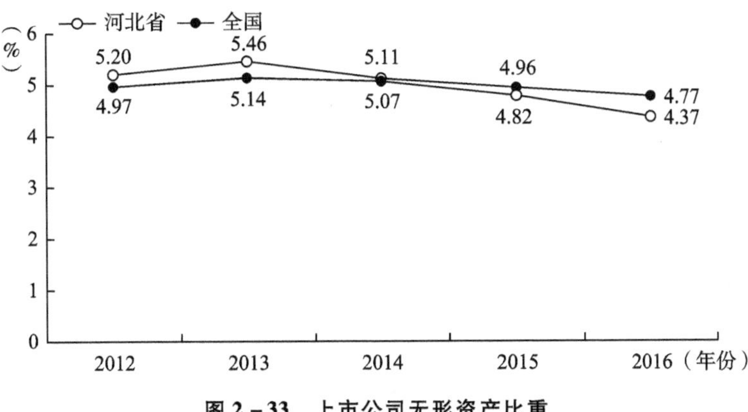

图 2－33　上市公司无形资产比重

2. 河北省不同行业上市公司无形资产投资情况

图 2－34 呈现的是 2012～2016 年河北省和全国上市公司分行业无形资产规模。采矿业上市公司无形资产的规模最大，主要是采矿企业的采矿权的成本较高所致，农林牧渔业，信息传输、软件和信息技术服务业河北省上市公司的无形资产规模远低于全国上市公司同行业的平均水平，河北省专利技术、非专利技术的规模较小。总体而言，河北省上市公司无形资产的平均规模为 6.39 亿元，高于全国 6.22 亿元的平均规模。

图 2－35 呈现的是 2012～2016 年河北省和全国分行业上市公司无形资产占总资产的比重。河北省上市公司无形资产占总资产的比重平均水平为 4.98%，略高于全国 4.97% 的平均水平，河北省上市公司最高的行业为采矿

业 15.18%，河北省综合类行业的上市公司没有无形资产。

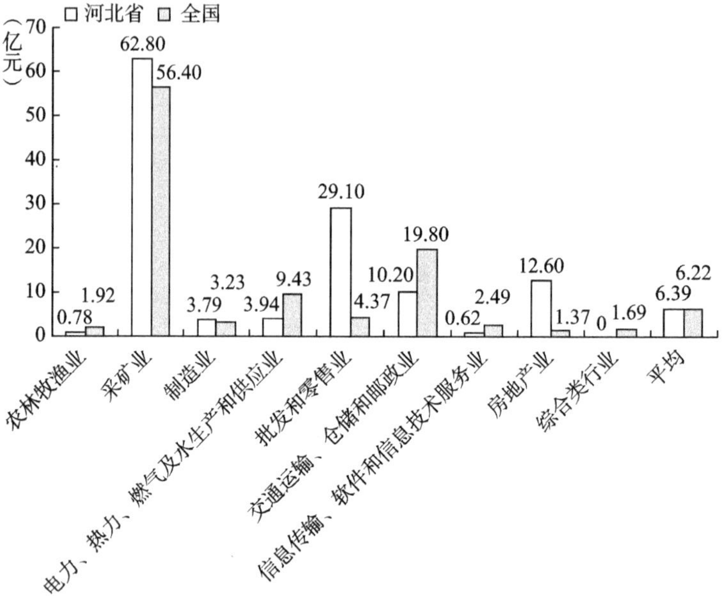

图 2-34　不同行业上市公司无形资产规模图

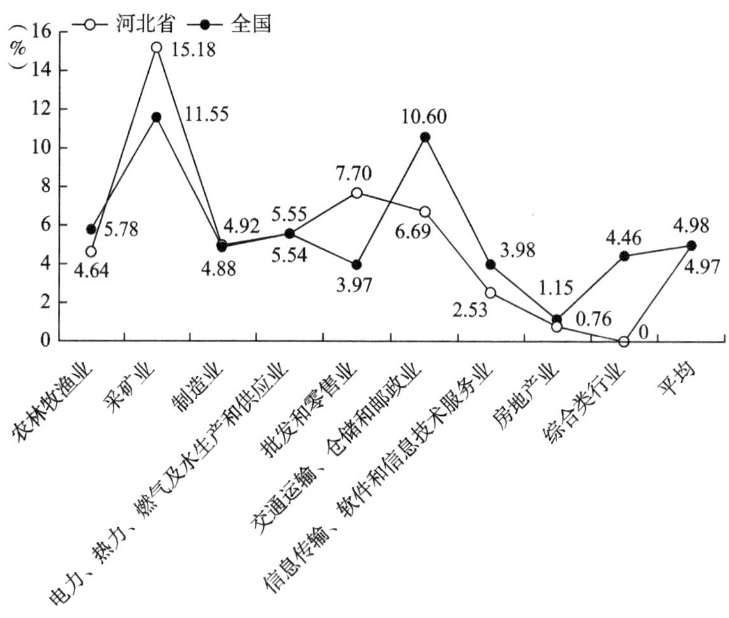

图 2-35　不同行业上市公司无形资产比重

3. 河北省和全国不同板块上市公司无形资产构成情况

表 2－14 呈现的是 2012～2016 年河北省和全国不同板块上市公司无形资产投资情况。无形资产投资支出规模方面，在中小板和创业板市场河北省上市公司无形资产的规模小于全国同板块平均水平，在主板市场河北省上市公司无形资产规模高于全国平均水平。无形资产占总资产的比重方面，中小板市场和主板市场上河北省上市公司无形资产占总资产的比重略低于全国同板块上市公司的平均比重，在创业板市场河北省上市公司无形资产的比重高于全国创业板上市公司的平均比重。从总体上来看，河北省上市公司的无形资产比重略高于全国平均比重。

表 2－14　不同板块上市公司无形资产投资情况

单位：亿元，%

板块	投资支出规模		投资比重	
	河北省	全国	河北省	全国
中小板	1.51	1.81	4.74	4.79
主板	9.53	10.10	5.08	5.29
创业板	0.54	0.94	4.94	4.26
平均	6.39	6.22	4.98	4.97

4. 河北省不同性质上市公司无形资产构成情况

图 2－36 呈现的是 2012～2016 年河北省和全国不同性质上市公司的无形资产投资支出规模。从图中可以看出，不同性质的上市公司无形资产的规模相差悬殊，国有控股的上市公司的无形资产规模远高于民营和外资上市公司，而且河北省的国有上市公司无形资产规模远低于全国国有上市公司，河北省民营上市公司无形资产的规模高于全国民营上市公司平均规模。从总的平均水平上来看，河北省上市公司的无形资产规模略高于全国平均水平。

图 2－37 呈现的是 2012～2016 年河北省和全国不同性质上市公司的无形资产占总资产的比重。从总的平均水平上来看，河北省上市公司的无形资产占总资产的比重略高于全国平均水平，河北省国有和外资上市公司的无形资产比重低于全国同类平均水平，河北省民营上市公司无形资产占总资产的比重高于全国民营上市公司的平均水平。

表 2－15 呈现的是 2012～2016 年河北省上市公司制造业内细分行业无

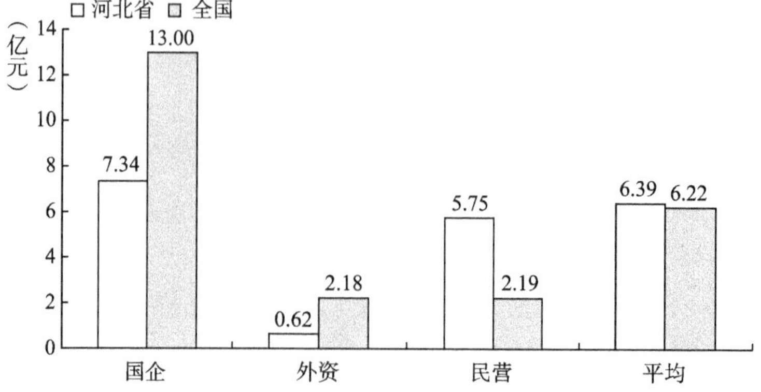

图 2-36 不同性质上市公司无形资产投资支出规模

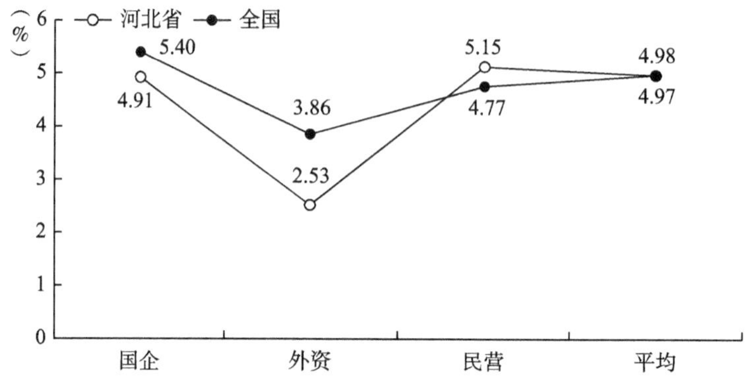

图 2-37 不同性质上市公司无形资产比重

形资产投资情况。尽管河北省制造业不论是在规模还是在无形资产占总资产的比重上都高于全国平均水平，但是在制造业内部，不同细分行业之间差异较大，河北省上市公司和全国上市公司不同细分行业的差异也较大，比如非金属矿物制品业河北省上市公司无形资产的规模和占总资产的比重均高于全国同行业平均水平，而黑色金属冶炼和压延加工业河北省上市公司无形资产的规模和占总资产的比重均远低于全国同行业平均水平。

表 2-15 河北省制造业上市公司无形资产投资情况

单位：亿元，%

细分行业	投资支出规模		投资比重	
	河北省	全国	河北省	全国
农副食品加工业	1.00	2.47	5.61	5.62

续表

细分行业	投资支出规模		投资比重	
	河北省	全国	河北省	全国
酒、饮料和精制茶制造业	2.36	4.30	11.37	6.76
纺织业	2.24	1.32	2.99	4.38
皮革、毛皮、羽毛及其制品和制鞋业	1.00	0.94	5.74	3.00
石油加工、炼焦和核燃料加工业	8.76	4.20	4.20	4.21
化学原料和化学制品制造业	2.74	2.73	4.22	5.06
医药制造业	2.63	2.30	4.80	5.67
橡胶和塑料制品业	0.85	1.51	3.43	4.45
非金属矿物制品业	26.50	4.98	6.27	5.40
黑色金属冶炼和压延加工业	3.77	13.90	0.22	3.43
有色金属冶炼和压延加工业	0.46	7.42	6.47	6.40
金属制品业	4.33	2.91	2.95	4.50
通用设备制造业	0.77	2.46	7.24	5.32
专用设备制造业	0.83	2.68	5.65	5.04
汽车制造业	15.30	7.33	4.17	5.06
铁路、船舶、航空航天和其他运输设备制造业	4.78	9.10	4.34	4.66
电气机械和器材制造业	4.51	2.24	5.57	4.48
计算机、通信和其他电子设备制造业	2.24	1.99	4.20	3.80
仪器仪表制造业	0.27	0.56	4.64	3.63
平均	3.79	3.23	4.92	4.88

三　河北上市公司对外投资分析

本研究报告中的对外投资分为短期对外投资和长期对外投资两部分，上市公司购买股票、债券等作为交易性金融资产或可供出售金融资产核算的划归短期投资，持有至到期投资、长期股权投资、其他金融类投资划归为长期对外投资。鉴于企业的并购活动日益活跃，商誉在企业资产中的比重上升很快，本文将商誉也作为对外投资的一部分进行研究。

（一）河北省上市公司对外投资的总体情况

表 2-16 呈现的是 2012~2016 年河北省和全国持有对外投资上市公司数量。2012~2016 年河北省的 52 家上市公司中，每年有 33~40 家上市公司持有对外投资，平均占河北省上市公司总数目的 80.33%，低于全国 85.10% 的平均水平。河北省持有对外投资的数量伴随上市公司的数量呈逐年上升趋势，占河北省上市公司总数的比例在 2013 年达到最高为 85.11%。

表 2-16　2012~2016 年河北省和全国持有对外投资上市公司数量

单位：家，%

年份	河北省		全国	
	数量	比例	数量	比例
2012	33	73.33	1928	79.93
2013	40	85.11	2040	83.03
2014	39	82.98	2188	85.04
2015	40	80.00	2433	88.12
2016	40	80.00	2683	88.17
平均	192	80.33	11272	85.10

图 2-38 呈现的是 2012~2016 年河北省和全国持有对外投资上市公司对外投资规模。河北省持有对外投资的上市公司持有的对外投资平均规模为 6.98 亿元，低于全国 9.98 亿元的平均规模，河北省持有对外投资的上市

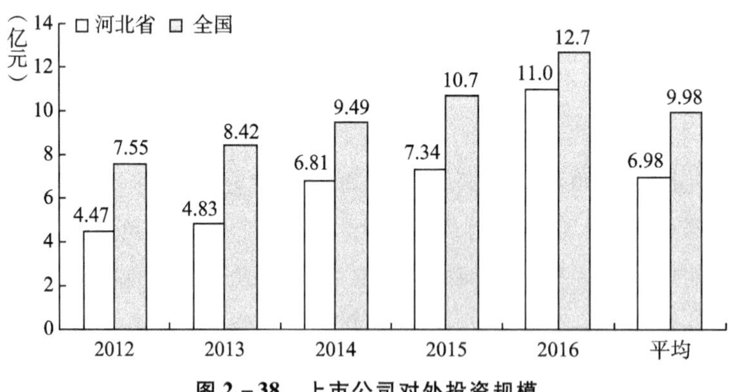

图 2-38　上市公司对外投资规模

公司持有的对外投资的规模每年均低于全国上市公司同年的平均水平，和全国持有对外投资上市公司持有对外投资支出规模变动趋势一致，河北省持有对外投资上市公司的对外投资支出规模呈现逐年递增趋势。

图 2－39 呈现的是 2012～2016 年河北省和全国上市公司对外投资占总资产的比重。2012～2016 年河北省上市公司持有对外投资占总资产的比重平均为 5.71%，低于全国 7.20% 的平均水平。河北省持有对外投资上市公司持有的对外投资占总资产的比重呈现波动式的上升趋势。

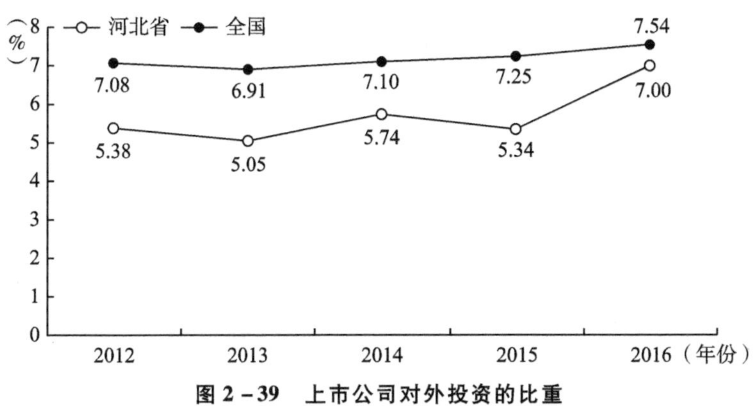

图 2－39　上市公司对外投资的比重

（二）河北省上市公司短期投资总体情况

表 2－17 呈现的是 2012～2016 年河北省和全国对外短期投资上市公司数量情况。2012～2016 年河北省对外短期投资上市公司的比重呈现逐年增加的趋势，从 2012 年的占河北省总上市公司 24.44% 的 11 家，增加到 2016 年占河北省总上市公司 60.00% 的 30 家，但是持有短期投资公司数量占总上市公司的比重仍低于全国平均水平。

表 2－17　对外短期投资上市公司数量

单位：家，%

年份	河北省		全国	
	持有短期投资公司	比重	持有短期投资公司	比重
2012	11	24.44	683	28.32
2013	11	23.40	749	30.48
2014	25	53.19	1708	66.38

续表

年份	河北省		全国	
	持有短期投资公司	比重	持有短期投资公司	比重
2015	26	52.00	1928	69.83
2016	30	60.00	2151	70.69
平均	103	43.10	7219	54.50

图 2－40 呈现的是 2012～2016 年河北省和全国上市公司对外短期投资支出规模。河北省上市公司对外短期投资平均规模为 2.08 亿元，低于全国 3.65 亿元的平均规模。和全国上市公司一样，河北省上市公司对外短期投资支出规模总体呈现逐年上升趋势，2013 年最低。

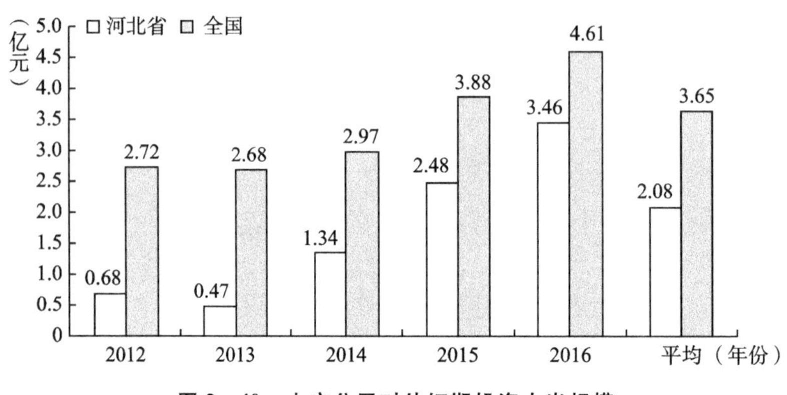

图 2－40　上市公司对外短期投资支出规模

图 2－41 呈现的是 2012～2016 年河北省和全国上市公司对外短期投资占总资产比重。2012～2016 年河北省上市公司对外短期投资占总资产的比重平均为 1.69%，低于全国上市公司 3.08% 的平均水平，和全国上市公司对外短期投资平均占总资产的比重从 2013～2016 年持续上升不同，河北省上市公司对外短期投资的比重持续波动，没有明显的上升趋势。

图 2－42 呈现的是 2012～2016 年分行业河北省和全国上市公司对外短期投资支出规模。对外短期投资支出规模最高的是房地产业，其次是电力、热力、燃气及水生产和供应业，采矿业。总体上河北省上市公司对外短期投资支出规模低于全国上市公司对外短期投资支出规模，河北省采矿业上市公司对外短期投资支出规模高于全国采矿业上市公司对外短期投资支出规模。

图 2－43 呈现的是 2012～2016 年河北省和全国分行业上市公司对外短

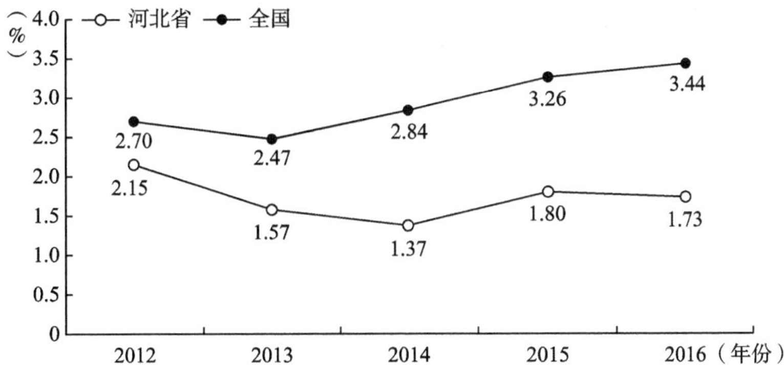

图 2－41　上市公司对外短期投资占总资产比重

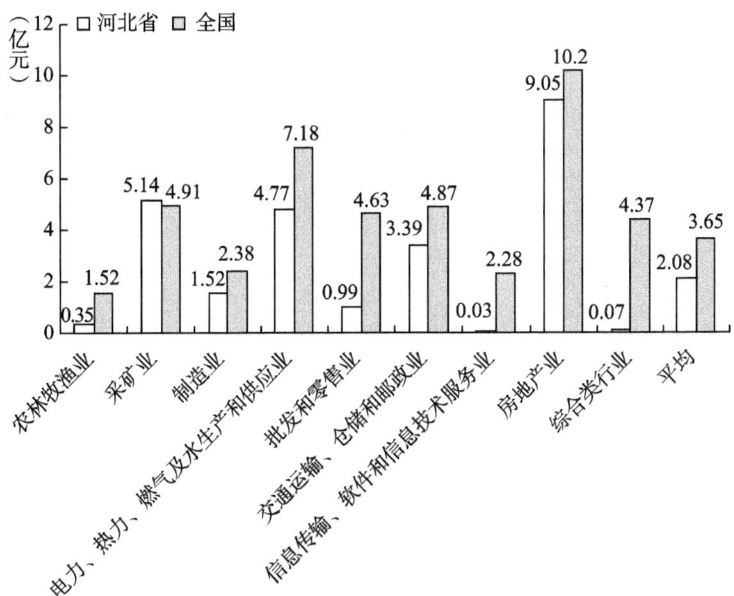

图 2－42　分行业上市公司对外短期投资规模

期投资占总资产的比重。除农林牧渔业外，河北省不同行业上市公司对外短期投资占全国上市公司的比重低于同行业全国上市公司对外短期投资的比重，但是总体行业趋势大致相同。

图 2－44 呈现的是 2012～2016 年河北省和全国分板块上市公司对外短期投资支出规模。虽然总体上河北省上市公司对外短期投资的规模低于全国上市公司的规模，但是在中小板市场，河北省上市公司对外短期投资的规模高于全国上市公司对外短期投资的规模。

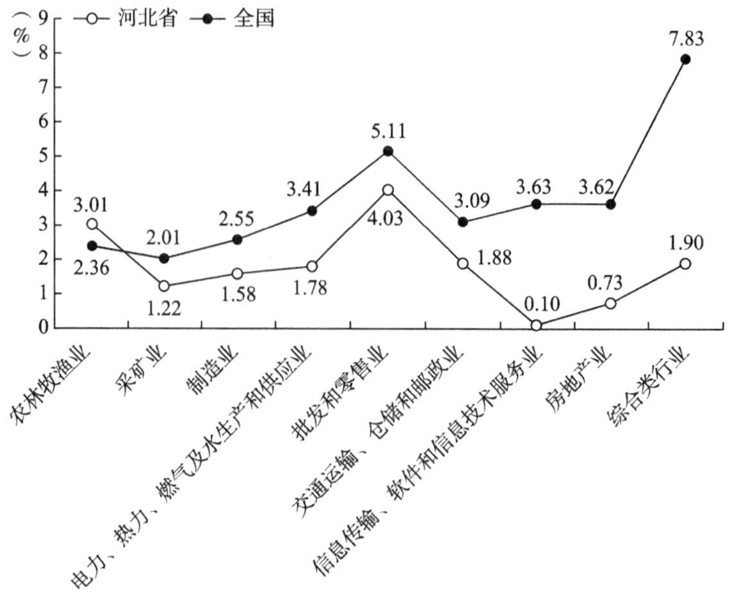

图 2-43 分行业上市公司对外短期投资比重

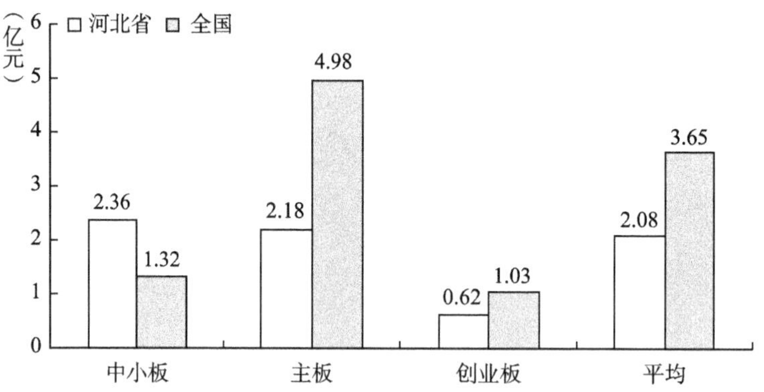

图 2-44 分板块上市公司对外短期投资支出规模

图 2-45 呈现的是 2012~2016 年河北省和全国分板块上市公司对外短期投资占总资产的比重。虽然总体上河北省上市公司对外短期投资占总资产的比重低于全国上市公司对外短期投资占总资产的比重，但是创业板市场上，河北省上市公司对外短期投资占总资产的比重高于全国创业板市场对外短期投资的比重。

图 2-46 呈现的是 2012~2016 年河北省和全国不同性质上市公司对外短期投资支出规模。和总体趋势一致，河北省各类不同性质的上市公司对

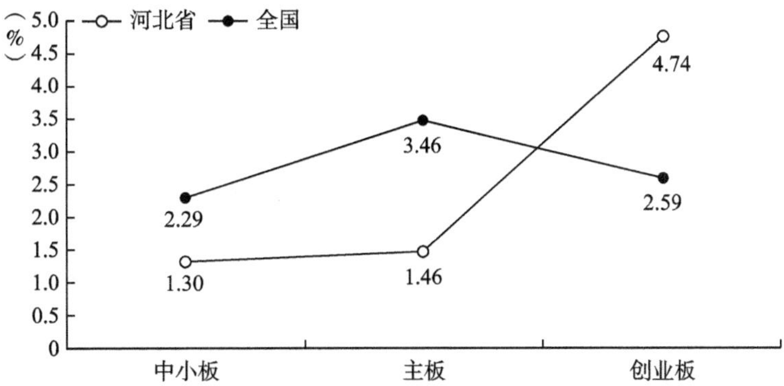

图 2－45　分板块上市公司对外短期投资比重

外短期投资的规模均低于全国同类上市公司的规模。

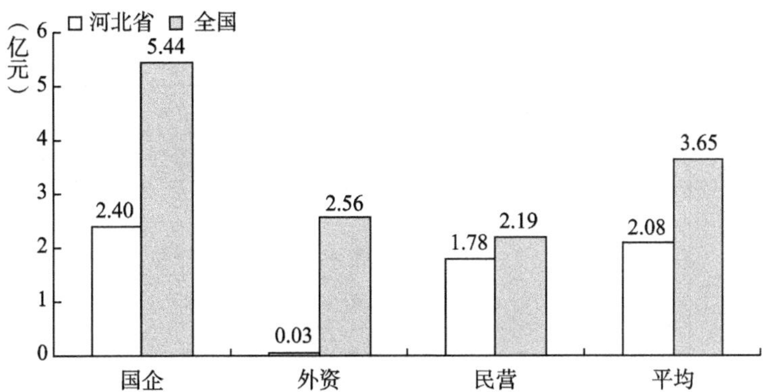

图 2－46　不同性质上市公司对外短期投资支出规模

图 2－47 呈现的是 2012～2016 年河北省和全国不同性质上市公司短期

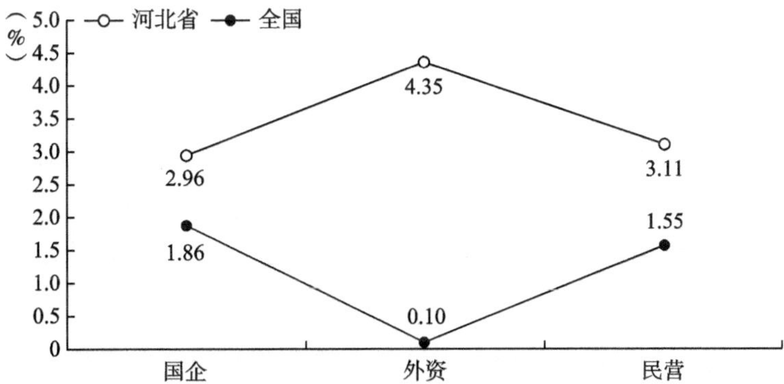

图 2－47　不同性质上市公司短期投资比重

投资占总资产的比重。和总体比重一致，河北省各类不同性质的上市公司持有短期投资占总资产的比重均低于全国同类上市公司的比重，但是河北省外资上市公司持有短期投资占企业总资产的比重远低于全国外资上市公司的比重。

（三）河北省上市公司长期投资总体情况

表2－18呈现的是2012～2016年河北省和全国对外长期资产投资上市公司数量情况。河北省上市公司对外长期投资的数量占总资产的比重和全国的比重保持基本一致，河北省上市公司对外长期投资占总资产的比重为76.99%，略低于全国上市公司对外长期投资占总资产77.26%的平均比重。

表2－18　对外长期投资上市公司数量

单位：家，%

年份	河北省		全国	
	对外长期投资的公司	比重	对外长期投资的公司	比重
2012	33	73.33	1871	77.57
2013	39	82.98	1972	80.26
2014	36	76.60	1895	73.65
2015	38	76.00	2121	76.82
2016	38	76.00	2375	78.05
平均	184	76.99	10234	77.26

图2－48呈现的是2012～2016年河北省和全国上市公司对外长期投资的规模。2012～2016年河北省上市公司的对外长期投资平均规模为6.11亿元，低于全国上市公司对外长期投资8.42亿元的平均规模，五年间河北省和全国上市公司对外长期投资支出规模呈现持续增长趋势，分别由2012年的4.24亿元、6.78亿元上升到2016年的8.83亿元、10.20亿元。

图2－49呈现的是2012～2016年河北省和全国上市公司对外长期投资占总资产的比重。2012～2016年河北省上市公司的对外长期投资占总资产的比重平均为5.02%，低于全国5.76%的平均比重。河北省上市公司对外长期投资占总资产的比重2012～2015年高于全国上市公司对外投资同期平均比重，2016年河北省比重高于全国2016年平均比重。

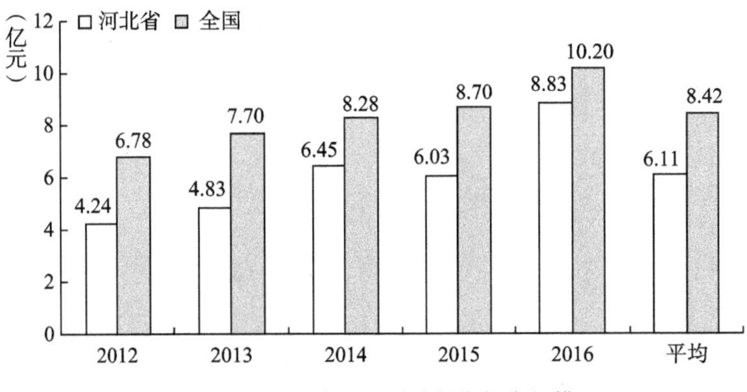

图 2－48　上市公司对外长期投资规模

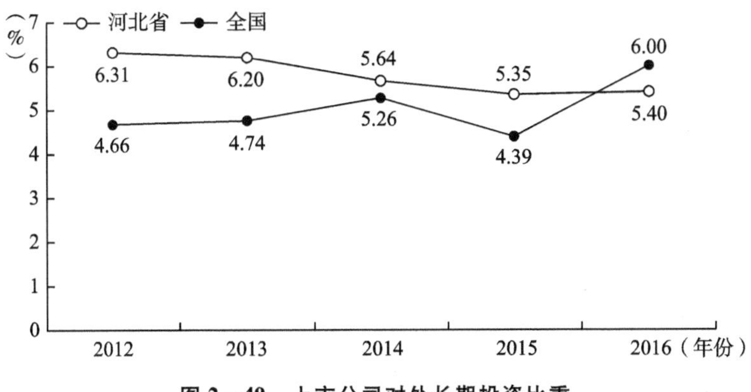

图 2－49　上市公司对外长期投资比重

图 2－50 呈现的是 2012～2016 年河北省和全国不同行业上市公司对外长期投资支出规模。尽管 2012～2016 年河北省上市公司对外投资支出规模总体上低于全国上市公司对外投资的规模，但是河北省制造业上市公司对外长期投资平均规模为 5.14 亿元，高于全国制造业上市公司对外长期投资 4.09 亿元的平均规模。

图 2－51 呈现的是 2012～2016 年河北省和全国不同行业上市公司对外长期投资占总资产的比重。2012～2016 年河北省上市公司的对外长期投资占总资产的比重平均为 5.02%，低于全国 5.76% 的平均比重，但是电力、热力、燃气及水生产和供应业，信息传输、软件和信息技术服务业，综合类行业这三个行业河北省上市公司对外投资占总资产的比重高于同行业全国上市公司对外投资占总资产的比重。

图 2－52 呈现的是 2012～2016 年河北省和全国不同板块上市公司对外

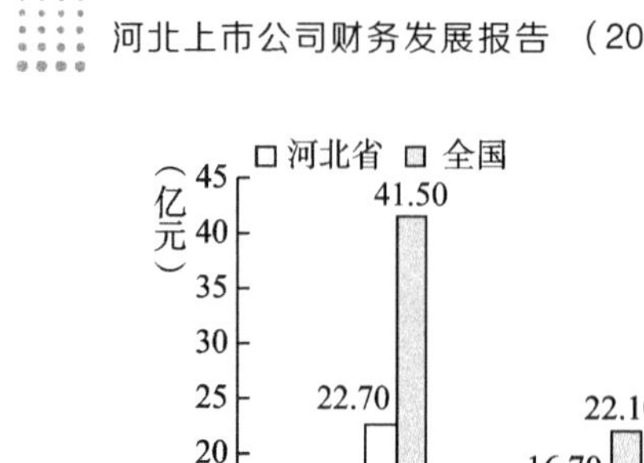

图2-50　不同行业上市公司对外长期投资支出规模

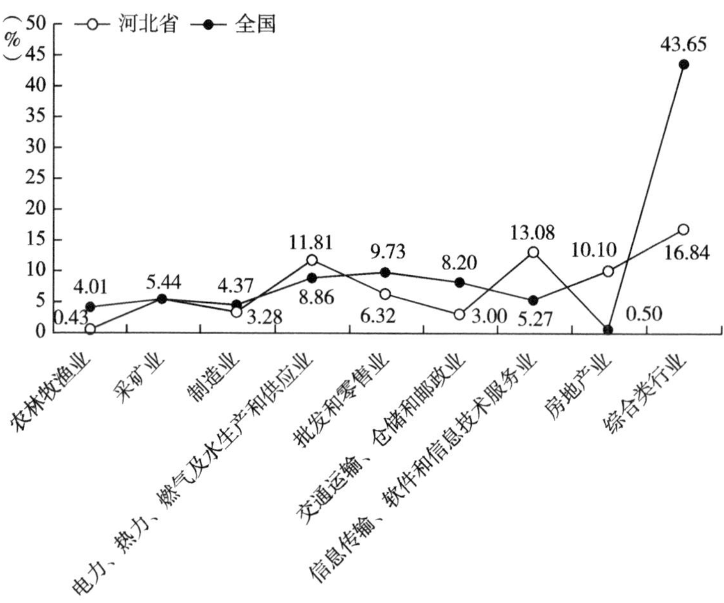

图2-51　不同行业上市公司对外长期投资比重

长期投资支出规模。尽管2012～2016年河北省上市公司对外投资支出规模总体上低于全国上市公司对外投资的规模，但是河北省中小板市场上市公司对外长期投资平均规模为 1.72 亿元，略高于全国中小板市场上市公司对外长期投资 1.64 亿元的平均规模。

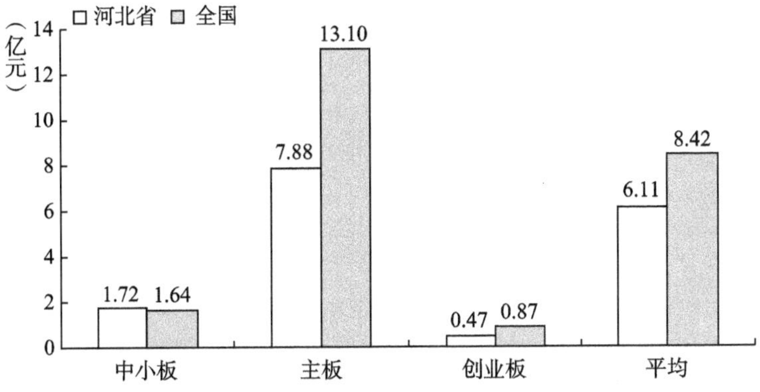

图 2－52　不同板块上市公司对外长期投资规模

图 2－53 呈现的是 2012～2016 年河北省和全国不同板块上市公司对外长期投资占总资产的比重。2012～2016 年河北省上市公司的对外长期投资占总资产的比重平均为 5.02%，低于全国 5.76% 的平均比重，但是中小板和创业板两个市场河北省上市公司对外投资占总资产的比重高于同板块全国上市公司对外投资占总资产的比重。

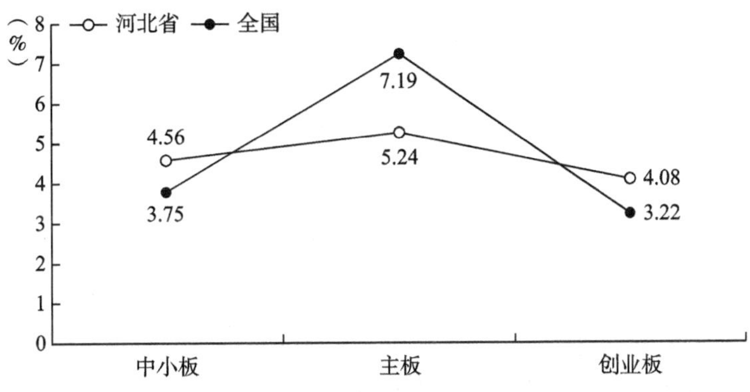

图 2－53　不同板块上市公司对外长期投资比重

图 2－54 呈现的是 2012～2016 年河北省和全国不同性质上市公司对外长期投资支出规模。和 2012～2016 年河北省不同性质上市公司对外投资支出规模总体上低于全国不同性质上市公司对外投资支出规模一致，河北省国有、民营和外资上市公司对外长期投资平均规模均低于全国同性质的上市公司对外长期投资的平均规模。

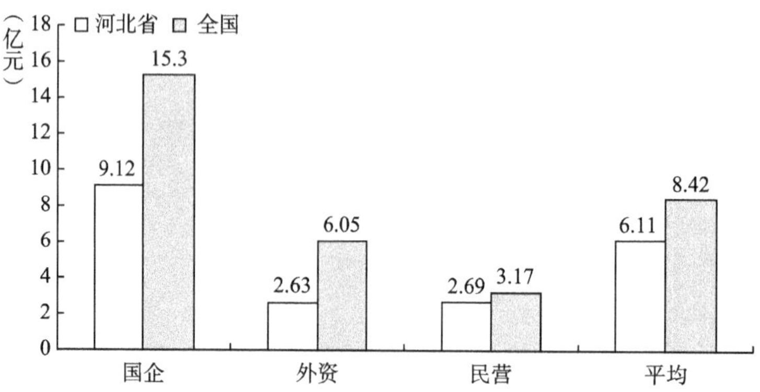

图2-54　不同性质上市公司对外长期投资规模

图2-55呈现的是2012~2016年河北省和全国不同性质上市公司对外长期投资占总资产的比重。2012~2016年河北省上市公司的对外长期投资占总资产的比重平均为5.02%，低于全国5.76%的平均比重，但是河北省外资上市公司对外投资占总资产的比重明显高于全国外资上市公司对外投资占总资产的比重。

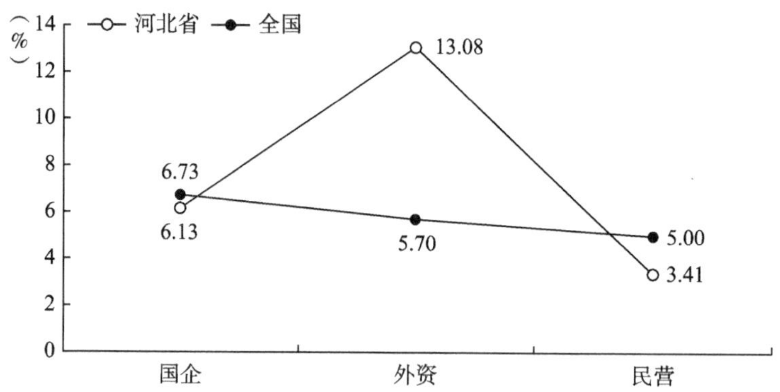

图2-55　不同性质上市公司对外长期投资比重

（四）河北省上市公司2016年对外投资的情况

2016年河北省50家上市公司中（不包括南江B和2016年改为金融类上市公司的宝硕股份），持有短期投资共30家，比2015年增加3家。从板块上看，主板市场19家，中小板市场7家，创业板市场4家；从企业性质上来看，国有控股的上市公司15家，民营控股上市公司15家；从行业上分布来看，制造业23家，房地产业和批发和零售业各2家，电力、热力、燃气及水生产和供应业，采矿业，交通运输、仓储和邮政业各 1 家，具体情况见表 2－19。

表 2－19　2016 年河北省持有短期投资上市公司

单位：元，%

证券简称	板块	股权性质	行业名称	短期投资规模	短期投资比重
常山股份	主板	国企	制造业	49400000	0.39
冀东水泥	主板	国企	制造业	1160000000	2.80
建投能源	主板	国企	电力、热力、燃气及水生产和供应业	914000000	3.12
河钢股份	主板	国企	制造业	308000000	0.17
新兴铸管	主板	国企	制造业	1960000000	3.97
承德露露	主板	民营	制造业	900000	0.03
河北宣工	主板	国企	制造业	26400000	1.87
冀中能源	主板	国企	采矿业	514000000	1.18
紫光国芯	中小板	国企	制造业	83000000	1.86
沧州明珠	中小板	民营	制造业	34300000	0.94
荣盛发展	中小板	民营	房地产业	1390000000	0.96
博深工具	中小板	民营	制造业	23100000	2.25
天业通联	中小板	民营	制造业	3132100	0.23
华斯股份	中小板	民营	制造业	5000000	0.20
以岭药业	中小板	民营	制造业	40000000	0.64
恒信东方	创业板	民营	批发和零售业	116000000	9.11
晨光生物	创业板	民营	制造业	6500000	0.26
常山药业	创业板	民营	制造业	59500000	1.90
汇金股份	创业板	民营	制造业	123000000	7.03
乐凯胶片	主板	国企	制造业	17400000	0.84
华夏幸福	主板	民营	房地产业	684000000	0.27
凌云股份	主板	国企	制造业	1300000	0.01
中国动力	主板	国企	制造业	62500000	0.16
保变电气	主板	国企	制造业	660000000	6.84
金牛化工	主板	国企	制造业	3838195	0.30
新奥股份	主板	民营	制造业	100000	0.00

续表

证券简称	板块	股权性质	行业名称	短期投资规模	短期投资比重
华北制药	主板	国企	制造业	18500000	0.11
唐山港	主板	国企	交通运输、仓储和邮政业	554000000	2.73
庞大集团	主板	民营	批发和零售业	125000000	0.18
长城汽车	主板	民营	制造业	1450000000	1.57

2016 年河北省 50 家上市公司中（不包括南江 B 和 2016 年改为金融类上市公司的宝硕股份），持有长期投资的共 38 家，其中债券类长期投资（持有至到期投资）只有廊坊发展 1 家，其余全部为长期股权投资；从板块上看，主板市场 26 家，中小板市场 7 家，创业板市场 5 家；从企业性质上来看，国有控股的上市公司 18 家，民营控股上市公司 20 家；从行业分布上来看，制造业 28 家，批发和零售业 2 家，房地产业 2 家，电力、热力、燃气及水生产和供应业 2 家，采矿业，农林牧渔业，交通运输、仓储和邮政业和综合类行业各 1 家，具体情况见表 2－20。

表 2－20　2016 年河北省持有长期投资上市公司

单位：元，%

证券简称	板块	股权性质	行业名称	长期投资规模	长期投资比重
常山股份	主板	国企	制造业	183000000	1.43
冀东水泥	主板	国企	制造业	1550000000	3.75
东旭光电	主板	民营	制造业	72400000	0.15
建投能源	主板	国企	电力、热力、燃气及水生产和供应业	4370000000	14.93
华讯方舟	主板	民营	制造业	30000000	0.76
河钢股份	主板	国企	制造业	2550000000	1.37
新兴铸管	主板	国企	制造业	5220000000	10.60
承德露露	主板	民营	制造业	6420271	0.21
冀中能源	主板	国企	采矿业	3400000000	7.81
东方能源	主板	国企	电力、热力、燃气及水生产和供应业	2104712	0.04
沧州明珠	中小板	民营	制造业	23700000	0.65

续表

证券简称	板块	股权性质	行业名称	长期投资规模	长期投资比重
荣盛发展	中小板	民营	房地产业	1460000000	1.00
博深工具	中小板	民营	制造业	72900000	7.08
巨力索具	中小板	民营	制造业	118000000	2.91
天业通联	中小板	民营	制造业	7325088	0.55
华斯股份	中小板	民营	制造业	676000000	26.76
以岭药业	中小板	民营	制造业	317000000	5.08
恒信东方	创业板	民营	批发和零售业	291000000	22.77
晨光生物	创业板	民营	制造业	6498573	0.26
常山药业	创业板	民营	制造业	5088094	0.16
汇金股份	创业板	民营	制造业	14700000	0.84
四通新材	创业板	民营	制造业	7455652	1.02
乐凯胶片	主板	国企	制造业	30000000	1.46
*ST 坊展	主板	国企	综合类行业	120000000	57.54
华夏幸福	主板	民营	房地产业	2560000000	1.02
三友化工	主板	国企	制造业	8785898	0.04
凌云股份	主板	国企	制造业	669000000	6.68
中国动力	主板	国企	制造业	349000000	0.88
保变电气	主板	国企	制造业	136000000	1.41
老白干酒	主板	国企	制造业	27300000	0.85
金牛化工	主板	国企	制造业	34500000	2.74
新奥股份	主板	民营	制造业	5740000000	31.25
华北制药	主板	国企	制造业	415000000	2.52
福成股份	主板	民营	农林牧渔业	4947481	0.19
开滦股份	主板	国企	制造业	606000000	2.98
唐山港	主板	国企	交通运输、仓储和邮政业	1390000000	6.87
庞大集团	主板	民营	批发和零售业	941000000	1.33
长城汽车	主板	民营	制造业	128000000	0.14

（五）河北省上市公司商誉情况分析

近年来并购一直是支撑上市公司高速增长的利器，并购市场的活跃以及资本市场的繁荣使得不少被并购企业的估值明显超过其可辨认净资产的公允价值，导致A股市场上商誉占资产的比例加速上升，有商誉的上市公司数量也加速上升。本报告中的商誉是指企业在非同一控制下进行合并时购买成本超过被购买方可辨认净资产公允价值的部分。

1. 2012～2016年河北省上市公司商誉总体情况

表2－21呈现的是2012～2016年河北省和全国上市公司商誉情况。表中商誉的数量是指当年财务报表列报中披露商誉公司的数量，公司比重是指披露商誉的公司占当年上市公司的比例，商誉比重是列报商誉的公司商誉占该公司总资产的比重。从表中可以看出，河北省列报商誉上市公司数量从2012年的20家增长到2016年的29家，占当年河北省上市公司的比重由2012年的44.44%上升到2016年的58.00%，2012年、2013年、2014年和2016年列报商誉公司的数量比例超过全国比例，2015年列报商誉公司的数量比例略低于全国的比例，五年间河北省上市公司中列报商誉的公司占河北省全部上市公司的比例平均为50.21%，略高于全国平均47.79%的比重。

表2－21　列报商誉上市公司数量

单位：家，%

年份	河北省列报商誉公司		全国列报商誉公司	
	数量	比重	数量	比重
2012	20	44.44	944	39.14
2013	23	48.94	1058	43.06
2014	23	48.94	1213	47.14
2015	25	50.00	1449	52.48
2016	29	58.00	1666	54.75
平均	120	50.21	6330	47.79

图2－56呈现的是2012～2016年河北省和全国列报商誉上市公司的商誉的平均规模。2012～2016年，全国列报商誉上市公司的商誉的平均规模呈现稳步上升趋势，河北省上市公司列报商誉公司的商誉规模在2015年达到最高。五年间，河北省列报商誉上市公司商誉的平均规模为2.08亿元，低于全国列报商誉上市公司商誉3.29亿元的平均规模。

图2－57呈现的是2012～2016年河北省和全国列报商誉上市公司商誉

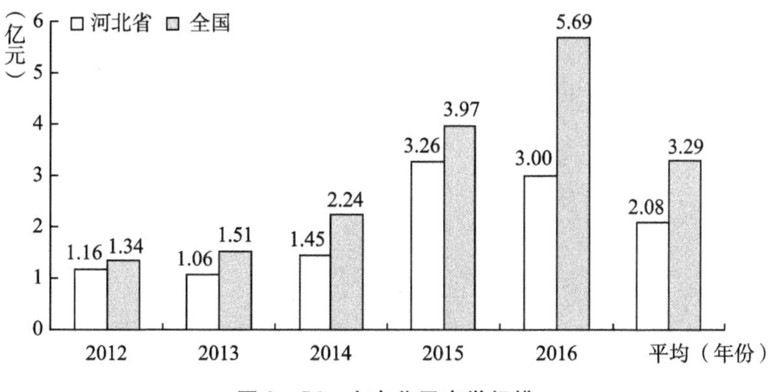

图 2－56　上市公司商誉规模

占总资产的比重。2012～2016 年，河北省上市公司列报商誉公司的商誉占总资产的比重在 2015 年达到最高，为 7.33%，高于同年全国上市公司列报商誉的比重，全国上市公司列报商誉公司的商誉比重则呈现稳步提高的趋势，由 2012 年的 1.72% 稳步上升至 2016 年的 7.72%，五年间河北省列报商誉上市公司商誉占总资产的比重平均为 4.08%，略低于全国列报商誉上市公司平均 4.99% 的比重。

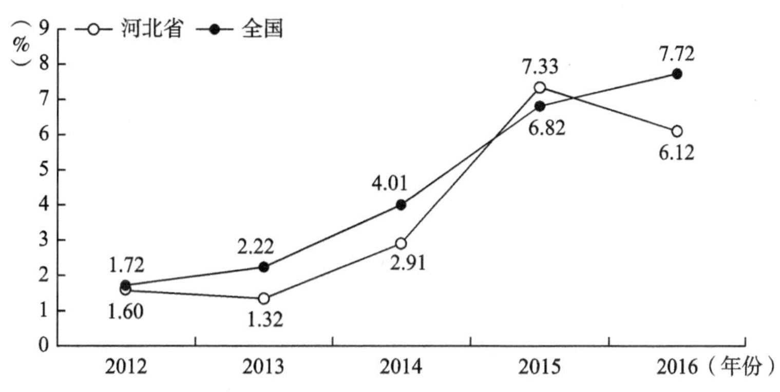

图 2－57　上市公司商誉占总资产比重

2. 河北省列报商誉上市公司的行业分布

图 2－58 呈现的是 2012～2016 年河北省和全国不同行业列报商誉上市公司商誉的平均规模。2012～2016 年，河北省列报商誉上市公司商誉的平均规模为 2.08 亿元，低于全国列报商誉上市公司商誉 3.29 亿元的平均规模，但是批发和零售业，信息传输、软件和信息技术服务业列报商誉上市公司商誉平均规模高于全国同行业列报商誉公司的商誉规模。

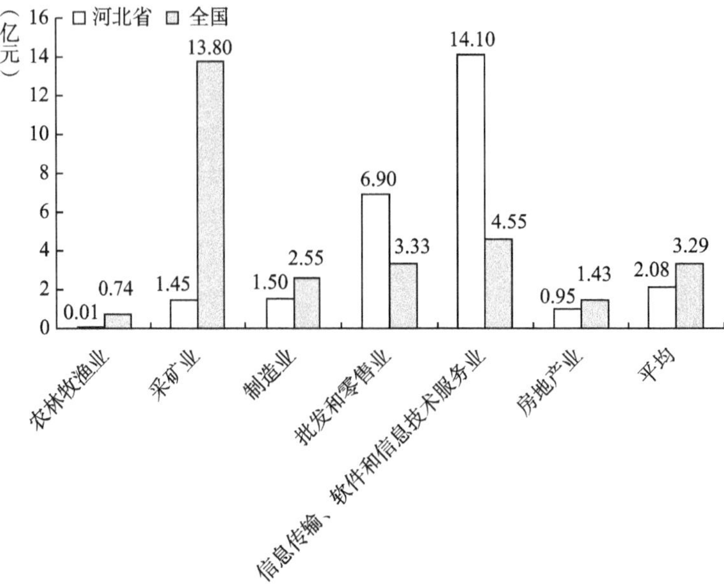

图 2－58　不同行业上市公司商誉规模

图 2－59 呈现的是 2012～2016 年河北省和全国不同行业列报商誉上市公司商誉占企业总资产的平均比重。2012～2016 年，河北省列报商誉上市

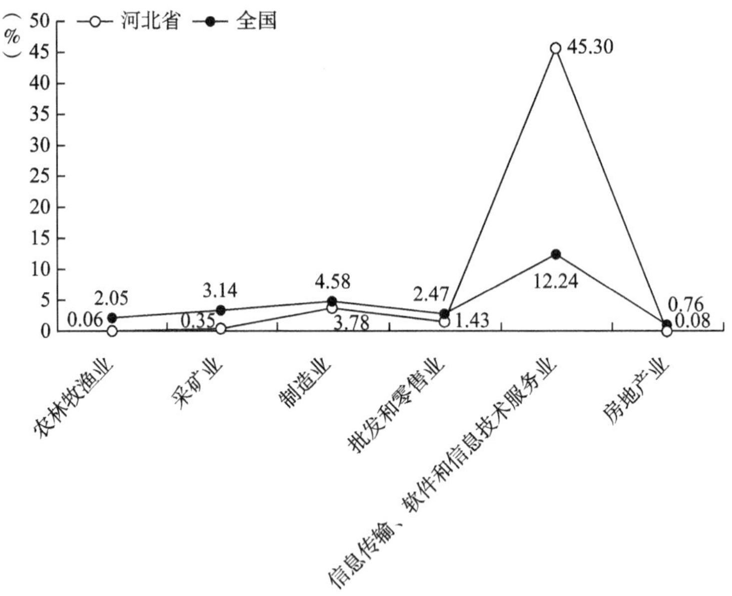

图 2－59　不同行业上市公司商誉占总资产比重

公司商誉占企业总资产的比重平均为4.08%，低于全国列报商誉上市公司商誉占企业总资产4.99%的平均比重，但是信息传输、软件和信息技术服务业列报的商誉占总资产的比重达45.30%，远高于全国同行业列报商誉上市公司商誉占企业总资产12.24%的平均比重。

3. 河北省列报商誉上市公司的板块分布

图2－60呈现的是2012～2016年河北省和全国不同板块列报商誉上市公司商誉的平均规模。2012～2016年，和全国上市公司列报的商誉一致，河北省各板块列报商誉上市公司商誉的平均规模均低于全国同板块列报商誉上市公司商誉的平均规模。

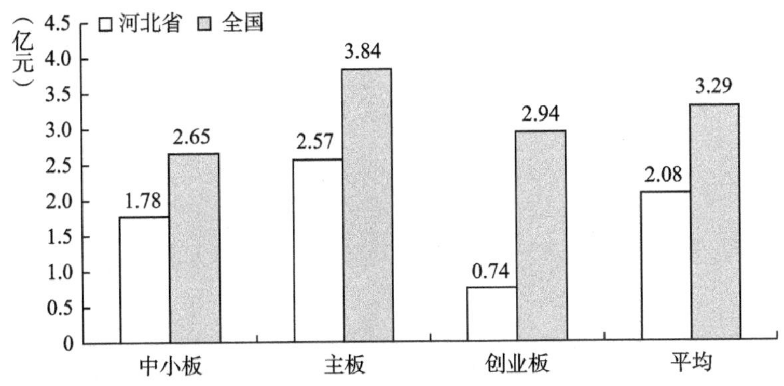

图2－60　不同板块上市公司商誉规模

图2－61呈现的是2012～2016年河北省和全国不同板块列报商誉上市公司商誉占企业总资产的平均比重。2012～2016年，河北省不同板块列报商誉上市公司商誉占企业总资产的比重平均为4.08%，低于全国不同板块

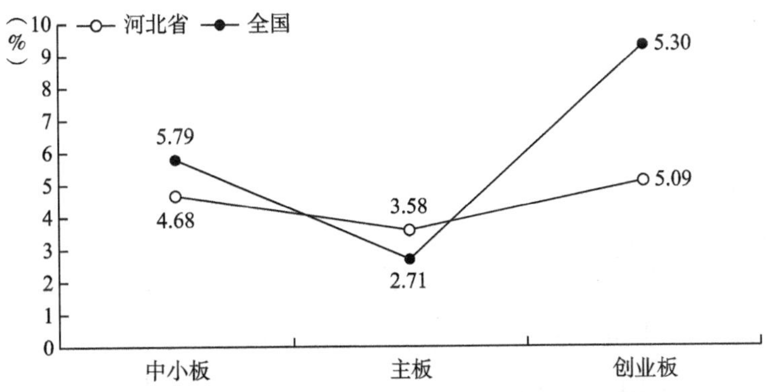

图2－61　不同板块上市公司商誉占总资产比重

列报商誉上市公司商誉占企业总资产 4.99% 的平均比重，但是主板市场河北省列报商誉上市公司商誉占总资产的比重高于全国列报商誉上市公司商誉占企业总资产的平均比重。

4. 河北省列报商誉上市公司的企业性质

图 2－62 呈现的是 2012～2016 年河北省和全国不同性质列报商誉上市公司商誉的平均规模。2012～2016 年，河北省不同性质列报商誉上市公司商誉的平均规模为 2.08 亿元，低于全国不同性质列报商誉上市公司商誉 3.29 亿元的平均规模，但是外资列报商誉上市公司商誉平均规模明显高于全国外资列报商誉公司的商誉规模。

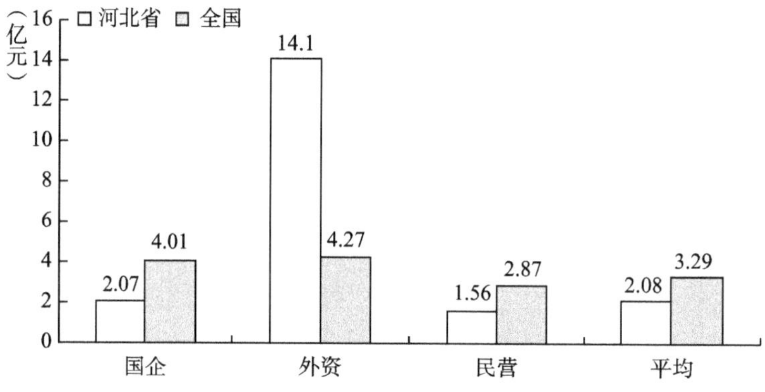

图 2－62　不同性质上市公司商誉规模

图 2－63 呈现的是 2012～2016 年河北省和全国不同性质列报商誉上市公司商誉占企业总资产的比重。2012～2016 年，河北省不同性质列报商誉上市公司商誉占企业总资产的比重平均为 4.08%，低于全国不同性质列报商誉上市公司商誉占企业总资产 4.99% 的平均比重，但是河北省列报商誉的外资上市公司商誉占总资产的比重显著高于全国列报商誉的外资上市公司商誉占企业总资产的平均比重，河北省国有性质列报商誉的上市公司商誉占企业总资产的比重略高于全国国有上市公司商誉的平均比重，民营上市公司则低于全国民营上市公司比重。

表 2－22 呈现的是 2016 年河北省列报商誉上市公司情况。表中从列报商誉上市公司、上市公司所在的行业、市场板块、企业性质、商誉净额和商誉占总资产的比重等方面进行展示。

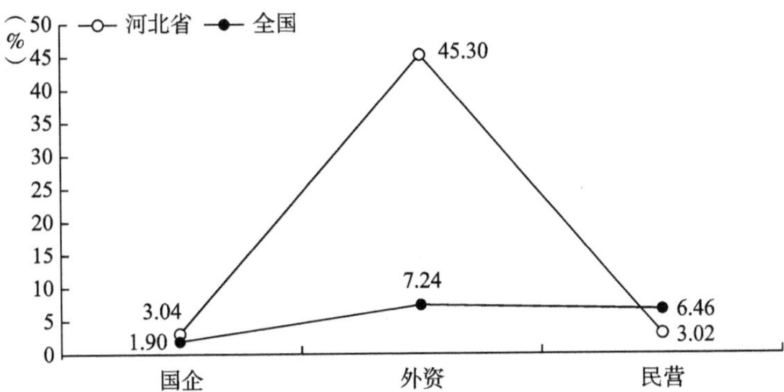

图 2－63　不同性质上市公司商誉占总资产比重

表 2－22　2016 年河北省列报商誉上市公司情况

单位：亿元

证券简称	行业名称	板块	股权性质	商誉净额	商誉比重
常山股份	制造业	主板	国企	22.00	16.97
冀东水泥	制造业	主板	国企	0.76	0.18
东旭光电	制造业	主板	民营	0.34	0.07
华讯方舟	制造业	主板	民营	12.00	30.01
河钢股份	制造业	主板	国企	0.00*	0.00
新兴铸管	制造业	主板	国企	0.33	0.07
承德露露	制造业	主板	民营	0.03	0.09
茂业通信	信息传输、软件和信息技术服务业	主板	外资	17.00	58.16
冀中能源	采矿业	主板	国企	1.00	0.24
紫光国芯	制造业	中小板	国企	8.10	18.06
荣盛发展	房地产业	中小板	民营	2.10	0.14
博深工具	制造业	中小板	民营	0.06	0.59
龙星化工	制造业	中小板	民营	0.29	1.10
华斯股份	制造业	中小板	民营	0.42	1.68
恒信东方	批发和零售业	创业板	民营	0.35	2.76
先河环保	制造业	创业板	民营	2.90	16.42
晨光生物	制造业	创业板	民营	0.01	0.02
常山药业	制造业	创业板	民营	0.04	0.11

续表

证券简称	行业名称	板块	股权性质	商誉净额	商誉比重
汇金股份	制造业	创业板	民营	3.90	22.17
四通新材	制造业	创业板	民营	0.48	6.56
华夏幸福	房地产业	主板	民营	3.30	0.13
三友化工	制造业	主板	国企	0.02	0.01
凌云股份	制造业	主板	国企	0.15	0.15
保变电气	制造业	主板	国企	0.13	0.14
华北制药	制造业	主板	国企	0.03	0.02
福成股份	农林牧渔业	主板	民营	0.01	0.03
开滦股份	制造业	主板	国企	0.10	0.05
庞大集团	批发和零售业	主板	民营	11.00	1.59
长城汽车	制造业	主板	民营	0.05	0.01

注：*河钢股份的商誉仅为87924.8元，数字较小，四舍五入为0。

四　结论

本章首先从企业用于长期资产投资的支出规模和长期资产投资占企业总资产的比重分析了企业的投资行为，而后从内部长期资产的投资和对外投资两个方面进行了分析。

（一）企业投资的总体情况

投资支出规模方面，河北省上市公司平均投资支出规模为8.03亿元，高于全国7.11亿元的平均投资支出水平。从行业上来讲，制造业、房地产业、批发和零售业的投资支出规模高于全国平均水平。在板块方面，主板市场，河北省上市公司平均投资支出规模为12亿元，略高于全国主板市场11.40亿元的平均投资支出规模；中小板市场，河北省上市公司平均投资支出规模为1.71亿元，远低于全国中小板市场2.47亿元的平均水平；创业板市场，全国创业板市场上市公司的总体投资支出规模呈现总体稳定上升趋势，2016年为1.48亿元，而河北省上市公司的总体平均投资支出规模总体呈现逐年下降趋势，从 2012 年的最高 1.63 亿元下降到 2015 年的 0.42 亿元。在企业性质方面，2016 年河北省国有控股上市公司的投资支出平均规模为 8.68 亿元，低于全国 14.40 亿元的平均水平，民营控股上市公司的投资支出规模为 5.79 亿元，高于全国 2.59 亿元的平均水平，外资控股上市公司的投资支出规模为 0.12 亿元，远低于全国 2.50 亿元的平均水平。

投资比重方面，全国上市公司投资支出占总资产的比重呈现稳定下降趋势，从 2012 年的 6.29% 下降到 2016 年的 4.19%；河北省上市公司的投资比重下降更为显著，从 2012 年的 8.72% 下降到 2016 年的 3.08%；河北省上市公司五年投资总体平均比重为 5.58%，高于全国上市公司 5.03% 的平均投资比重。在行业方面，农林牧渔业，采矿业，制造业，电力、热力、燃气及水生产和供应业，交通运输、仓储和邮政业平均投资占总资产的比重高于全国同行业平均比重，其他行业低于全国同行业平均比重。在板块方面，河北省各个板块的上市公司长期资产投资支出占总资产的比重均高于全国同板块平均水平。在企业性质方面，河北省国有控股和民营控股上市公司的长期资产投资支出比重高于全国同性质上市公司平均水平，但是河北省外资控股上市公司长期资产投资支出比重低于全国外资控股上市公司长期资产投资比重。

（二）企业内部投资总体情况

在企业的内部投资方面，河北省上市公司不论是企业的内部投资支出规模，还是企业的内部投资占总资产的比重方面都远高于全国同期平均水平。在行业方面，河北省上市公司的内部长期资产的规模在制造业、房地产业、批发和零售业远高于全国同行业平均水平，其他行业低于全国同行业平均水平。在板块方面，主板市场的河北省上市公司内部投资支出的平均规模高于全国主板市场平均投资支出规模，其他板块低于全国同板块平均内部投资支出规模。

固定资产规模方面，河北省上市公司总体规模为 49.60 亿元，高于全国固定资产 34.30 亿元的平均规模，在制造业、房地产业、批发和零售业的固定资产规模远高于全国同行业平均水平，其他行业低于全国同行业平均规模。

无形资产方面，河北省上市公司无形资产占总资产的平均比重为 4.98%，高于全国 4.97% 的平均水平，但是 2016 年河北省上市公司的无形资产比重为4.37%，低于全国4.27%的平均比重。行业方面，河北省上市公司在制造业、房地产业、批发和零售业的无形资产规模高于全国同行业平均水平，其他行业低于全国同行业平均规模。

（三）企业对外投资总体情况

在对外投资方面，2012～2016年河北省上市公司平均有80.33%持有对外投资，略低于全国85.10%的平均水平，河北省持有对外投资的上市公司持有的对外投资支出规模平均为6.98亿元，低于全国同类公司9.98亿元的平均规模。在短期投资方面，河北省持有短期投资的上市公司平均规模为2.08亿元，低于同类全国公司3.65亿元的平均规模，河北省持有短期投资的上市公司短期投资占总资产的平均比重为1.69%，低于全国同类公司3.08%的比重。长期投资方面，河北省上市公司的平均规模为6.11亿元，低于全国8.42亿元的平均规模，河北省上市公司的长期投资占总资产的比重平均为5.02%，低于全国同类公司5.76%的平均比重。

商誉方面，河北省上市公司列报商誉的公司从2012年的20家上升到2016年的29家，商誉占总资产的比重呈逐年上升趋势，2012年仅为1.60%，2015年高达7.33%，2016年为6.12%，五年的平均比重为4.08%，低于全国4.99%的平均水平。在企业性质方面，河北省民营控股的上市公司商誉占总资产的比重为3.02%，远低于全国民营控股的上市公司6.46%的平均比重，河北省国有控股上市公司商誉比重为3.04%，高于全国国有控股上市公司1.90%的平均水平，河北省外资控股上市公司的数量较少，远高于全国外资控股上市公司商誉的比重。在行业方面，河北省信息传输、软件和信息技术服务业商誉占总资产的比重高达45.30%，远高于其他行业的比重，也高于全国同行业12.24%的平均比重。

分报告三
河北上市公司营运能力分析报告

营运能力是指企业的经营运行能力，反映了企业对资产的利用和管理能力，即企业运用各项资产赚取利润的能力。资产是企业生产经营活动的经济资源，对资产的利用和管理能力直接影响到企业的收益，体现了企业的经营能力。企业对营运能力的分析，实质是对企业资产管理效率的研究，反映了企业资金的周转状况，目的是评价企业资产的流动性。一般企业对营运能力分析的内容包括总资产营运能力分析和流动资产营运能力分析等方面。这些指标都是相对数指标，可以综合反映企业不同资产的营运效率。但是对企业营运能力分析仅仅借助于相对数指标值是不全面的，因为相对数指标只能反映企业营运效率。要想体现一个企业营运资金规模的大小，还需要借助于绝对数指标来进行分析。所以本报告在借鉴有关文献的基础上，分别从营运资金金额和营运资金效率两个方面综合分析企业的营运能力。本报告选取流动资产、流动负债、营运资金、流动资产占总资产比和流动负债占总负债比等指标分析营运资金金额，并选取应收账款周转天数、存货周转天数、营业周期、流动资产周转率和总资产周转率等指标分析上市公司的营运效率。

本报告基于2012～2016年度数据①，分别从营运资金金额和营运资金效率两个方面将河北省上市公司与全国上市公司进行了对比分析；在此分析基础上，按照河北省上市公司归属的九个行业以及不同的板块，将河北省上市公司与全国同行业上市公司以及河北省上市公司总体情况分别从营运资金金额和营运资金效率两个方面进行对比分析。最后，在以上综合分析和深入分析的基础上，对河北省上市公司营运能力得出总体评价和结论。

---

① 全国上市公司与河北省上市公司的数据均来源于国泰安数据库，计算相关指标时剔除金融业与空白数据。

一　河北上市公司总体营运能力分析

河北省上市公司的营运能力主要通过营运资金额和营运效率两个方面来进行分析。本报告分别从营运资金额和营运资金效率两个方面与全国数据进行对比分析。

（一）营运资金额分析

下面通过选取流动资产、流动负债、营运资金、流动资产占总资产比、流动负债占总负债比等五个指标分析河北省上市公司的营运资金金额。

通过表3－1数据可见，2012～2016年河北省上市公司流动资产占全国流动资产的比重平均为2.85%，河北省上市公司流动负债占全国流动负债的比重平均为3.14%，河北省营运资金五年平均值为244.28亿元，而全国平均营业资金额为25641.62亿元，营运资金额占全国营运资金的比重平均仅为0.95%。河北省上市公司流动负债占全国流动负债的比重高于河北省上市公司流动资产占全国流动资产的比重，河北省营运资金额占全国的比重显著偏低，说明河北省上市公司营运资金额不足，明显低于全国上市公司平均水平。从流动资产占总资产的比重来看，河北省五年平均约为54%，低于全国两个百分点；另外从流动负债占总负债的比重来看，河北省五年平均值为79%，低于全国3个百分点，总体较为合理。总体来看，河北省和全国上市公司中流动负债在总负债中都占较大的比重，超过流动资产在总资产中所占比重的25%左右，可能存在一定的财务风险。

表3－1　河北省与全国上市公司营运资金额对比

单位：亿元，%

指标		流动资产	流动负债	营运资金	流动资产占总资产比重	流动负债占总负债比重
2012	河北省	3147.85	3051.51	－127.86	54	78
	全国	121757.78	107067.69	15668.65	58	83
	占比	2.59	2.85	—	－4	－5

续表

指标		流动资产	流动负债	营运资金	流动资产占总资产比重	流动负债占总负债比重
2013	河北省	3797.56	3876.91	-33.66	52	80
	全国	131195.31	116926.47	16031.22	56	83
	占比	2.89	3.32	—	-3	-3
2014	河北省	4501.54	4504.46	5.81	52	79
	全国	164190.76	144330.98	20278.34	56	82
	占比	2.74	3.12	0.03	-4	-3
2015	河北省	5389.21	5125.70	269.98	54	78
	全国	192095.20	162284.73	30912.32	55	82
	占比	2.81	3.16	0.87	-1	-4
2016	河北省	7310.61	6203.49	1107.12	55	81
	全国	239477.08	194176.94	45317.56	57	82
	占比	3.05	3.19	2.44	-2	-1
平均值	河北省	4829.35	4552.42	244.28	54	79
	全国	169743.23	144957.36	25641.62	56	82
	占比	2.85	3.14	0.95	-2	-3

从图3-1可见，河北省上市公司的流动资产和流动负债在2012~2016年基本呈现上升的趋势，2015年和2016年，流动资产的增长速度快于流动负债。对于营运资金净额，2012年到2015年分别约为-127.86亿元、-33.66亿元、5.81亿元、269.98亿元和1107.12亿元，在2012年和2013年营运

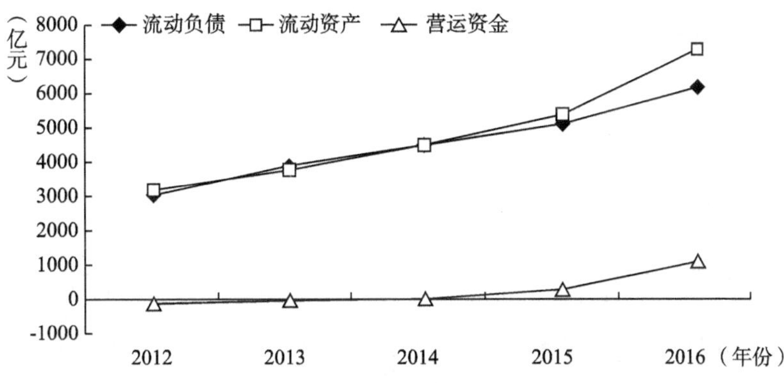

图3-1　2012~2016年河北省流动资产、流动负债和营运资金

资金出现负值，随后在2014年回升，2015年和2016年营运资金出现较大幅度的增长，说明河北省总体营运实力逐渐增强。

从图3－2可见，河北省上市公司流动资产和流动负债占全国的比重，2012年到2013年呈上升趋势，2014年至2016年呈现比较稳定的状态。但是，流动负债占全国的比重在2012～2016年均高于流动资产，显示河北省上市公司的流动负债比重相对于流动资产偏高，可能存在一定的财务风险。

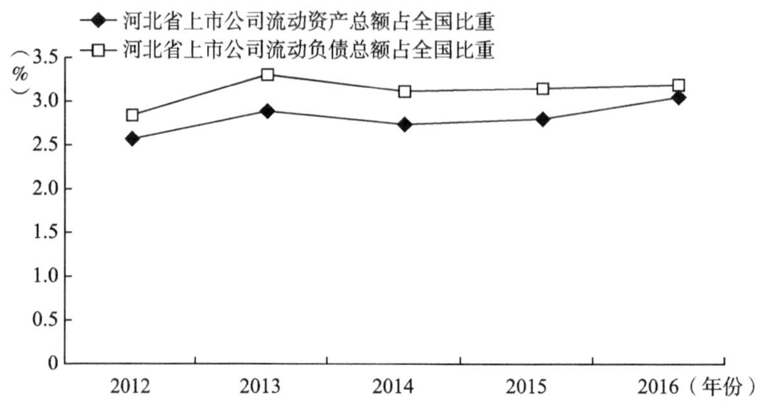

图3－2　2012～2016年河北省上市公司流动资产和流动负债占全国比重

从图3－3可见，河北省和全国上市公司流动资产占总资产的比例和流动负债占总负债的比例基本呈现温和变动趋势，而且河北省基本上都与全国

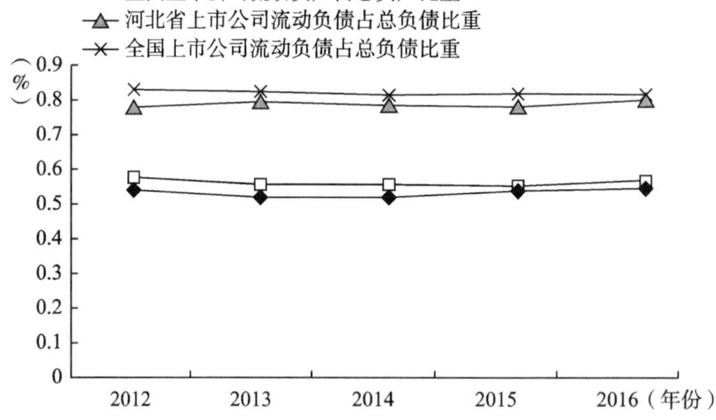

图3－3　2012～2016年河北省和全国上市公司流动资产、流动负债占总资产和总负债的比重

同期的平均水平基本持平或者略低于全国平均水平。河北省和全国上市公司中流动负债占总负债比重都显著高于流动资产占总资产比重，可能存在一定的财务风险。

（二）营运资金效率分析

下面分别运用应收账款回收天数、存货周转天数、营业周期、流动资产周转率和总资产周转率等指标，将河北省上市公司和全国上市公司进行对比来分析河北省上市公司的营运资金效率。

由表3-2可见，2012~2016年河北省上市公司应收账款周转天数平均

表3-2　河北省与全国上市公司营运效率对比

单位：天

指标		应收账款周转天数	存货周转天数	营业周期	流动资产周转率	总资产周转率
2012年	河北省	67.04	212.86	279.90	1.41	0.68
	全国	72.04	307.57	375.11	1.35	0.70
	差距	-5.00	-94.71	-95.21	0.06	-0.02
2013年	河北省	68.81	247.99	316.80	1.36	0.65
	全国	78.44	285.58	360.38	1.36	0.69
	差距	-9.63	-37.59	-43.58	0.00	-0.04
2014年	河北省	78.52	213.58	292.10	1.27	0.60
	全国	91.07	279.46	367.14	1.33	0.67
	差距	-12.55	-65.88	-75.04	-0.05	-0.07
2015年	河北省	91.48	226.74	309.50	1.12	0.54
	全国	97.23	288.91	381.99	1.23	0.62
	差距	-5.75	-62.17	-72.48	-0.12	-0.08
2016年	河北省	90.10	209.12	295.04	1.13	0.54
	全国	99.63	320.80	415.58	1.21	0.60
	差距	-9.53	-111.68	-120.54	-0.08	-0.06
平均值	河北省	79.19	222.06	298.67	1.26	0.60
	全国	87.68	296.46	380.04	1.30	0.65
	差距	-8.49	-74.40	-81.37	-0.04	-0.05

为79.19天，全国上市公司平均值是87.68天，河北省上市公司平均应收账款周转天数比全国上市公司平均少8.49天；河北省上市公司存货周转天数平均为222.06天，全国上市公司存货周转天数平均为296.46天，河北省上市公司平均存货周转天数比全国上市公司平均天数少74.40天；河北省上市公司营业周期的平均天数为298.67天，全国上市公司平均营业周期为380.04天，河北省上市公司平均营业周期比全国上市公司平均营业周期少81.37天；河北省上市公司流动资产周转率和总资产周转率平均为1.26和0.60，全国上市公司流动资产周转率和总资产周转率平均为1.30和0.65，河北省上市公司流动资产周转率和总资产周转率均略微低于全国平均水平，说明河北省上市公司资产周转速度较快，营运周期较短，对资产的利用和管理能力较强。

从图3－4可见，2012～2016年全国应收账款回收期呈上升趋势，说明全国应收账款的回收速度变缓，流动性减弱。2012～2015年河北省应收账款回收期呈上升趋势，2016年有所下降，应收账款回收速度有所回升。2012～2016年河北省上市公司的平均应收账款回收期低于全国上市公司的平均水平，说明相对于全国平均水平，河北省应收账款回收速度较快，流动性较强。

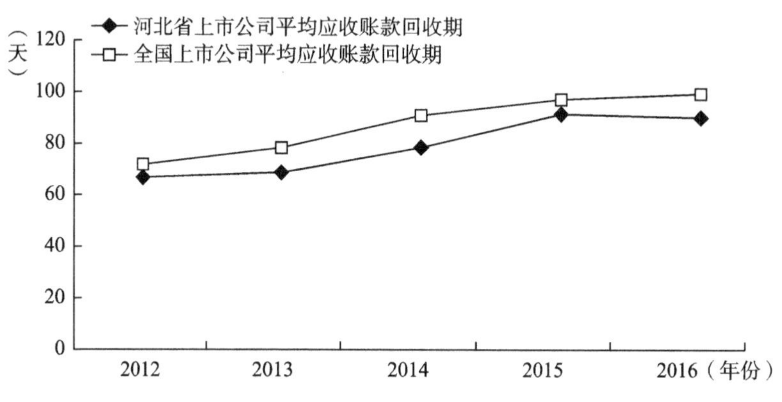

图3－4　2012～2016年河北省应收账款回收期与全国对比

从图3－5可知，2012～2014年全国存货周转天数有所下降，从2015年有所上升。从2012～2016年，河北省上市公司存货周转天数均低于全国上市公司存货周转天数，说明河北省存货的周转速度较快，存货管理效率较高。2013～2015年，全国上市公司存货周转天数基本稳定；河北省波动较为明显，相较于2012年，河北省存货管理的优势正在降低，但是2016年河北省的存货周转天数下降明显，而全国的存货周转天数上升明显，说明河北省的存货管理效率增强。

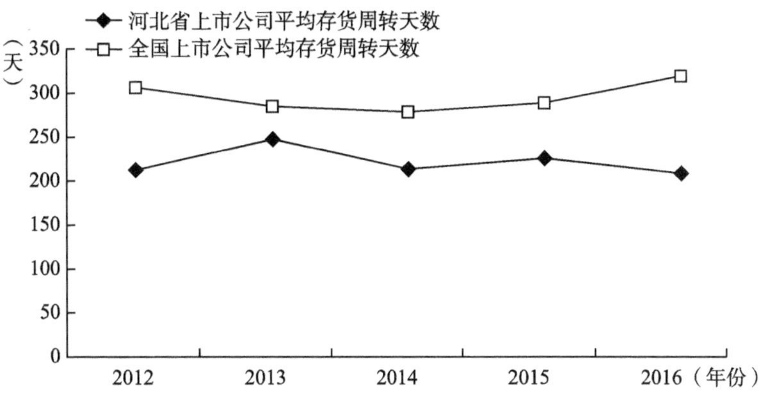

图 3－5　2012～2016 年河北省和全国存货周转天数对比

图 3－6 反映了 2012～2016 年河北省上市公司平均营业周期和全国上市公司平均营业周期的对比情况。从图 3－6 中可见，2012～2016 年全国上市公司平均营业周期基本呈上升趋势，河北省上市公司的平均营业周期基本稳定。河北省上市公司的营业周期均低于全国的平均水平，并且这种差距在 2016 年变得更明显。营业周期是应收账款回收期和存货周转天数之和，河北省在应收转款的回收速度上更快，在存货的周转速度上更快，因此营业周期更短，营运能力更强。

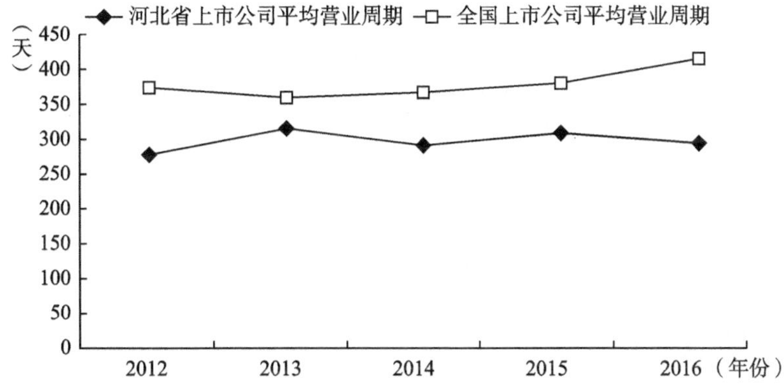

图 3－6　2012～2016 年河北省上市公司平均营业周期和全国平均营业周期对比

图 3－7 反映了 2012～2016 年河北省上市公司平均流动资产周转率和全国上市公司平均流动资产周转率的对比情况。从图 3－7 中可见，2012～

2016 年全国上市公司平均流动资产周转率呈下降趋势，2012 年河北省上市公司平均流动资产周转率低于全国平均水平，2013～2015 年二者几乎持平，2016 年河北省超过全国平均水平，说明全国的流动资产利用效率在逐渐降低，河北省对于流动资产的利用效率有所波动，但是从 2014 年开始呈增强趋势，并在 2016 年超过全国的平均水平。

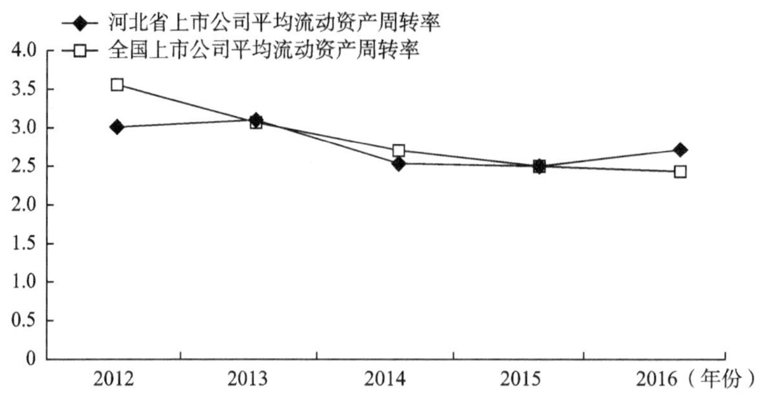

图 3－7　2012～2016 年河北省上市公司平均流动资产周转率与全国对比

图 3－8 反映了 2012～2016 年河北省上市公司平均总资产周转率和全国上市公司平均总资产周转率的对比情况。从图 3－8 中可见，2012～2016 年全国上市公司平均总资产周转率呈下降趋势，2012～2014 年河北省上市公司平均总资产周转率略低于全国平均水平，2015 年二者几乎持平，2016 年河北省反超全国平均水平，说明全国的总资产利用效率在逐渐降低，河北省对于总资产的利用效率有所波动，但是从 2015 年开始呈增强趋势，并在

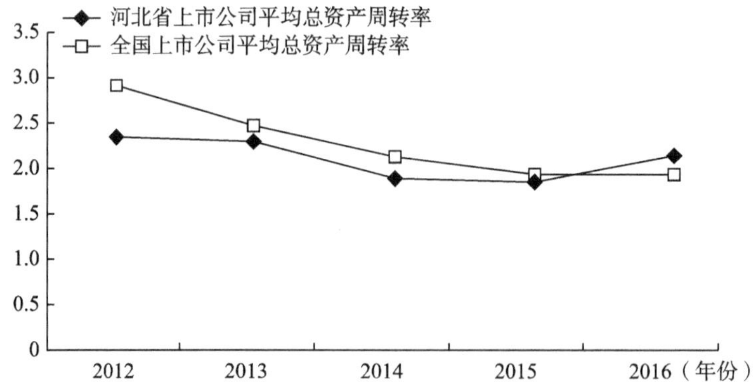

图 3－8　2012～2016 年河北省上市公司平均总资产周转率与全国对比

2016 年超过全国的平均水平。

二　河北上市公司分行业营运能力分析

下面分别从农林牧渔业，采矿业，制造业，电力、热力、燃气及水生产和供应业，批发和零售业，交通运输、仓储和邮政业，房地产业，综合类行业，信息传输、软件和信息技术服务业九个行业分析河北省各行业与全国同行业以及河北省整体的营运资金额和营运资金率的对比情况。

（一）河北农林牧渔业行业与全国同行业对比分析

1. 营运资金分析

下面通过选取流动资产、流动负债、营运资金、流动资产占总资产比、流动负债占总负债比等五个指标分析河北省农林牧渔业上市公司的营运资金。

由表 3 – 3 可见，2012 ~ 2016 年度河北省农林牧渔业上市公司流动资产

表 3 – 3　河北省农林牧渔业与全国同行业上市公司营运资金额对比

单位：亿元，%

指标		流动资产	流动负债	营运资金	流动资产占总资产比重	流动负债占总负债比重
2012 年	河北省	3.37	1.97	1.40	48	1
	全国	534.72	320.75	184.98	56	81
	占比	0.63	0.62	0.75	–8	19
2013 年	河北省	5.97	2.74	3.23	51	100
	全国	564.35	402.51	124.97	52	82
	占比	1.06	0.68	2.58	–1	18
2014 年	河北省	5.53	3.09	2.44	45	100
	全国	632.83	458.55	174.28	51	79
	占比	0.87	0.67	1.40	–7	21
2015 年	河北省	12.59	3.85	8.75	62	99
	全国	904.57	597.53	308.36	53	81
	占比	1.39	0.64	2.84	10	19

续表

指标		流动资产	流动负债	营运资金	流动资产占总资产比重	流动负债占负债比重
2016 年	河北省	15.82	8.44	7.38	61	100
	全国	1105.69	705.26	400.44	52	80
	占比	1.43	1.20	1.84	8	20
平均值	河北省	8.66	4.02	4.64	54	100
	全国	748.43	496.92	238.61	53	80
	占比	1.16	0.81	1.94	1	20

占全国同行业上市公司流动资产的比重平均为 1.16%，流动负债占全国同行业上市公司流动负债的比重平均为 0.58%。2012～2015 年河北省流动负债占全国同行业流动负债的比重保持平稳的比率，2016 年比率增加幅度较大；而流动资产占全国的比重基本逐年上升，而且比率均高于流动负债比重。对于营运资金，从数据上来看，2012～2016 年均为正数，显示企业较好的营运能力。从流动资产占总资产的比重来看，河北省农林牧渔业上市公司平均约为 54%，略高于全国同行业总体水平，而且与河北省上市公司平均值相同，说明河北省农林牧渔业流动资产比重总体合理；但是河北省农林牧渔业上市公司流动负债占总负债的比重五年平均为 100%，高于全国同行业同比例 20 个百分点，而且高于河北省上市公司平均值，建议降低河北省农林牧渔业上市公司流动负债的比率以降低短期财务风险。

2. 营运效率分析

下面分别从应收账款周转天数、存货周转天数、营业周期、流动资产周转率、总资产周转率分析河北省农林牧渔业的营运效率。

从表 3－4 可见，2012～2016 年河北省农林牧渔业行业平均营业周期为 224.47 天，全国同行业营业周期平均为 423.19 天，与全国同行业相比少了 198.72 天。从表 3－4 可以发现，河北省农林牧渔业行业营业周期短的主要原因是存货周转天数较少，存货周转天数与全国同行业平均值相比少了 196.08 天，而河北省农林牧渔业上市公司应收账款周转天数也略低于全国同行业平均水平。从流动资产周转率和总资产周转率来看，除 2016 年外，河北省农林牧渔业的指标都略高于全国同行业平均水平。显示与全国同行业相比，河北省农林牧渔业上市公司应收账款、存货、流动资产与总资产的周转速度较快，资产的利用效率较高。

表 3－4　河北省农林牧渔业和全国同行业上市公司营运效率分析

单位：天

指标		应收账款周转天数	存货周转天数	营业周期	流动资产周转率	总资产周转率
2012 年	河北省	43.75	137.40	181.14	1.82	0.85
	全国	34.82	323.35	349.88	1.04	0.58
	差距	8.92	－185.95	－168.73	0.78	0.27
2013 年	河北省	30.14	143.31	173.45	1.91	0.91
	全国	37.10	366.51	402.68	1.06	0.53
	差距	－6.96	－223.20	－229.23	0.86	0.38
2014 年	河北省	33.74	142.49	176.23	1.91	0.92
	全国	44.26	417.67	460.82	1.04	0.49
	差距	－10.51	－275.18	－284.59	0.88	0.43
2015 年	河北省	31.13	268.84	299.97	1.14	0.70
	全国	39.35	371.75	410.19	1.05	0.49
	差距	－8.22	－102.91	－110.22	0.10	0.21
2016 年	河北省	31.28	260.26	291.54	0.97	0.59
	全国	39.87	453.43	492.39	1.21	0.52
	差距	－8.59	－193.17	－200.85	－0.24	0.07
平均值	河北省	34.01	190.46	224.47	1.55	0.79
	全国	39.08	386.54	423.19	1.08	0.52
	差距	－5.07	－196.08	－198.72	0.47	0.27

跟河北省总体的情况比较看，2012～2016 年河北省农林牧渔业行业应收账款周转天数平均为 34.01 天，存货周转天数平均为 190.46 天，营业周期为 224.47 天，而 2012～2016 年河北省上市公司平均应收账款周转天数为 79.19 天，存货周转天数为 222.06 天，营业周期为 298.67 天。河北省农林牧渔业行业的三项指标都低于河北省所有上市公司的平均值。另外，河北

省农林牧渔业上市公司流动资产周转率、总资产周转率分别为 1.55 和 0.79，河北省上市公司流动资产周转率、总资产周转率两个指标平均数分别为 1.26 和 0.60，河北省农林牧渔业上市公司的两个指标均高于河北省上市公司总体水平。说明河北省农林牧渔业上市公司营运效率较高，高于河北省上市公司总体水平。

（二）河北采矿业与全国同行业对比分析

1. 营运资金分析

下面通过选取流动资产、流动负债、营运资金、流动资产占总资产比重、流动负债占总负债比重五个指标分析河北省采矿业上市公司的营运资金。

从表 3－5 数据可见，2012～2016 年河北省采矿业上市公司流动资产占全国同行业上市公司流动资产的比重平均值为 1.38%，河北省采矿业上市公司流动负债占全国同行业上市公司流动负债的比重平均值为 1.09%。河北省采矿业上市公司在 2013 年和 2015 年营业资金都为负数，其他年份虽然营运资金为正数，但是营运资金额都非常小，显示企业营运资金不足。另外，全国采矿业上市公司从 2012 年到 2016 年营运资金均为负，说明营运资金不足是全国采矿业面临的共同问题。从流动资产占总资产的比重来看，河北省采矿业上市公司五年平均约为 36%，略低于全国同行业总体水平，而且远低于河北省总体平均水平 54%；另外从流动负债占总负债的比重来看，河北省采矿业上市公司总体流动负债占比低于全国同行业平均水平，而且低于河北省所有上市公司的总体平均水平。显示河北省采矿业上市公司流动资产结构达到了全国同行业整体水平，但是跟河北省其他行业相比仍有一定差距，流动负债结构优于全国同行业和河北省整体水平。

表 3－5　河北省采矿业与全国上市公司同行业营运资金对比

单位：亿元，%

指标		流动资产	流动负债	营运资金	流动资产占总资产比重	流动负债占总负债比重
2012 年	河北省	161.56	139.06	22.51	40	64
	全国	12348.35	14850.73	－2507.80	41	73
	占比	1.31	0.94	—	－1	－10

续表

指标		流动资产	流动负债	营运资金	流动资产占总资产比重	流动负债占总负债比重
2013 年	河北省	143.26	159.98	-16.71	35	69
	全国	12952.32	17178.77	-4433.97	37	75
	占比	1.11	0.93	—	-2	-6
2014 年	河北省	139.02	128.83	10.19	33	61
	全国	190.56	254.47	-63.90	38	70
	占比	72.95	50.63	—	-4	-9
2015 年	河北省	143.51	148.24	-4.73	35	71
	全国	13145.23	16386.23	-3259.41	37	74
	占比	1.09	0.90	—	-2	-2
2016 年	河北省	155.47	151.98	3.50	36	65
	全国	15169.51	18011.87	-2829.65	39	73
	占比	1.02	0.84	—	-3	-9
平均值	河北省	148.57	145.62	2.95	36	66
	全国	10761.19	13336.42	-2618.95	38	73
	占比	1.38	1.09	—	-2	-7

2. 营运效率分析

下面分别从应收账款周转天数、存货周转天数、营业周期、流动资产周转率、总资产周转率分析河北省采矿业的营运效率。

从表 3-6 可见，2012~2016 年河北省采矿业营业周期的平均天数为 117.55 天，全国同行业平均营业周期为 415.24 天，与全国相比少了 297.69 天。从表中可以看出，河北省采矿业上市公司营业周期较短的原因主要是因为存货周转速度快，存货周转天数较少，跟全国平均数相比少了 320.50 天。虽然河北省采矿业上市公司应收账款周转天数高于全国同行业平均水平，但是存货周转速度快的优势弥补了应收账款周转速度慢的不足。另外从流动资产周转率和总资产周转率来看，2012~2016 年，河北省采矿业都显著低于全国同行业平均水平，说明河北省采矿业上市公司流动资产和总资产周转速度有待提高。

跟河北省总体的情况比较看，河北采矿业平均应收账款周转天数为

表3－6 河北省采矿业与全国上市公司同行业营运效率对比

单位：天

指标		应收账款周转天数	存货周转天数	营业周期	流动资产周转率	总资产周转率
2012年	河北省	38.75	18.73	57.48	1.86	0.77
	全国	48.08	93.97	141.33	2.19	0.78
	差距	-9.33	-75.23	-83.85	-0.33	-0.01
2013年	河北省	60.80	20.31	81.11	1.69	0.64
	全国	55.65	165.44	219.45	2.25	0.70
	差距	5.15	-145.13	-138.34	-0.56	-0.07
2014年	河北省	92.24	29.11	121.34	1.29	0.44
	全国	73.76	113.48	182.45	2.12	0.61
	差距	18.48	-84.37	-61.11	-0.82	-0.17
2015年	河北省	131.39	36.67	168.06	0.89	0.30
	全国	94.06	179.91	267.46	1.73	0.48
	差距	37.32	-143.24	-99.40	-0.84	-0.18
2016年	河北省	121.20	38.57	159.77	0.91	0.32
	全国	92.26	1193.13	1265.52	1.53	0.45
	差距	28.94	-1154.56	-1105.75	-0.62	-0.12
平均值	河北省	88.88	28.68	117.55	1.33	0.49
	全国	72.76	349.18	415.24	1.97	0.61
	差距	16.11	-320.50	-297.69	-0.63	-0.11

88.88天，存货周转天数为28.68天，营业周期为117.55天；2012～2016年河北省上市公司平均应收账款周转天数为79.19天，存货周转天数为222.06天，营业周期为298.67天。河北省采矿业的营业周期显著低于河北省所有上市公司的平均数，主要是因为存货周转效率高弥补了应收账款速度慢的不足。从整体来看，应收账款的周转速度与河北省平均水平基本持平，存货周转效率远高于河北省平均水平。另外河北省采矿行业上市公司流动资产周转率、总资产周转率数值分别为1.33和0.49，河北省上市公司流动资产周转率和总资产周转率平均数分别为1.26和0.6，两个指标与河北省上市公司总体水平基本持平。总体来看，与河北省上市公司平均水平相比，

河北省采矿行业上市公司存货周转速度远高于河北省平均水平，其余指标与平均水平基本持平，说明河北省采矿业上市公司资产利用效率较高，营运管理水平较高。

（三）河北制造业与全国同行业对比分析

1. 营运资金分析

下面通过选取流动资产总额、流动负债总额、营运资金、流动资产占总资产比率、流动负债占总负债比率等五个指标分析河北省制造业上市公司的营运资金金额。

从表3－7可见，2012～2016年河北省制造业上市公司流动资产占全国同行业上市公司流动资产比为3.18%，流动负债占全国同行业上市公司流动负债比为4.46%。从数据上看，2012～2016年河北省制造业上市公司五年中各年度营业资金都为负数，但是全国同行业同期营运资金都为正数，显示河北省制造业上市公司营运资金不足，是困扰河北省制造业的突出问题。从流动资产占总资产的比重来看，河北省制造业五年平均约为54%，低于全国同行业总体水平3个百分点，与河北省总体平均水平持平。从流动负债占总负债的比重来看，总体流动负债占比低于全国同行业平均水平6个百分点，也与河北省所有上市公司的总体平均水平持平。河北省制造业应该进一步增加流动资产，调整流动负债结构，从而提高河北省制造业企业的营运能力。

表3－7　河北省制造业与全国同行业上市公司营运资金金额对比

单位：亿元，%

指标		流动资产总额	流动负债总额	营运资金	流动资产占总资产比重	流动负债占总负债比重
2012年	河北省	1659.21	1769.23	－335.09	54	77
	全国	49093.24	39447.86	9844.51	59	85
	占比	3.38	4.48	—	－4	－8
2013年	河北省	1846.76	2212.13	－295.36	51	79
	全国	52774.82	43720.91	9734.77	56	85
	占比	3.50	5.06	—	－5	－6

续表

指标		流动资产总额	流动负债总额	营运资金	流动资产占总资产比重	流动负债占总负债比重
2014年	河北省	1980.47	2410.21	-422.98	52	78
	全国	65506.82	54766.38	10827.71	57	84
	占比	3.02	4.40	—	-4	-6
2015年	河北省	2146.09	2661.89	-509.33	54	81
	全国	72916.12	60125.80	13062.88	56	85
	占比	2.94	4.43	—	-2	-3
2016年	河北省	2851.69	2922.72	-71.03	57	81
	全国	89595.01	70711.59	18878.08	57	84
	占比	3.18	4.13	—	-1	-3
平均值	河北省	2096.84	2395.24	-326.76	54	79
	全国	65977.20	53754.51	12469.59	57	85
	占比	3.18	4.46	—	-3	-6

2. 营运效率分析

下面分别从应收账款周转天数、存货周转天数、营业周期、流动资产周转率、总资产周转率分析河北省制造业行业的营运效率。

从表3-8数据可见，2012~2016年河北省制造业营业周期的平均天数为281.01天，全国同行业营业周期平均值为275.36天，与全国相比仅多了5.64天。进一步分析发现，河北省制造业营业周期略长的主要原因是存货周转天数较多，存货周转天数与全国同行业平均值相比多了12.77天，然而河北省制造业上市公司应收账款周转天数略低于全国同行业平均水平，应收账款周转速度快的优势弥补了存货周转速度略慢的不足。另外河北省制造业上市公司流动资产周转率与总资产周转率和全国同行业相比，几乎持平。说明河北省制造业营运能力较好，但是仍有一定的上升空间。

跟河北省总体的情况比较看，河北省制造业平均应收账款周转天数为85.92天，存货周转天数为195.08天，营业周期为281.01天，而2012~2016年河北省上市公司平均应收账款周转天数为79.19天，存货周转天数

表 3 -8　河北省制造业与全国同行业上市公司营运效率对比

单位：天

指标		应收账款周转天数	存货周转天数	营业周期	流动资产周转率	总资产周转率
2012 年	河北省	76.16	145.29	221.44	1.42	0.72
	全国	80.48	228.67	308.94	1.29	0.71
	差距	-4.32	-83.39	-87.50	0.13	0.01
2013 年	河北省	80.59	248.82	329.41	1.36	0.67
	全国	87.30	178.55	265.79	1.32	0.71
	差距	-6.71	70.26	63.61	0.04	-0.04
2014 年	河北省	80.47	195.97	276.44	1.30	0.63
	全国	91.55	175.06	266.50	1.31	0.69
	差距	-11.09	20.91	9.94	-0.01	-0.06
2015 年	河北省	92.72	204.05	296.78	1.10	0.54
	全国	102.40	170.58	272.51	1.19	0.63
	差距	-9.68	33.47	24.26	-0.10	-0.09
2016 年	河北省	99.67	181.29	280.96	1.15	0.57
	全国	104.71	158.72	263.07	1.18	0.61
	差距	-5.04	22.57	17.89	-0.03	-0.03
平均值	河北省	85.92	195.08	281.01	1.27	0.63
	全国	93.29	182.32	275.36	1.26	0.67
	差距	-7.37	12.77	5.64	0.01	-0.04

为 222.06 天，营业周期为 298.67 天。河北省制造业的营业周期低于河北省上市公司的平均值，虽然应收账款周转天数略高于河北省平均水平，但是存货周转速度的加快弥补了应收账款周转速度略慢的不足。另外河北省制造业上市公司流动资产周转率、总资产周转率数值分别为 1.27 和 0.63，河北省上市公司流动资产周转率和总资产周转率平均数分别为 1.26 和 0.67，河北省制造业与河北省上市公司平均水平几乎持平。说明与河北省平均水平相比，河北省制造业的营运效率与平均值相差不大，营运效率处于中等水平，通过营运资金管理，有一定的提高空间。

（四）河北电力、热力、燃气及水生产和供应业与全国同行业对比分析

1. 营运资金额的分析

下面通过选取流动资产总额、流动负债总额、营运资金、流动资产占总资产比率、流动负债占总负债比率等五个指标分析河北省电力、热力、燃气及水生产和供应业的营运资金金额。

从表3-9可见，2012~2016年河北省电力、热力、燃气及水生产和供应业流动资产平均五年占全国同行业上市公司流动资产的比重为1.12%，流动负债平均五年占全国同行业上市公司流动负债的比重为0.95%。对于营运资金，从表3-9发现，2012~2016年每年营业资金均为负数，而且全国同行业同期营运资金都为负数显示河北省电力、热力、燃气及水生产和供应业营运资金不足，也说明营运资金不足是困扰全国该行业的普遍问题。从流动资产占总资产的比重以及流动负债占总负债的比重来看，河北省电力、热力、燃气及水生产和供应业两项比率与全国同行业总体水平基本持平。同河北省所有上市公司数据比较看，无论是流动资产占总资产比还是流动负债占总负债的比，都低于河北省总体平均水平，故应从增加流动资产的比重和调节负债结构入手提高河北省电力、热力、燃气及水生产和供应业的营运能力。

表3-9　河北省电力、热力、燃气及水生产和供应业与全国同行业上市公司营运资金对比

单位：亿元，%

指标		流动资产总额	流动负债总额	营运资金	流动资产占总资产比重	流动负债占总负债比重
2012年	河北省	27.28	69.12	-41.85	17	62
	全国	2688.14	5069.49	-3076.46	27	60
	占比	1.02	1.36	—	-10	2
2013年	河北省	19.04	19.49	-24.78	30	59
	全国	2719.36	4607.99	-3344.95	27	60
	占比	0.70	0.42	—	4	-1
2014年	河北省	49.85	64.18	-14.33	15	50
	全国	3594.12	6978.93	-3384.82	25	55
	占比	1.39	0.92	—	-10	-6

续表

指标		流动资产总额	流动负债总额	营运资金	流动资产占总资产比重	流动负债占总负债比重
2015 年	河北省	44.52	63.47	-18.95	17	43
	全国	4017.68	7835.81	-3799.57	23	53
	占比	1.11	0.81	—	-6	-10
2016 年	河北省	58.01	100.49	-42.48	35	51
	全国	4666.90	8970.53	-4302.05	24	54
	占比	1.24	1.12	—	11	-3
平均值	河北省	39.74	63.35	-28.48	23	53
	全国	3537.24	6692.55	-3581.57	25	56
	占比	1.12	0.95	—	-2	-4

2. 营运效率的分析

下面分别从应收账款周转天数、存货周转天数、营业周期、流动资产周转率、总资产周转率分析河北省电力、热力、燃气及水生产和供应业的营运效率。

从表 3 -10 可见，2012 ~2016 年河北省电力、热力、燃气及水生产和供应业上市公司营业周期为 72.38 天，全国同行业五年平均营业周期为 123.39 天，低于全国平均水平，另外河北省电力、热力、燃气及水生产和供应业应收账款周转天数和存货周转天数和营业周期都明显低于全国同行业平均水平。另外从流动资产周转率和总资产周转率来看，都高于全国同行业平均水平。说明相对于全国同行业，河北省电力、热力、燃气及水生

表 3 -10　河北省电力、热力、燃气及水生产和供应业与全国同行业上市公司营运效率对比

单位：天

指标		应收账款周转天数	存货周转天数	营业周期	流动资产周转率	总资产周转率
2012 年	河北省	47.86	40.58	88.44	2.53	0.50
	全国	47.86	74.10	121.44	2.09	0.43
	差距	0.00	-33.51	-33.00	0.43	0.07

续表

指标		应收账款周转天数	存货周转天数	营业周期	流动资产周转率	总资产周转率
2013 年	河北省	41.84	35.53	77.36	2.22	0.45
	全国	50.96	67.70	118.12	2.14	0.42
	差距	-9.13	-32.17	-40.76	0.08	0.03
2014 年	河北省	37.07	28.77	65.84	1.91	0.39
	全国	53.64	65.74	118.81	2.04	0.40
	差距	-16.57	-36.96	-52.97	-0.13	-0.01
2015 年	河北省	40.46	20.19	60.65	2.30	0.43
	全国	60.09	76.56	136.65	1.86	0.35
	差距	-19.63	-56.37	-76.00	0.44	0.08
2016 年	河北省	48.73	20.89	69.63	2.27	0.39
	全国	56.35	65.58	121.93	1.83	0.33
	差距	-7.62	-44.69	-52.30	0.43	0.06
平均值	河北省	43.19	29.19	72.38	2.24	0.43
	全国	53.78	69.93	123.39	1.99	0.39
	差距	-10.59	-40.74	-51.01	0.25	0.05

产和供应业营运效率较高。

与河北省各行业比较情况看，河北电力、热力、燃气及水生产和供应业平均应收账款周转天数为43.19天，存货周转天数为29.19天，营业周期为72.38天，而2012~2016年河北省上市公司平均应收账款周转天数为79.19天，存货周转天数为222.06天，营业周期为298.67天。河北省电力、热力、燃气及水生产和供应业三个指标都明显低于河北省所有上市公司的平均数。另外河北省电力、热力、燃气及水生产和供应业流动资产周转率、总资产周转率分别为2.24和0.43，河北省上市公司流动资产周转率和总资产周转率平均数分别为1.26和0.67，总资产周转率略低于河北省平均水平。说明与河北省上市公司整体相比，除了总资产周转速度略慢外，河北省电力、热力、燃气及水生产和供应业营运效率较高，显著高于河北省其他类别上市公司。

（五）河北批发和零售业与全国同行业对比分析

1. 营运资金分析

下面通过选取流动资产总额、流动负债总额、营运资金、流动资产占总资产比率、流动负债占总负债比重等五个指标分析河北省批发和零售业上市公司的营运资金金额。

从表3－11可见，2012～2016年河北省批发和零售行业上市公司流动资产占全国同行业上市公司流动资产的比重为5.44%，流动负债占全国流动负债的比重为6.63%。对于营运资金，除了2016年，其余各年度营运资

表3－11　河北省批发和零售业与全国同行业上市公司营运资金金额对比

单位：亿元，%

指标		流动资产总额	流动负债总额	营运资金	流动资产占总资产比重	流动负债占总负债比重
2012年	河北省	466.00	489.08	－22.20	67	94
	全国	6337.43	5675.50	875.21	59	90
	占比	7.35	8.62	—	8	4
2013年	河北省	485.03	529.29	－44.26	67	96
	全国	6685.63	6048.26	972.47	60	89
	占比	7.25	8.75	—	7	6
2014年	河北省	508.63	523.94	－15.03	67	95
	全国	8418.76	7143.51	1248.63	60	87
	占比	6.04	7.33	—	7	7
2015年	河北省	461.72	474.68	－12.96	204	93
	全国	9865.99	8437.20	1457.60	59	88
	占比	4.68	5.63	—	144	5
2016年	河北省	531.27	523.13	8.14	116	95
	全国	13763.81	11017.77	2746.04	61	87
	占比	3.86	4.75	0.30	54	8
平均值	河北省	490.53	508.02	－17.26	104	94
	全国	9014.32	7664.45	1459.99	60	88
	占比	5.44	6.63	—	44	6

金都为负数，显示河北省批发和零售业营运资金不足。在全国同行业同期营运资金为正数的情况下，河北省批发和零售业营运资金为负，显示营运资金不足是困扰河北省批发和零售业的重要问题。从流动资产占总资产的比重以及流动负债占总负债的比重来看，河北省批发和零售业两项比率都高于全国同行业总体水平。同河北省所有上市公司数据比较看，无论是流动资产占总资产比还是流动负债占总负债的比，都高于河北省总体平均水平，应从调节负债结构和筹资方式入手提高河北省批发和零售业企业的营运能力。

2. 营运效率的分析

下面分别从应收账款周转天数、存货周转天数、营业周期、流动资产周转率、总资产周转率分析河北批发和零售业的营运效率。

由表 3－12 可见，2012～2016 年河北省批发和零售业的平均营业周期为 212.08 天，全国同行业营业周期为 163.15 天，河北省批发和零售业的营业周期比全国同行业多 48.93 天。另外，河北省批发和零售业应收账款周转天数、存货周转天数均高于全国同行业平均水平，流动资产周转率和总资产周转率都低于全国同行业平均水平。说明与全国同行业相比，河北省批发和零售业整体营运效率不高。

表 3－12　河北省批发和零售业与全国同行业上市公司营运效率分析

单位：天

指标		应收账款周转天数	存货周转天数	营业周期	流动资产周转率	总资产周转率
2012 年	河北省	41.05	408.91	449.96	1.17	0.77
	全国	28.22	121.59	148.74	2.51	1.49
	差距	12.84	287.32	301.22	－1.34	－0.72
2013 年	河北省	20.81	103.68	124.49	1.37	0.86
	全国	26.64	117.42	144.07	2.50	1.45
	差距	－5.83	－13.75	－19.58	－1.13	－0.60
2014 年	河北省	123.40	95.08	218.48	1.13	0.65
	全国	133.13	104.59	237.72	2.28	1.32
	差距	－9.73	－9.51	－19.23	－1.16	－0.67

续表

指标		应收账款周转天数	存货周转天数	营业周期	流动资产周转率	总资产周转率
2015 年	河北省	112.85	58.21	151.66	0.77	0.54
	全国	31.09	105.76	136.85	2.29	1.31
	差距	81.77	-47.55	14.81	-1.52	-0.77
2016 年	河北省	24.52	91.28	115.80	1.00	0.66
	全国	30.48	118.65	148.37	2.28	1.32
	差距	-5.96	-27.37	-32.57	-1.28	-0.66
平均值	河北省	64.53	151.43	212.08	1.09	0.70
	全国	49.91	113.60	163.15	2.37	1.38
	差距	14.62	37.83	48.93	-1.28	-0.68

与河北省总体的情况比较看，河北省批发和零售业平均应收账款周转天数为64.53天，存货周转天数为151.43天，营业周期为212.08天，而2012～2016年河北省上市公司平均应收账款周转天数为79.19天，存货周转天数为222.06天，营业周期为298.67天。河北省批发和零售业的三个指标都明显低于河北省所有上市公司的平均数。另外河北省批发和零售业流动资产周转率、总资产周转率分别为1.09和0.70，而河北省上市公司流动资产周转率和总资产周转率平均数分别为1.26和0.67，流动资产周转率低于河北省平均水平，而总资产周转率比河北省上市公司平均水平略高。说明与河北省上市公司相比，除了流动资产周转速度略慢，河北省批发和零售业的营运效率较高，高于河北省其他类别上市公司。

（六）河北交通运输、仓储和邮政业与全国同行业对比分析

1. 营运资金额的分析

下面通过选取流动资产总额、流动负债总额、营运资金、流动资产占总资产比率、流动负债占总负债比重五个指标分析河北省交通运输、仓储和邮政业上市公司的营运资金金额。

表3-13数据显示，2012～2016年河北省交通运输、仓储和邮政业行业流动资产占全国同行业上市公司流动资产的比重为0.82%，流动负债占全国同行业上市公司流动负债的比重为0.66%。对于营运资金，从数据上

表 3－13 河北省交通运输、仓储和邮政业与全国同行业上市公司营运资金金额对比

单位：亿元，%

指标		流动资产总额	流动负债总额	营运资金	流动资产占总资产比重	流动负债占总负债比重
2012 年	河北省	20.79	23.07	－2.28	19	46
	全国	3540.73	4184.93	－631.46	32	61
	占比	0.59	0.55	—	－13	－15
2013 年	河北省	29.13	32.71	－3.58	23	56
	全国	3880.81	4955.35	－1133.06	33	62
	占比	0.75	0.66	—	－10	－6
2014 年	河北省	14.82	30.20	－13.79	14	67
	全国	3892.52	4725.51	－792.74	32	61
	占比	0.38	0.64	—	－18	7
2015 年	河北省	40.42	35.44	4.98	24	67
	全国	3942.90	4849.94	－919.05	30	61
	占比	1.03	0.73	—	－6	6
2016 年	河北省	59.83	41.42	18.41	29	76
	全国	4797.86	6013.50	－1215.45	32	60
	占比	1.25	0.69	—	－2	16
平均值	河北省	33.00	32.57	0.75	22	63
	全国	4010.96	4945.84	－938.35	32	61
	占比	0.82	0.66	—	－10	2

来看，2012～2014 年为负，虽然 2015 年和 2016 年变为正，但是营运资金额较小，显示河北省交通运输、仓储和邮政业营运资金不足。在全国同行业同期营运资金为负数的情况下，河北省交通运输、仓储和邮政业营运资金也为负，显示营运资金不足是困扰全国该行业的普遍问题。从流动资产占总资产的比重以及流动负债占总负债的比重来看，河北省交通运输、仓储和邮政业流动资产占总资产的比重略低于全国同行业平均水平，而流动负债占总负债的比略高于全国同行业总体水平，显示河北省交通运输、仓储和邮政业具有一定的财务风险。同河北省所有上市公司数据比较看，无论

流动资产占总资产的比还是流动负债占总负债的比，都低于河北省总体平均水平，故应从调节负债结构和增加流动资产入手提高河北省交通运输、仓储和邮政业业的营运能力。

2. 营运效率的分析

下面分别从应收账款周转天数、存货周转天数、营业周期、流动资产周转率、总资产周转率分析河北省交通运输、仓储和邮政业的营运效率。

表3-14数据显示，2012~2016年河北省交通运输、仓储和邮政业上市公司平均营业周期为62.29天，全国同行业上市公司平均营业周期为213.05天，河北省交通运输、仓储和邮政业上市公司平均营业周期比全国同行业营业周期少150.76天。另外，2012~2016年河北省交通运输、仓储和邮政业的应收账款周转天数、存货周转天数和营业周期都低于全国同行业平均水平。从全国同行业的流动资产周转率和总资产周转率来看，河北省交通运输、仓储和邮政业的指标值都低于全国同行业平均水平。说明同全国同行业相比，河北省交通运输、仓储和邮政业存货和应收账款周转速度较快，存货和应收账款的营运效率显著高于全国平均水平，流动资产周转速度和总资产周转速度低于全国平均水平，这两方面的营运效率有待提高。

另外，跟河北省总体的情况比较看，河北省交通运输、仓储和邮政业平均应收账款周转天数为24.52天，存货周转天数为37.77天，营业周期为62.29天，而2012~2016年河北省上市公司平均应收账款周转天数为79.19天，存货周转天数为222.06天，营业周期为298.67天。河北省交通运输、仓储和邮政业三个指标都明显低于河北省所有上市公司的平均数。另外河北省交通运输、仓储和邮政业流动资产周转率、总资产周转率分别为1.65和0.35，河北省上市公司流动资产周转率和总资产周转率平均数分别为1.26和0.67，流动资产周转率明显优于河北省平均水平，而总资产周转率比河北省上市公司平均水平明显偏低。说明与河北省上市公司相比，虽然除了总资产周转速度偏低外，河北省交通运输、仓储和邮政业其他方面的营运效率较高，并且高于河北省其他类别上市公司，但是总资产周转速度会进一步影响企业的盈利能力，因此提高总资产周转率对于交通运输、仓储和邮政业来说是很有必要的。

表 3－14　河北省交通运输、仓储和邮政业与全国同行业上市公司营运效率对比

单位：天

指标		应收账款周转天数	存货周转天数	营业周期	流动资产周转率	总资产周转率
2012 年	河北省	9.61	22.03	31.64	2.00	0.36
	全国	31.05	176.91	198.95	1.89	0.51
	差距	－21.43	－154.89	－167.31	0.11	－0.14
2013 年	河北省	10.96	35.35	46.31	1.82	0.38
	全国	31.67	199.95	221.60	1.77	0.48
	差距	－20.70	－164.60	－175.29	0.05	－0.10
2014 年	河北省	17.91	49.30	67.20	1.81	0.37
	全国	33.31	195.31	220.75	1.76	0.50
	差距	－15.40	－146.01	－153.55	0.04	－0.14
2015 年	河北省	36.91	50.87	87.78	1.52	0.32
	全国	38.66	174.50	206.18	1.92	0.48
	差距	－1.75	－123.64	－118.40	－0.40	－0.16
2016 年	河北省	47.20	31.29	78.49	1.12	0.30
	全国	39.75	185.15	217.76	1.87	0.52
	差距	7.45	－153.85	－139.27	－0.75	－0.22
平均值	河北省	24.52	37.77	62.29	1.65	0.35
	全国	34.89	186.36	213.05	1.84	0.50
	差距	－10.37	－148.60	－150.76	－0.19	－0.15

（七）河北房地产行业与全国同行业对比分析

1. 营运资金分析

下面通过选取流动资产总额、流动负债总额、营运资金、流动资产占总资产比率、流动负债占总负债比率等五个指标分析河北省房地产业上市公司的营运资金金额。

从表 3－15 数据可见，2012～2016 年河北省房地产行业上市公司流动资产占全国同行业流动资产的比重为 6.19%，流动负债占全国同行业流动负债的比重为 7.05%。对于营运资金，河北省房地产行业五年平均为 604.26 亿元，且五年均为正数，显示河北省房地产行业营运资金较为充足，营业能力较强。从流动资产占总资产的比重以及流动负债占总负债的比重来看，河北省房地产行业流动资产占总资产的比重和流动负债占总负债的比都略高于全国同行业总体水平，显示河北省房地产行业的营运形势与全国形势基本一致。同河北省所有上市公司数据比较看，无论是流动资产占总资产比还是流动负债占总负债的比，都高于河北省上市公司总体平均水平。另外流动资产占总资产比重较高也是房地产行业一个突出特点，故应当促进存量库存的销售，使流动资产在总资产中保持合理的比例。

表 3－15　河北省房地产行业与全国同行业上市公司营运资金金额对比

单位：亿元，%

指标		流动资产总额	流动负债总额	营运资金	流动资产占总资产比重	流动负债占总负债比重
2012 年	河北省	808.19	559.72	248.47	97	81
	全国	18212.74	11505.52	7754.59	78	74
	占比	4.44	4.86	3.20	19	7
2013 年	河北省	1267.16	920.15	347.01	95	82
	全国	23094.50	14449.67	9827.25	75	73
	占比	5.49	6.37	3.53	20	10
2014 年	河北省	1801.79	1343.67	458.12	95	85
	全国	28645.05	17721.07	11226.93	77	71
	占比	6.29	7.58	4.08	18	14
2015 年	河北省	2523.22	1732.43	790.79	93	77
	全国	39999.26	24296.18	16390.82	78	67
	占比	6.31	7.13	4.82	15	10
2016 年	河北省	3626.69	2449.76	1176.93	92	73
	全国	52032.14	31456.98	20575.16	79	66
	占比	6.97	7.79	5.72	14	7
平均值	河北省	2005.41	1401.15	604.26	95	80
	全国	32396.74	19885.88	13154.95	77	70
	占比	6.19	7.05	4.59	17	10

2. 营运效率分析

下面分别从应收账款周转天数、存货周转天数、营业周期、流动资产周转率、总资产周转率分析河北省房地产行业的营运效率。

从表 3－16 数据显示，2012～2016 年河北省房地产行业上市公司平均营业周期为 1235.55 天，全国同行业平均营业周期为 2346.79 天，河北省房地产行业营业周期比全国同行业少 1111.23 天。另外，2012～2016 年河北省房地产业的应收账款周转天数、存货周转天数均明显低于全国同行业平均水平，尤其是存货周转天数比全国同行业平均水平少 1140.26 天。另外，与全国同行业的流动资产周转率和总资产周转率对比来看，总资产周转率高于

表 3－16　河北省房地产行业与全国同行业上市公司营运效率对比分析

单位：天

指标		应收账款周转天数	存货周转天数	营业周期	流动资产周转率	总资产周转率
2012 年	河北省	14.19	1155.11	1169.30	0.38	0.37
	全国	25.02	2125.93	2115.65	0.39	0.26
	差距	－10.83	－970.82	－946.36	－0.01	0.11
2013 年	河北省	14.76	1050.56	1065.32	0.39	0.37
	全国	25.76	2280.67	2268.81	0.39	0.26
	差距	－11.00	－1230.10	－1203.49	0.00	0.11
2014 年	河北省	24.86	1240.56	1265.42	0.33	0.31
	全国	45.65	2143.67	2153.64	0.37	0.25
	差距	－20.79	－903.11	－888.22	－0.04	0.07
2015 年	河北省	32.80	1303.24	1336.04	0.28	0.27
	全国	40.68	2315.50	2317.51	0.31	0.22
	差距	－7.88	－1012.27	－981.47	－0.02	0.05
2016 年	河北省	31.45	1310.24	1341.69	0.27	0.25
	全国	30.60	2895.26	2878.31	0.35	0.26
	差距	0.84	－1585.02	－1536.62	－0.08	－0.01
平均值	河北省	23.61	1211.94	1235.55	0.33	0.31
	全国	33.54	2352.21	2346.79	0.36	0.25
	差距	－9.93	－1140.26	－1111.23	－0.03	0.07

全国同行业平均水平，而流动资产周转率略低于全国平均水平。从整体来看，与全国同行业对比，河北省房地产行业营运效率相对较高，尤其是存货的周转速度快，销售能力较强。

另外，与河北省总体的情况比较看，河北省房地产业平均应收账款周转天数为 23.61 天，存货周转天数为 1211.94 天，营业周期为 1235.55 天，而 2012～2016 年河北省上市公司平均应收账款周转天数为 79.19 天，存货周转天数为 222.06 天，营业周期为 298.67 天。除了应收账款周转天数指标，其余两个指标都明显高于河北省所有上市公司的平均数，甚至存货周转天数和营业周期是河北平均水平的 5 倍左右。另外河北省房地产业流动资产周转率、总资产周转率分别为 0.33 和 0.31，河北省上市公司流动资产周转率和总资产周转率平均数分别为 1.26 和 0.67，河北省房地产业明显低于河北省上市公司总体水平。说明与河北省上市公司相比，河北省房地产行业营运效率非常低，而营运效率低的直接原因是存货库存量过大，应当增加存量房产的销售，提高营运效率。

（八）河北综合类行业与全国同行业对比分析

1. 营运资金分析

下面通过选取流动资产总额、流动负债总额、营运资金、流动资产占总资产比率、流动负债占总负债比率等五个指标分析河北省综合类行业上市公司的营运资金金额。

从表 3－17 数据可见，2012～2016 年河北省综合类行业上市公司流动资产占全国同行业上市公司流动资产的比重为 0.23%，流动负债占全国同行业上市公司流动负债的比重为 0.07%。对于营运资金，从数据上来看，河北省综合类行业上市公司五年数值都为正数，但是显示企业营运资金虽然充足数额极小。从流动资产占总资产的比重以及流动负债占总负债的比重来看，河北省综合类行业上市公司流动资产占总资产的比重略低于全国同行业平均水平，而流动负债占总负债的比略高于全国同行业总体水平，显示河北省综合类行业上市公司短期偿债能力低于全国同行业平均水平，可能具有一定的财务风险。同河北省所有上市公司数据比较看，流动资产占总资产比重低于河北省上市公司平均水平，流动负债占总负债的比率高于河北省上市公司平均水平。说明与河北省上市公司相比，河北省综合类行业上市公司短期内可能具有一定的财务风险，应从提高流动资产的比例和降低流动负债入手提高河北省综合类行业企业的营运能力。

表 3－17　河北省综合类行业与全国同行业上市公司营运资金金额对比

单位：亿元，%

指标		流动资产总额	流动负债总额	营运资金	流动资产占总资产比重	流动负债占总负债比重
2012 年	河北省	1.44	0.26	1.18	42	100
	全国	501.74	398.13	144.57	59	82
	占比	0.29	0.06	0.82	－17	18
2013 年	河北省	1.20	0.42	0.78	39	100
	全国	533.16	403.73	143.69	50	80
	占比	0.23	0.10	0.54	－11	20
2014 年	河北省	1.43	0.35	1.19	46	100
	全国	613.85	444.90	166.48	53	77
	占比	0.23	0.08	0.71	－6	23
2015 年	河北省	2.10	0.29	1.81	54	16
	全国	590.40	462.16	137.04	45	74
	占比	0.36	0.06	1.32	9	－58
2016 年	河北省	0.63	0.25	0.39	30	100
	全国	706.17	480.40	227.26	47	75
	占比	0.09	0.05	0.17	－17	25
平均值	河北省	1.36	0.31	1.07	42	83
	全国	589.06	437.86	163.81	51	77
	占比	0.23	0.07	0.65	－8	6

2. 营运效率的分析

下面分别从应收账款周转天数、存货周转天数、营业周期、流动资产周转率、总资产周转率分析河北省综合类行业上市公司的营运效率。

从表 3－18 数据显示，2012～2016 年河北省综合类行业上市公司平均营业周期为 338.12 天，全国同行业为 537.82 天，河北省综合类行业上市公司营业周期比全国少 199.69 天。虽然，河北省综合类行业上市公司的应收账款回收期高于全国同行业，但是存货周转速度的加快弥补了应收账款周转率慢的不足。另外与全国同行业的流动资产周转率和总资产周转率比较来看，河北省综合类行业上市公司的指标值均明显低于全国同行业平均水平。说明与全国同行业相比，河北省综合类行业上市公司，存货的营运效率高，但是应收账款、流动资产以及总资产的营运效率相对较低。

表 3－18　河北省综合类行业上市公司和全国同行业上市公司营运效率对比

单位：天

指标		应收账款周转天数	存货周转天数	营业周期	流动资产周转率	总资产周转率
2012 年	河北省	104.84	714.14	818.98	0.15	0.08
	全国	80.23	598.48	649.20	0.72	0.37
	差距	24.61	115.66	169.78	－0.58	－0.30
2013 年	河北省	91.39	159.57	250.96	0.39	0.16
	全国	71.35	440.58	511.93	0.78	0.39
	差距	20.04	－281.02	－260.97	－0.39	－0.23
2014 年	河北省	108.70	74.45	183.15	0.30	0.13
	全国	59.80	435.05	494.85	0.69	0.33
	差距	48.90	－360.60	－311.70	－0.39	－0.20
2015 年	河北省	319.84	—	319.84	0.07	0.03
	全国	76.24	474.17	529.79	0.60	0.28
	差距	243.60	－474.17	－209.95	－0.53	－0.25
2016 年	河北省	117.69	—	117.69	0.12	0.06
	全国	67.66	455.45	503.31	0.60	0.28
	差距	50.03	－455.45	－385.62	－0.48	－0.22
平均值	河北省	148.49	316.05	338.12	0.20	0.09
	全国	71.06	480.74	537.82	0.68	0.33
	差距	77.44	－164.69	－199.69	－0.47	－0.24

另外，与河北省平均值的比较情况看，河北省综合类行业上市公司平均应收账款周转天数为 148.49 天，存货周转天数为 316.05 天，营业周期为 338.12 天，而 2012～2016 年河北省上市公司平均应收账款周转天数为 79.19 天，存货周转天数为 222.06 天，营业周期为 298.67 天。另外，河北

省综合类行业上市公司流动资产周转率、总资产周转率分别为 0.20 和 0.09，而河北省上市公司流动资产周转率和总资产周转率平均数分别为 1.26 和 0.67，河北省综合类行业上市公司流动资产周转率和总资产周转率指标都显著低于河北省上市公司总体水平。说明与河北省上市公司相比，河北省综合类行业上市公司营运效率相对较低。

（九）河北省信息传输、软件和信息技术服务业与全国同行业对比分析

1. 营运资金额的分析

下面通过选取流动资产总额、流动负债总额、营运资金、流动资产占总资产比率、流动负债占总负债比率等五个指标分析河北省信息传输、软件和信息技术服务业上市公司的营运资金金额。2012～2014 年河北省没有信息传输、软件和信息技术服务业上市公司，因为 2015 年茂业物流主业转型为信息传输、软件和信息技术服务业，所以，在此只分析 2015 年和 2016 年的数据。

从表 3－19 可以看出，2015～2016 年河北省信息传输、软件和信息技术服务业流动资产占全国同行业总资产的比率为 0.25%，流动负债占全

表 3－19　河北省信息传输、软件和信息技术服务业与全国同行业上市公司营运资金额对比

单位：亿元，%

指标		流动资产总额	流动负债总额	营运资金	流动资产占总资产比重	流动负债占总负债比重
2015 年	河北省	15.04	5.42	9.62	44	47
	全国	4304.26	5452.59	－1105.62	59	88
	占比	0.3	0.10	—	－15	－41
2016 年	河北省	11.19	5.29	5.90	37	99
	全国	6125.26	6234.39	－109.13	63	88
	占比	0.18	0.08	—	－26	11
平均值	河北省	13.12	5.36	7.76	41	73
	全国	5214.76	5843.49	－607.37	61	88
	占比	0.25	0.09	－1.28	－20	－15

国流动总负债的比率为 0.09%，显示短期偿债能力较好。对于营运资金，在全国营运资金为负数的情况下，河北省信息传输、软件和信息技术服务业营运资金为正值，显示企业营运资金较为充足。从流动资产占总资产的比重以及流动负债占总负债的比重来看，河北省信息传输、软件和信息技术服务业上市公司均低于全国同行业平均水平。同河北省所有上市公司数据比较看，流动资产占总资产比重明显低于河北省上市公司平均水平，而流动负债占总负债的比率却略低于河北省上市公司平均水平。说明与河北省上市公司相比，河北省信息传输、软件和信息技术服务业上市公司短期内可能具有一定的财务风险，应从调整流动资产的比例和降低流动负债入手提高河北省信息传输、软件和信息技术服务业的营运能力。

2. 营运效率的分析

下面分别从应收账款周转天数、存货周转天数、营业周期、流动资产周转率、总资产周转率分析河北省信息传输、软件和信息技术服务业上市公司的营运效率。基于同样的原因，也是只分析 2015 年至 2016 年的数据资料。

从表 3-20 数据显示，2015~2016 年河北省信息传输、软件和信息技术服务业上市公司平均营业周期为 96.03 天，全国同行业为 271.81 天，河北省信息传输、软件和信息技术服务业上市公司营业周期比全国少 175.78 天。而且，河北省信息传输、软件和信息技术服务业的应收账款周转天数、存货周转天数均明显低于全国同行业平均水平。另外与全国同行业的流动资产周转率和总资产周转率比较来看，河北省信息传输、软件和信息技术服务业上市公司的指标值均高于全国同行业平均水平。说明与全国同行业相比，河北省信息传输、软件和信息技术服务业上市公司营运效率较高。

另外，与河北省平均数的比较情况看，河北省信息传输、软件和信息技术服务业上市公司平均应收账款周转天数为 67.64 天，存货周转天数为 28.39 天，营业周期为 96.03 天，而河北省上市公司平均应收账款周转天数为 79.19 天，存货周转天数为 222.06 天，营业周期为 298.67 天。另外，河北省信息传输、软件和信息技术服务业上市公司流动资产周转率、总资产周转率分别为 1.58 和 0.64，而河北省上市公司流动资产周转率和总资产周转率平均数分别为 1.26 和 0.67，河北省信息传输、软件和信息技术服务业上市公司流动资产周转率和总资产周转率指标都高于河北省上市公司平均水平。说明与河北省上市公司相比，河北省信息传输、软件和信息技术服务业上市公司营运效率相对较高。

表 3－20 河北省信息传输、软件和信息技术服务业和全国同行业上市公司营运效率对比

单位：天

指标		应收账款周转天数	存货周转天数	营业周期	流动资产周转率	总资产周转率
2015 年	河北省	43.91	55.20	99.12	1.78	0.71
	全国	143.39	156.15	289.67	0.98	0.58
	差距	-99.47	-100.94	-190.55	0.80	0.13
2016 年	河北省	91.36	1.58	92.94	1.38	0.57
	全国	136.76	128.45	253.94	0.92	0.54
	差距	-45.40	-126.87	-161.00	0.46	0.03
平均值	河北省	67.64	28.39	96.03	1.58	0.64
	全国	140.07	142.30	271.81	0.95	0.56
	差距	-72.44	-113.91	-175.78	0.63	0.08

三 河北上市公司分板块营运能力分析

在我国，股票市场有深市 A 股、沪市 A 股、中小企业板和创业板四个不同的板块市场（本文没有将 B 股市场列入其中）。不同“板”市场对拟上市公司在经营时间、财务、股本规模、业务经营和公司管理等方面都有不同的要求。也就是说，在不同“板”市场上市的公司表现出不同的特点。下面分别从深市 A 股、沪市 A 股、中小企业板和创业板四个不同的板块市场，研究河北省与全国同板块以及河北省整体的营运资金额和营运资金率的对比情况。

（一）河北省深市 A 股与全国深市 A 股对比分析

1. 营运资金分析

下面通过选取流动资产总额、流动负债总额、营运资金、流动资产占总资产比率、流动负债占总负债比率五个指标分析河北省深市 A 股上市公司的营运资金金额。

表3－21数据显示，2012～2016年河北省深市A股流动资产占全国深市A股上市公司流动资产的比重为3.64%，流动负债占全国深市A股上市公司流动负债的比重为6.27%。对于营运资金，2012～2016年在全国深市A股上市公司营运资金均为正的情况下，河北省深市A股上市公司均为负，显示河北省深市A股营运资金不足。从流动资产占总资产的比重以及流动负债占总负债的比重来看，河北省深市A股均略低于全国深市A股平均水平，河北省深市A股流动资产占总资产的比重显著低于流动负债占总负债比。说明相对于全国深市A股，河北省深市A股的营运能力较低，有待

表3－21　河北省深市A股与全国深市A股上市公司营运资金额对比

单位：亿元，%

指标		流动资产总额	流动负债总额	营运资金	流动资产占总资产比重	流动负债占总负债比重
2012年	河北省	1085.45	1393.04	－533.56	50	75
	全国	25835.55	21900.00	4146.53	53	81
	占比	4.20	6.36	—	－3	－6
2013年	河北省	1215.14	1717.41	－471.52	46	79
	全国	29363.48	24108.80	5463.98	53	80
	占比	4.14	7.12	—	－6	－1
2014年	河北省	1287.39	1873.49	－586.10	46	76
	全国	35065.67	28809.40	6311.83	53	78
	占比	3.67	6.50	—	－7	－2
2015年	河北省	1360.39	2082.17	－719.83	47	75
	全国	39902.40	32188.35	8135.15	53	77
	占比	3.41	6.47	—	－5	－2
2016年	河北省	1607.72	2048.75	－441.03	48	74
	全国	49994.56	38373.23	11630.19	53	77
	占比	3.22	5.34	—	－5	－3
平均值	河北省	1311.21	1822.97	－550.41	47	76
	全国	36032.33	29075.96	7137.54	53	79
	占比	3.64	6.27	—	－5	－3

提高。同河北省所有上市公司数据比较看，无论是流动资产占总资产比还是流动负债占总负债的比，都低于河北省总体平均水平，应从调节负债结构和增加流动资产入手提高河北省深市 A 股上市公司的营运能力。

2. 营运效率的分析

下面分别从应收账款周转天数、存货周转天数、营业周期、流动资产周转率、总资产周转率分析河北省深市 A 股上市公司的营运效率。

表 3-22 数据显示，2012～2016 年河北省深市 A 股上市公司平均营业周期为 213.02 天，全国深市 A 股上市公司平均营业周期为 606.68 天，河北

表 3-22　河北省深市 A 股和全国深市 A 股上市公司营运效率

单位：天

指标		应收账款周转天数	存货周转天数	营业周期	流动资产周转率	总资产周转率
2012 年	河北省	51.88	192.73	244.60	1.65	0.73
	全国	50.38	409.63	451.27	1.61	0.75
	差距	1.49	-216.90	-206.66	0.04	-0.03
2013 年	河北省	69.42	114.03	183.45	1.55	0.68
	全国	53.91	428.35	475.19	1.55	0.73
	差距	15.52	-314.32	-291.74	0.00	-0.05
2014 年	河北省	102.53	122.31	224.84	1.39	0.59
	全国	95.41	570.61	658.89	1.49	0.68
	差距	7.12	-448.30	-434.06	-0.10	-0.09
2015 年	河北省	99.40	124.90	215.37	1.29	0.53
	全国	80.65	529.29	602.06	1.35	0.61
	差距	18.74	-404.39	-386.69	-0.06	-0.08
2016 年	河北省	92.25	104.59	196.84	1.28	0.51
	全国	84.72	768.83	846.01	1.32	0.61
	差距	7.53	-664.23	-649.17	-0.04	-0.10
平均值	河北省	83.09	131.71	213.02	1.43	0.61
	全国	73.01	541.34	606.68	1.46	0.68
	差距	10.08	-409.63	-393.66	-0.03	-0.07

省深市 A 股上市公司平均营业周期比全国同行业营业周期少 393.66 天。另外，2012～2016 年虽然河北省深市 A 股的应收账款周转天数略高于全国深市 A 股，但是存货周转速度快的优势弥补了应收账款周转速度慢的不足。另外从全国深市 A 股的流动资产周转率和总资产周转率来看，河北省深市 A 股的指标值都略低于全国深市 A 股平均水平。说明同全国深市 A 股相比，河北省深市 A 股营运效率较高，河北省深市 A 股存货周转速度较快，存货的营运效率显著高于全国平均水平，应收账款回收期、流动资产周转速度和总资产周转速度与全国平均水平基本持平，有一定的提升空间。

另外，与河北省总体的情况比较看，河北省深市 A 股平均应收账款周转天数为 83.09 天，存货周转天数为 131.71 天，营业周期为 213.02 天，而 2012～2016 年河北省上市公司平均应收账款周转天数为 79.19 天，存货周转天数为 222.06 天，营业周期为 298.67 天。除了河北省深市 A 股应收账款回收期略高于河北省整体水平，另两个指标都明显低于河北省所有上市公司的平均数。另外河北省深市 A 股流动资产周转率、总资产周转率平均值分别为 1.43 和 0.61，河北省上市公司流动资产周转率和总资产周转率平均数分别为 1.26 和 0.67，流动资产周转率和总资产周转率略微优于河北省平均水平。说明与河北省上市公司相比，虽然除了应收账款回收周期略长，河北省深市 A 股的存货周转天数较短，流动资产周转率和总资产周转率较高，营运效率较高，资产的利用率较好。

（二）河北省沪市 A 股与全国沪市 A 股对比分析

1. 营运资金分析

下面通过选取流动资产总额、流动负债总额、营运资金、流动资产占总资产比率、流动负债占总负债比率等五个指标分析河北省沪市 A 股上市公司的营运资金金额。

表 3－23 数据显示，2012～2016 年河北省沪市 A 股流动资产占全国沪市 A 股上市公司流动资产的比重为 2.31%，流动负债占全国沪市 A 股上市公司流动负债的比重为 2.12%。从流动资产占总资产的比重以及流动负债占总负债的比重来看，河北省沪市 A 股达到全国沪市 A 股平均水平，显示河北省沪市 A 股流动资产与流动负债结构较为合理。同河北省所有上市公司数据比较看，无论是流动资产占总资产比还是流动负债占总负债的比，

都与河北省总体平均水平几乎持平，说明河北省沪市 A 股流动资产与流动负债结构较为合理，营运能力达到河北省平均水平。

表 3-23　河北省沪市 A 股与全国沪市 A 股上市公司营运资金额

单位：亿元，%

指标		流动资产总额	流动负债总额	营运资金	流动资产占总资产比重	流动负债占总负债比重
2012 年	河北省	1511.23	1351.14	161.44	49	77
	全国	80058.39	76507.98	4212.79	52	79
	占比	1.89	1.77	3.83	-3	-1
2013 年	河北省	1842.97	1705.48	150.71	48	78
	全国	84564.34	82766.05	3358.72	51	79
	占比	2.18	2.06	4.49	-2	-1
2014 年	河北省	2315.28	2065.58	256.06	49	78
	全国	107432.21	101835.50	5898.59	52	79
	占比	2.16	2.03	4.34	-3	-1
2015 年	河北省	2857.15	2368.39	488.77	54	74
	全国	124441.34	112271.00	12634.44	52	79
	占比	2.30	2.11	3.87	2	-4
2016 年	河北省	4176.47	3246.69	929.78	54	86
	全国	152240.76	132622.49	19616.72	55	79
	占比	2.74	2.45	4.74	0	7
平均值	河北省	2540.62	2147.45	397.35	51	79
	全国	109747.41	101200.60	9144.25	52	79
	占比	2.31	2.12	4.35	-1	0

2. 营运效率的分析

下面分别从应收账款周转天数、存货周转天数、营业周期、流动资产周转率、总资产周转率分析河北省沪市 A 股上市公司的营运效率。

表 3-24 数据显示，2012～2016 年河北省沪市 A 股上市公司平均营业周期为 283.18 天，全国同板块上市公司平均营业周期为 410.99 天，河北省沪市 A 股上市公司平均营业周期比全国同板块营业周期少 127.81 天。另

外，2012～2016年河北省沪市A股的应收账款周转天数、存货周转天数和营业周期都低于全国同板块平均水平。另外从全国同板块的流动资产周转率和总资产周转率来看，河北省沪市A股的指标值都达到全国同板块平均水平。说明与全国同板块相比，河北省沪市A股营运效率较高，资产的利用率较好。

表3－24　河北省沪市A股与全国沪市A股上市公司营运效率

单位：天

指标		应收账款周转天数	存货周转天数	营业周期	流动资产周转率	总资产周转率
2012年	河北省	43.51	197.72	241.24	1.70	0.77
	全国	52.16	436.26	484.15	1.60	0.74
	差距	－8.65	－238.53	－242.91	0.11	0.03
2013年	河北省	44.41	357.51	401.93	1.62	0.72
	全国	58.47	366.13	422.55	1.60	0.72
	差距	－14.06	－8.62	－20.62	0.02	0.00
2014年	河北省	42.17	239.05	281.23	1.53	0.67
	全国	64.85	280.63	343.49	1.50	0.68
	差距	－22.68	－41.58	－62.26	0.03	－0.01
2015年	河北省	60.21	221.54	269.44	1.27	0.60
	全国	72.87	330.01	399.12	1.38	0.63
	差距	－12.66	－108.47	－129.68	－0.10	－0.03
2016年	河北省	53.48	178.52	222.09	1.31	0.61
	全国	74.43	335.70	405.65	1.35	0.62
	差距	－20.95	－157.18	－183.56	－0.03	－0.01
平均值	河北省	48.76	238.87	283.18	1.49	0.67
	全国	64.56	349.75	410.99	1.48	0.68
	差距	－15.80	－110.87	－127.81	0.00	0.00

另外，跟河北省总体的情况比较看，河北省沪市A股平均应收账款周转天数为48.76天，存货周转天数为238.87天，营业周期为283.18天，而2012～2016年河北省上市公司平均应收账款周转天数为79.19天，存货周转

天数为222.06天，营业周期为298.67天。除了河北省沪市A股存货周转天数略高于河北省整体水平外，另两个指标都明显低于河北省上市公司的平均数。另外河北省沪市A股流动资产周转率、总资产周转率分别为1.49和0.67，河北省上市公司流动资产周转率和总资产周转率平均数分别为1.26和0.67，流动资产周转率和总资产周转率均高于河北省上市公司平均水平。说明与河北省上市公司相比，虽然除了存货周转天数略长，河北省沪市A股其他方面的营运效率较高，且应收账款回收期明显低于河北省平均水平，说明应收账款的周转较快，应收账款的变现能力较强和管理水平较高。

（三）河北省中小板与全国中小板对比分析

1. 营运资金分析

下面通过选取流动资产总额、流动负债总额、营运资金、流动资产占总资产比率、流动负债占总负债比率等五个指标分析河北省中小板上市公司的营运资金金额。

表3-25数据显示，2012~2016年河北省中小板流动资产占全国中小板上市公司流动资产的比重为5.02%，流动负债占全国同板块上市公司流动负债的比重为4.67%。从流动资产占总资产的比重以及流动负债占总负债的比重来看，河北省中小板流动资产占总资产的比重略高于全国同板块平均水平，而流动负债占总负债的比略低于全国同板块总体水平，显示河北省中小板营运能力较强。同河北省所有上市公司数据比较看，河北省中小板流动资产占总资产比重高于河北省整体水平，而流动负债占总负债的比重却低于河北省整体水平，说明河北省中小板营运能力较强，短期营运资金较为充裕。

表3-25 河北省中小板与全国中小板上市公司营运资金额

单位：亿元，%

指标		流动资产总额	流动负债总额	营运资金	流动资产占总资产比	流动负债占总负债比
2012年	河北省	511.84	295.52	216.33	65	77
	全国	12805.25	7792.53	5088.46	62	88
	占比	4.00	3.79	4.25	3	-11

续表

指标		流动资产总额	流动负债总额	营运资金	流动资产占总资产比	流动负债占总负债比
2013 年	河北省	696.16	440.74	257.14	61	77
	全国	14265.34	8978.15	5178.20	59	86
	占比	4.88	4.91	4.97	3	-9
2014 年	河北省	850.60	549.71	302.99	60	76
	全国	17291.18	11604.39	5744.48	58	85
	占比	4.92	4.74	5.27	2	-9
2015 年	河北省	1100.90	654.47	450.96	56	83
	全国	21245.13	14435.31	6972.50	56	85
	占比	5.18	4.53	6.47	-1	-3
2016 年	河北省	1526.42	908.04	618.38	58	75
	全国	27658.41	18175.41	9490.23	57	85
	占比	5.52	5.00	6.52	1	-9
平均值	河北省	937.18	569.69	369.16	60	78
	全国	18653.06	12197.16	6494.77	58	86
	占比	5.02	4.67	5.68	2	-8

2. 营运效率的分析

下面分别从应收账款周转天数、存货周转天数、营业周期、流动资产周转率、总资产周转率分析河北省中小板上市公司的营运效率。

表 3-26 数据显示，2012～2016 年河北省中小板上市公司平均营业周期为 459.93 天，全国同板块上市公司平均营业周期为 259.78 天，河北省中小板上市公司平均营业周期比全国同板块营业周期多 200.15 天。另外，2012～2016 年河北省中小板的应收账款周转天数、存货周转天数和营业周期都高于全国同板块平均水平。另外从全国同板块的流动资产周转率和总资产周转率来看，河北省中小板的指标值都低于全国同板块平均水平。说明与全国同板块相比，河北省中小板营运效率相对较低。

另外，跟河北省总体的情况比较看，河北省中小板平均应收账款周转天数为 129.25 天，存货周转天数为 330.67 天，营业周期为 459.93 天，而

2012～2016年河北省上市公司平均应收账款周转天数为79.19天，存货周转天数为222.06天，营业周期为298.67天。河北省中小板三个指标都明显高于河北省所有上市公司的平均数。另外河北省中小板流动资产周转率、总资产周转率分别为0.83和0.48，河北省上市公司流动资产周转率和总资产周转率平均数分别为1.26和0.67，河北省中小板流动资产周转率和总资产周转率比河北省上市公司平均水平明显偏低。说明与河北省上市公司相比，河北省中小板营运效率依然相对较低。

表3－26　河北省中小板与全国中小板上市公司营运效率

单位：天

指标		应收账款周转天数	存货周转天数	营业周期	流动资产周转率	总资产周转率
2012年	河北省	120.81	288.08	408.89	0.81	0.52
	全国	85.29	154.08	238.58	1.19	0.72
	差距	35.52	134.00	170.31	－0.37	－0.20
2013年	河北省	108.42	281.16	389.58	0.88	0.52
	全国	88.44	158.70	245.90	1.25	0.72
	差距	19.98	122.47	143.68	－0.37	－0.20
2014年	河北省	112.64	302.68	415.32	0.88	0.50
	全国	94.77	165.20	258.27	1.26	0.71
	差距	17.87	137.47	157.05	－0.38	－0.21
2015年	河北省	149.38	384.64	534.03	0.78	0.42
	全国	107.17	174.80	280.26	1.19	0.65
	差距	42.22	209.84	253.77	－0.42	－0.24
2016年	河北省	155.02	396.80	551.82	0.82	0.42
	全国	107.89	170.34	275.90	1.18	0.63
	差距	47.13	226.45	275.92	－0.36	－0.20
平均值	河北省	129.25	330.67	459.93	0.83	0.48
	全国	96.71	164.63	259.78	1.21	0.69
	差距	32.54	166.05	200.15	－0.38	－0.21

四　河北创业板与全国创业板对比分析

1. 营运资金分析

下面通过选取流动资产总额、流动负债总额、营运资金、流动资产占总资产比率、流动负债占总负债比率等五个指标分析河北省创业板上市公司的营运资金金额。

表 3-27 数据显示，2012～2016 年河北省创业板流动资产占全国同板块上市公司流动资产的比重为 1.07%，流动负债占全国同板块上市公司流

表 3-27　河北省创业板与全国创业板上市公司营运资金额

单位：亿元，%

指标		流动资产总额	流动负债总额	营运资金	流动资产占总资产比	流动负债占总负债比
2012 年	河北省	39.33	11.82	27.93	67	93
	全国	3058.59	867.18	2220.87	72	89
	占比	1.29	1.36	1.26	-6	4
2013 年	河北省	43.29	13.29	30.00	62	92
	全国	3339.97	1269.10	2136.03	66	88
	占比	1.30	1.05	1.40	-4	3
2014 年	河北省	48.28	15.69	32.86	62	92
	全国	4401.71	2081.68	2323.43	63	87
	占比	1.10	0.75	1.41	-1	5
2015 年	河北省	70.77	20.68	50.09	62	85
	全国	6506.33	3390.07	3170.22	60	87
	占比	1.09	0.61	1.58	1	-2
2016 年	河北省	85.34	27.15	58.20	61	86
	全国	9583.35	5005.81	4580.42	62	86
	占比	0.89	0.54	1.27	-1	0
平均值	河北省	57.40	17.72	39.82	63	90
	全国	5377.99	2522.77	2886.19	65	87
	占比	1.07	0.70	1.38	-2	2

动负债的比重为0.70%。从流动资产占总资产的比重以及流动负债占总负债的比重来看，河北省创业板流动资产占总资产的比重略低于全国同板块平均水平，而流动负债占总负债的比略高于全国同板块平均水平，显示河北省创业板具有一定的财务风险。同河北省所有上市公司数据比较看，无论流动资产占总资产比重还是流动负债占总负债的比重，都高于河北省总体平均水平，应从调节负债结构和增加流动资产入手提高河北省创业板的营运能力。

2. 营运效率的分析

下面分别从应收账款周转天数、存货周转天数、营业周期、流动资产周转率、总资产周转率分析河北省创业板上市公司的营运效率。

表3－28数据显示，2012～2016年河北省创业板上市公司平均营业周期为277.08天，全国同板块上市公司平均营业周期为291.74天，河北省创业板上市公司平均营业周期比全国同板块营业周期少14.66天。另外，2012～2016年虽然河北省创业板的存货周转天数高于全国同板块平均水平，但是应收账款回收期短的优势弥补了存货周转天数较长的不足。另外从全国同板块的流动资产周转率和总资产周转率来看，河北省创业板的指标值都略高于全国同板块平均水平。说明与全国同板块相比，河北省创业板应收账款周转速度较快，应收账款的利用效率显著高于全国平均水平，流动资产周转速度和总资产周转速度略高于全国平均水平，存货的周转周期略长，存货的管理水平有待提高。

另外，跟河北省总体的情况比较看，河北省创业板平均应收账款周转天数为80.50天，存货周转天数为196.58天，营业周期为277.08天，而2012～2016年河北省上市公司平均应收账款周转天数为79.19天，存货周转天数为222.06天，营业周期为298.67天。除了应收账款周转天数与河北省上市公司持平外，另两个指标都低于河北省所有上市公司的平均数。另外河北省创业板流动资产周转率、总资产周转率分别为0.92和0.57，河北省上市公司流动资产周转率和总资产周转率平均数分别为1.26和0.67，流动资产周转率和总资产周转率比河北省上市公司平均水平偏低。说明与河北省上市公司相比，河北省创业板存货周转速度较快，销售能力较强，应收账款的回收期和总资产周转率达到平均水平，而流动资产周转率偏低，说明流动资产的利用效率有待增强。

表 3－28　河北省创业板与全国创业板上市公司营运效率

单位：天

指标		应收账款周转天数	存货周转天数	营业周期	流动资产周转率	总资产周转率
2012	河北省	86.63	173.26	259.89	0.85	0.56
	全国	123.71	148.90	267.58	0.68	0.49
	差距	－37.08	24.35	－7.70	0.17	0.07
2013	河北省	73.73	186.89	260.62	1.02	0.62
	全国	136.43	157.21	288.66	0.79	0.52
	差距	－62.70	29.68	－28.04	0.24	0.11
2014	河北省	75.20	203.33	278.53	0.95	0.56
	全国	139.80	160.20	296.17	0.89	0.54
	差距	－64.59	43.13	－17.64	0.06	0.01
2015	河北省	78.80	210.07	288.88	0.93	0.57
	全国	146.97	161.10	304.18	0.90	0.54
	差距	－68.17	48.97	－15.31	0.03	0.03
2016	河北省	88.12	209.36	297.49	0.87	0.55
	全国	147.94	157.82	302.09	0.90	0.51
	差距	－59.82	51.54	－4.61	－0.03	0.04
平均值	河北省	80.50	196.58	277.08	0.92	0.57
	全国	138.97	157.05	291.74	0.83	0.52
	差距	－58.47	39.54	－14.66	0.09	0.05

五　河北上市公司营运能力研究结论

（一）河北省上市公司总体情况

2012～2016 年河北省上市公司流动资产占全国流动资产的比重平均为 2.85%，河北省上市公司流动负债占全国流动负债的比重平均为 3.14%，河北省营运资金五年平均值为 244.28 亿元，而全国平均营业资金额 25641.62 亿元，营运资金额占全国营运资金的比重平均仅为 0.95%。河北省上市公司流动负债占全国流动负债的比重高于河北省上市公司流动资产占全国流动资产的比重，河北省营运资金额占全国的比重显著偏低，说明河北省上市公司营运资金额不足，明显低于全国上市公司平均水平。从流动资产占总资产的比重来看，河北省五年平均约为54%，低于全国两个百分点；另外从流动负债占总负债的比重来看，河北省五年平均值为79%，低于全国三个百分点，总体较为合理。总体来看，河北省和全国上市公司流动负债在总负债中都占较大的比重，超过流动资产在总资产中所占比重的25%左右，可能存在一定的财务风险。

2012~2016年河北省上市公司应收账款周转天数平均为79.19天，全国上市公司平均值是87.68天，河北省上市公司平均应收账款周转天数比全国上市公司平均数少8.49天；河北省上市公司存货周转天数平均为222.06天，全国上市公司存货周转天数平均为296.46天，河北省上市公司平均存货周转天数比全国上市公司平均数少74.4天；河北省上市公司营业周期的平均天数为298.67天，全国上市公司平均营业周期为380.04天，河北省上市公司平均营业周期比全国上市公司营业周期少81.37天。河北省上市公司流动资产周转率和总资产周转率平均为1.26和0.67，全国上市公司流动资产周转率和总资产周转率平均为1.30和0.65，河北省上市公司流动资产周转率和总资产周转率均略微低于全国平均水平。说明河北省上市公司资产周转速度较快，营运周期较短，对资产的利用和管理能力较强。

（二）河北省各行业与全国同行业对比情况

1. 河北省农林牧渔业

2012~2015年河北省农林牧渔业上市公司流动负债占全国同行业负债的比重保持平稳的比率，2016年比率增加幅度较大；而流动资产占全国的比重基本逐年上升，而且比率均高于流动负债比重。对于营运资金，从数据上来看，2012~2016年均为正数，显示企业较好的营运能力。从流动资产占总资产的比重来看，河北省农林牧渔业上市公司略高于全国同行业总体水平，而且与河北省上市公司平均值相同，说明河北省农林牧渔业上市公司流动资产比重总体合理；但是河北省农林牧渔业上市公司流动负债占总负债的比重高于全国同行业同比例20个百分点，而且高于河北省上市公司平均值，建议降低河北省农林牧渔业上市公司流动负债的比率以降低短期财务风险。

2012～2016 年河北省农林牧渔业行业平均营业周期与全国同行业相比少了 198.72 天，主要原因是存货周转天数和应收账款回收期均低于全国同行业平均水平。从流动资产周转率和总资产周转率来看，除 2016 年外，河北省农林牧渔业的指标都略高于全国同行业平均水平。与全国同行业相比，河北省农林牧渔业上市公司应收账款、存货、流动资产与总资产的周转速度较快，资产的利用效率较高。跟河北省总体的情况比较看，2012～2016 年河北省农林牧渔业行业应收账款回收期、存货周转天数和营业周期都低于河北省 A 股上市公司的平均数。另外，河北省农林牧渔业行业上市公司流动资产周转率、总资产周转率均高于河北省上市公司总体水平。说明河北省农林牧渔业行业上市公司营运效率较高，高于河北省上市公司总体水平。

2. 河北省采矿业

2012～2016 年，河北省采矿业上市公司 2013 年和 2015 年营业资金都为负数，其他年份虽然营运资金为正数，但是营运资金额都非常小，显示企业营运资金不足。另外全国采矿业上市公司从 2012 年到 2016 年营运资金均为负，说明营运资金不足是全国采矿业面临的共同问题。从流动资产占总资产的比重来看，河北省采矿业略低于全国同行业总体水平，而且远低于河北省总体平均水平；从流动负债占总负债的比重来看，河北省采矿业低于全国同行业平均水平，而且低于河北省所有上市公司的总体平均水平。显示河北省采矿业流动资产结构达到了全国同行业整体水平，但是跟河北省其他行业相比仍有一定差距，流动负债结构优于全国同行业和河北省整体水平。

2012～2016 年河北省采矿业营业周期短于全国同行业平均水平。原因主要是因为存货周转速度快，存货周转天数较少，而且存货周转速度快的优势弥补了应收账款周转速度慢的不足。另外从流动资产周转率和总资产周转率来看，2012～2016 年，河北省采矿业都显著低于全国同行业平均水平，显示河北省采矿业上市公司流动资产和总资产周转速度有待提高。跟河北省总体的比较情况看，河北省采矿业的营业周期显著低于河北省所有上市公司的平均数，主要是因为存货周转效率高弥补了应收账款速度略慢的不足。另外，河北省采矿行业上市公司流动资产周转率、总资产周转率与河北省上市公司总体水平基本持平。从总体来看，与河北省上市公司平均水平相比，河北省采矿行业上市公司存货周转速度远高于河北省上市公司平均水平，其余指标与平均水平基本持平，说明河北省采矿业上市公司资产利用效率较高，营运管理水平较高。

3. 河北省制造业

2012～2016 年河北省制造业上市公司五年中各年度营运资金都为负数，显示河北省制造业上市公司营运资金不足，但是全国同行业同期营运资金都为正数，显示营运资金不足是困扰河北省制造业上市公司的突出问题。从流动资产占总资产的比重来看，河北省制造业低于全国同行业总体水平 3 个百分点，与河北省总体平均水平持平。另外从流动负债占总负债的比重来看，总体流动负债占比低于全国同行业平均水平 5 个百分点，与河北省所有上市公司的总体平均持平。河北省制造业应该进一步增加流动资产，调整流动负债结构，从而提高河北省制造业企业的营运能力。

2012～2016 年河北省制造业营业周期与全国同行业平均值相比略高，主要原因是应收账款周转速度快的优势弥补了存货周转速度略慢的不足。另外河北省制造业上市公司流动资产周转率与总资产周转率和全国同行业相比，几乎持平。说明与全国同行业相比，河北省制造业与全国同行业平均水平基本持平，营运能力较好，但是仍有一定的上升空间。跟河北省总体的情况比较看，河北省制造业的营业周期低于河北省上市公司的平均值，虽然应收账款周转天数略高于河北省平均水平，但是存货周转速度的加快弥补了应收账款周转速度略慢的不足。另外河北省制造业上市公司流动资产周转率、总资产周转率与河北省上市公司平均水平几乎持平。说明与河北省平均水平相比，河北省制造业的营运效率与平均值相差不大，营运效率处于中等水平，通过营运资金管理，有一定的提高空间。

4. 河北省电力、热力、燃气及水生产和供应业

2012～2016 年河北省电力、热力、燃气及水生产和供应业统计年度每年营业资金均为负数，显示河北省电力、热力、燃气及水生产和供应业营运资金不足，而且全国同行业同期营运资金都为负数，显示营运资金不足是困扰全国该行业的普遍问题。从流动资产占总资产的比重以及流动负债占总负债的比重来看，河北省电力、热力、燃气及水生产和供应业两项比率与全国同行业总体水平基本持平。同河北省所有上市公司数据比较看，无论是流动资产占流动资产比还是流动负债占总负债的比，都低于河北省总体平均水平，应从增加流动资产的比重和调节负债结构入手提高河北省电力、热力、燃气及水生产和供应业的营运能力。

2012～2016年河北省电力、热力、燃气及水生产和供应业上市公司营业周期、应收账款周转天数和存货周转天数都明显低于全国同行业平均水平。另外从流动资产周转率和总资产周转率来看，都高于全国同行业平均水平。说明相对于全国同行业，河北省电力、热力、燃气及水生产和供应业营运效率较高。与河北省各行业情况比较看，河北电力、热力、燃气及水生产和供应业平均应收账款周转天数、存货周转天数和营业周期都明显低于河北省所有上市公司的平均数。另外河北省电力、热力、燃气及水生产和供应业流动资产周转率明显高于河北省上市公司，总资产周转率略低于河北省平均水平。说明与河北省上市公司整体相比，除了总资产周转速度略慢，河北省电力、热力、燃气及水生产和供应业营运效率较高，显著高于河北省其他类别上市公司。

5. 河北省批发和零售业

2012～2016年河北省批发和零售行业上市公司的营运资金，除了2016年，其余各年度营业资金都为负数，显示河北省批发和零售业营运资金不足。在全国同行业同期营运资金为正数的情况下，河北省批发和零售业营运资金为负，显示营运资金不足是困扰河北省批发和零售行业的重要问题。从流动资产占总资产的比重以及流动负债占总负债的比重来看，河北省批发和零售业两项比率都略高于全国同行业总体水平。同河北省所有上市公司数据比较看，无论是流动资产占总资产比还是流动负债占总负债的比，都高于河北省总体平均水平，应从调节负债结构和筹资方式入手提高河北省批发和零售业企业的营运能力。

2012～2016年河北省批发和零售业应收账款周转天数、存货周转天数均高于全国同行业平均水平，流动资产周转率和总资产周转率都低于全国同行业平均水平。说明与全国同行业相比，河北省批发和零售业整体营运效率不高。与河北省总体的情况比较看，河北省批发和零售业平均应收账款周转天数、存货周转天数和营业周期都明显低于河北省A股上市公司的平均数。另外河北省批发和零售业流动资产周转率低于河北省平均水平，而总资产周转率比河北省上市公司平均水平略高。说明与河北省上市公司相比，除了流动资产周转速度略慢，河北省批发和零售业的营运效率较高，高于河北省其他类别上市公司。

6. 河北省交通运输、仓储和邮政业

2012～2016 年河北省交通运输、仓储和邮政业行业的营运资金，2012～2014 年为负，虽然 2015 年和 2016 年变为正数，但是营运资金额较小，显示河北省交通运输、仓储和邮政业营运资金不足。在全国同行业同期营运资金为负数的情况下，河北省交通运输、仓储和邮政业营运资金也为负数，显示营运资金不足是困扰全国该行业的普遍问题。河北省交通运输、仓储和邮政业流动资产占总资产的比重略低于全国同行业平均水平，而流动负债占总负债的比略高于全国同行业总体水平，显示河北省交通运输、仓储和邮政业具有一定的财务风险。同河北省所有上市公司数据比较看，无论流动资产占总资产比重还是流动负债占总负债的比重，都低于河北省总体平均水平，应从调节负债结构和增加流动资产入手提高河北省交通运输、仓储和邮政业的营运能力。

2012～2016 年河北省交通运输、仓储和邮政业上市公司的应收账款周转天数、存货周转天数和营业周期都低于全国同行业平均水平。另外从全国同行业的流动资产周转率和总资产周转率来看，河北省交通运输、仓储和邮政业的指标值都略低于全国同行业平均水平。说明同全国同行业相比，河北省交通运输、仓储和邮政业存货和应收账款周转速度较快，存货和应收账款的营运效率显著高于全国平均水平，流动资产周转速度和总资产周转速度略低于全国平均水平，这两方面的营运效率有待提高。另外，跟河北省总体的情况比较看，河北省交通运输、仓储和邮政业平均应收账款周转天数、存货周转天数和营业周期都明显低于河北省所有上市公司的平均数。另外河北省交通运输、仓储和邮政业，流动资产周转率明显优于河北省平均水平，而总资产周转率比河北省上市公司平均水平明显偏低。说明与河北省上市公司相比，虽然除了总资产周转速度偏低，河北省交通运输、仓储和邮政业其他方面的营运效率较高，并且高于河北省其他类别上市公司，但是总资产周转速度会进一步影响企业的盈利能力，因此提高总资产周转率对于交通运输、仓储和邮政业来说是很有必要的。

7. 河北省房地产业

2012～2016 年河北省房地产行业上市公司的营运资金均为正数，显示河北省房地产行业营运资金较为充足，营业能力较强。河北省房地产行业流动资产占总资产的比重和流动负债占总负债的比重都略高于全国同行业总体水平，显示河北省房地产行业的营运形势与全国形势基本一致。同河北省所有上市公司数据比较看，无论是流动资产占总资产比重还是流动负债占总负债的比重，都高于河北省上市公司总体平均水平，另外流动资产占总资产比重较高也是房地产行业一个突出特点，应当促进存量库存的销售，使流动资产在总资产中保持合理的比重。

2012～2016年河北省房地产行业上市公司平均营业周期、应收账款周转天数、存货周转天数均明显低于全国同行业平均水平。另外与全国同行业的流动资产周转率和总资产周转率对比来看，总资产周转率高于全国同行业平均水平，而流动资产周转率略低于全国同行业平均水平。从整体来看，与全国同行业对比，河北省房地产业营运效率相对较高，尤其是存货的周转速度快，销售能力较强。另外，与河北省总体的情况比较看，河北省房地产业除了应收账款周转天数指标，其余两个指标都明显高于河北省所有上市公司的平均数，甚至存货周转天数和营业周期是河北省所有上市公司平均水平的5倍左右。另外河北省房地产业流动资产周转率、总资产周转率明显低于河北省上市公司总体水平。说明与河北省上市公司相比，河北省房地产类行业营运效率非常低，而营运效率低的直接原因是存货库存量过大，应当增加存量房产的销售，提高营运效率。

8. 河北省综合行业类

2012～2016年河北省综合类行业上市公司的营运资金都为正数，显示企业营运资金虽然充足，但是数额极小。河北省综合类行业上市公司流动资产占总资产的比重略低于全国同行业平均水平，而流动负债占总负债的比略高于全国同行业总体水平，显示河北省综合类行业上市公司短期偿债能力低于全国同行业平均水平，可能具有一定的财务风险。同河北省所有上市公司数据比较看，流动资产占总资产比重低于河北省上市公司平均水平，流动负债占总负债的比重高于河北省上市公司平均水平。说明与河北省上市公司相比，河北省综合类行业上市公司短期内可能具有一定的财务风险，应从提高流动资产的比例和降低流动负债入手提高河北省综合类行业企业的营运能力。

2012～2016年河北省综合类行业上市公司营业周期短于全国同行业平

均水平，主要是因为存货周转速度的加快弥补了应收账款周转率慢的不足。另外与全国同行业的流动资产周转率和总资产周转率比较来看，河北省综合类行业上市公司的指标值均明显低于全国同行业平均水平。说明与全国同行业相比，河北省综合类行业上市公司，存货的营运效率高，但是应收账款、流动资产以及总资产的营运效率相对较低。另外，与河北省平均数的比较情况看，河北省综合类行业上市公司平均应收账款周转天数、存货周转天数和营业周期均高于河北省上市公司平均水平。另外，河北省综合类行业公司流动资产周转率和总资产周转率指标都显著低于河北省上市公司总体水平。说明与河北省上市公司相比，河北省综合类行业营运效率相对较低。

9. 河北省信息传输、软件和信息技术服务业

2015～2016年河北省信息传输、软件和信息技术服务业的营运资金，在全国营运资金为负数的情况下，河北省信息传输、软件和信息技术服务业营运资金为正值，显示企业营运资金较为充足。从流动资产占总资产的比重以及流动负债占总负债的比重来看，河北省信息传输、软件和信息技术服务业均低于全国同行业平均水平。同河北省所有上市公司数据比较看，流动资产占总资产比重明显低于河北省上市公司平均水平，而流动负债占总负债的比重却略低于河北省上市公司平均水平。说明与河北省上市公司相比，河北省信息传输、软件和信息技术服务业上市公司短期内可能具有一定的财务风险，应从调整流动资产的比例和降低流动负债入手提高河北省信息传输、软件和信息技术服务业的营运能力。

2015～2016年河北省信息传输、软件和信息技术服务业上市公司平均营业周期、应收账款周转天数和存货周转天数均明显低于全国同行业平均水平。另外与全国同行业的流动资产周转率和总资产周转率比较来看，河北省信息传输、软件和信息技术服务业上市公司的指标值均高于全国同行业平均水平。说明与全国同行业相比，河北省信息传输、软件和信息技术服务业上市公司营运效率较高。另外，与河北省平均数的比较情况看，河北省信息传输、软件和信息技术服务业上市公司总平均应收账款周转天数、存货周转天数和营业周期均低于河北省上市公司平均水平。另外，河北省信息传输、软件和信息技术服务业上市公司流动资产周转率和总资产周转率指标都高于河北省上市公司平均水平。说明与河北省上市公司相比，河北省信息传输、软件和信息技术服务业上市公司营运效率相对较高。

（三）河北省上市公司分板块营运能力分析

1. 河北省深市 A 股

2012～2016 年河北省深市 A 股的营运资金，2012～2016 年在全国深市 A 股上市公司营运资金均为正的情况下，河北省深市 A 股上市公司均为负，显示河北省深市 A 股营运资金不足。从流动资产占总资产的比重以及流动负债占总负债的比重来看，河北省深市 A 股均略低于全国深市 A 股平均水平，河北省深市 A 股流动资产占总资产的比重显著低于流动负债占总负债比。说明相对于全国深市 A 股，河北省深市 A 股的营运能力较低，有待提高。同河北省所有上市公司数据比较看，无论流动资产占总资产比重还是流动负债占总负债的比重，都低于河北省总体平均水平，应从调节负债结构和增加流动资产入手提高河北省深市 A 股的营运能力。

2012～2016 年河北省深市 A 股上市公司平均营业周期明显短于全国深市 A 股上市公司，主要原因是存货周转速度快的优势弥补了应收账款周转速度慢的不足。另外从全国深市 A 股的流动资产周转率和总资产周转率来看，河北省深市 A 股的指标值都略低于全国深市 A 股平均水平。说明同全国深市 A 股相比，河北省深市 A 股营运效率较高，河北省深市 A 股存货周转速度较快，存货的营运效率显著高于全国平均水平，应收账款回收期、流动资产周转速度和总资产周转速度与全国平均水平基本持平，有一定的提升空间。另外，与河北省总体的情况比较看，除了河北省深市 A 股应收账款回收期略高于河北省整体水平，存货周转天数和营业周期都明显低于河北省所有上市公司的平均数。另外河北省深市 A 股流动资产周转率和总资产周转率略优于河北省平均水平。说明与河北省上市公司相比，虽然除了应收账款回收周期略长，河北省深市 A 股的存货周转天数较短，流动资产周转率和总资产周转率较高，营运效率较高，资产的利用率较好。

2. 河北省沪市 A 股

2012～2016 年河北省沪市 A 股的流动资产占总资产的比重以及流动负债占总负债的比重，达到全国沪市 A 股平均水平，显示河北省沪市 A 股流动资产与流动负债结构较为合理。同河北省所有上市公司数据比较看，无论是流动资产占总资产比重还是流动负债占总负债的比重，都与河北省总体平均水平几乎持平，说明河北省沪市A股流动资产与流动负债结构较为合理，营运能力达到河北省平均水平。

2012～2016年河北省沪市A股上市公司平均营业周期、应收账款周转天数和存货周转天数都低于全国同板块平均水平。另外从全国同板块的流动资产周转率和总资产周转率来看，河北省沪市A股的指标值都达到全国同板块平均水平。说明与全国同板块相比，河北省沪市A股营运效率较高，资产的利用率较好。另外，跟河北省总体的情况比较看，除了河北省沪市A股存货周转天数略高于河北省整体水平，另两个指标都明显低于河北省上市公司的平均数。另外河北省沪市A股流动资产周转率和总资产周转率均高于河北省上市公司平均水平。说明与河北省上市公司相比，虽然除了存货周转天数略长，河北省沪市A股其他方面的营运效率较高，且应收账款回收期明显低于河北省平均水平，说明其应收账款的周转较快，应收账款的变现能力较强和管理水平较高。

3. 河北省中小板

2012～2016年河北省中小板的流动资产占总资产的比重平均略高于全国同板块平均水平，而流动负债占总负债的比重平均略低于全国同板块总体水平，显示河北省中小板营运能力较强。同河北省所有上市公司数据比较看，河北省中小板流动资产占总资产比重高于河北省整体水平，而流动负债占总负债的比重却低于河北省整体水平，说明河北省中小板营运能力较强，短期营运资金较为充裕。

2012～2016年河北省中小板的应收账款周转天数、存货周转天数和营业周期都高于全国同板块平均水平。另外从全国同板块的流动资产周转率和总资产周转率来看，河北省中小板的指标值都低于全国同板块平均水平。说明与全国同板块相比，河北省中小板营运效率相对较低。另外，跟河北省总体的情况比较看，河北省中小板平均应收账款周转天数、存货周转天数和营业周期都明显高于河北省所有上市公司的平均数。另外河北省中小板流动资产周转率和总资产周转率比河北省上市公司平均水平明显偏低。说明与河北省上市公司相比，河北省中小板营运效率依然相对较低。

4. 河北省创业板

2012～2016年河北省创业板流动资产占总资产的比重略低于全国同板块平均水平，而流动负债占总负债的比重略高于全国同板块总体水平，显示河北省创业板具有一定的财务风险。同河北省所有上市公司数据比较看，无论是流动资产占总资产比还是流动负债占总负债的比，都高于河北省总体平均水平，应从调节负债结构和增加流动资产入手提高河北省创业板上市公司的营运能力。

2012～2016年，河北省创业板上市公司平均营业周期短于全国同板块营业周期，主要原因是应收账款回收期短的优势弥补了存货周转天数较长的不足。另外从全国同板块的流动资产周转率和总资产周转率来看，河北省创业板的指标值都略高于全国同板块平均水平。说明与全国同板块相比，河北省创业板应收账款周转速度较快，应收账款的利用效率显著高于全国平均水平，流动资产周转速度和总资产周转速度略高于全国平均水平，存货的周转周期略长，存货的管理水平有待提高。另外，跟河北省总体的情况比较看，除了应收账款周转天数与河北省上市公司持平，河北省创业板存货周转天数和营业周期都低于河北省所有上市公司的平均数。另外河北省创业板流动资产周转率和总资产周转率比河北省上市公司平均水平偏低。说明与河北省上市公司相比，河北省创业板存货周转速度较快，销售能力较强，应收账款的回收期和总资产周转率达到平均水平，而流动资产周转率偏低，说明流动资产的利用效率有待增强。

分报告四
河北上市公司业绩发展报告

业绩是企业经营的最终成果，也是企业持续发展的基础和价值支撑。对上市公司进行业绩状况分析和评价，有助于了解河北省上市公司的总体经营水平、判别这些公司未来的努力方向，促进经济发展和市场资源的有效合理配置。

本报告从市值业绩、主要财务指标及综合业绩三个方面分析了河北省上市公司业绩情况。首先，针对河北省上市公司 2016 年度市值状况及个股投资回报率水平与全国各省份比较，分析市值业绩水平；其次，针对 2012～2016 年河北省上市公司业绩构成的主要财务指标与全国上市公司进行对比分析；最后，在上述基础上，运用国务院国资委对央企进行财务绩效评价所采取的指标体系，计算河北省上市公司 2016 年综合业绩得分，并对上市公司业绩得分进行排序和分类，分析评价河北省上市公司的综合业绩水平。

一　河北上市公司市值分析

河北省上市公司的市值业绩分析，主要通过市值状况和投资回报率两个指标来进行。

（一）河北省上市公司市值状况

截至 2016 年底，河北省上市公司的市值总额为 7923.0126 亿元，其中 A 股市值 7814.8754 亿元，B 股市值 108.1372 亿元①，A 股自由流通市值 6029.46

① 市值总额指个股市值的总和，个股市值 = 个股发行总股数 × 年收盘价。其中 B 股市值在年收盘价基础上按照当日交易币种对人民币汇率中间价调整为人民币价格；因为对上市公司业绩分析中，我们剔除了 B 股上市公司，故以下各项业绩分析中均指 2016 年 51 家 A 股上市公司的业绩状况，与全国其他省份的横向比较也均指 A 股上市公司。鉴于 2016 年首次发现金融业上市公司，而金融业属于特殊行业，故除市值计算含金融业，其他计算则剔除了金融业。

亿元，全年股票交易总额23699.1811亿元，上市公司平均市值153.23亿元。较2014年分别增长36.05%、180.94%、69.08%和30.71%，较2015年度分别增长-2.51%、82.45%、-43.04%和-0.60%（见表4-1）。

表4-1　河北A股上市公司2014~2016年市值状况

年度	总市值(亿元)	自由流通市值(亿元)	股票交易总额(亿元)	平均市值(亿元)
2014	5744.16	2146.15	14016.6329	117.23
2015	8015.77	3304.64	41605.5535	154.15
2016	7814.88	6029.46	23699.1811	153.23
较2014年增长	36.05%	180.94%	69.08%	30.71%
较2015年增长	-2.51%	82.45%	-43.04%	-0.60%

相较于其他省份，河北省总市值排名第14位，在各省份排名中处于中等偏上水平，但是，距离各省平均数16345.7396亿元，河北省还有比较大的差距；从上市公司平均市值情况看，河北省平均市值在全国各省份排名中居第7位，比总市值排名靠前，而且比全国平均值144.66亿元要高（见表4-2）。另外，从反映上市公司市场溢价的市净率指标看，河北省51家A股上市公司的平均市净率截至2016年底为5.38，在各省平均市净率排名中居第19位（降序排列），处于全国中等水平偏下，表明河北省A股上市公司在资本市场的溢价不高，具有较好的市场投资价值。

表4-2　2016年各省份A股上市公司市值状况

省份	A股上市公司数量（个）	总市值（亿元）	总市值排名	平均市值（亿元）	平均市值排名	平均市净率①
北京	281	122604.3830	1	436.31	1	9.04
广东	470	78103.9734	2	166.18	5	5.91
上海	237	51073.5906	3	215.50	3	4.99
浙江	326	40889.8697	4	125.43	15	5.34
江苏	316	37086.7602	5	117.36	21	4.75
山东	169	19161.1643	6	113.38	23	7.55

① 平均市净率为各省份个股市净率的平均值。其中，个股市净率=年个股总市值/年末净资产。如遇个股净资产为负，则不计入平均值。

续表

省份	A股上市公司数量（个）	总市值（亿元）	总市值排名	平均市值（亿元）	平均市值排名	平均市净率
福建	106	14593.7420	7	137.68	11	8.64
四川	110	13425.8233	8	122.05	17	23.00
湖北	96	11406.1545	9	118.81	19	8.52
安徽	93	10530.3561	10	113.23	24	3.66
湖南	86	9124.2513	11	106.10	27	12.76
辽宁	74	8827.0202	12	119.28	18	5.43
河南	74	8714.7870	13	117.77	20	6.55
河北	51	7814.8754	14	153.23	7	5.38
贵州	23	6839.1320	15	297.35	2	3.66
重庆	43	6622.8590	16	154.02	6	8.31
陕西	45	6437.7950	17	143.06	9	5.05
新疆	47	6277.9009	18	133.57	13	4.32
山西	38	5621.1627	19	147.93	8	5.20
天津	45	5270.5415	20	117.12	22	5.51
内蒙古	25	4980.1557	21	199.21	4	3.43
黑龙江	35	4412.7868	22	126.08	14	4.01
吉林	42	4391.6251	23	104.56	28	5.47
江西	37	3966.0262	24	107.19	26	5.27
云南	32	3928.6545	25	122.77	16	12.36
海南	28	3839.4332	26	137.12	12	9.64
广西	36	3762.8560	27	104.52	29	5.45
甘肃	30	2767.8584	28	92.26	30	7.38
青海	12	1657.1818	29	138.10	10	4.01
西藏	14	1528.0742	30	109.15	25	7.31
宁夏	12	1057.1343	31	88.09	31	4.96
平均值	—	16345.7396	—	144.66	—	6.87

2016年河北省51家A股上市公司共涉及10个大的行业类别。从图4-1、图4-2的各行业情况看，2016年河北省上市公司中行业市值总额最高的是制造业，为5302.33亿元。这是由于制造业上市公司数量最多，共39家。从

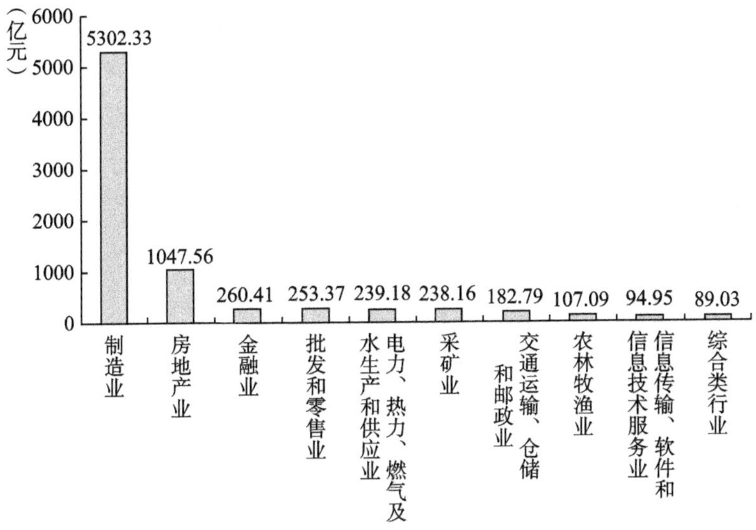

图 4-1　2016 年河北省上市公司行业市值总额

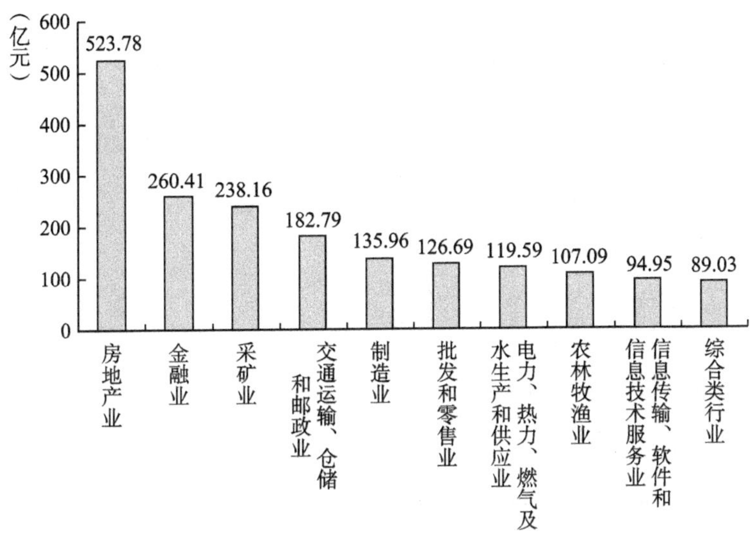

图 4-2　2015 年河北省上市公司行业平均市值

行业平均市值看，房地产业创造了最高的上市公司平均市值，两家 A 股房地产上市公司平均市值为 523.78 亿元。其次是金融业，2016 年，河北上市公司首次出现金融业上市公司宝硕股份。宝硕股份在 2016 年度实施重大资产重组，实现了产业转型和结构调整，新增证券服务业务，公司行业由原先的橡胶和塑料制品业转为资本市场服务，隶属金融业。2016 年宝硕股份作为河北唯一的金融业上市公司，创造了 260.41 亿元的行业平均市值（也是个股平均市值）。第三名是采矿业，1 家上市公司（冀中能源）创造了 238.16 亿元的公司市值。第四名是交通运输、仓储和邮政业，该行业 1 家上市公司唐山港，创造了 182.79 亿元的公司市值。制造业在行业平均市值中排名第 5 位，39 家制造业上市公司创造了 135.96 亿元的行业平均市值。

河北上市公司数量较少，行业分布不均匀。从表 4－3 可见，制造业上市公司数量较多，共 39 家；房地产业，批发和零售业，电力、热力、燃气及水生产和供应业，这三个行业各有 2 家上市公司；其余 6 个行业大类的上市公司都仅有 1 家。故行业市值分析的可说明性较差，应从个股市值角度进行分析更具可比性（见表 4－4）。

表 4－3　2016 年河北各行业上市公司数量

单位：家

行业名称	行业代码	公司数量
制造业	C	39
房地产业	K	2
批发和零售业	F	2
电力、热力、燃气及水生产和供应业	D	2
金融业	J	1
采矿业	B	1
交通运输、仓储和邮政业	G	1
农林牧渔业	A	1
信息传输、软件和信息技术服务业	I	1
综合类行业	S	1
合计	—	51

从上市公司个股情况看，2016 年华夏幸福个股市值 706.23 亿元，居河北省上市公司第 1 名；长城汽车、中国动力、东旭光电、河钢股份则分别排第 2 名至第 5 名。*ST 冀装的市值最低，为 35.57 亿元。河北省上市公司最高市值与最低市值差距较大，相差 20 余倍。此外，从个股市净率指标看，河钢股份市净率大于 1（2016 年其市场价值被低估）；廊坊发展的市净率最高，为 48.37，市场溢价偏高，投资风险较大；51 家 A 股上市公司市净率均值为 5.48，数值比较正常。

表 4－4　2016 年河北省上市公司个股市值状况

证券代码	证券简称	个股交易金额（亿元）	个股流通市值（亿元）	个股总市值（亿元）	总市值排名	个股市净率
600340	华夏幸福	706.75	632.34	706.23	1	1.86
601633	长城汽车	372.60	666.67	666.67	2	1.41
600482	中国动力	615.61	160.13	531.15	3	1.99
000413	东旭光电	3597.34	336.61	528.09	4	2.29
000709	河钢股份	970.80	354.60	354.66	5	0.76
002146	荣盛发展	412.43	264.15	341.33	6	1.35
600155	宝硕股份	425.93	61.75	260.41	7	1.72
000937	冀中能源	678.78	195.90	238.16	8	1.19
002049	紫光国芯	840.04	196.47	199.89	9	6.10
002603	以岭药业	0.48	154.85	194.44	10	3.65
000778	新兴铸管	764.72	188.34	188.36	11	1.02
601258	庞大集团	512.29	179.50	184.90	12	1.41
601000	唐山港	235.42	161.04	182.79	13	1.23
600409	三友化工	406.37	173.75	173.75	14	2.33
000401	冀东水泥	299.40	160.32	160.36	15	1.44
000600	建投能源	185.02	96.80	159.10	16	1.20
000158	常山股份	358.92	95.72	158.93	17	2.77
600803	新奥股份	155.87	140.57	140.57	18	2.67
002108	沧州明珠	1349.34	125.16	130.69	19	4.71
300368	汇金股份	1150.23	34.14	118.69	20	9.09
000687	华讯方舟	578.99	81.63	116.33	21	8.47
000848	承德露露	359.12	109.45	109.50	22	5.46
600965	福成股份	206.99	69.06	107.09	23	6.10
600559	老白干酒	338.18	81.73	102.29	24	6.36
600812	华北制药	144.84	86.30	102.09	25	1.93
000889	茂业通信	277.68	68.00	94.95	26	3.87
600550	保变电气	119.39	83.89	93.76	27	14.79
600149	廊坊发展	1556.72	89.03	89.03	28	48.37
600997	开滦股份	220.78	88.28	88.28	29	1.01
600722	金牛化工	304.04	80.21	80.21	30	7.18

续表

证券代码	证券简称	个股交易金额（亿元）	个股流通市值（亿元）	个股总市值（亿元）	总市值排名	个股市净率
000958	东方能源	362.78	36.39	80.08	31	3.10
300255	常山药业	154.23	47.25	73.86	32	3.23
600230	*ST 沧大	180.10	69.69	69.69	33	4.24
002459	天业通联	162.11	36.00	68.76	34	5.56
300081	恒信移动	670.73	35.34	68.47	35	5.91
600480	凌云股份	153.26	54.66	68.14	36	1.41
002442	龙星化工	144.59	44.62	67.01	37	6.04
002342	巨力索具	205.73	59.81	66.34	38	2.74
002691	冀凯股份	84.84	64.18	64.58	39	7.55
300491	通合科技	693.37	14.90	60.37	40	14.57
300428	四通新材	332.93	15.46	60.04	41	9.58
002494	华斯股份	415.13	35.26	53.36	42	2.67
600135	乐凯胶片	388.24	50.54	51.17	43	3.09
300137	先河环保	396.65	42.42	50.28	44	3.36
300138	晨光生物	160.29	30.96	47.78	45	3.13
000923	河北宣工	323.42	47.42	47.42	46	11.62
300371	汇中股份	177.36	13.95	47.14	47	8.61
002282	博深工具	96.29	26.01	46.66	48	5.82
300446	乐凯新材	223.21	27.75	45.26	49	9.10
300107	建新股份	137.96	24.88	40.19	50	4.41
000856	*ST 冀装	90.92	35.57	35.57	51	10.18
平均		464.69	118.22	153.23	—	5.48

（二）河北省上市公司投资回报率

上市公司投资回报率指投资者对公司股票进行投资的回报率，以考虑现金红利再投资的年个股回报率表示。其计算公式为：

$$r_{n,t}=\frac{P_{n,t}}{P_{n,t-1}}-1$$

其中：$P_{n,t}$为股票 n 在 t 年最后一个交易日考虑现金红利再投资的日收盘价的可比价格；

$P_{n,t-1}$为股票 n 在（$t-1$）年最后一个交易日考虑现金红利再投资的日收盘价的可比价格。

从图 4－3 统计年度 5 年间上市公司投资回报率情况看，河北省上市公司个股回报率水平与全国 A 股上市公司个股回报率水平在 5 年间的变动趋势大体相当，并交叉上涨。2012 年，河北上市公司个股回报率（7.76%）高于全国 A 股水平（3.90%）；2013 年，河北上市公司个股回报率（12.58%）低于全国 A 股水平（28.70%）；2014 年，河北上市公司个股回报率（61.07%）高于全国 A 股水平（44.85%）；2015 年，河北上市公司的个股投资回报率（65.67%）重新低于全国 A 股水平的 78.60%；2016 年，河北上市公司个股回报率 1.65%，全国 A 股个股回报率水平降至 0 以下，为 －9.51%。无论是河北上市公司还是全国 A 股上市公司，2012～2015 年其个股回报水平均呈上升趋势，2016 年度急剧下降。从图 4－3 可见，2014 年、2015 年，上市公司为投资者带来较高回报；2016 年，资本市场投资者的回报水平偏低，其中投资于河北上市公司的回报率在 2016 年要高于全国 A 股市场。

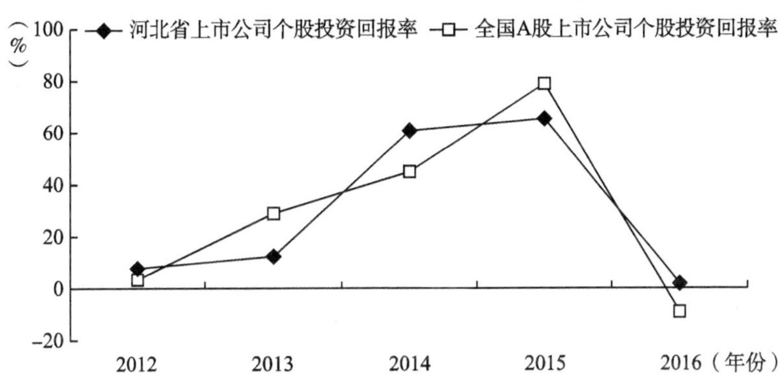

图 4－3　2012～2016 年上市公司个股投资回报率

从表 4－5 的行业投资回报率看，2016 年，河北综合类行业上市公司的投资者获得了最高的个股投资回报率（53.47%）；采矿业、制造业上市公司的投资回报率分别位列第二、第三；除以上三个行业外，河北其他七个行业大类上市公司回报率水平均低于 0，其中电力、热力、燃气及水生产和供应业的回报率最低，为 －28.05%。再看与全国 A 股各行业的比较：以上 10 个行业中，全国A股上市公司行业投资回报率水平均为负值，其中，除了房地产业，农林牧渔业，批发和零售业，电力、热力、燃气及水生产和供应业的投资回报率水平稍高于河北，剩余其他6个行业的回报率水平均低于河北各行业。

表4－5　2016年河北各行业上市公司投资回报率与全国A股上市公司行业回报率水平

单位：%

行业名称	河北行业投资回报率	全国A股行业投资回报率
综合行业类	53.47	-9.19
采矿业	33.86	-0.11
制造业	4.44	-7.02
金融业	-0.07	-7.88
信息传输、软件和信息技术服务业	-3.64	-24.61
交通运输、仓储和邮政业	-10.82	-11.89
房地产业	-17.49	-13.03
农林牧渔业	-19.33	-4.46
批发和零售业	-24.27	-12.65
电力、热力、燃气及水生产和供应业	-28.05	-13.80

我们再看2016年河北省各上市公司的个股投资回报率（见表4－6）。个股回报率最高的是通合科技，为395.40%，最低的是华斯股份，为-47.70%，差距非常大。个股投资回报率排在前五名的包括通合科技、*ST坊展、沧州大化、冀凯股份、冀中能源；50家有年回报数据的公司中，17家公司个股回报率水平高于0，其余33家公司的个股回报率均低于0。

表4－6　2016年河北上市公司个股回报率①

证券代码	证券简称	个股回报率（%）	排名	证券代码	证券简称	个股回报率（%）	排名
300491	通合科技	395.40	1	000848	承德露露	-10.54	26
600149	*ST坊展	53.47	2	600480	凌云股份	-10.64	27

① 2016年河北省51家A股上市公司中，以岭药业（002603）无年个股回报率。故2016年河北省上市公司投资回报率数据只包括其他50家上市公司。

续表

证券代码	证券简称	个股回报率（%）	排名	证券代码	证券简称	个股回报率（%）	排名
600230	沧州大化	52.74	3	601000	唐山港	-10.82	28
002691	冀凯股份	35.95	4	000600	建投能源	-12.60	29
000937	冀中能源	33.86	5	002282	博深工具	-13.83	30
600722	金牛化工	33.83	6	002146	荣盛发展	-14.56	31
000923	河北宣工	32.10	7	300255	常山药业	-18.50	32
600997	开滦股份	28.14	8	002442	龙星化工	-18.60	33
300428	四通新材	25.59	9	300081	恒信东方	-19.21	34
000413	东旭光电	25.15	10	600965	福成股份	-19.33	35
600409	三友化工	22.69	11	000778	新兴铸管	-19.86	36
002108	沧州明珠	16.14	12	600340	华夏幸福	-20.42	37
000401	冀东水泥	9.17	13	300368	汇金股份	-22.99	38
300371	汇中股份	8.37	14	600812	华北制药	-27.06	39
000856	冀东装备	8.07	15	601258	庞大集团	-29.34	40
300138	晨光生物	2.94	16	300137	先河环保	-30.08	41
000709	河钢股份	1.34	17	600550	保变电气	-30.57	42
600155	宝硕股份	-0.07	18	600482	中国动力	-35.09	43
600559	老白干酒	-2.47	19	300446	乐凯新材	-35.58	44
000889	茂业通信	-3.64	20	600135	乐凯胶片	-36.54	45
601633	长城汽车	-6.10	21	000158	常山股份	-38.40	46
300107	建新股份	-7.83	22	000687	华讯方舟	-43.15	47
002342	巨力索具	-9.12	23	000958	东方能源	-43.51	48
600803	新奥股份	-9.29	24	002049	紫光国芯	-45.16	49
002459	天业通联	-9.93	25	002494	华斯股份	-47.70	50

二　河北上市公司财务指标分析

河北省上市公司的财务指标，指对上市公司进行业绩分析时所采取的基本财务指标。此处，我们比照国务院国资委对中央企业进行财务绩效评价的指标体系，选取净资产收益率（ROE）、总资产报酬率（ROA）、总资产周转率、应收账款周转率、资产负债率、已获利息倍数、销售（营业）

增长率、资本保值增值率共四大类八个基本财务指标进行具体分析。其中，净资产收益率、总资产报酬率属于盈利指标；总资产周转率、应收账款周转率属于资产质量指标；资产负债率、已获利息倍数属于债务风险指标；销售（营业）增长率、资本保值增值率属于经营增长指标。

（一）净资产收益率和总资产报酬率

1. 2012～2016年总体状况

图4－4、图4－5可以看出河北省上市公司与全国A股上市公司主要盈利指标近五年的发展变化。首先看净资产收益率：全国A股上市公司统计年度5年净资产收益率比较平稳，尤其是2013～2015年，在6%左右；2016年为7.00%；相对于全国A股上市公司，河北省上市公司统计年度5年间净资产收益率发生了较大变动：2012年为8.85%，高于全国A股水平；2013年河北省上市公司净资产收益率下降为－37.23%，2014年度、2015年上升为3.67%、4.93%，低于同期全国A股水平；2016年，河北省上市公司ROE为8.23%，高于同期全国A股水平的7%。

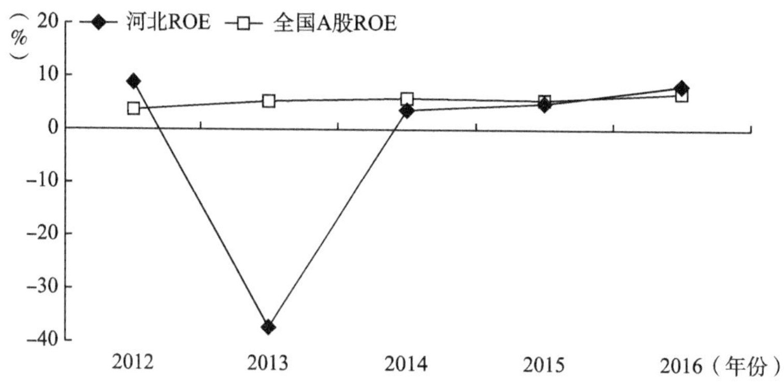

图4－4 2012～2016年上市公司净资产收益率

再看总资产报酬率：无论是A股上市公司还是河北省上市公司，在统计年度5年间总资产报酬率均呈先升后降的趋势。2012年，河北上市公司总资产报酬率为4.17%，低于全国A股上市公司的5.35%；2013～2015年，河北省总资产报酬率水平与全国A股总资产报酬率水平基本持平。2016年，河北省上市公司总资产报酬率为5.46%，略高于全国A股上市公司的平均水平（5.14%）。

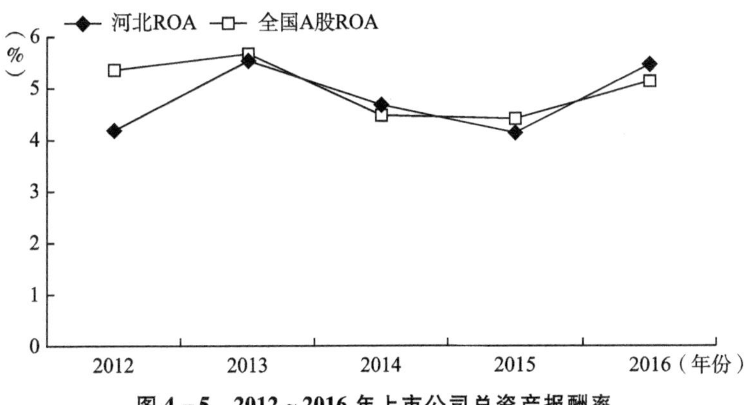

图4-5　2012~2016年上市公司总资产报酬率

2. 2016年分行业情况

2016年，河北省51家A股上市公司共涉及十个行业大类。其中39家制造业公司（共涉及19个细分制造行业）；2家批发和零售业公司（零售业）①；2家房地产业公司；2家电力、热力、燃气及水生产和供应业（电力、热力、生产和供应业公司）公司；农林牧渔业（畜牧业），交通运输、仓储和邮政业（水上运输业），信息传输、软件和信息技术服务业（软件和信息技术服务业），金融业（资本市场服务），采矿业（煤炭开采和洗选业）以及综合类行业上市公司各1家。我们分别看这些不同行业公司的基本盈利指标情况（见表4-7）。

表4-7　2016年上市公司各行业主要盈利指标

行业名称	主要盈利指标	河北上市公司（%）	全国A股上市公司（%）
制造业	净资产收益率	8.53	5.98
	总资产报酬率	5.80	5.36
批发和零售业	净资产收益率	1.60	11.35
	总资产报酬率	1.39	4.21
房地产业	净资产收益率	18.94	6.24
	总资产报酬率	3.39	3.03
电力、热力、燃气及水生产和供应业	净资产收益率	13.32	8.95
	总资产报酬率	7.42	5.50

① 括号中为上市公司细分行业，本段中下同。

续表

行业名称	主要盈利指标	河北上市公司（%）	全国A股上市公司（%）
农林牧渔业	净资产收益率	10.89	2.69
	总资产报酬率	8.46	5.00
交通运输、仓储和邮政业	净资产收益率	10.87	7.08
	总资产报酬率	8.16	5.18
信息传输、软件和信息技术服务业	净资产收益率	9.35	8.98
	总资产报酬率	6.86	6.32
金融业	净资产收益率	-1.91	10.44
	总资产报酬率	-0.98	3.88
采矿业	净资产收益率	0.80	-1.20
	总资产报酬率	1.77	2.00
综合类行业	净资产收益率	-12.83	2.11
	总资产报酬率	-6.44	2.13

（1）制造业

河北省39家制造业上市公司的总资产报酬率为5.80%，略高于全国A股上市公司平均水平5.36%；净资产收益率8.53%，相当于全国A股市场平均水平的1.43倍。这说明河北省制造业上市公司的基本盈利能力比较好。

再看制造业各细分行业的主要盈利指标情况（见表4-8）。39家制造业上市公司涉及的细分行业共19个，其中盈利指标表现最好的是橡胶和塑料制品业，净资产收益率和总资产报酬率分别高出河北制造业上市公司指标平均值12.79%和11.77%；其次是汽车制造业、酒饮料和精制茶制造业，这两个行业的净资产收益率高出河北制造业上市公司平均值7%以上，总资产报酬率则高出3%以上；电气机械及器材制造业的净资产收益率高出河北制造业平均值6.08%，总资产报酬率却略低于河北制造业平均水平。此外，有色金属冶炼及压延加工业、化学原料及化学制品制造业、计算机通信和其他电子设备制造业、仪器仪表制造业这四个行业的基本盈利指标均高于河北制造业平均值；盈利指标最差的是非金属矿物制品业，该行业的净资产收益率和总资产报酬率均低于河北省制造业上市公司盈利指标的平均值。

表 4-8　2016 年河北省制造业细分行业上市公司主要盈利指标

行业细分 \ 主要盈利指标	净资产收益率（%）		总资产报酬率（%）	
	数值	行业差	数值	行业差
橡胶和塑料制品业	21.32	12.79	17.57	11.77
汽车制造业	16.47	7.94	9.06	3.26
酒饮料和精制茶制造业	15.81	7.28	9.7	3.9
电气机械及器材制造业	14.61	6.08	5.7	-0.1
有色金属冶炼及压延加工业	11.21	2.68	9.35	3.55
化学原料及化学制品制造业	10.88	2.35	7.06	1.26
计算机通信和其他电子设备制造业	10.07	1.54	6.32	0.52
仪器仪表制造业	9	0.47	7.66	1.86
医药制造业	6.92	-1.61	6.22	0.42
农副食品加工业	6.77	-1.76	4.37	-1.43
石油加工炼焦及核燃料加工业	6.69	-1.84	4.39	-1.41
纺织业	6.21	-2.32	4.62	-1.18
铁路船舶航空航天和其他运输设备制造业	5.95	-2.58	3.52	-2.28
专用设备制造业	3.26	-5.27	2.18	-3.62
黑色金属冶炼及压延加工业	3.1	-5.43	2.97	-2.83
金属制品业	1.65	-6.88	2.27	-3.53
通用设备制造业	1.58	-6.95	1.62	-4.18
皮革毛皮羽毛及其制品和制鞋业	0.59	-7.94	1.08	-4.72
非金属矿物制品业	-0.21	-8.74	2.96	-2.84

备注：行业差 = 各细分行业指标值 - 行业平均指标值。

（2）批发和零售业

2016 年，河北省批发和零售业上市公司的主要盈利指标数据相对于全国 A 股上市公司平均水平明显偏低。全国 A 股上市公司的净资产收益率、总资产报酬率分别为 11.35%、4.21%；河北省 2 家批发和零售业（全部为零售业）上市公司的两个指标分别为 1.60%、1.39%。这说明河北省该行业上市公司的盈利水平存在相应问题，应探寻原因加以改进。

（3）房地产业

2016 年，河北省房地产业上市公司的主要盈利指标高于全国 A 股上市公司平均水平。2 家民营房地产上市公司的平均净资产收益率为 18.94%、总资产报酬率为3.39%，高于全国同行业A股上市公司的6.24%和3.03%，其中净资产收益率约为全国同行业A股上市公司的3倍。河北两家房地产公司的基本盈利指标相差不大，比较均衡。

表4－9　2016年上市公司各行业主要盈利指标

行业名称	主要盈利指标	河北上市公司（%）	全国A股上市公司（%）
信息传输、软件和信息技术服务业	净资产收益率	9.35	8.98
	总资产报酬率	6.86	6.32
金融业	净资产收益率	－1.91	10.44
	总资产报酬率	－0.98	3.88
采矿业	净资产收益率	0.80	－1.20
	总资产报酬率	1.77	2.00
综合类行业	净资产收益率	－12.83	2.11
	总资产报酬率	－6.44	2.13

（4）电力、热力、燃气及水生产和供应业

当前，河北省共2家电力、热力、燃气及水生产和供应业上市公司：建投能源和东方能源，且均为国有企业。2016年，这两家上市公司创造了较高的盈利水平：净资产收益率是全国A股市场平均水平的1.49倍，总资产报酬率是全国A股市场平均水平的1.35倍。

（5）农林牧渔业

2016年，河北省农林牧渔业上市公司只有福成股份一家。无论总资产报酬率还是净资产收益率，远高于全国A股市场平均水平。尤其是净资产收益率，福成股份创造了10.89%的自有资金报酬水平，是全国A股行业水平的4.05倍。这源于公司"绿色、健康、安全"的产品理念与消费者当前需求契合，从而为公司股东创造了较高的价值回报。

（6）交通运输、仓储和邮政业

2016年，河北省交通运输、仓储和邮政业上市公司只有唐山港一家。相较于全国A股市场平均水平，唐山港的净资产与总资产都获得了较高的报酬，净资产收益率相当于全国A股平均水平的1.54倍，总资产报酬率为8.16%，相当于全国A股平均水平的1.58倍。

（7）信息传输、软件和信息技术服务业

2015 年 11 月，茂业物流因重大资产重组实施完毕发生主业变更，由交通运输、仓储变为通信服务业，这也是河北省首家信息传输、软件和信息技术服务业上市公司。2015 年，公司两个基本盈利指标均为正数，但相较于全国 A 股平均水平，其盈利指标明显偏低：ROE 为 7.05%，ROA 为 4.94%；2016 年，公司盈利指标发生逆转，净资产收益率为 9.35%，总资产报酬率为 6.86%，超越了全国 A 股行业 8.98% 和 6.32% 的平均水平。

（8）金融业

2016 年，宝硕股份（600155）实施了重大资产重组，成功实现产业转型和结构调整。通过重组，华创证券成为宝硕股份的控股子公司，宝硕股份新增证券服务业务，公司由原先的橡胶和塑料制品业转为金融业中的资本市场服务业，成为河北历史上第一家金融业上市公司。2016 年末，宝硕股份的净资产收益率与总资产报酬率水平均为负数，与全国 A 股金融业上市公司的盈利指标水平相差较大。

（9）采矿业

2016 年河北省采矿业上市公司只有冀中能源一家。该公司的基本盈利水平在 2014 年较差①，2015 年转好②，2016 年，冀中能源的净资产收益率为 0.80%，全国 A 股净资产收益率为 -1.20%，冀中能源的总资产报酬率略低于全国 A 股市场平均水平。近几年，受全球经济增速放缓、产业结构调整、能源结构变化和环保压力影响，国内煤炭经济运行形势比较严峻。冀中能源的收益水平与全国 A 股相差不大。

（10）综合类行业

2016 年，河北省唯一的一家综合类行业上市公司（廊坊发展，2016 年末因“披星戴帽”被称为“*ST 坊展”）其盈利水平较差。净资产收益率、总资产报酬率均大幅低于全国 A 股市场平均水平。两个指标处于同行业的“较差”档次。

① 2014 年河北冀中能源总资产报酬率相当于全国 A 股市场平均水平的 36.9%，净资产收益率小于 0。

② 2015 年冀中能源净资产收益率为 1.92%，总资产报酬率为 2.32%，均高于全国 A 股市场平均水平（-3.82%，0.96%）。

（二）总资产周转率和应收账款周转率

1. 2012～2016年总体状况

从图4－6可以看出，河北省上市公司与全国A股上市公司的总资产周转率在统计年度五年间均呈下降趋势。2012～2016年，河北上市公司总资产周转水平低于全国A股平均水平，但差别不大。2016年，河北省总资产周转率为0.54，与2015年持平，略低于全国A股上市公司平均水平的0.61。图4－7显示应收账款周转率情况差别则较为明显：2012～2016年连续五年河北省应收账款周转率均低于全国A股上市公司应收账款周转率水平，2012～2015年差距较小，2016年差距较大。2016年河北省上市公司应收账款周转率90.10，全国A股应收账款周转率平均为1937.38。分析发现，全国A股有两家上市公司的应收账款周转率奇高值：一家是广宇发展（000537），

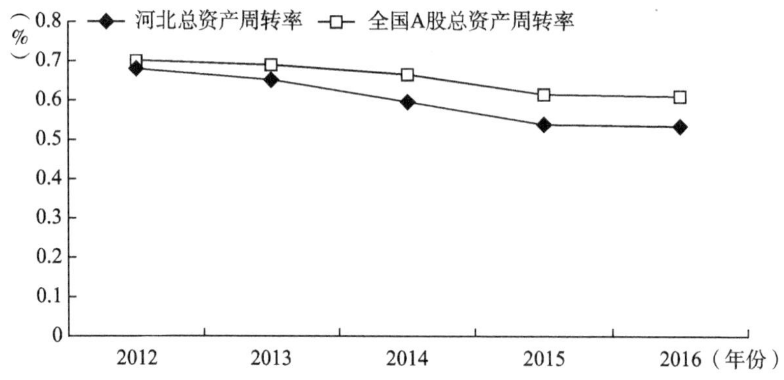

图4－6　2012～2016年上市公司总资产周转率

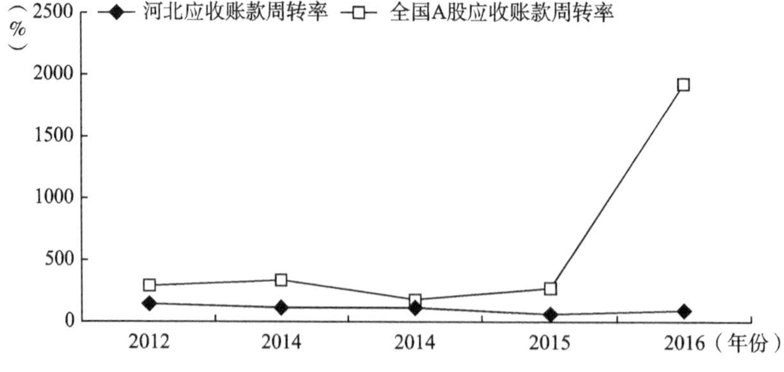

图4－7　2012～2016年上市公司应收账款周转率

一家是贵州茅台（600519），这两家公司因为营业收入极高而应收账款极低导致该比率分别为5501149.24和336806.14，拉高了平均值。如果将这两家公司的数据去掉，重新计算全国A股上市公司2016年应收账款周转率，数据为52.38，小于河北应收账款周转率。这说明河北省上市公司对应收账款的回收管理比全国A股上市公司平均水平要高。

2. 2016年度分行业情况

2016年，河北省51家A股上市公司共涉及10个行业大类，这些行业的上市公司主要资产质量指标情况见表4－10。

表4－10　2016年各行业上市公司主要资产质量指标

单位：%

行业名称	主要资产质量指标	河北上市公司	全国A股上市公司
制造业	总资产周转率	0.57	0.62
	应收账款周转率	202.24	197.86
批发和零售业	总资产周转率	0.66	1.27
	应收账款周转率	28.44	167.42
房地产业	总资产周转率	0.26	0.26
	应收账款周转率	32.83	284.00
电力、热力、燃气及水生产和供应业	总资产周转率	0.40	0.33
	应收账款周转率	7.56	19.86
农林牧渔业	总资产周转率	0.59	0.52
	应收账款周转率	11.70	135.70
交通运输、仓储和邮政业	总资产周转率	0.30	0.44
	应收账款周转率	7.75	27.86
信息传输、软件和信息技术服务业	总资产周转率	0.57	0.58
	应收账款周转率	4.01	8.98
金融业	总资产周转率	0.03	0.05
	应收账款周转率	2.74	8.24
采矿业	总资产周转率	0.32	0.43
	应收账款周转率	3.02	170.53
综合类行业	总资产周转率	0.06	0.27
	应收账款周转率	3.11	139.03

（1）制造业

2016 年，河北省制造业细分行业上市公司总资产周转率略低于全国 A 股制造业总资产周转水平，但相差不大；在应收账款周转方面，河北省制造业上市公司应收账款周转率高于全国 A 股制造业平均水平。其中资产质量最好的依然是酒饮料和精制茶制造业，总资产周转率高出行业平均值 0.29 个百分点，应收账款周转率则高出行业平均值 3242.18 个百分点。这是由于老白干酒（600559）在 2016 年度创造了高达 6199.25 次的应收账款周转次数，拉高了该细分行业的应收账款周转率水平；也正是由于该公司应收账款周转率的极端值，使得 19 个细分行业中，只有该细分行业的总资产周转率、应收账款周转率均高于行业平均值。有色金属冶炼及压延加工业、汽车制造业、农副食品加工业、纺织业、橡胶和塑料制品业的总资产周转率虽然在细分行业中居前，比酒饮料和精制茶制造业还要高，但其应收账款周转率却低于行业平均值。具体情况见表 4－11。

表 4－11　2016 年河北省制造业细分行业上市公司主要资产质量指标

单位：%，百分点

主要资产质量指标 / 行业细分	总资产周转率		应收账款周转率	
	数值	行业差	数值	行业差
有色金属冶炼及压延加工业	1.25	0.68	6.57	－195.67
汽车制造业	1.07	0.50	85.70	－116.55
农副食品加工业	0.95	0.38	11.44	－190.80
纺织业	0.92	0.35	6.99	－195.25
橡胶和塑料制品业	0.91	0.34	4.08	－198.16
酒饮料和精制茶制造业	0.86	0.29	3444.42	3242.18
金属制品业	0.69	0.12	17.63	－184.62
铁路船舶航空航天和其他运输设备制造业	0.61	0.04	4.34	－197.90
化学原料及化学制品制造业	0.59	0.02	80.96	－121.28
石油加工炼焦及核燃料加工业	0.58	0.01	7.66	－194.58
医药制造业	0.52	－0.05	7.56	－194.68
电气机械及器材制造业	0.44	－0.14	2.13	－200.11
通用设备制造业	0.42	－0.15	1.94	－200.30
仪器仪表制造业	0.42	－0.16	2.83	－199.41
黑色金属冶炼及压延加工业	0.41	－0.16	35.25	－166.99

续表

主要资产质量指标 / 行业细分	总资产周转率		应收账款周转率	
	数值	行业差	数值	行业差
计算机通信和其他电子设备制造业	0.33	-0.24	4.43	-197.81
专用设备制造业	0.32	-0.25	1.42	-200.82
非金属矿物制品业	0.3	-0.27	8.37	-193.87
皮革毛皮羽毛及其制品和制鞋业	0.21	-0.36	4.72	-197.52

备注：行业差 = 各细分行业指标值 - 行业平均指标值。

（2）批发和零售业

2016 年，河北省批发和零售业上市公司的总资产周转率和应收账款周转率均低于全国 A 股上市公司同行业平均水平。其中，全国 A 股批发和零售业上市公司的总资产周转率是河北省同行业上市公司的 2 倍左右，应收账款周转率是河北省同行业上市公司水平的 5.89 倍。说明河北省批发和零售业上市公司的资产管理质量较全国同行业水平偏低。

（3）房地产业

2016 年，河北省房地产业上市公司的总资产周转率与全国 A 股同行业平均水平持平，应收账款周转率却远低于全国 A 股同行业水平：河北为 32.83%，A 股则高达 284.00%。2 家房地产上市公司中：荣盛发展（002146）2015 年应收账款周转率为 59.21%，华夏幸福（600340）仅为 6.45%，应收账款回收期为 56 天左右。鉴于房地产企业经营特点以及 A 股房地产公司的应收账款回收快的现实情况，河北省房地产上市公司在应收账款管理上应加以关注。

（4）电力、热力、燃气及水生产和供应业

2016 年，河北省电力、热力、燃气及水生产和供应业上市公司的总资产周转率与 A 股同行业平均水平相差不大，其中河北省的略高；应收账款周转率则差距不小，河北省偏低，相当于 A 股水平的 38% 左右。

（5）农林牧渔业

2016 年，河北省唯一一家农林牧渔业上市公司福成股份的总资产周转率高于 A 股上市公司同行业平均水平，但应收账款周转率却低于 A 股上市公司同行业水平，仅相当于 A 股水平的 9% 左右。

（6）交通运输、仓储和邮政业

2016 年，河北省交通、运输仓储和邮政业唯一一家上市公司唐山港的总资产周转率略低于A股市场同行业水平，但应收账款周转率却较大幅度低于A股市场同行业平均水平。河北为7.75%，A股平均为27.86%，表明交通运输、仓储业上市公司的应收账款管理水平也低于全国同行业水平。

（7）信息传输、软件和信息技术服务业

2016年，河北省信息传输、软件和信息技术服务业上市公司的总资产周转率略低于A股上市公司同行业平均水平，应收账款周转率低于A股上市公司同行业水平，不过，无论是河北省还是A股上市公司，其应收账款周转水平均不高。

（8）金融业

2016年，河北省金融业上市公司总资产周转率与应收账款周转率均低于A股平均水平。河北总资产周转为0.03%，A股平均周转率为0.05%，河北应收账款周转率为2.74%，A股平均水平为8.24%。宝硕股份作为河北省唯一一家金融业上市公司，其资产质量还有待加强。

（9）采矿业

2016年河北省采矿业上市公司冀中能源的总资产周转率低于A股市场平均水平，但应收账款周转率却差距较大：A股市场同行业平均水平为170.53%，河北冀中能源的应收账款周转率仅为3.02%，说明河北省采矿业上市公司应收账款的质量水平较低。

（10）综合类行业

2016年，河北省综合类行业上市公司（廊坊发展）的两个资产管理质量指标均较大幅度低于A股市场平均水平，其中总资产周转率相当于A股的22%，应收账款周转率相当于A股的2%左右。

以上分析可知，河北省上市公司的资产质量指标表现一般。尤其是在应收账款管理上，除了制造业应收账款管理水平高于A股同行业水平，其他9个行业的应收账款管理水平均较A股同行业水平偏低。尤其是房地产业上市公司，河北的房地产上市公司应收账款管理水平与A股同行业水平差距较大。

（三）资产负债率和已获利息倍数

1. 2012～2016年总体状况

从图4－8、图4－9可以看出河北省上市公司与全国A股上市公司主要债务风险指标在统计年度五年间的发展变化。2012～2015年，河北省上市公司资产负债率比 A 股上市公司资产负债率均略高，但总体水平差距不大。2016 年，河北资产负债率为 41.78%，A 股平均水平为 42.17%，河北略低，但差别很小，表明河北上市公司与 A 股 2015 年总体债务风险相当（见图 4－8）。已获利息倍数方面，河北上市公司与 A 股上市公司近 5 年来呈现较为波动的变化趋势（见图 4－9）：2012 年，河北省上市公司已获利息倍数低于 A 股平均水平；2013 年则略高于 A 股，但差别不大；2014 年，较大幅度低于 A 股；2015 年逆转，河北上市公司已获利息倍数明显高出 A 股平均水平；2016 年河北上市公司已获利息倍数又显著低于 A 股平均水平（河北为－67.40 倍，A 股为 0.41 倍），表明 2016 年无论是河北还是 A 股，其利息保障程度均不理想。

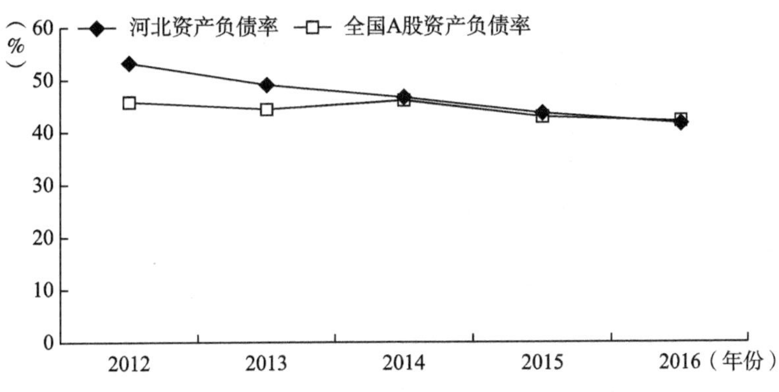

图 4－8　2012～2016 年上市公司资产负债率

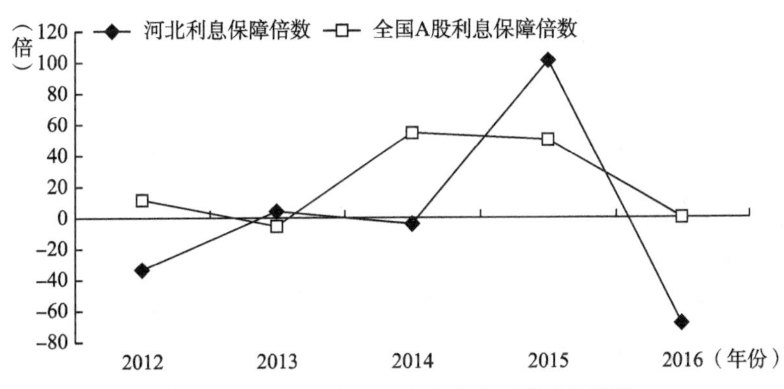

图 4－9　2012～2016 年上市公司已获利息倍数

2. 2016年分行业情况

2016 年，河北省各行业上市公司的资产负债率和已获利息倍数指标情况见表 4－12。

表 4-12　2016 年上市公司各行业主要债务风险指标

单位：%，倍

行业名称	主要债务风险指标	河北上市公司	A 股上市公司
制造业	资产负债率	40.56	38.33
	已获利息倍数	-82.96	2.85
批发和零售业	资产负债率	45.49	51.91
	已获利息倍数	-39.24	-13.36
房地产业	资产负债率	83.74	64.68
	已获利息倍数	53.40	6.74
电力、热力、燃气及水生产和供应业	资产负债率	52.92	53.80
	已获利息倍数	7.86	10.53
农林牧渔业	资产负债率	32.53	42
	已获利息倍数	23.43	-11.70
交通运输、仓储和邮政业	资产负债率	26.76	43.09
	已获利息倍数	21.60	-10.10
信息传输、软件和信息技术服务业	资产负债率	17.90	31.95
	已获利息倍数	-221.86	-11.35
金融业	资产负债率	49.28	78.72
	已获利息倍数	123.99	20.30
采矿业	资产负债率	53.83	45.13
	已获利息倍数	1.64	12.71
综合类行业	资产负债率	11.77	43.04
	已获利息倍数	-3.20	16.49

（1）制造业

由表 4-12 可以看出：2016 年，河北省制造业上市公司的资产负债率略高于 A 股行业水平，已获利息倍数却低于 A 股行业水平。2016 年河北省制造业上市公司已获利息倍数较低，为 -82.96 倍。这是由于长城汽车（601633）在 2016 年的利息保障水平极低（-3234.16 倍）而拉低了行业数据。我们将该极值去掉，计算剩余的 38 家制造业上市公司已获利息倍数平均值，为 -0.03倍，该数据依然低于 A 股同行业平均水平。说明相较于 A 股同行业，河北省制造业以略高于 A 股同行业上市公司的财务风险获取了较低的利润。

再看细分行业的债务风险指标状况（见表4－13）。医药制造业、铁路船舶航空航天和其他运输设备制造业的债务风险抵抗能力最强，资产负债率水平适度，利息保障倍数为正且高于行业均值。资产负债率最高的三个细分行业包括电气机械及器材制造业、非金属矿物制品业、黑色金属冶炼及压延加工业，这三个行业的已获利息倍数也很低，尤其是电气机械及器材制造业，已获利息倍数为－16.43倍，债务风险较高。此外，汽车制造业的资产负债率为50.31%，已获利息倍数为－1614.48倍，该行业蕴含巨大的债务风险。

表4－13　2016年河北省制造业细分行业上市公司主要债务风险指标

单位：%，百分点，倍

主要债务风险指标 / 行业细分	资产负债率（%）		已获利息倍数	
	数值	行业差	数值	行业差
仪器仪表制造业	12.68	27.88	－35.73	47.23
有色金属冶炼及压延加工业	14.41	26.15	－23.59	59.37
皮革毛皮羽毛及其制品和制鞋业	20.83	19.73	2.01	84.97
通用设备制造业	22.18	18.38	3.94	86.90
橡胶和塑料制品业	23.66	16.90	14.19	97.15
铁路船舶航空航天和其他运输设备制造业	32.62	7.94	29.94	112.90
医药制造业	36.49	4.07	41.14	124.10
化学原料及化学制品制造业	36.55	4.01	－5.06	77.90
专用设备制造业	38.10	2.46	4.59	87.55
农副食品加工业	38.82	1.74	－55.49	27.47
酒饮料和精制茶制造业	42.52	－1.96	13.27	96.23
计算机通信和其他电子设备制造业	47.51	－6.95	－5.71	77.25
汽车制造业	50.31	－9.75	－1614.48	－1531.52
金属制品业	51.56	－11.00	1.69	84.65
纺织业	55.14	－14.58	2.67	85.63
石油加工炼焦及核燃料加工业	56.95	－16.39	2.89	85.85
电气机械及器材制造业	60.07	－19.51	－16.43	66.53
非金属矿物制品业	73.08	－32.52	1.16	84.12
黑色金属冶炼及压延加工业	74.93	－34.37	1.41	84.37

注：行业差＝各细分行业指标值－行业平均指标值。此处，由于资产负债率为逆指标，故计算“各细分行业资产负债率－制造业资产负债率”后，取其负数作为行业差。

（2）批发和零售业

2016年，河北省批发和零售业上市公司的资产负债率为45.49%，比A股同行业平均水平（51.91%）要低，表明河北的该行业总体债务水平稍低一些（见表4-9）；已获利息倍数方面，A股与河北上市公司该行业已获利息倍数均为负值，但河北上市公司的已获利息倍数更低，说明河北该行业上市公司所获息税前利润已经不足以弥补其财务费用的需要，债务风险较高。

（3）房地产业

2016年，河北省房地产业的债务风险指标表现尚可。尽管资产负债率高达83.74%，高于A股同行业平均水平，但其已获利息倍数也较A股同行业平均水平高出很多。但是，依然需要关注债务规模过高所带来的流动性风险。尤其是在房地产业紧缩的环境下，一旦公司销售下滑，很可能引致已获利息倍数大幅度降低，增加公司财务风险。

（4）电力、热力、燃气及水生产和供应业

2016年，河北省电力、热力、燃气及水生产和供应业上市公司的资产负债率、已获利息倍数与A股同行业平均水平相差不大：其中资产负债率河北的行业值为52.92%，A股行业值为53.80%；已获利息倍数河北的行业值为7.86倍，A股行业值为10.53倍。

（5）农林牧渔业

2016年，河北省农林牧渔业上市公司福成股份的债务表现较好，资产负债率低于A股公司同行业水平，已获利息倍数却高出A股上市公司同行业平均水平很多。由此可见，福成股份的息税前利润获取能力及偿债能力都要高于全国水平。

（6）交通运输、仓储和邮政业

2016年，河北省交通运输、仓储和邮政业上市公司唐山港的资产负债率低于A股水平，已获利息倍数则高于A股同行业水平。唐山港的资产负债率为26.76%，已获利息倍数为21.60倍；A股同行业资产负债率为43.09%，已获利息倍数为-10.10倍。唐山港以较低的资产负债率获取了较高的财务费用保障能力。

（7）信息传输、软件和信息技术服务业

2016年，河北省信息传输、软件和信息技术服务业的债务风险指标表现不好：资产负债率较低，为17.90%，已获利息倍数为-221.86倍，其财务费用的保障能力较差。

（8）金融业

河北唯一一家因资产重组变更主业而进入金融业的宝硕股份在2016年的债务表现较好，资产负债率比A股同行业水平低，已获利息倍数却远高于A股同行业水平。

（9）采矿业

2016年河北省采矿业上市公司冀中能源的债务风险指标表现要差于A股：资产负债率高于A股行业水平，已获利息倍数却低于A股行业水平。其中冀中能源的资产负债率为53.83%，A股行业值为45.13%；冀中能源的已获利息倍数为1.64倍，A股行业值为12.71。说明相较于A股同行业，河北省采矿业以高于A股同行业上市公司的财务风险却获取了较低的利润。

（10）综合类行业

2016年，河北省综合类行业上市公司廊坊发展的资产负债率较A股行业平均水平低，廊坊发展为11.77%，A股行业值为43.04%；已获利息倍数方面，廊坊发展的已获利息倍数较大幅度低于A股上市公司同行业平均值（A股行业值为16.49倍，廊坊发展为-3.20倍）。这说明河北省综合类行业上市公司的利息保障不理想，廊坊发展的收益对财务费用的保障能力差。

（四）销售（营业）增长率与资本保值增值率

1. 2012~2016年总体状况

从图4-13、图4-14可以看出，河北省上市公司的销售（营业）增长率与A股存在差异，尤其是在2015年，A股上市公司销售（营业）增长率较大幅度高于河北省上市公司的水平。2015年，A股上市公司销售（营业）增长率为17.88%，河北省该指标为2.99%，相差6倍左右，说明该年度河北省上市公司营业增长情况不容乐观；2016年，A股销售（营业）增长率与上年基本持平，河北销售（营业）增长率较2015年有较大幅度增长，由2015年的2.99%增长为2016年的13.31%，不过依然低于A股平均水平。资本保值增值方面，河北省上市公司2013年资本保值增值率稍高于A股水平，2012年、2014年、2015年、2016年则均低于A股上市公司水平，但差距不大。详细数据见表4－14。

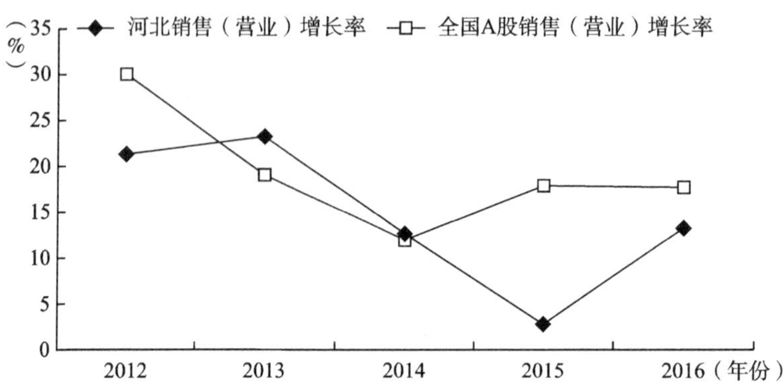

图4－10　2012～2016年上市公司销售（营业）增长率

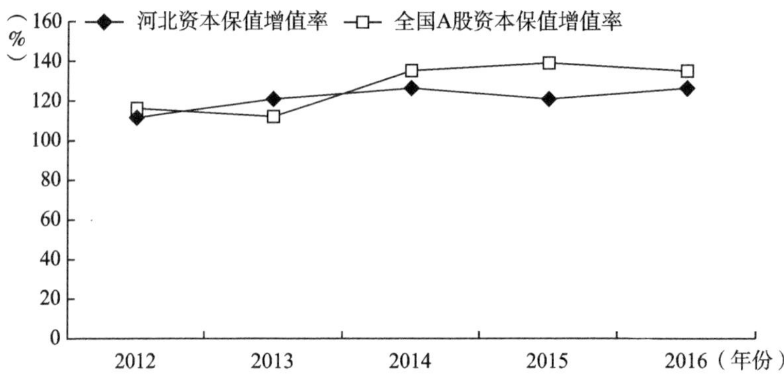

图4－11　2012～2016年上市公司资本保值增值率

表4－14　2012～2016年上市公司经营增长状况

年份	河北销售（营业）增长率（%）	全国A股销售（营业）增长率（%）	河北资本保值增值率（%）	全国A股资本保值增值率（%）
2012	21.33	30.10	111.71	115.89
2013	23.30	19.11	121.13	112.05
2014	12.74	12.01	126.63	135.22
2015	2.99	17.88	121.12	139.19
2016	13.31	17.75	126.63	135.22

2. 2016年分行业情况

2016年度，河北省各行业上市公司的主要经营增长指标情况见表4－15。

表 4－15　2016 年上市公司各行业主要经营增长指标

单位：%

行业名称	主要经营增长指标	河北上市公司	全国 A 股上市公司
制造业	销售（营业）增长率	20.93	38.99
	资本保值增值率	115.14	138.88
批发和零售业	销售（营业）增长率	1.73	96.80
	资本保值增值率	107.99	142.93
房地产业	销售（营业）增长率	35.54	85.34
	资本保值增值率	131.30	140.38
电力、热力、燃气及水生产和供应业	销售（营业）增长率	－4.75	110.58
	资本保值增值率	108.53	120.14
农林牧渔业	销售（营业）增长率	2.02	29.24
	资本保值增值率	107.80	128.55
交通运输、仓储和邮政业	销售（营业）增长率	9.10	71.90
	资本保值增值率	130.63	130.90
信息传输、软件和信息技术服务业	销售（营业）增长率	－18.11	80.41
	资本保值增值率	109.08	158.82
金融业	销售（营业）增长率	160.51	20.92
	资本保值增值率	4148.81	192.27
采矿业	销售（营业）增长率	1.64	1.26
	资本保值增值率	8.76	114.52
综合类行业	销售（营业）增长率	40.67	70.26
	资本保值增值率	87.94	137.96

（1）制造业

由表 4－15 可以看出：河北省制造业上市公司 2016 年经营增长指标均低于全国 A 股行业平均水平。这说明河北省制造业上市公司本年度的经营增长状况一般。再看细分行业：19 个细分行业里，铁路船舶航空航天和其他运输设备制造业的经营增长情况最好，其次是计算机通信和其他电子设备制造业，这两个行业都实现了较高的销售（营业）增长率与资本保值增值率。农副食品加工业的销售（营业）增长率虽然行业差为正值，也比较高，但其资本保值增值率行业差值却为负。其余细分行业的两个经营增长指标中都是至少有一个小于0，详情见表4－16。

表4－16　2016年河北省制造业细分行业上市公司主要经营增长指标

单位：%，百分点

行业细分＼主要经营增长指标	销售（营业）增长率		资本保值增值率	
	数值	行业差	数值	行业差
铁路船舶航空航天和其他运输设备制造业	260.68	239.75	219.18	104.04
农副食品加工业	68.89	47.96	106.85	-8.29
计算机通信和其他电子设备制造业	48.17	27.24	130.25	15.11
橡胶和塑料制品业	27.10	6.17	154.72	39.58
汽车制造业	26.25	5.32	116.91	1.77
纺织业	23.28	2.35	105.73	-9.41
有色金属冶炼及压延加工业	20.46	-0.47	99.32	-15.82
化学原料及化学制品制造业	14.83	-6.10	110.01	-5.13
医药制造业	14.78	-6.15	118.86	3.72
仪器仪表制造业	13.12	-7.81	106.04	-9.10
石油加工炼焦及核燃料加工业	12.56	-8.37	107.77	-7.37
非金属矿物制品业	11.05	-9.89	98.54	-16.60
电气机械及器材制造业	10.53	-10.40	113.98	-1.16
金属制品业	3.28	-17.65	100.63	-14.51
黑色金属冶炼及压延加工业	1.98	-18.95	102.27	-12.87
通用设备制造业	-1.02	-21.95	102.53	-12.61
酒饮料和精制茶制造业	-1.23	-22.16	111.06	-4.08
专用设备制造业	-1.72	-22.65	105.58	-9.56
皮革毛皮羽毛及其制品和制鞋业	-11.50	-32.43	141.02	25.88

注：行业差＝各细分行业指标值－行业平均指标值。

（2）批发和零售业

2016年，河北省批发和零售行业上市公司的销售增长率和资本保值增值率均低于全国A股，其中销售营业增长率相差较多，河北为1.73%，全国A股为96.80%，资本保值增值率则相差不是特别大，河北为107.99%，全国A股为142.93%。表明河北省该行业上市公司的增长情况和全国A股存在差距。

（3）房地产业

2016年，河北省房地产行业上市公司的销售（营业）增长率比全国A

股低，相当于全国A股水平的42%左右，资本保值增值率也低于全国A股水平，不过资本保值增值指标相差不大。2家房地产公司中，荣盛发展的经营增长指标比华夏幸福的指标值要低，但这2家公司的经营增长指标数值相对均衡，差异不大。

（4）电力、热力、燃气及水生产和供应业

2016年，河北省电力、热力、燃气及水生产和供应业上市公司的销售增长率远低于全国A股行业水平，且为负数；资本保值增值率比A股同行业水平略低。说明该行业上市公司的营业收入相对于2015年有所缩减，但权益增长正常。

（5）农林牧渔业

2016年，河北省农林牧渔业上市公司的经营增长表现也一般。销售增长率与资本保值增值率2个指标均低于全国A股行业水平。表明河北该行业上市公司的经营增长比A股要差。

（6）交通运输、仓储和邮政业

2016年，河北省交通运输、仓储和邮政业上市公司的销售（营业）增长率较大幅度低于A股行业水平，约为A股水平的13%；资本保值增值率与A股行业水平基本持平，河北省行业资本保值增值率为130.63%，A股为130.90%。表明河北该行业上市公司营业收入较上年度的增长小，资本增加尚可。

（7）信息传输、软件和信息技术服务业

2016年，河北省信息传输软件和信息技术服务业的经营增长指标中：销售增长率与资本保值增值率2个指标均低于A股行业水平。其中销售增长率为-18.11%，与A股相差较大，资本保值增值率109.08%，相当于A股水平的69%左右。表明河北该行业的营业额较2015年降低，资本保值增值情况也不容乐观。

（8）金融业

2016年，河北省新改组的一家金融业上市公司无论是在经营增长还是在资本保值增值方面均较大幅度高于A股行业水平，这说明该公司由于注入了新业务，实现了较高的销售（营业）增值以及较高的资本保值增值水平。

（9）采矿业

2016年，河北采矿业上市公司销售（营业）增长情况较2015年有较大好转，从2015年的-31.33%转为1.64%，实现了正增长且略高于A股行业水平；但其资本保值增值情况依然不容乐观，为8.76%，较大幅度低于A股同行业平均水平。

（10）综合类行业

2016年，河北省综合类行业上市公司只有1家（廊坊发展），销售（营业）增长率与资本保值增值率均低于A股水平，但均为正数。说明公司本年度较上年度营业收入与资本均出现正增长，只不过低于行业水平。

以上分析可知：河北省上市公司在2016年经营增长情况不容乐观。除了金融业高于A股水平，制造业行业与A股水平相差不大，其他行业与A股同行业在增长情况上均存在较大差异。

三　河北上市公司综合业绩分析

我们采用国务院国资委对央企进行财务绩效评价所采取的指标体系，对河北省上市公司进行综合业绩分析，计分方法采取功效系数法。依据全部A股上市公司的指标数据情况，确定不同指标不同档次的标准值，计算每个公司的各部分得分，算出公司业绩总得分，并对上市公司业绩得分进行排序和分类。本部分业绩得分分析中不包括金融业上市公司，故分析对象包括50家A股上市公司。

（一）总体业绩分析

1. 总体状况

由表4-17可知：2016年河北省上市公司业绩最高分为75.05分，最低分为24.12分，均值为47.80分，中位数为47.08分。业绩排名第一的乐凯新材业绩得分分类未能达到优秀类别；排名前3名的上市公司包括乐凯新材、老白干酒、以岭药业，其业绩得分均为良好类别。业绩前13名除荣盛发展外均为制造业上市公司。60分以上的上市公司仅6家，占比12%；12家上市公司的业绩得分低于40分，业绩类型为差，占河北省上市公司总数的24%。

接下来，再看河北省上市公司业绩各类别状况图（见图4-12）。2016年河北省50家A股上市公司中：3家公司业绩水平良好，占比6.00%；16家公司业绩水平中等，占比32.00%；19家公司业绩水平较低，占比38.00%；

12 家公司业绩水平较差，占比 24.00%。因此，河北省上市公司 2016 年度业绩表现一般，缺乏优秀业绩水平的上市公司，业绩得分平均水平未能达到中等水平。

表 4－17　2016 年河北省上市公司业绩得分

证券代码	证券简称	所属行业	业绩得分(分)	业绩排名	业绩类型
300446	乐凯新材	制造业	75.05	1	良
600559	老白干酒	制造业	73.62	2	良
002603	以岭药业	制造业	72.87	3	良
000848	承德露露	制造业	68.30	4	中
000687	恒天天鹅	制造业	65.97	5	中
300371	汇中股份	制造业	61.65	6	中
600409	三友化工	制造业	59.52	7	中
300137	先河环保	制造业	59.16	8	中
002146	荣盛发展	房地产业	59.00	9	中
300255	常山药业	制造业	58.69	10	中
002108	沧州明珠	制造业	58.28	11	中
300428	四通新材	制造业	56.28	12	中
002049	同方国芯	制造业	54.50	13	中
000600	建投能源	电力、热力、燃气及水生产和供应业	53.51	14	中
601000	唐山港	交通运输、仓储和邮政业	53.14	15	中
600965	福成股份	农林牧渔业	52.07	16	中
600480	凌云股份	制造业	50.90	17	中
300491	通合科技	制造业	50.78	18	中
600803	新奥股份	制造业	50.59	19	中
000958	东方能源	电力、热力、燃气及水生产和供应业	49.60	20	低
601258	庞大集团	批发和零售业	49.54	21	低
000158	常山股份	制造业	48.55	22	低
600997	开滦股份	制造业	47.94	23	低
002442	龙星化工	制造业	47.87	24	低
000889	茂业通信	信息传输、软件和技术服务业	47.43	25	低
600230	沧州大化	制造业	46.72	26	低
300107	建新股份	制造业	46.05	27	低

续表

证券代码	证券简称	所属行业	业绩得分(分)	业绩排名	业绩类型
600722	沧州化工	制造业	45.97	28	低
300138	晨光生物	制造业	45.96	29	低
601633	长城汽车	制造业	45.45	30	低
000778	新兴铸管	制造业	44.76	31	低
600482	风帆股份	制造业	44.67	32	低
600340	华夏幸福	房地产业	44.32	33	低
000413	东旭光电	制造业	42.70	34	低
000709	河北钢铁	制造业	42.02	35	低
300368	汇金股份	制造业	41.76	36	低
002282	博深工具	制造业	41.69	37	低
000937	冀中能源	采矿业	40.17	38	低
600135	乐凯胶片	制造业	39.00	39	差
600550	保变电气	制造业	38.35	40	差
002494	华斯股份	制造业	36.98	41	差
300081	恒信移动	批发和零售业	35.73	42	差
002342	巨力索具	制造业	35.49	43	差
600812	华北制药	制造业	34.76	44	差
000401	冀东水泥	制造业	34.15	45	差
600149	廊坊发展	综合业	31.05	46	差
002459	天业通联	制造业	30.03	47	差
000923	河北宣工	制造业	26.59	48	差
000856	冀东装备	制造业	26.57	49	差
002691	冀凯股份	制造业	24.12	50	差

注：表中“业绩类型”判断依据为《中央企业综合绩效实施细则》第七章第49条规定。以下业绩得分表格与此列相同。

2. 分板块情况

2016年，河北省50家A股上市公司中包括30家主板公司、10家中小板公司以及10家创业板公司。这三个板块上市公司的业绩得分情况见图4－13：主板公司平均得分为46.60分，中小板平均得分为46.08分，创业板平均得分为53.11分。其中创业板得分最高，中小板得分最低，主板得分居于中间水平，较创业板低6.51分。

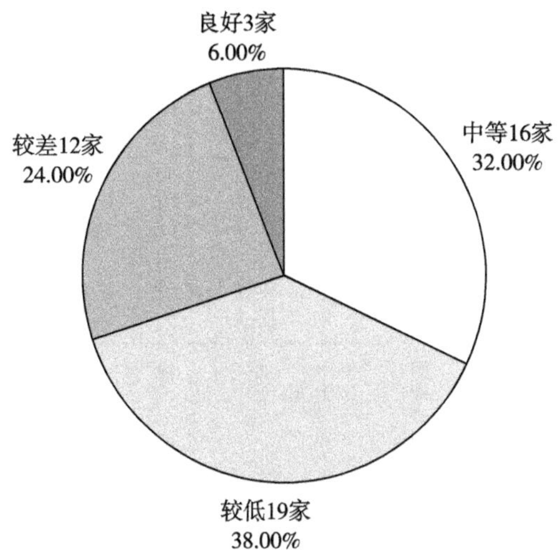

图 4－12　河北省上市公司 2016 年业绩各类别状况

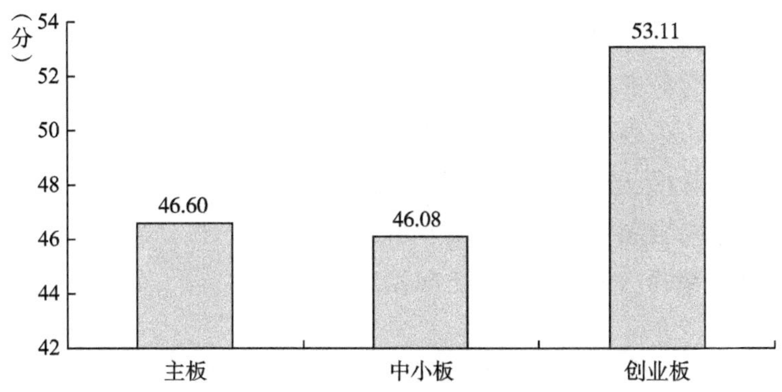

图 4－13　2016 年河北省不同板块上市公司业绩得分

3. 分行业情况

图 4－14 显示了 2016 年河北省各行业上市公司综合业绩得分均值。交通运输、仓储和邮政业排名第一，行业综合业绩均值为 53. 14 分；综合类行业排名最后，行业综合业绩均值为 31. 05 分；公司数量最多的制造业上市公司行业综合业绩排名第五，行业综合业绩均值为 48. 06 分。最高行业业绩得分均值与最低行业业绩得分均值相差 22. 09 分。

表 4－18 至表 4－23 显示了 2016 年河北省各行业上市公司业绩得分排名情况。2016 年度河北省制造业上市公司的业绩最高分为 75. 05 分，最低分 24. 12 分，平均 48. 06 分（见表 4－18）。39 家制造业上市公司中：3 家

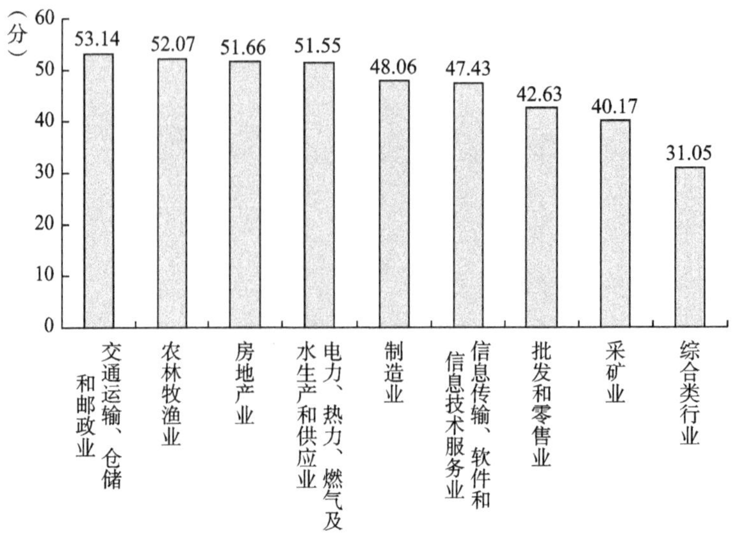

图 4－14　2016 年河北省各行业上市公司业绩得分均值

良好等级，12 家中等等级，14 家较低等级，10 家较差等级（见图 4－15）。再看制造业细分行业的业绩得分情况（见表 4－19）：19 个细分行业中，酒饮料和精制茶制造业排名第 1，业绩得分 70. 96 分；化学纤维制造业排名第 2 位，业绩得分 65. 97 分；仪器仪表制造业以 60. 41 分的得分居第 3 位；制造业细分行业中业绩得分最低的是专用设备制造业，得分为 29. 82 分。制造业细分行业业绩得分最高与最低之间相差 2. 38 倍左右。

表 4－18　2016 年河北省制造业上市公司业绩得分

单位：分

证券代码	证券简称	业绩得分（分）	业绩排名	业绩类型
300446	乐凯新材	75. 05	1	良
600559	老白干酒	73. 62	2	良
002603	以岭药业	72. 87	3	良
000848	承德露露	68. 30	4	中
000687	恒天天鹅	65. 97	5	中
300371	汇中股份	61. 65	6	中
600409	三友化工	59. 52	7	中
300137	先河环保	59. 16	8	中

续表

证券代码	证券简称	业绩得分（分）	业绩排名	业绩类型
300255	常山药业	58.69	9	中
002108	沧州明珠	58.28	10	中
300428	四通新材	56.28	11	中
002049	同方国芯	54.50	12	中
600480	凌云股份	50.90	13	中
300491	通合科技	50.78	14	中
600803	新奥股份	50.59	15	中
000158	常山股份	48.55	16	低
600997	开滦股份	47.94	17	低
002442	龙星化工	47.87	18	低
600230	沧州大化	46.72	19	低
300107	建新股份	46.05	20	低
600722	沧州化工	45.97	21	低
300138	晨光生物	45.96	22	低
601633	长城汽车	45.45	23	低
000778	新兴铸管	44.76	24	低
600482	风帆股份	44.67	25	低
000413	东旭光电	42.70	26	低
000709	河北钢铁	42.02	27	低
300368	汇金股份	41.76	28	低
002282	博深工具	41.69	29	低
600135	乐凯胶片	39.00	30	差
600550	保变电气	38.35	31	差
002494	华斯股份	36.98	32	差
002342	巨力索具	35.49	33	差
600812	华北制药	34.76	34	差
000401	冀东水泥	34.15	35	差
002459	天业通联	30.03	36	差
000923	河北宣工	26.59	37	差
000856	冀东装备	26.57	38	差

续表

证券代码	证券简称	业绩得分（分）	业绩排名	业绩类型
002691	冀凯股份	24.12	39	差
制造业上市公司平均得分（分）		48.06	—	—

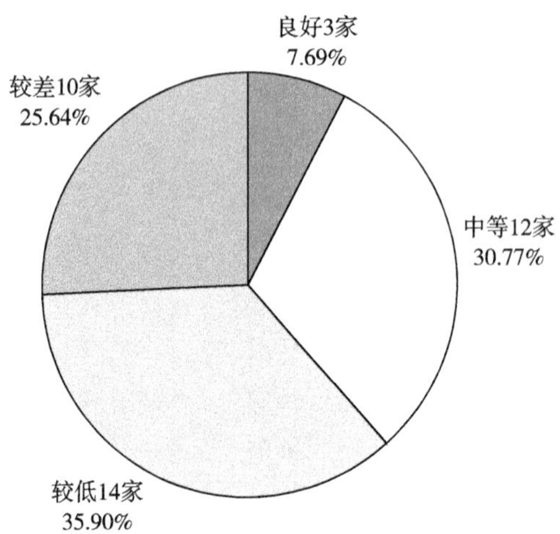

图 4－15　2016 年河北省制造业上市公司业绩类别状况

表 4－19　2016 年河北省制造业细分行业上市公司业绩得分

单位：分

制造业细分行业	业绩得分	业绩排名
酒饮料和精制茶制造业	70.96	1
化学纤维制造业	65.97	2
仪器仪表制造业	60.41	3
橡胶和塑料制品业	58.28	4
有色金属冶炼及压延加工业	56.28	5
医药制造业	55.44	6
化学原料和化学制品制造业	51.35	7
计算机通信和其他电子设备制造业	48.60	8
纺织业	48.55	9
汽车制造业	48.18	10
石油加工炼焦和核燃料加工业	47.94	11
农副食品加工业	45.96	12
电气机械及器材制造业	44.60	13

续表

制造业细分行业	业绩得分	业绩排名
黑色金属冶炼和压延加工业	42.02	14
通用设备制造业	41.69	15
金属制品业	40.12	16
皮革毛皮羽毛及其制品和制鞋业	36.98	17
非金属矿物制品业	34.15	18
专用设备制造业	29.82	19

从表 4－20 可见，批发和零售业上市公司的业绩均值为 42.64 分，其中最高分为 49.54 分，最低分为 35.73 分。2 家批发和零售业上市公司中：1 家为较低等级，1 家为较差等级。该行业上市公司的整体业绩水平较低。

表 4－20　2016 年河北省批发和零售业上市公司业绩得分

证券代码	证券简称	业绩得分（分）	业绩排名	业绩类型
601258	庞大集团	49.54	1	低
300081	恒信移动	35.73	2	差
批发和零售业上市公司平均得分（分）		42.64	—	—

由表 4－21 可见房地产业上市公司的业绩情况：均值为 51.66 分，2 家公司的业绩得分 1 家中等、1 家较低，相差 15 分左右；表 4－22 可见电力、热力、燃气及水生产和供应业上市公司业绩情况：均值为 51.56 分，2 家公司的业绩得分 1 家中等、1 家较低，相差不大。

表 4－21　2016 年河北省房地产业上市公司业绩得分

证券代码	证券简称	业绩得分（分）	业绩排名	业绩类型
002146	荣盛发展	59.00	1	中
600340	华夏幸福	44.32	2	低
房地产业上市公司平均得分（分）		51.66	—	—

剩余其他五个行业的上市公司业绩情况见表 4－23：交通运输、仓储和邮政业的唐山港排名第一，得分 53.14 分，为中等水平；农林牧渔业的福成

表 4－22　2016 年河北省电力、热力、燃气及水生产和供应业上市公司业绩得分

证券代码	证券简称	业绩得分（分）	业绩排名	业绩类型
000600	建投能源	53.51	1	中
000958	东方能源	49.60	2	低
该行业上市公司平均得分（分）		51.56	－	－

股份排名第二，得分 52.07 分，为中等水平；信息传输、软件和信息技术服务业的茂业通信排名第三，采矿业的冀中能源排名第四，得分分别为 47.43 分、40.17 分，两家均为较低类别；综合类行业的廊坊发展排名最后，得分 31.05 分，为较差类别。

表 4－23　2016 年河北省其他行业上市公司业绩得分

证券代码	证券简称	所属行业	业绩得分（分）	业绩总排名	业绩类型
601000	唐山港	交通运输、仓储和邮政业	53.14	15	中
600965	福成股份	农林牧渔业	52.07	16	中
000889	茂业通信	信息传输、软件和信息技术服务业	47.43	25	低
000937	冀中能源	采矿业	40.17	38	低
600149	廊坊发展	综合类行业	31.05	46	差

（二）分项业绩分析

1. 总体状况

表 4－24 可见 2016 年河北省上市公司分项业绩情况：上市公司四方面分项业绩均表现较好的公司少见，基本上每家公司都存在一两个方面的短板。综合业绩排名第一位的乐凯新材其盈利能力排名第一，但其资产质量和经营增长分别排在第 15 位和第 24 位，比较靠后。综合业绩排名第二的老白干酒其资产质量排名第一，债务风险得分排名第六，比较靠前，但其经营增长排第 26 位，相对落后。综合业绩排名第三的以岭药业其盈利能力排名第五，债务风险得分排名第一，但经营增长排第 13 位。综合业绩排名第四的承德露露其资产质量、盈利能力、债务风险排名尽管分别为第二、第四、第九，但其经营增长得分排第 40 位，比较靠后。综合业绩排第五位的恒天天鹅其盈利能力、经营增长、资产质量排名分别为第二、第六、第八，

但其债务风险得分排第33位，比较靠后。总体来看，综合业绩排名前五位的公司，其盈利能力得分相对较高，盈利能力是综合业绩的最有力支撑。

表4-24　2016年河北省上市公司分项业绩状况

单位：分

证券代码	盈利能力		资产质量		债务风险		经营增长		综合业绩	
	得分	排名	得分	排名	得分	排名	得分	排名	得分	排名
300446	35.06	1	14.69	15	16.83	5	8.47	24	75.05	1
600559	21.46	16	28.55	1	15.60	6	8.00	26	73.62	2
002603	26.00	5	15.12	9	21.74	1	10.01	13	72.87	3
000848	26.50	4	21.19	2	14.53	9	6.08	40	68.30	4
000687	30.01	2	15.52	8	9.02	33	11.42	6	65.97	5
300371	28.72	3	8.55	36	17.33	4	7.04	32	61.65	6
600409	19.95	19	20.28	3	9.62	31	9.68	17	59.52	7
300137	23.40	10	10.78	29	15.25	7	9.73	16	59.16	8
002146	23.49	9	14.81	13	9.00	34	11.70	5	59.00	9
300255	25.37	6	11.90	27	10.14	28	11.27	7	58.69	10
002108	19.17	23	13.85	20	12.94	12	12.32	4	58.28	11
300428	16.99	28	14.90	11	15.03	8	9.36	20	56.28	12
002049	23.53	8	7.26	39	13.78	10	9.93	14	54.50	13
000600	21.97	13	13.69	21	11.17	20	6.68	34	53.51	14
601000	21.53	15	12.52	25	9.06	32	10.02	12	53.14	15
600965	21.75	14	12.84	23	8.45	36	9.03	22	52.07	16
600480	18.07	25	13.87	19	8.93	35	10.04	10	50.90	17
300491	19.34	22	9.25	34	12.77	13	9.42	19	50.78	18
600803	22.76	12	11.44	28	6.74	43	9.64	18	50.59	19
000958	19.60	21	12.57	24	12.00	17	5.42	42	49.60	20
601258	13.06	36	19.76	4	6.68	45	10.03	11	49.54	21
000158	15.91	30	14.77	14	10.17	27	7.71	27	48.55	22
600997	17.93	27	13.51	22	10.17	26	6.33	37	47.94	23
002442	16.89	29	14.38	16	10.33	24	6.26	38	47.87	24
000889	19.68	20	13.95	18	12.38	15	1.42	46	47.43	25
600230	18.02	26	16.05	7	11.27	19	1.38	47	46.72	26

续表

证券代码	盈利能力		资产质量		债务风险		经营增长		综合业绩	
	得分	排名	得分	排名	得分	排名	得分	排名	得分	排名
300107	14.36	34	12.25	26	17.97	3	1.47	45	46.05	27
600722	11.50	44	16.73	5	10.25	25	7.49	30	45.97	28
300138	14.53	33	10.53	30	8.05	38	12.86	2	45.96	29
601633	20.33	17	14.27	17	0.00	49	10.85	8	45.45	30
000778	12.80	39	14.90	10	9.70	30	7.35	31	44.76	31
600482	15.31	31	3.41	47	8.03	39	17.92	1	44.67	32
600340	23.67	7	8.20	37	0.00	50	12.45	3	44.32	33
000413	22.83	11	7.30	38	10.63	22	1.94	44	42.70	34
000709	13.88	35	14.85	12	4.81	47	8.48	23	42.02	35
300368	18.44	24	5.36	44	7.73	41	10.23	9	41.76	36
002282	15.09	32	6.45	42	13.51	11	6.65	35	41.69	37
000937	10.63	48	9.95	32	9.77	29	9.82	15	40.17	38
600135	12.59	40	9.19	35	7.99	40	9.23	21	39.00	39
600550	20.15	18	6.72	41	4.80	48	6.69	33	38.35	40
002494	12.00	41	7.12	40	12.67	14	5.19	43	36.98	41
300081	7.48	49	16.52	6	10.40	23	1.34	48	35.73	42
002342	12.87	38	5.31	45	10.76	21	6.55	36	35.49	43
600812	10.77	45	9.65	33	8.39	37	5.94	41	34.76	44
000401	10.75	46	10.32	31	5.56	46	7.51	29	34.15	45
600149	0.00	50	4.59	46	18.00	2	8.46	25	31.05	46
002459	11.96	42	0.00	48	11.84	18	6.23	39	30.03	47
000923	11.92	43	0.00	49	6.98	42	7.70	28	26.59	48
000856	12.97	37	5.67	43	6.68	44	1.25	50	26.57	49
002691	10.68	47	0.00	50	12.16	16	1.28	49	24.12	50

2. 分板块情况

2016 年，河北省不同板块上市公司分项业绩情况见图 4－16。创业板上市公司的综合业绩得分、盈利能力得分、债务风险得分、经营增长得分均为最高，资产质量得分居第二位；中小板上市公司在债务风险上的得分居第二位，在其余分项业绩得分上均为第三位；主板公司的资产质量得分最高，在盈利能力、经营增长以及总业绩得分上均为第二位，但其债务风险方面居第三位。即 2016 年河北省不同板块的业绩情况为：创业板公司盈利水平最高、债务风险最低、经营增长最快、资产质量较主板稍差一些，综合业绩得分最高；中小板的盈利水平最低、资产质量最差、债务风险居中、经营增长最低，综合业绩得分最低；主板的盈利水平、经营增长、综合业绩均处于中间水平，债务风险最高，但其资产质量表现最好。

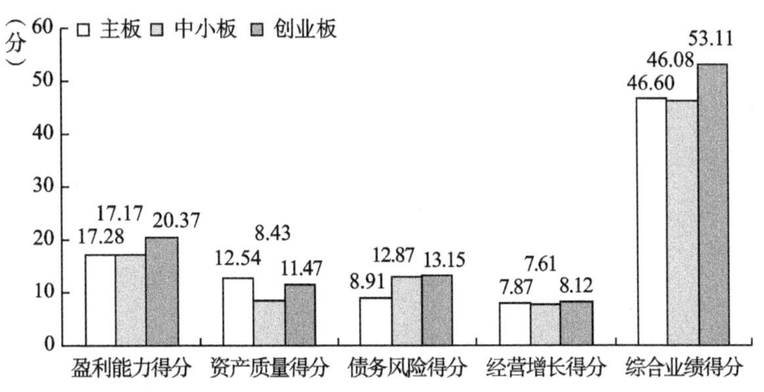

图 4-16　2016 年河北省不同板块上市公司分项业绩状况

3. 分行业情况

图 4-17 至图 4-20 分别显示了河北省各行业上市公司在盈利能力、资产质量、债务风险、经营增长四个方面的得分情况。

房地产业上市公司的行业盈利能力和经营增长得分均排名第一，资产质量排名第六，但债务风险得分排名第九，说明房地产业上市公司在 2016 年实现了较高的利润水平以及资产的高速增长，但该行业上市公司存在资产质量弱化，尤其是债务风险较高的隐患。特别是在当前各地限购政策相继出台、房地产业交易活跃量下降的环境下，必须关注其资金流转和债务风险问题。

交通运输、仓储和邮政业上市公司的行业经营增长得分排名第二，盈利能力排名第三，其资产质量得分排名第五，债务风险得分排名第六，说明该行业上市公司的增长状况及盈利水平较高，资产质量一般，存在一定的债务风险。

农林牧渔业上市公司的行业盈利能力排名第二，资产质量和经营增长排名第四，债务风险得分排名第六，说明该行业上市公司的盈利状况较好，资产质量及经营增长相对不错，债务风险则需要关注。

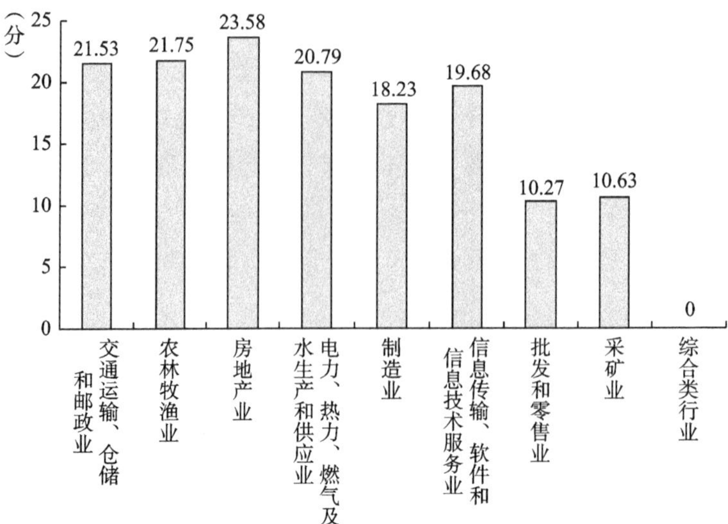

图 4-17　2016 年河北省各行业上市公司盈利能力得分

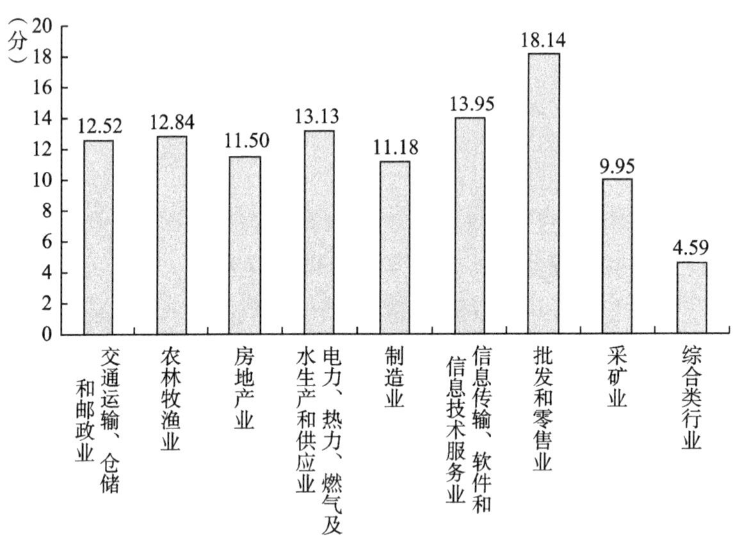

图 4-18　2016 年河北省各行业上市公司资产质量得分

电力、热力、燃气及水生产和供应业上市公司的行业盈利能力得分排名第四，资产质量及债务风险得分排名第三，经营增长得分排名第七，该行业前三项业绩表现相对比较均衡，经营增长速度比较平稳。

制造业上市公司的行业盈利能力排名第六，资产质量排名第七，债务风险排名第四，经营增长排名第六，各分项得分相对均衡，说明制造业上市公司的各方面业绩状况不理想，这也与河北省上市公司中制造业数量最

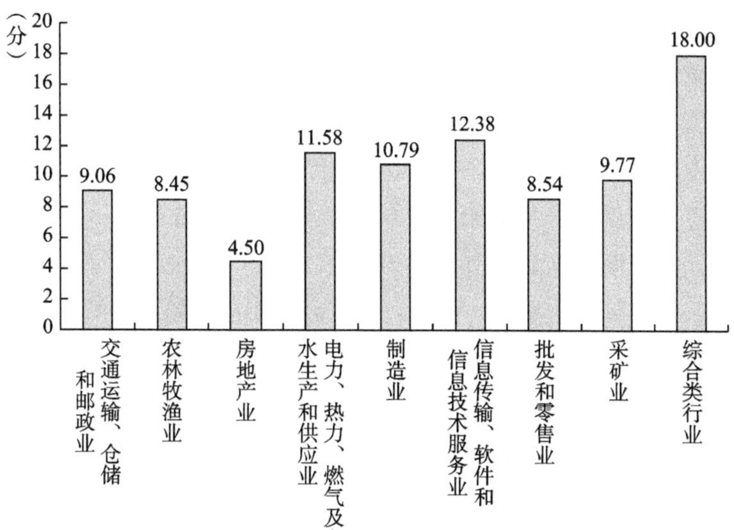

图 4－19　2016 年河北省各行业上市公司债务风险得分

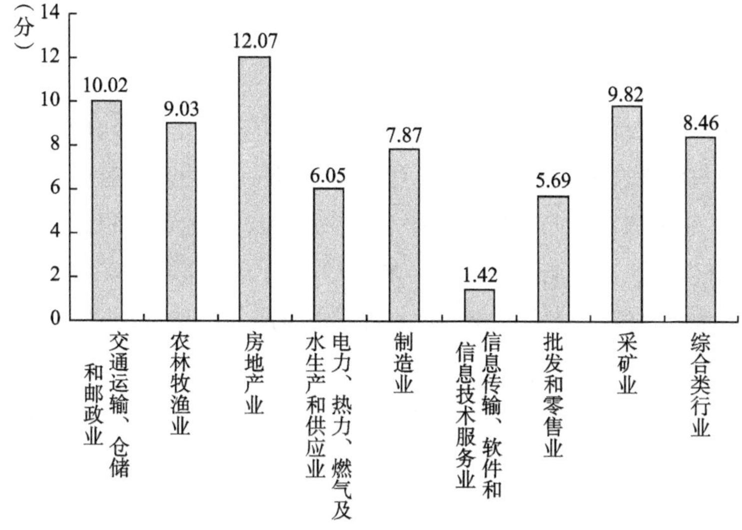

图 4－20　2016 年河北省各行业上市公司经营增长得分

多有关。

信息传输、软件和信息技术服务业的盈利能力得分排名第五，资产质量、债务风险均排名第二，经营增长得分排名第九，说明该行业上市公司的资产质量较好、债务风险小，盈利能力和盈利水平尚可，但其经营增长水平较差。

批发和零售业上市公司的行业盈利能力得分排名第八，资产质量排名第一，经营增长得分排名第八，债务风险得分排名第七。这说明该行业上市公司的资产管理水平较高，债务风险高，盈利能力和发展能力差。

采矿业在2016年只有冀中能源一家上市公司，其行业盈利能力得分排名第七，资产质量得分排名第八，债务风险得分排名第五，经营增长得分排名第三。这表明采矿业上市公司2016年经营增长状况较好，但其存在盈利能力差、资产管理水平弱、债务风险较高的相应问题。

综合类行业上市公司的行业盈赢能力、资产质量得分排名均为最末位（第九），经营增长得分排名第五，债务风险得分排名却居首位（见图4－19）。该行业2016年只有廊坊发展一家上市公司，债务风险虽然很低，但其盈利能力弱，资产质量差、发展能力差。尤其是盈利能力，得分为0分，说明该上市公司盈利水平极差。

（1）制造业

表4－25显示了2016年河北省制造业上市公司各项得分情况。盈利能力排名第一的是乐凯新材，其综合业绩得分在39家制造业上市公司中排名第一；资产质量得分排名第一的是老白干酒，其综合业绩得分在39家制造业上市公司中排名第二；债务风险得分排名第一的是以岭药业，其综合业绩得分在39家制造业上市公司中排名第三。这3家上市公司综合业绩得分均在70分以上。盈利能力得分排名前五的分别为乐凯新材、恒天天鹅、汇中股份、承德露露、以岭药业，这五家公司的综合业绩得分排名分别为第一、第五、第六、第四、第三。从综合业绩与其他分项业绩之间的关系看：尽管各个公司在不同分项业绩上的表现有差异，但综合业绩水平较高的公司其盈利能力一般较高，表明盈利能力是综合业绩的最有力支撑。

表4－25　2016年河北省制造业上市公司分项业绩状况

单位：分

证券简称	盈利能力		资产质量		债务风险		经营增长		综合业绩	
	得分	排名	得分	排名	得分	排名	得分	排名	得分	排名
乐凯新材	35.06	1	14.69	12	16.83	4	8.47	18	75.05	1
老白干酒	21.46	11	28.55	1	15.60	5	8.00	19	73.62	2
以岭药业	26.00	5	15.12	7	21.74	1	10.01	9	72.87	3

续表

证券简称	盈利能力		资产质量		债务风险		经营增长		综合业绩	
	得分	排名	得分	排名	得分	排名	得分	排名	得分	排名
承德露露	26.50	4	21.19	2	14.53	8	6.08	32	68.30	4
恒天天鹅	30.01	2	15.52	6	9.02	26	11.42	4	65.97	5
汇中股份	28.72	3	8.55	27	17.33	3	7.04	25	61.65	6
三友化工	19.95	14	20.28	3	9.62	25	9.68	12	59.52	7
先河环保	23.40	8	10.78	21	15.25	6	9.73	11	59.16	8
常山药业	25.37	6	11.90	19	10.14	23	11.27	5	58.69	9
沧州明珠	19.17	16	13.85	16	12.94	11	12.32	3	58.28	10
四通新材	16.99	21	14.90	9	15.03	7	9.36	15	56.28	11
同方国芯	23.53	7	7.26	29	13.78	9	9.93	10	54.50	12
凌云股份	18.07	18	13.87	15	8.93	27	10.04	8	50.90	13
通合科技	19.34	15	9.25	25	12.77	12	9.42	14	50.78	14
新奥股份	22.76	10	11.44	20	6.74	34	9.64	13	50.59	15
常山股份	15.91	23	14.77	11	10.17	22	7.71	20	48.55	16
开滦股份	17.93	20	13.51	17	10.17	21	6.33	29	47.94	17
龙星化工	16.89	22	14.38	13	10.33	19	6.26	30	47.87	18
沧州大化	18.02	19	16.05	5	11.27	16	1.38	37	46.72	19
建新股份	14.36	27	12.25	18	17.97	2	1.47	36	46.05	20
沧州化工	11.50	36	16.73	4	10.25	20	7.49	23	45.97	21
晨光生物	14.53	26	10.53	22	8.05	29	12.86	2	45.96	22
长城汽车	20.33	12	14.27	14	0.00	39	10.85	6	45.45	23
新兴铸管	12.80	31	14.90	8	9.70	24	7.35	24	44.76	24
风帆股份	15.31	24	3.41	36	8.03	30	17.92	1	44.67	25
东旭光电	22.83	9	7.30	28	10.63	18	1.94	35	42.70	26
河北钢铁	13.88	28	14.85	10	4.81	37	8.48	17	42.02	27
汇金股份	18.44	17	5.36	34	7.73	32	10.23	7	41.76	28
博深工具	15.09	25	6.45	32	13.51	10	6.65	27	41.69	29
乐凯胶片	12.59	32	9.19	26	7.99	31	9.23	16	39.00	30
保变电气	20.15	13	6.72	31	4.80	38	6.69	26	38.35	31

续表

证券简称	盈利能力		资产质量		债务风险		经营增长		综合业绩	
	得分	排名	得分	排名	得分	排名	得分	排名	得分	排名
华斯股份	12.00	33	7.12	30	12.67	13	5.19	34	36.98	32
巨力索具	12.87	30	5.31	35	10.76	17	6.55	28	35.49	33
华北制药	10.77	37	9.65	24	8.39	28	5.94	33	34.76	34
冀东水泥	10.75	38	10.32	23	5.56	36	7.51	22	34.15	35
天业通联	11.96	34	0.00	37	11.84	15	6.23	31	30.03	36
河北宣工	11.92	35	0.00	38	6.98	33	7.70	21	26.59	37
冀东装备	12.97	29	5.67	33	6.68	35	1.25	39	26.57	38
冀凯股份	10.68	39	0.00	39	12.16	14	1.28	38	24.12	39

表4－26显示了2016年河北省制造业各细分行业上市公司分项得分情况：综合业绩排名第一的是酒饮料和精制茶制造业，其资产质量、债务风险、盈利能力得分排名分别为第一、第二、第三，其经营增长要差一些，得分排名第12；综合业绩排名第二的化学纤维制造业，其盈利能力、资产质量、经营增长得分分别排名第一、第二、第三，债务风险得分排名第14；综合业绩排名第三的仪器仪表制造业，其债务风险、盈利能力得分分别排第一、第二，其经营增长、资产质量得分分别排名第9、第14。从综合业绩与其他分项业绩之间的关系看：尽管各细分行业上市公司在不同分项业绩上的表现有差异，但综合业绩水平高的公司其盈利能力一般较高（见表4－26：综合业绩排名前3的细分行业其盈利能力得分排名均在前3）。综合业绩排名第17～19位的细分行业是皮革毛皮羽毛及其制品和制鞋业、非金属矿物制品业、专用设备制造业，这三个行业的盈利能力得分也分别居第18位、第19位、第16位，盈利得分较低。综合业绩排名最末位的专用设备制造业，其盈利能力、资产质量、债务风险、经营增长得分排名分别为第16位、第19位、第13位、第18位，各方面业绩状况都比较差。

（2）批发和零售业

2016年河北省共两家批发和零售业上市公司，且均为民营企业。这两家公司的分项业绩与综合业绩基本一致。见表4－27、图4－21：综合业绩得分排名第一的庞大集团，其盈利能力、资产质量、经营增长得分均排第

表 4－26　2016 年河北省制造业细分行业上市公司分项业绩状况

单位：分

制造业细分行业	盈利能力		资产质量		债务风险		经营增长		综合业绩	
	得分	排名	得分	排名	得分	排名	得分	排名	得分	排名
酒饮料和精制茶制造业	23.98	3	24.87	1	15.07	2	7.04	12	70.96	1
化学纤维制造业	30.01	1	15.52	2	9.02	14	11.42	3	65.97	2
仪器仪表制造业	26.06	2	9.67	14	16.29	1	8.39	9	60.41	3
橡胶和塑料制品业	19.17	7	13.85	8	12.94	6	12.32	2	58.28	4
有色金属冶炼及压延加工业	16.99	11	14.90	3	15.03	3	9.36	6	56.28	5
医药制造业	20.72	5	12.22	10	13.42	5	9.07	7	55.44	6
化学原料和化学制品制造业	18.89	8	14.38	6	11.38	9	6.70	14	51.35	7
计算机通信和其他电子设备制造业	23.18	4	7.28	15	12.21	8	5.94	17	48.60	8
纺织业	15.91	12	14.77	5	10.17	12	7.71	10	48.55	9
汽车制造业	19.20	6	14.07	7	4.47	19	10.44	5	48.18	10
石油加工炼焦和核燃料加工业	17.93	10	13.51	9	10.17	11	6.33	16	47.94	11
农副食品加工业	14.53	14	10.53	11	8.05	16	12.86	1	45.96	12
电气机械及器材制造业	18.27	9	6.46	17	8.53	15	11.34	4	44.60	13
黑色金属冶炼和压延加工业	13.88	15	14.85	4	4.81	18	8.48	8	42.02	14
通用设备制造业	15.09	13	6.45	18	13.51	4	6.65	15	41.69	15
金属制品业	12.83	17	10.11	13	10.23	10	6.95	13	40.12	16
皮革毛皮羽毛及其制品和制鞋业	12.00	18	7.12	16	12.67	7	5.19	19	36.98	17
非金属矿物制品业	10.75	19	10.32	12	5.56	17	7.51	11	34.15	18
专用设备制造业	13.19	16	2.21	19	9.08	13	5.34	18	29.82	19

一位，债务风险得分排名第二，各分项表现都很好；综合业绩得分排名第二的恒信移动，其盈利能力、资产质量、经营增长得分排名第二，债务风险排名第一；2016 年河北省批发和零售业上市公司综合业绩平均分 42.63 分，综合业绩水平分别为较低、较差等级，整体行业业绩水平较低。这一点从图 4－21 也可以看出：四个分项业绩中，除资产质量外，其余三项分项

业绩得分，批发和零售业上市公司的平均水平均低于河北省上市公司平均水平。

表 4－27　2016 年河北省批发和零售业上市公司各项业绩状况

单位：分

证券简称	盈利能力		资产质量		债务风险		经营增长		综合业绩	
	得分	排名	得分	排名	得分	排名	得分	排名	得分	排名
庞大集团	13.06	1	19.76	1	6.68	2	10.03	1	49.54	1
恒信移动	7.48	2	16.52	2	10.40	1	1.34	2	35.73	2

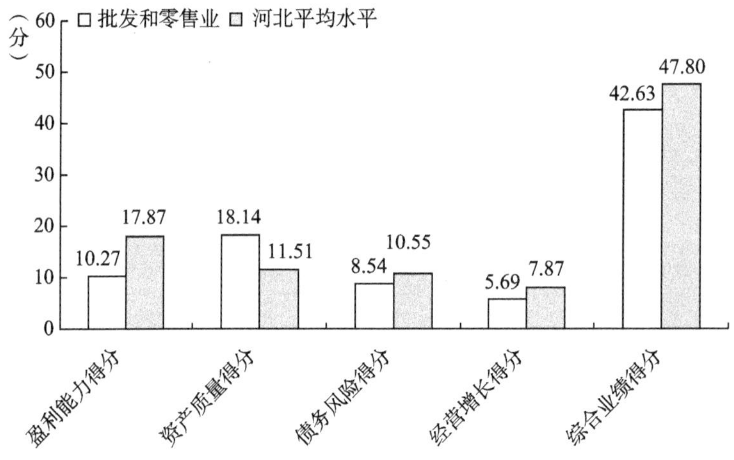

图 4－21　2016 年批发和零售业上市公司各项业绩与全省情况对比

（3）房地产业

2016 年，河北省共两家房地产业上市公司：荣盛发展和华夏幸福，均为民营企业。这两家上市公司的整体业绩一家“中等”、一家“较低”（见表 4－28 和图 4－27）。荣盛发展在资产质量、债务风险方面均居于行业领先地位，华夏幸福的盈利能力和经营增长比荣盛发展得分略高，但差异不大。图 4－22 可以看出房地产上市公司的行业业绩优势：其盈利能力、经营增长、综合业绩得分均高于河北上市公司平均水平，资产质量与河北平均水平基本持平，但在债务风险方面则低于河北上市公司平均水平，说明河北省房地产业上市公司应关注自身的债务风险。

表 4－28　2016 年河北省房地产业上市公司各项业绩状况

单位：分

证券简称	盈利能力		资产质量		债务风险		经营增长		综合业绩	
	得分	排名	得分	排名	得分	排名	得分	排名	得分	排名
荣盛发展	23.49	2	14.81	1	9.00	1	11.70	2	59.00	1
华夏幸福	23.67	1	8.2	2	0.00	2	12.45	1	44.32	2

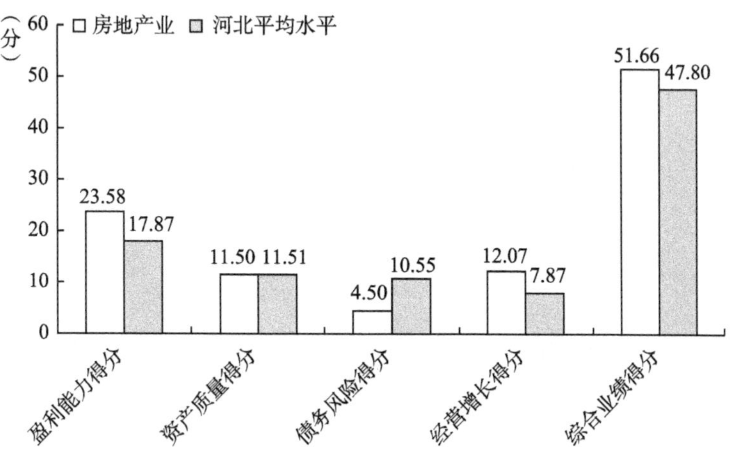

图 4－22　2016 年房地产业上市公司各项业绩与全省情况对比

（4）电力、热力、燃气及水生产和供应业

2016 年，河北省共两家电力、热力、燃气及水生产和供应业上市公司：建投能源和东方能源，均为国有企业。由表 4－29 和图 4－23 可见：这两家上市公司在各分项业绩指标方面互有所长，差距不大。其中建投能源盈利能力、资产质量、经营增长得分高，使得其综合业绩水平得分高；

表 4－29　2016 年河北省电力、热力、燃气及水生产和供应业上市公司各项业绩状况

单位：分

证券简称	盈利能力		资产质量		债务风险		经营增长		综合业绩	
	得分	排名	得分	排名	得分	排名	得分	排名	得分	排名
建投能源	21.97	1	13.69	1	11.17	2	6.68	1	53.51	1
东方能源	19.60	2	12.57	2	12.00	1	5.42	2	49.60	2

东方能源的债务风险好一些，综合业绩得分排名第二。相对于河北省上市公司平均水平，除经营增长外，该行业的其他各分项业绩及综合业绩均表现较好。

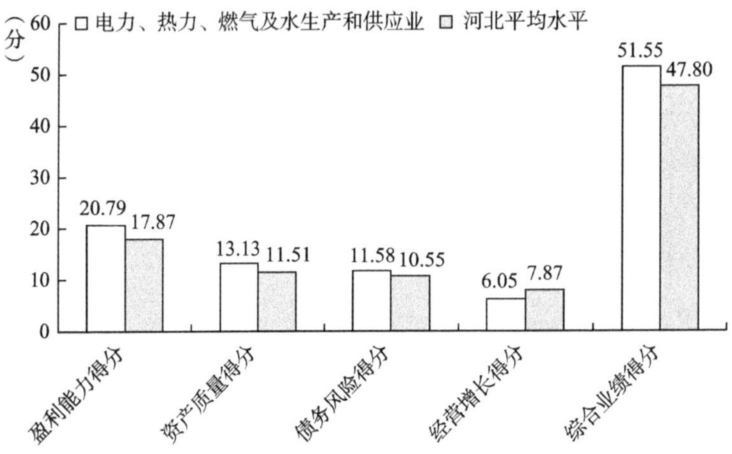

图 4-23　2016 年电力、热力、燃气及水生产和供应业上市公司各项业绩与全省情况对比

（5）其他行业

河北省其他行业的五家公司各分项业绩状况见表 4-30。唐山港、福成股份的综合业绩总名次在河北省全部上市公司中排名分别为第 15、第 16，这两家公司其他分项业绩表现也处于中等或偏上水平，整体业绩状况较好。茂业通信的综合业绩总名次在河北省全部上市公司中排名第 25，除经营增长外，其他分项业绩表现中等。冀中能源、廊坊发展的综合业绩水平则比较低，在河北省全部上市公司中排名分别为第 38、第 46。尤其是廊坊发展公司，其盈利能力排名最末位，业绩表现很差。

表 4-30　2016 年河北省其他行业上市公司各项业绩状况

单位：分

证券简称	盈利能力		资产质量		债务风险		经营增长		综合业绩	
	得分	总排名	得分	总排名	得分	总排名	得分	总排名	得分	总排名
唐山港	21.53	15	12.52	25	9.06	32	10.02	12	53.14	15
福成股份	21.75	14	12.84	23	8.45	36	9.03	22	52.07	16

续表

证券简称	盈利能力		资产质量		债务风险		经营增长		综合业绩	
	得分	总排名	得分	总排名	得分	总排名	得分	总排名	得分	总排名
茂业通信	19.68	20	13.95	18	12.38	15	1.42	46	47.43	25
冀中能源	10.63	48	9.95	32	9.77	29	9.82	15	40.17	38
廊坊发展	0.00	50	4.59	46	18.00	2	8.46	25	31.05	46

图 4－24 至图 4－28 则分别显示了其他行业的这五家上市公司各分项业

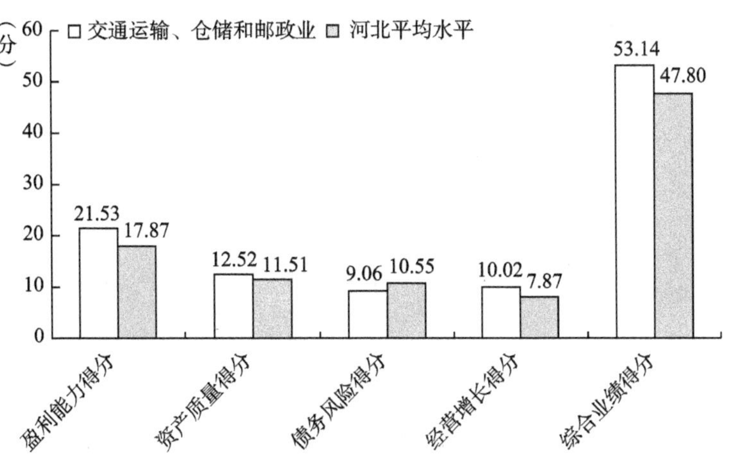

图 4－24　2016 年交通运输、仓储和邮政业上市公司各项业绩与全省情况对比

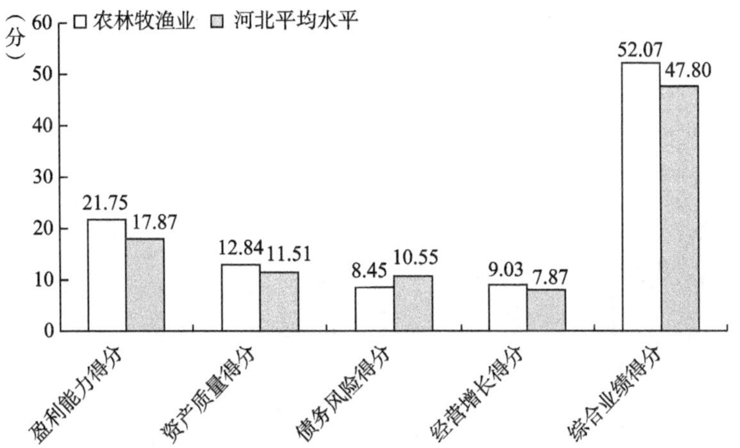

图 4－25　2016 年农林牧渔业上市公司各项业绩与全省情况对比

绩与河北省平均水平的比较情况：交通运输、仓储和邮政业，农林牧渔业这两家公司除了在债务风险得分方面低于河北平均水平，在其他三项业绩得分及综合业绩方面，均高于河北省上市公司平均水平；信息传输、软件和信息技术服务业在经营增长得分上低于河北平均水平，在其他方面则高于河北平均水平，综合业绩得分与河北平均水平基本持平；采矿业在经营增长方面高于河北平均水平，但其余方面则低于河北平均水平，其综合业绩也低于河北水平；综合类公司的盈利能力得分为0分，其综合业绩得分较大幅度低于河北平均水平。

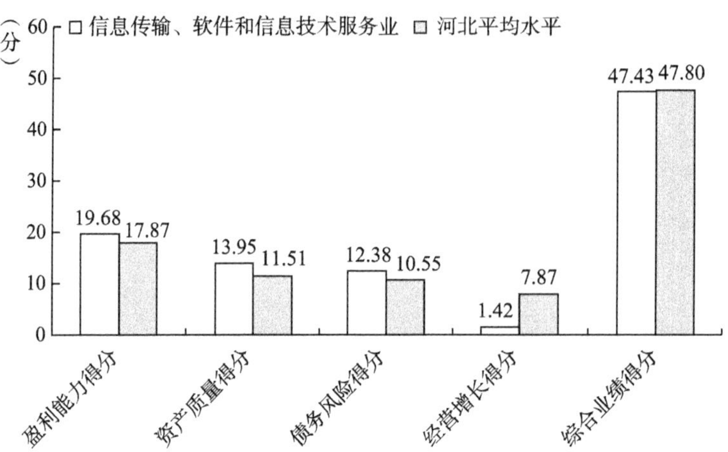

图4-26　2016年信息传输、软件和信息技术服务业上市公司各项业绩与全省情况对比

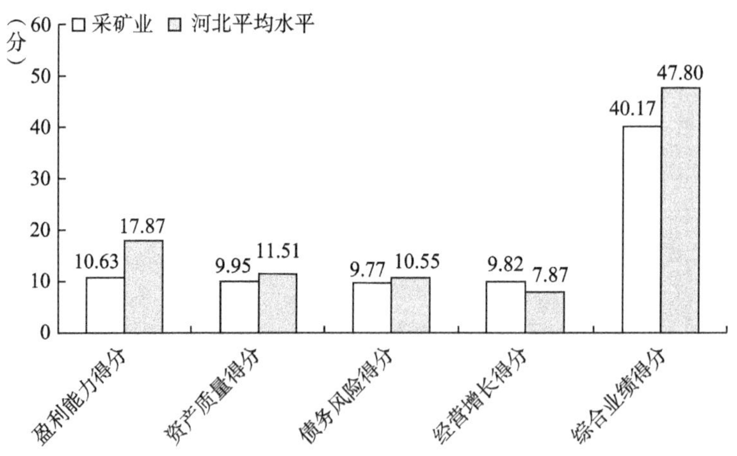

图4-27　2016年采矿业上市公司各项业绩与全省情况对比

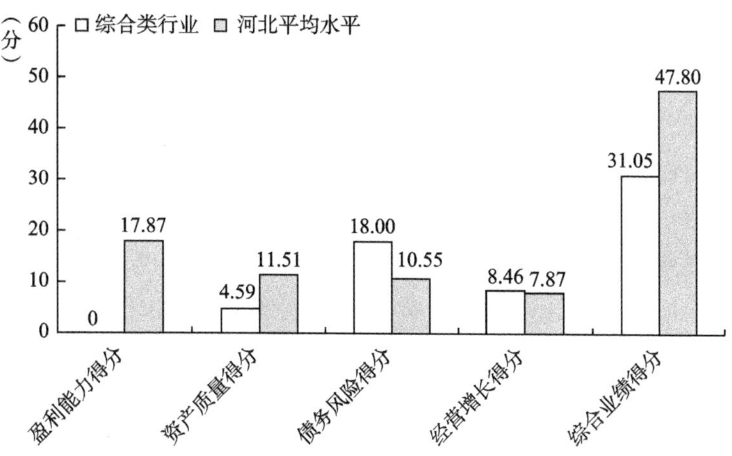

图 4－28　2016 年综合类行业上市公司各项业绩与全省情况对比

四　分析总结

本章采取市值分析、财务指标分析、综合及分项业绩计分方法对河北省上市公司业绩状况进行了分析。

从市值看，我们采用市值状况和个股投资回报率两个指标对河北省 A 股上市公司的市值业绩进行分析发现：截至 2016 年底，河北省上市公司总市值为 7923.0126 亿元，平均市值 153.23 亿元，在全国各省份中排名分别为第 14 位、第 7 位。其中，河北省总市值排名在全国居中等偏上水平，但是与各省平均总市值 16345.7396 亿元相比还有较大差距；河北省平均市值比总市值排名靠前，与全国平均值 144.66 亿元相比要高。河北省 51 家 A 股上市公司涉及的 10 个行业中，制造业总市值最高，房地产业的平均市值最高。华夏幸福（600340）的个股总市值最高，* ST 冀装的个股市值最低，河北省上市公司最高市值与最低市值差距较大，相差 20 余倍。从 2012 ~ 2016 年的个股回报率水平看，河北省上市公司个股回报率水平与全国 A 股上市公司个股回报率水平在近 5 年的变动趋势大体相当，并交叉上涨。无论是河北还是全国 A 股上市公司，2012 ~ 2015 年其个股回报率水平均呈上升趋势，2016 年急剧下降。其中 2016 年河北上市公司个股回报率（1.65%）高于 A 股水平（－9.51%）。10 个行业中，综合类行业上市公司个股回报率水平最高，综合类行业，采矿业，制造业，金融业，信息传输、软件和信息技术服务业，交通运输、仓储和邮政业的个股回报高于A股同行业水平，其余四个行业的个股回报率水平低于A股同行业水平。51家A股上市公司中，2016年个股回报率最高为通合科技（300491），最低为华斯股份（002494）。

从主要财务指标看，在统计年度5年间盈利指标方面，A股上市公司净资产收益率比较平稳，河北上市公司发生了较大变动。无论是A股总资产报酬率还是河北省上市公司的总资产报酬率，在统计年度5年间均呈先升后降趋势。2016年，河北盈利指标高于A股水平。资产质量指标方面，河北省上市公司总资产周转率与A股上市公司在统计年度5年间均呈下降趋势。其中河北上市公司总资产周转水平低于A股平均水平，但差别不大。应收账款周转率情况在统计年度5年间河北省应收账款周转率低于A股上市公司水平。其中2012~2015年差距较小，2016年差距较大。债务风险指标方面，河北省上市公司2012~2015年资产负债率比A股略高，2016年，河北资产负债率比A股略低，但差别很小。已获利息倍数方面，河北上市公司与A股公司在统计年度5年间呈现较为波动的变化趋势，2012~2015年，两者上下交替，2016年河北上市公司已获利息倍数（-67.40倍）显著低于A股水平（0.41倍），利息保障程度不理想。经营增长指标方面，河北省上市公司的销售（营业）增长率与A股存在差异，2015年、2016年均低于A股上市公司水平。资本保值增值方面，河北省上市公司2013年资本保值增值率稍高于A股水平，2012年、2014年、2015年、2016年则均低于A股上市公司水平，但差距不大。

从综合业绩看，河北省上市公司2016年度整体综合业绩表现一般，缺乏优秀业绩水平上市公司。50家A股非金融上市公司中：3家公司业绩水平良好，12家公司业绩水平较差，整体业绩得分平均水平未能达到中等。分板块看，创业板得分最高，主板次之，中小板最低。在河北省上市公司所涉及的10个行业中，交通运输、仓储和邮政业排名第一，综合类行业排名最后，制造业上市公司排名第5。19个细分行业中，酒、饮料和精制茶制造业的排名第1，专用设备制造业排名最末位，制造业细分行业业绩得分最高与最低之间相差2.38倍左右。

针对构成综合业绩的盈利能力、资产质量、债务风险、经营增长分项业绩看：河北省上市公司四方面分项业绩均表现较好的公司较少，基本上每家公司都存在一两个方面的短板；四个分项业绩中，盈利能力是综合业绩最有力的支撑，盈利能力好的上市公司基本上其综合业绩水平较高。各个板块情况为：创业板公司盈利水平最高、债务风险最低、经营增长最快、资产质量较主板稍差一些，综合业绩得分最高；中小板的盈利水平最低、资产质量最差、债务风险居中、经营增长最低，综合业绩得分最低；主板的盈利水平、经营增长、综合业绩均处于中间水平，债务风险最高，但其资产质量表现最好。

从行业情况的分项业绩看，房地产业上市公司的盈利能力和经营增长得分排名第一，资产质量排名第六，但债务风险排名第九，说明房地产业上市公司在2016年实现了较高的利润水平以及资产的高速增长，但该行业存在资产质量弱化，尤其是债务风险较高的隐患；交通运输、仓储和邮政业上市公司的经营增长排名第二，盈利能力排名第三，资产质量排名第五，债务风险排名第六，说明该行业上市公司的增长状况及盈利水平较高，资产质量一般，存在一定的债务风险；农林牧渔业上市公司的盈利能力排名第二，资产质量和经营增长排名第四，债务风险得分排名第六，说明该行业上市公司的盈利状况较好，资产质量及经营增长相对不错，债务风险需要关注；电力、热力、燃气及水生产和供应业上市公司的行业盈利能力得分排名第四，资产质量及债务风险得分排名第三，经营增长排名第七，前三项业绩表现相对比较均衡，经营增长速度比较平稳；制造业上市公司的盈利能力排名第六，资产质量排名第七，债务风险排名第四，经营增长排名第六，各分项得分相对均衡；信息传输、软件和信息技术服务业的盈利能力得分排名第五，资产质量、债务风险均排名第二，经营增长得分排名第九，说明该行业上市公司的资产质量较好、债务风险小，盈利能力和盈利水平尚可，但其经营增长水平较差；批发和零售业上市公司的行业盈利能力排名第八，资产质量排名第一，经营增长排名第八，债务风险排名第七，说明该行业上市公司的资产管理水平较高、债务风险高、盈利能力和发展能力差；采矿业盈利能力排名第七，资产质量排名第八，债务风险排名第五，经营增长排名第三。表明采矿业上市公司2016年经营增长状况好，但存在盈利能力差、资产管理水平弱、债务风险较高的问题；综合类行业上市公司的盈利能力、资产质量排名均为最末位，经营增长排名第五，说明该行业盈利能力弱，资产质量差、发展能力差。

分报告五 河北上市公司社会责任发展报告

企业社会责任是当今社会企业发展中不可忽视的重要问题。为了提高企业经营管理水平和风险防范能力，促进企业可持续发展，维护社会主义市场经济秩序和社会公众利益，财政部于2008年会同证监会、审计署、银监会、保监会等五部委联合制定了《企业内部控制基本规范》，并进一步在2010年制定了《企业内部控制应用指引》，在《企业内部控制应用指引第4号——社会责任》中，首次将社会责任作为企业内部控制建设的重要组成部分进行了规范。履行社会责任已经成为影响企业生存和可持续发展的重要影响因素，是新时代中国特色社会主义建设对企业的战略要求。

本报告以《企业内部控制应用指引第4号——社会责任》为基本依据，构建了包含三个层级40个三级指标的企业社会责任评价指标体系。在此基础上，本报告计算了河北省各上市公司的社会责任得分，对各公司的社会责任情况进行了综合评价，并分板块、分行业、分地区进行了具体分析。

一　河北上市公司社会责任履行情况总体分析

本报告构建了包含三个层级40个三级指标的企业社会责任评价指标体系，进一步采用专家打分法确定了第一层级指标权重，并在借鉴以往研究成果的基础上，采用等权重方法对第二层级指标和第三层级指标在整个指标体系中的权重进行确定，最后采用评分法确定各指标的具体数值。在此基础上，利用河北省上市公司的数据资料，我们对每家公司2012～2016年的各层次指标分别进行了评分，并按照相应的权重进行了汇总和评价。本部分先对指标体系的构成进行阐述，然后对全样本评价结果进行总体分析。

（一）河北省上市公司社会责任评价指标体系

指标设置的具体情况和各指标所占权重以及评分标准的确定见表5－1。

表 5－1　河北省上市公司社会责任评价指标体系

一级指标	二级指标	三级指标	占上级对应指标权重	评分标准
管理层面（30%）	社会责任组织概况（1/2）	1. 官网是否设社会责任专栏	（1/3）	是得 100 分，否得 0 分
		2. 是否有社会责任组织体系	（1/3）	是得 100 分，否得 0 分
		3. 是否有明确的社会责任规划	（1/3）	是得 100 分，否得 0 分
	社会责任报告（1/2）	4. 是否定期披露社会责任报告	（1/3）	是得 100 分，否得 0 分
		5. 社会责任报告是否经中介机构鉴证	（1/3）	是得 100 分，否得 0 分
		6. 社会责任报告内容的完整性	（1/3）	每披露业务层面二级指标中的一类得 17 分，最高得 100 分
业务层面（70%）	安全生产责任（1/7）	7. 是否建立安全生产管理制度	（1/4）	是得 100 分，否得 0 分
		8. 是否设立安全管理部门	（1/4）	是得 100 分，否得 0 分
		9. 是否进行安全生产投入	（1/4）	是得 100 分，否得 0 分
		10. 是否发生生产安全事故，是否妥善处理安全事故	（1/4）	未发生事故得 100 分，发生事故并妥善处理得 50 分，发生事故未妥善处理得 0 分
	产品质量和消费者责任（1/7）	11. 是否有产品质量控制和检验制度	（1/6）	是得 100 分，否得 0 分
		12. 是否获得产品质量认证证书	（1/6）	每一个认证证书得 25 分，最高 100 分
		13. 是否获得产品质量荣誉证书	（1/6）	每一个荣誉证书得 25 分，最高 100 分
		14. 是否有客户关系管理制度	（1/6）	是得 100 分，否得 0 分
		15. 是否有售后服务体系	（1/6）	是得 100 分，否得 0 分
		16. 售后是否发现存在严重质量缺陷、隐患的产品；如发生，是否妥善处理	（1/6）	未发生得 100 分，发生并妥善处理得 50 分，发生未妥善处理造成社会危害得 0 分
	环保与资源节约责任（1/7）	17. 是否建立环境保护和资源节约制度	（1/6）	是得 100 分，否得 0 分
		18. 是否有环境认证相关证书	（1/6）	有 1 个相关证书得 25 分，最高得 100 分
		19. 是否进行节能环保方面的投资	（1/6）	是得 100 分，否得 0 分
		20. 是否取得环保有关的荣誉	（1/6）	每 1 项得 25 分，最高 100 分
		21. 是否进行环保技术研发与应用	（1/6）	是得 100 分，否得 0 分

续表

一级指标	二级指标	三级指标	占上级对应指标权重	评分标准
业务层面（70%）	环保与资源节约责任（1/7）	22. 是否有年度节能减排目标并完成	（1/6）	无目标0分，有节能减排目标得50分，进行节能减排得50分，有目标且完成得100分
	促进就业与员工责任（1/7）	23. 是否与员工签订劳动合同	（1/6）	是得100分，否得0分
		24. 是否为员工办理社会保险	（1/6）	是得100分，否得0分
		25. 是否建立职工代表大会与工会组织	（1/6）	两者都建立为100分，建一个50分，两者均否为0分
		26. 是否建立职业健康安全管理体系	（1/6）	是得100分，否得0分
		27. 是否有员工成长激励制度	（1/6）	是得100分，否得0分
		28. 女性高级管理人员比例	（1/6）	无女性高管得0分，女性高管比例在10%以内者得20分，20%以内者得40分，30%以内者得60分，40%以内者得80分，超过40%者得100分
	公益慈善责任（1/7）	29. 是否关心公益事业并进行公益慈善捐赠	（1/3）	是得100分，否得0分
		30. 是否组织公益主题活动	（1/3）	是得100分，否得0分
		31. 是否参与公益主题活动	（1/3）	是得100分，否得0分
	中小投资者权益维护责任（1/7）	32. 为股东创造的投资回报	（1/6）	加权平均净资产收益率指标低于0（含0）者得0分，在5%以内者得20分，在10%以内者得40分，在15%以内者得60分，在20%以内者得80分，超过20%者得100分
		33. 当年是否进行红利分配	（1/6）	是得100分，否得0分
		34. 是否建立了公开可查的投资者关系管理制度	（1/6）	是得100分，否得0分
		35. 是否及时披露年度财务报告	（1/6）	4月30日（不含30日）之后的得0分，其他得100分
		36. 会计师事务所审计意见	（1/6）	意见为否定得0分，无法表示意见得10分，带强调事项的保留意见得30分，保留意见得50分，带强调事项的无保留意见得80分，标准无保留意见得100分
		37. 是否发布更正公告或补充公告	（1/6）	是得0分，否得100分

续表

<table>
<tr><th>一级指标</th><th>二级指标</th><th>三级指标</th><th>占上级对应指标权重</th><th>评分标准</th></tr>
<tr><td rowspan="3">业务层面（70%）</td><td rowspan="3">其他社会责任（1/7）</td><td>38. 是否有违法违规</td><td>（1/3）</td><td>否得 100 分，是得 0 分</td></tr>
<tr><td>39. 受处罚类型</td><td>（1/3）</td><td>“市场禁入”和“取消营业许可”得 0 分；“罚款、没收非法所得”得 25 分；“警告、批评、谴责、其他”得 50 分，无处罚得 100 分</td></tr>
<tr><td>40. 其他负面信息</td><td>（1/3）</td><td>有得 0 分，无负面信息得 100 分</td></tr>
</table>

注：1. 括号内数字是以百分数或分数表示的本指标对于上一层级指标的权重值。

2. 本报告所使用的上市公司数据资料，除中小股东权益维护责任和其他社会责任两个指标的相关数据主要来自国泰安数据库外，其他指标的相关数据主要来自企业官网、企业社会责任报告、企业年报等公开资料，大部分数据为手工方式收集。

（二）河北省上市公司社会责任总体评价

下面将从河北省上市公司 2012～2016 年社会责任综合评分情况、每年综合评价前 10 名比较情况等两个方面对相关公司的社会责任履行情况进行总体评价。

1. 河北省上市公司社会责任综合评价

表 5－2 列示了 2012～2016 年河北省上市公司社会责任的变化趋势。

表 5－2　2012～2016 年河北省上市公司社会责任综合评价

年份	最大值（分）	最小值（分）	中位数（分）	平均值（分）	标准差（分）	公司数量（家）
2012	77.42	23.67	41.17	46.66	14.87	47
2013	83.25	18.00	45.17	47.71	16.57	47
2014	82.83	23.17	43.50	47.63	15.33	49
2015	82.33	22.00	44.08	47.58	15.01	52
2016	84.42	26.33	48.25	49.87	15.96	50

从表 5－2 所示的得分结果来看，从 2012 年起，河北省上市公司社会责任综合得分整体呈上升趋势，各年均值从 2012 年的 46.66 分上升到 2016 年的 49.87 分，5 年上升幅度为 6.88%；环比增长速度在 2016 年出现了显著

变化，2012～2015 年的环比变化不大，在 47 分上下波动，最高 47.71 分，最低 46.66 分，2016 年急剧上升到 49.87 分，上升幅度达 4.81%。五年中，河北省上市公司社会责任综合得分最大值从 2012 年的 77.42 分提高到 2016 年的 84.42 分，提高幅度为 9.04%；最小值在前四年保持平稳波动，在 2016 年亦有较大幅度提升，环比提高幅度为 19.68%。这主要是由于 2015 年社会责任水平最低的公司金谷源（000408）在 2016 年发生注册地变更，从我们的研究范围内剔除所致。同时，各年上市公司社会责任综合得分的最大值、最小值、中位数呈现出与均值变化基本相同的趋势。各年的标准差为 14.87～16.57 分，说明不同公司履行社会责任的水平差异较大，样本公司社会责任得分的分布相对分散。

以上数据表明，总体上来讲，河北省上市公司社会责任意识普遍提高，社会责任水平稳步提升，对履行社会责任越来越重视。

图 5－1 更直观地体现了河北省上市公司近 5 年来社会责任履行水平逐年提升的变化趋势。

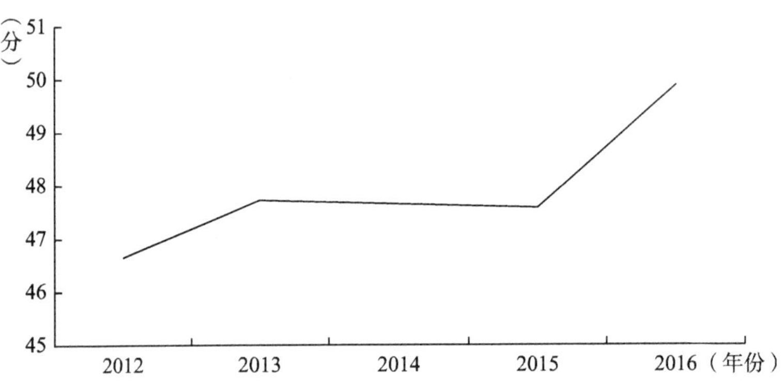

图 5－1　河北省上市公司社会责任履行水平变化趋势

值得注意的是，2016 年的环比增长水平在五年中是最高的，而且各个指标的环比增长水平都是最高的，充分说明河北上市公司 2016 年的社会责任意识明显提高。

2. 各年度社会责任综合评价前10名情况

由表 5－3 可见，2012 年的最高分和最低分分别为 77.42 分和 60.67 分；到 2016 年的最高分和最低分分别提升为 84.42 分和 65.33 分，提高幅度分别为 9.04% 和 7.68%。

表 5-3　各年度河北省上市公司社会责任综合评价排名前 10 位企业

得分排名	2012 年		2013 年		2014 年		2015 年		2016 年	
	证券简称	得分	证券简称	得分	证券简称	得分	证券简称	得分	证券简称	得分
1	冀中能源	77.42	冀中能源	82.83	冀中能源	82.83	冀中能源	82.33	荣盛发展	84.42
2	冀东水泥	76.50	冀东水泥	81.92	冀东水泥	78.17	新兴铸管	80.58	冀中能源	81.50
3	新兴铸管	76.17	三友化工	79.08	新兴铸管	77.00	河钢股份	77.42	新兴铸管	80.58
4	荣盛发展	72.33	荣盛发展	77.33	唐山港	76.83	东旭光电	75.92	东旭光电	80.50
5	三友化工	71.50	新兴铸管	74.92	三友化工	76.08	新奥股份	69.50	冀东水泥	78.50
6	河北钢铁	67.50	河北钢铁	69.58	河北钢铁	72.50	冀东水泥	67.83	河钢股份	77.90
7	唐山港	63.58	唐山港	69.33	长城汽车	68.08	三友化工	66.03	三友化工	69.25
8	长城汽车	61.50	长城汽车	68.08	保变电气	66.50	开滦股份	65.50	建投能源	68.00
9	华北制药	61.17	保变电气	66.50	开滦股份	63.17	建投能源	65.25	开滦股份	67.58
10	开滦股份	60.67	开滦股份	61.50	恒天天鹅	61.50	唐山港	64.50	唐山港	65.33

注：河北钢铁 2015 年更名为河钢股份；恒天天鹅 2015 年更名为华讯方舟。

2012～2016 年前 10 名公司较为稳定，年度间变化不大，5 年中共涉及 15 家企业，其中 7 家（冀中能源、冀东水泥、新兴铸管、三友化工、河北钢铁、开滦股份、唐山港）连续 5 年均在前十之列；2 家公司（荣盛发展、长城汽车）有 3 年在列，3 家公司（保变电气、东旭光电、建投能源）有两年在列。荣盛发展在 2012 年和 2013 年两次进入前十后，即退出，又在 2016 年再次冲入前十，并取得了第一名的骄人业绩。长城汽车则是在 2012～2014 年均在前十，2015 年即退出了前十行列。华北制药仅在 2012 年在前十之列，恒天天鹅仅在 2014 年进入前十，新奥股份也是仅有 2015 年进入前十，2016 年即退出了。

二　河北上市公司社会责任水平分层级统计分析

本报告的指标评分涉及三个层级的具体指标评分。

（一）第一层级指标统计分析

社会责任评价的第一层级指标有两个，分别是管理层面和业务层面。

表5－4和表5－5分别列示了河北省上市公司管理层面和业务层面社会责任评分的基本情况。

表5－4　河北省上市公司管理层面社会责任评价

年份	最大值（分）	最小值（分）	中位数（分）	平均值（分）	标准差（分）	样本数（个）
2012	66.67	0	16.67	17.27	16.57	47
2013	66.67	0	16.67	20.92	22.08	47
2014	66.67	0	16.67	20.41	20.36	49
2015	83.33	0	16.67	20.52	25.89	52
2016	83.33	0	16.67	24.56	28.20	50

表5－5　河北省上市公司业务层面社会责任评价

年份	最大值（分）	最小值（分）	中位数（分）	平均值（分）	标准差（分）	样本数（个）
2012	89.17	29.05	54.05	59.26	15.52	47
2013	89.76	25.71	56.90	57.40	15.84	47
2014	89.76	33.10	53.33	59.30	14.99	49
2015	82.62	31.43	57.26	59.18	12.11	52
2016	84.88	37.62	59.17	60.72	12.25	50

由表5－4可以看出，2012～2016年，河北省上市公司管理层面指标平均值尽管在这5年间增长幅度很大，达到了42.21%，但是总体得分非常低，平均值仅在17.27～24.56分，最大值为83.33分，最小值为0分，而且数据资料显示，相当一部分样本公司该项指标每年的得分都为零，2015年该指标得分为零的有25家公司，占公司总数的48.07%，2016年情况有所好转，该指标得分为零的公司为21家，减少了4家，占公司总数的42.00%。这些数据说明河北省上市公司对自身社会责任活动的宣传意识还比较淡薄，关于社会责任的网站建设、组织规划、信息披露等制度建设显著缺乏，亟待改进。

分析表5－5可见，业务层面指标的得分均值在57.40～60.72分，虽然仅在及格线上下波动，却已显著高于管理层面的得分，这说明样本公司在具体业务执行方面对社会责任的履行有一定的关注度，也进行了具体实施，但是疏于宣传，在制度建设和相关信息披露方面做得十分不够。业务层面指标得分平均值 5 年间从 59.26 分提高到 60.72 分，增长幅度很小，仅为 2.46%，而管理层面的增长幅度达到了前述的 42.21%。

管理层面和业务层面两个第一层级指标的变化趋势大致相同，其均值逐年递增，但增长幅度的变化趋势略有不同。两者的变化情况如图 5－2 所示。管理层面得分在不同年份间的波动较大，尤其是 2016 年，较 2015 年提高 4.04 分，幅度达 19.69%。而业务层面的得分波动相对较小，2012～2015 年在 59 分上下波动，最大波动幅度为 2.92%，2016 年仅比 2015 年提高 1.54 分，提高幅度仅为 2%。尤其值得注意的是，2012～2016 年管理层面平均得分的标准差逐年提高，2016 年标准差为 28.20，说明河北省不同上市公司间管理层面的社会责任水平差距越来越大，而且有进一步拉大的趋势。而业务层面得分的标准差整体呈下降趋势，2016 年业务层面的标准差略有回升，为 12.25，显著低于管理层面的标准差，说明河北上市公司业务层面的社会责任水平差距在持续缩小。

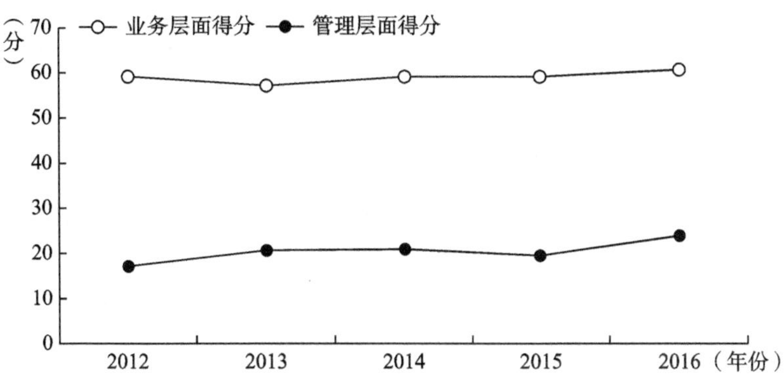

图 5－2　河北省上市公司社会责任评价第一层级指标得分均值分布

（二）第二层级和第三层级指标统计分析

管理层面指标体系由社会责任组织概况和社会责任报告两个二级指标，官网社会责任专栏、社会责任报告等 6 个三级指标组成；而业务层面指标体系由安全生产责任、产品质量和消费者责任、环保与资源节约责任等 7 个二级指标，安全生产制度建设、安全生产管理部门、安全生产投入等 34 个三级指标组成。

1. 管理层面主要二级指标分析

一级指标管理层面指标下有社会责任组织概况和社会责任报告两个二级指标，每个二级指标下有3个三级指标，共6个三级指标。为提高分析的客观性，本报告选择了管理层面指标体系中在赋值方面不存在任何主观因素的3个三级指标进行具体分析，这三个指标分别是官网社会责任专栏、发布社会责任报告和社会责任报告鉴证，结果如表5-6所示。

表5-6　河北省上市公司社会责任管理层面主要指标评价

单位：个，%

年份	官网社会责任专栏		发布社会责任报告		社会责任报告鉴证		样本数
	数量	占比	数量	占比	数量	占比	
2012	9	19.14	10	21.28	0	0	47
2013	9	19.14	10	21.28	0	0	47
2014	9	18.36	9	18.37	0	0	49
2015	17	32.69	10	19.23	0	0	52
2016	20	40.00	12	24.00	0	0	50

由表5-6可知，截至2016年末，河北省共有20家上市公司在其官网设立了社会责任专栏，占上市公司总数的40.00%，与2015年的17家公司（占比32.69%）相比有了明显提高。尤其值得关注的是2015年，设置社会责任专栏的公司比2014年增加了8家，占公司总数的比提高了14.33%。

2016年共有12家河北省上市公司发布社会责任报告，占河北省上市公司总数的24.00%，总量较低，不容乐观。但是发布社会责任报告的数量和占比在近两年都逐年提高的趋势还是可喜的，2015年比2014年增加了1家，提高了0.86个百分点，而2016年比2015年又增加了2家，占比上升了4.77个百分点。遗憾的是，尽管5年中累计发布的社会责任报告总额达到51份，但是没有任何一家公司的任何一份社会责任报告接受了第三方鉴证。

具体来看，发布社会责任报告的公司数量及其构成在不同年度间稍有波动。2012年为10家，占当年河北省上市公司总数的21.28%。荣盛发展在5年中只有2014年中断发布社会责任报告，其他四年均有社会责任报告发布，因此 2014 年发布社会责任报告的公司降为 9 家，比例降为 18.37%。与之情况类似的是，冀东水泥在 5 年中只有 2015 年中断发布社会责任报告，其他四年均有社会责任报告发布。于是，由于 2015 年荣盛发展重新发布社会责任报告，并且东旭光电也加入到发布社会责任报告的行列，而冀东水泥退出了，使得 2015 年发布社会责任报告的公司数量仅增加了 1 家，上升为 10 家，比例上升为 19.23%。2016 年，冀东水泥恢复发布社会责任报告，华夏幸福也加入发布行列，使得发布社会责任报告的公司数量提高为 12 家，比例进一步提升为 24.00%。

管理层面这些指标的具体体现表明河北省上市公司的社会责任意识虽然在不断提升，但是与全国平均水平相比仍有较大差距（2013 年全国共有 673 家 A 股上市公司披露了社会责任报告，占全部 A 股上市公司的 26.79%，其中有 40 家公司对其社会责任报告进行了鉴证，占披露报告公司数的 5.94%①）。河北省与发达地区相比，差距也较大。如 2016 年 12 月，《上海上市公司企业社会责任（2016）》蓝皮书发布，该研究结果显示，截至 2016 年 4 月 30 日，在上海注册的上市公司中，超三成（34.7%）发布了社会责任报告②，而该指标同期在河北省为 19.23%，说明河北省上市公司在社会责任报告的编制和披露方面还有很大差距。

截至 2016 年末，在公司官网设置社会责任专栏和披露社会责任报告的河北省上市公司基本情况如表 5－7 所示。

表 5－7　2016 年设置社会责任专栏和披露社会责任报告的河北省上市公司

序号	官网社会责任专栏		发布社会责任报告	
	证券代码	证券简称	证券代码	证券简称
1	000937	冀中能源	000937	冀中能源
2	000778	新兴铸管	000778	新兴铸管
3	000413	东旭光电	000413	东旭光电
4	000709	河钢股份	000709	河钢股份

① 李灵琛：《我国上市公司自愿鉴证社会责任报告的影响因素研究》，硕士学位论文，河北经贸大学，2015，第 18～19 页。

② 钟宏武等：《上海上市公司社会责任研究报告》，经济管理出版社，2016。

续表

序号	官网社会责任专栏		发布社会责任报告	
	证券代码	证券简称	证券代码	证券简称
5	600803	新奥股份	600997	开滦股份
6	600997	开滦股份	600409	三友化工
7	000600	建投能源	601000	唐山港
8	000401	冀东水泥	002146	荣盛发展
9	002282	博深工具	601633	长城汽车
10	600812	华北制药	600340	华夏幸福
11	600409	三友化工	600550	保变电气
12	600482	中国动力	000401	冀东水泥
13	600135	乐凯胶片		
14	300137	先河环保		
15	300446	四通新材		
16	600480	凌云股份		
17	000958	东方能源		
18	600230	沧州大化		
19	300107	建新股份		
20	300138	晨光生物		

2. 业务层面主要二级指标分析

业务层面指标下有安全生产责任、产品质量和消费者责任等 7 个二级指标，有安全生产管理制度等 34 个三级指标。本报告选择了业务层面指标体系中 7 个二级指标的均值进行具体分析，结果如表 5 – 8 所示。图 5 – 3 直观地比较了 2015 ~ 2016 年业务层面 7 个二级指标的变化情况。

表 5 – 8　河北省上市公司社会责任评价业务层面二级指标均值评价

单位：分

序号	指标名称	2012 年	2013 年	2014 年	2015 年	2016 年	五年均值
1	安全生产责任	47.34	51.06	49.48	55.29	62.50	53.13
2	产品质量和消费者责任	52.84	53.10	55.44	54.89	50.08	53.27
3	环保与资源节约责任	30.23	34.22	34.10	31.28	31.83	32.33

续表

序号	指标名称	2012 年	2013 年	2014 年	2015 年	2016 年	五年均值
4	促进就业与员工责任	62.34	63.40	65.65	66.28	66.20	64.77
5	公益慈善责任	41.13	35.46	36.12	37.82	48.67	39.84
6	中小投资者权益维护责任	88.01	88.79	87.76	80.26	81.77	85.32
7	其他社会责任	92.91	88.30	87.59	88.46	84.00	88.25

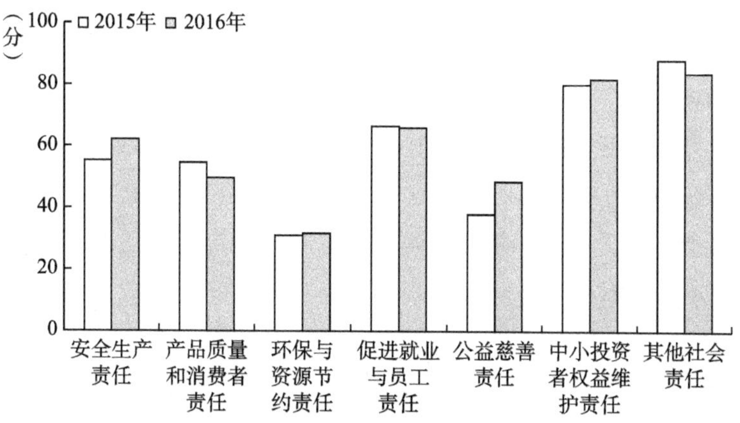

图 5－3　2015 年与 2016 年业务层面二级指标比较

由表 5－8 和图 5－3 可见，业务层面各二级指标的逐年变化趋势并不相同。有些指标在 5 年中表现出明显的上升趋势，有些则是明显的下降趋势，还有些体现为小幅波动。

业务层面 7 个二级指标中，指标 1（安全生产责任）和指标 5（公益慈善责任）总体保持上升趋势，且 2016 年较 2015 年均有较大幅度提高。其中安全生产责任的 2016 年数据较 2015 年增长了 13.04 个百分点，说明河北省上市公司越来越重视安全生产，这是一个非常好的趋势。指标 5 更是在 2016 年增长了 28.69 个百分点，说明河北省上市公司公益意识越来越强，努力投身公益慈善事业，这为它们树立了良好的企业形象。2016 年，50 家河北省上市公司中有 31 家公司进行了慈善捐赠，占比 62%，对外捐赠总额达 5340.45 万元，捐赠额最低的为 431 万元，最高的是华夏幸福，捐赠总额达 1731.23 万元，占河北省上市公司 2016 年捐赠总额的 32.42%。以岭药业以 836.39 万元的捐赠额位列河北省上市公司 2016 年捐赠榜的第二位。

指标 2（产品质量和消费者责任）和指标 4（促进就业与员工责任）五

年中波动幅度较小，表明河北省上市公司在产品质量和促进就业与员工责任方面在不断努力，但是成效不显著，需要进一步提升。

指标7（其他社会责任）和指标6（中小投资者权益维护责任）一直是得分居前两位的指标。这说明这两个方面的社会责任一直是上市公司最为重视的，各家公司都在努力加大对中小投资者的投入，约束自身行为，降低违法违规的概率，以获取更好的资本市场形象，从而提升企业市场价值，这与市场的基本情况吻合。

7个二级指标中，数值较小的两个指标是指标3（环保与资源节约责任指标）和指标5（公益慈善责任指标），其均值分别为32.33分和39.84分，说明企业对这两个方面的社会责任是最不重视的，最不愿意在这两个方面采取具体行动，进行实际投入，这也是企业在日后的社会责任建设中急需加强的两个方面。尤其环保与资源节约责任的情况，与河北省上市公司较多钢铁、水泥、制药等污染型企业有关。

三　河北上市公司社会责任水平分行业统计分析

下面对河北省上市公司社会责任履行情况进行分行业的统计分析。按照证监会行业分类河北上市公司共涉及27个行业（涉及行业的具体情况见附录），行业分布较广。其中有12个行业包含两家及两家以上数量的公司，另有15个行业在河北省样本中分别仅有一家企业，鉴于一家企业的数据无法代表行业数据，所以本报告中将这15家企业涉及的15个行业统一归为其他类行业。

（一）各行业分层面统计分析

各行业2016年的一级指标和综合评价结果（各指标取均值）见表5－9。行业间社会责任综合得分均值分布见图5－4所示。

表5－9　河北省上市公司2016年社会责任分行业评价

单位：分

序号	行业	管理层面得分	业务层面得分	社会责任综合得分
1	金属制品业	58.33	74.29	69.50

续表

序号	行业	管理层面得分	业务层面得分	社会责任综合得分
2	计算机通信和其他电子设备制造业	38.89	70.10	60.73
3	电力、热力、生产和供应业	33.33	62.62	53.83
4	汽车制造业	41.67	62.74	56.42
5	房地产业	66.67	69.11	68.38
6	医药制造业	16.67	62.10	48.47
7	化学原料和化学制品制造业	20.83	59.33	47.78
8	电气机械和器材制造业	16.67	60.00	47.00
9	仪器仪表制造业	8.33	50.48	37.83
10	专用设备制造业	0	51.48	36.03
11	酒、饮料和精制茶制造业	0	58.75	41.13
12	零售业	0	44.05	30.83
13	其他行业	—	—	—

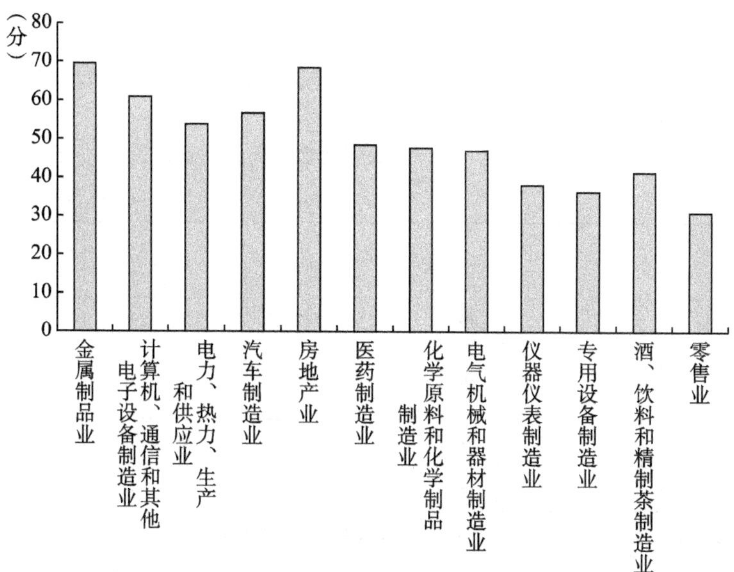

图 5－4　2016 年各行业社会责任综合评价得分分布

由表 5－9 和图 5－4 可知，2016 年河北省企业社会责任履行情况最好的是金属制品行业（涉及两家公司：新兴铸管、巨力索具），综合评价平均得分为 69.50 分；其次分别为房地产业（涉及两家公司：荣盛发展、华夏幸福），计算机、通信和其他电子设备制造业（涉及三家公司：东旭光电、华讯方舟、紫光国芯），平均得分分别为68.38分和60.73分；综合得分最低的行业为零售业（庞大集团、恒信移动），得分为30.83分，仅为最高分金属制品业得分的44.36%。

具体来看，房地产业在管理层面得分最高，为66.67分；金属制品业在业务层面得分最高，为74.29分；管理层面表现最差的行业为三个，分别是专用设备制造业（天业通联、河北宣工、冀凯股份、汇金股份、*ST冀装），酒、饮料和精制茶制造业（承德露露、老白干酒）和零售业（庞大集团、恒信移动），得分均为零分，这表明河北省这些行业的公司在社会责任制度建设方面存在较大的缺陷；业务层面表现最差的行业为零售业，得分为44.05分，仅为该层面的最高得分的59.29%。可见，零售业的社会责任在管理层面、业务层面和综合得分方面均是最差的，急需提高。

（二）各行业分年度统计分析

为了了解各行业社会责任水平的年度差异和变化趋势，本报告对各行业进行了分年度统计分析。各行业分年度综合评价统计分析结果见表5－10。

表5－10　河北省上市公司社会责任分行业评价

单位：分，%

序号	行业	2012年	2013年	2014年	2015年	2016年	五年均值	五年增长率
1	金属制品业	63.82	65.69	69.03	68.25	69.50	67.26	8.90
2	计算机、通信和其他电子设备制造业	36.5	39.17	42.00	55.67	60.73	46.81	66.38
3	电力、热力、生产和供应业	39	42.17	40.92	51.29	53.83	45.44	38.03
4	汽车制造业	53.88	59.25	60.09	48.08	56.42	55.54	4.71
5	房地产业	60.08	62.58	51.13	48.04	68.38	58.04	13.81
6	医药制造业	38.44	38.28	38.45	46.42	48.47	42.01	26.09
7	化学原料和化学制品制造业	43.98	44.57	46.98	47.88	47.78	46.24	8.64
8	电气机械和器材制造业	48.25	52.42	57.43	45.58	47.00	50.14	－2.59
9	仪器仪表制造业	32.33	37.33	37.33	39.67	37.83	36.90	17.01
10	专用设备制造业	34.21	34.58	38.03	36.25	36.03	35.82	5.32

续表

序号	行业	2012 年	2013 年	2014 年	2015 年	2016 年	五年均值	五年增长率
11	酒、饮料和精制茶制造业	34.5	39.42	40.34	35.63	41.13	38.20	19.22
12	零售业	36.5	35.39	36.22	33.75	30.83	34.54	-15.53
13	其他行业	—	—	—		—	—	—

从行业发展趋势角度来看，2012～2016 年绝大部分行业的社会责任履行情况均保持向上提升的态势。金属制品业的社会责任水平 5 年中一直处于领跑地位，但其增长率不显著。从增长率来看，计算机、通信和其他电子设备制造业在所有行业中增长幅度最大，5 年间综合得分共增长 24.23 分，增长率达到 66.38%。其次是电力、热力、生产和供应业，5 年共增长了 14.83 分，增长率为 38.03%。

不可忽视的是，在多数行业稳步向前的趋势中，也出现了社会责任水平负增长的企业。负增长的行业有电气机械和器材制造业（保变电气、通合科技）及零售业（恒信移动、庞大集团），行业得分分别减少了 1.25 分和 5.67 分，降低幅度分别为 2.59% 和 15.53%。另外，化学原料和化学制品制造业、仪器仪表制造业和专用设备制造业 2016 年也出现了负增长。

四　河北上市公司社会责任水平分板块统计分析

上市公司处于不同的交易市场，会受到不同社会责任履行和披露规则的约束，因而其交易板块不同，社会责任履行水平也可能会有所不同。

（一）各板块分层面统计分析

各板块 2016 年的各层面得分和综合评价结果（各指标取均值）见表 5－11 和图 5－5 所示。

由表 5－11 和图 5－5 可见，在管理层面得分部分，创业板明显低于其他板块，其平均得分仅为 6.67 分，河北省的创业板上市公司仅有 4 家在官网建立了社会责任专栏，没有一家发布社会责任报告，这充分显示了创业板上市公司对社会责任的关注意识亟待提高。

表5-11　河北省上市公司2016年社会责任分板块评价

单位：家，分

序号	板块	上市公司家数	管理层面得分	业务层面得分	社会责任综合得分
1	沪市主板	17	27.45	57.22	48.29
2	深市主板	13	39.33	67.73	59.21
3	中小板	10	18.33	64.00	50.30
4	创业板	10	6.67	54.29	40.00
5	各板块均值	—	22.95	60.81	49.45

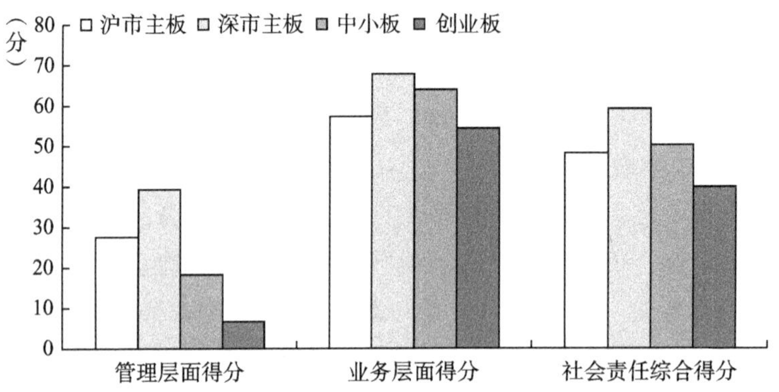

图5-5　河北省上市公司2016年各层面社会责任均值分板块统计

对于主板上市公司来讲，深市主板的各方面平均得分均高于沪市主板，深市社会责任综合得分为59.21分，比沪市的48.29分高出22.61%，说明深市的上市公司在社会责任意识方面要明显强于沪市的上市公司。具体来看，管理层面，深市主板得分高于沪市主板11.88分，高出了43.27%；业务层面两者的差距有所缓和，不过分值差也达到了10.51分，幅度达到了18.36%。对比2015年的报告不难发现，深市的上市公司在社会责任方面较2015年有明显的进步（从55.08分到59.21分，7.49%的增幅），而沪市的社会责任在本已落后的情况下，2016年的增速也仅有4.14%（从2015年的47.11分提高到48.29分），故2016年深市社会责任综合得分要明显高于沪市。

比较结果显示，创业板和中小板在管理层面与主板上市公司有较大差距，而业务层面差距相对较小。中小板2016年综合得分为64.00分，较2015年的46.01分，已经有了9.32%的增幅，较2015年已有明显改善。但是创业板综合得分从2015年的39.51分提高到40分，仅提高了1.24%。中小板和创业板若要进一步提高社会责任水平，需要更多地从管理层面做出努力。创业板属于社会责任变现最差的板块，这可能是由于创业板公司多为新兴产业，正处于成长期，更关注公司的经营，而忽略了社会责任的建设。

主板公司虽然在综合得分和管理层面以及业务层面上均高于创业板和中小板，但沪市主板需要在管理层面付出更多努力才能赶上深市公司，这也是决定一个公司社会责任意识和行动的根基。

（二）各板块分年度统计分析

表5－12和图5－6列示了不同板块上市公司各年度社会责任水平的基本情况。

表5－12　河北省上市公司各年度社会责任分板块均值评价

单位：家，%

序号	板块	2016年底公司数量	2012年	2013年	2014年	2015年	2016年	五年均值	五年增长率
1	沪市主板	17	49.19	49.58	49.68	47.11	48.29	48.77	-1.83
2	深市主板	13	47.72	48.82	50.34	55.08	59.21	52.23	24.08
3	中小板	10	43.18	46.22	46.25	46.01	50.30	46.39	16.49
4	创业板	10	36.10	36	37.45	39.51	40.00	37.81	10.80

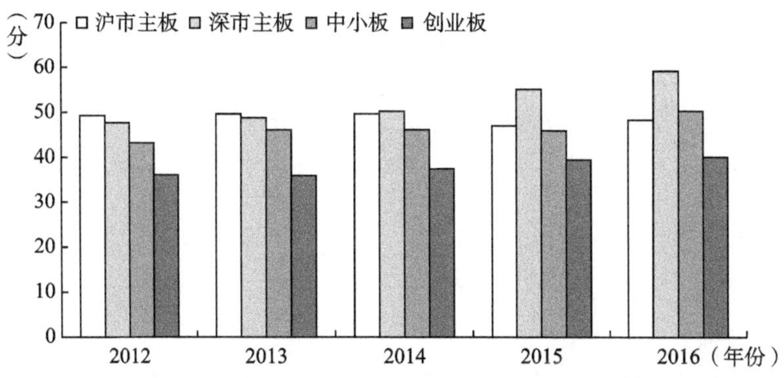

图5－6　河北省不同板块上市公司各年度社会责任均值统计

截至2016年12月31日，在沪市上市的共有17家，共涉及12个行业；在深市主板上市交易的河北省公司共有13家，涉及10个行业；在深市中小板上市的共有10家，涉及9个行业；在深市创业板上市的共有10家，涉及8个行业。可见，河北省上市公司在不同板块间的行业分布非常分散。由表5-12可知，2012~2016年各个板块的企业社会责任表现情况均为持续改善的态势。企业社会责任履行情况表现最好的板块是深市主板，五年平均得分为52.23分；其次是沪市主板，平均得分为48.77分，稍低于深市主板；但深市主板的2016年得分为59.21分，大幅超过了沪市主板的48.29分。创业板在各年度的表现都是几个不同板块中最低的。进步最大的板块为深市板块，五年涨幅达到24.08%，其在2014年已经超越了沪市，成为各板块的领跑者；增长率居于第二的是中小板，涨幅达到16.49%，创业板紧随其后，增长率为10.80%；沪市主板的增长率为负，五年跌幅为1.83%。

五　河北上市公司社会责任水平分区域统计分析

上市公司数量在河北省11个地市间的分布非常不均匀。上市公司数量最多的是省会石家庄市，到2016年12月31日共有上市公司15家，占到河北省上市公司总量的30%。保定在上市公司数量方面排名河北省第二，有9家上市公司。上市公司数量最少的是衡水、张家口和承德，各仅有1家公司上市。不同地市上市公司社会责任履行水平也有很大差异。表5-13和图5-7列示了河北省上市公司的地市分布和各地市上市公司社会责任的履行情况。

表5-13　河北省上市公司社会责任分区域评价

单位：家，%，分

序号	所处地市	2016年上市公司数量	2012年	2013年	2014年	2015年	2016年	五年均值	五年增长率
1	邢台	2	56.54	63	66.33	69.21	70.21	65.06	24.18
2	唐山	8	54.14	57.43	55.38	51.17	51.64	53.95	-4.62
3	邯郸	2	46.56	46.03	46.50	51.00	66.54	51.33	42.91
4	保定	9	49.42	52.47	53.41	49.07	52.27	51.33	5.77
5	石家庄	15	42.44	42.41	43.71	49.65	49.85	45.61	17.46
6	廊坊	4	48.56	47.81	42.92	39.35	47.44	45.22	-2.31
7	承德	1	42.83	36.58	39.92	39.92	48.33	41.52	12.84

续表

序号	所处地市	2016 年上市公司数量	2012 年	2013 年	2014 年	2015 年	2016 年	五年均值	五年增长率
8	张家口	1	37.00	46.17	42.00	43.58	38.17	41.38	3.16
9	沧州	5	44.17	42.25	43.23	36.47	40.53	41.33	-8.24
10	秦皇岛	2	41.83	42.17	41.75	41.75	38.00	41.10	-9.16
11	衡水	1	35.67	35.67	33.67	31.33	33.92	34.05	-4.91

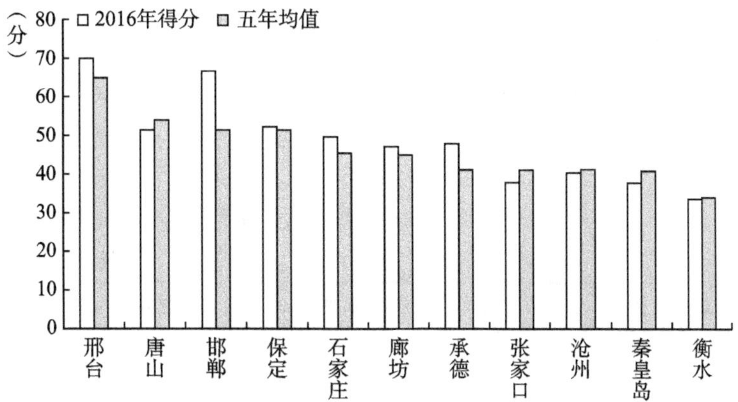

图 5-7　河北省各地市上市公司社会责任得分分布

由表 5-13 可见，河北省各地市社会责任评价得分最高的是邢台，其年均分值为 65.06 分，2016 年得分更是达到了 70.21 分；邢台、唐山、保定三个城市前三年一直稳居河北省前三名，近两年邯郸社会责任履行平均得分赶超保定，2016 年与保定并列第三，两城市的社会责任履行平均得分均为 51.33 分。得分处于后三名的地区主要有沧州、秦皇岛、衡水，其五年平均得分分别为 41.33 分、41.10 分、34.05 分。

从整体上看，地区社会责任履行情况呈逐年好转的趋势，绝大部分地区社会责任履行情况均得到改善，其中发展最快的地区为邯郸，该地区在 2016 年之前有三家上市公司，2016 年变为两家，分别是新兴铸管和晨光生物，该地区社会责任水平从 2012 年的 46.56 分到 2016 年的 66.54 分，提高比例为 42.91%。上升最慢的是秦皇岛，出现负增长情况，五年增长率为 -9.16%。其次是沧州地区，五年增长率为 -8.24%。

为直观了解各地区社会责任履行的得分情况，我们将 2016 年各地市上市公司社会责任得分和2012～2016年五年间社会责任平均得分情况绘制如图5－7所示。

六 河北上市公司社会责任水平分股权性质分析

下面对河北省上市公司社会责任履行情况进行分股权性质的统计分析。

（一）分层面统计分析

以股权性质为标准，本报告将河北上市公司分为国有公司和民营公司两大类。两类公司2016年社会责任各层面得分和综合评价结果（各指标取均值）见表5－14和图5－8所示。

表5－14 河北省上市公司分股权性质社会责任分层面均值评价

单位：家，分

序号	股权性质	上市公司家数	管理层面得分	业务层面得分	社会责任综合得分
1	国有	22	31.58	60.21	51.62
2	民营	28	19.05	61.12	48.50
3	均值	—	25.32	60.67	50.06

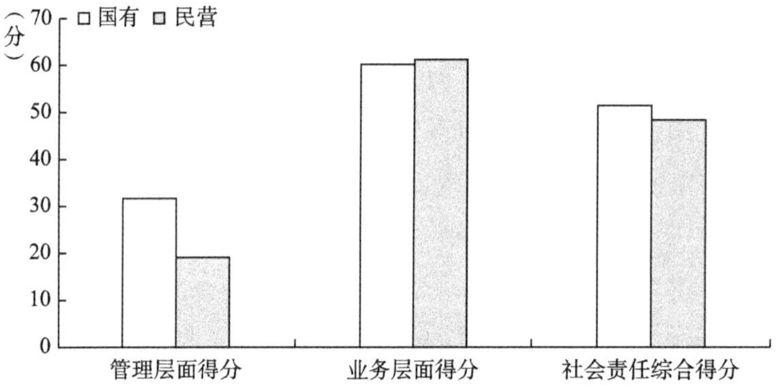

图5－8 河北省上市公司分股权性质社会责任分层面均值统计

由表5－14和图5－8可以看出，2016年国有企业和民营企业在管理层面上的得分有一定差距，前者得分为31.58分，后者得分则为19.05分，相差12.53分，说明国有企业整体责任意识要显著高于民营企业；而两者在业务层面得分相差无几，总体来讲社会责任综合得分还是国有企业略胜一筹。

比较结果显示，国有企业和民营企业在管理层面上有较大差距，而业务层面差距较小，但正是因为民营企业管理层面得分较低，拉低了民营企业社会责任的综合得分。这说明，与国有企业相比，民营企业更注重经营，而忽略社会责任，国有企业的社会责任意识显著高于民营企业。因此，民营企业若要进一步提高社会责任水平，需要进一步加强管理层面社会责任建设的意识。

（二）分年度统计分析

表5－15和图5－9列示了不同股权性质河北上市公司各年度社会责任水平的基本情况。

表5－15　河北省上市公司分股权性质社会责任分年度均值评价

单位：家，分，%

序号	股权性质	2016年底公司数量	2012年	2013年	2014年	2015年	2016年	五年均值	五年增长率
1	国有	22	51.2	51.99	53.06	50.93	51.62	51.76	0.82
2	民营	28	42.99	44.26	43.92	45.13	48.5	44.96	12.82
3	均值	—	47.10	48.13	48.49	48.03	50.06	48.36	6.28

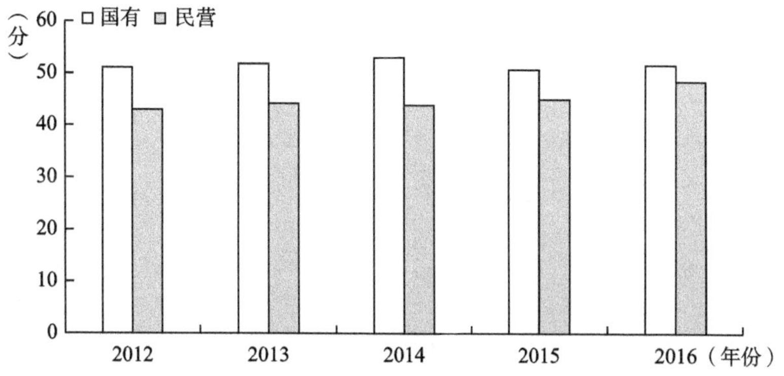

图5－9　河北省上市公司分股权性质各年度社会责任均值

由表5－15和图5－9不难看出，国有企业的社会责任评分一直处于平稳发展状态，民营企业的社会责任评分一直处于上升趋势，国有企业五年的均值为 51.76 分，高于民营企业五年的均值 44.96 分，但民营企业的增长率却远高于国有企业，前者为 12.82%，后者为 0.82%，相差 12%。说明了民营企业近几年的社会责任意识确实在不断加强。

七 小结

我们对河北省上市公司 2012 ~ 2016 年五年的社会责任水平进行了综合评价。评价结果显示，河北省上市公司社会责任水平逐年提升，但是提升幅度近两年开始放缓；管理层面的社会责任水平低于业务层面的社会责任水平。管理层面，企业对在本公司官网设置社会责任专栏和定期披露社会责任报告等基本制度建设重视不够，大部分公司没有这些基本制度。业务层面指标中，中小投资者保护和遵守法规方面的责任履行很好，但是环保责任和公益捐赠等社会责任的履行明显偏低。行业方面，金属制品行业和房地产业的社会责任履行最好，酒、饮料和精制茶制造业，零售业的责任履行最差。板块方面，主板公司的社会责任优于中小板和创业板，深市主板的社会责任优于沪市主板。地域方面，邢台、唐山的公司社会责任履行较好，衡水、承德地区公司的社会责任较低。各地应充分重视社会责任建设的紧迫性和重要性，努力提升企业社会责任水平。

附　录

附表 1　2016 年末河北省上市公司基本情况

上市公司累计数	证券代码	证券名称	上市时间	所属板块	所属行业（大类）	退市时间	备注
1	600803	新奥股份（河北威远；威远生化）	1994-01-03	沪市 A 股	制造业	—	1999 年 3 月更名为“威远生化”；2015 年 1 月更名为“新奥股份”
2	600812	华北制药	1994-01-14	沪市 A 股	制造业	—	
	600892	石劝业	1996-03-15	沪市 A 股			于 2010 年 6 月 30 日变更注册地为广东深圳
3	000600	建投能源（国际大厦）	1996-06-06	深市 A 股	电力、热力、燃气及水生产和供应业	—	2004 年 6 月更名为“建投能源”
4	000401	冀东水泥	1996-06-14		制造业	—	
5	600722	金牛化工（沧州化工；*ST 金化）	1996-06-26	沪市 A 股	制造业	—	2008 年更名为“金牛化工”；2015 年被实施退市风险警示（*ST 金化）；2016 年 2 月撤销退市风险警示，股票简称变更为“金牛化工”
	000408	金谷源	1996-06-28	深市 A 股		—	于 2016 年 8 月 29 日变更注册地为青海格尔木
	600716	耀华玻璃	1996-07-02	沪市 A 股			于 2010 年 1 月 26 日变更注册地为江苏南京

续表

上市公司累计数	证券代码	证券名称	上市时间	所属板块	所属行业（大类）	退市时间	备注
6	000413	东旭光电（宝石 A）	1996-09-25	深市 A 股	制造业	—	2014 年 1 月更名为“东旭光电”
	200413	东旭 B（宝石 B）		深市 B 股	制造业	—	2014 年 1 月更名为“东旭 B”
7	000687	华讯方舟（保定天鹅；恒天天鹅）	1997-02-21	深市 A 股	制造业	—	2013 年 4 月更名为“恒天天鹅” 2015 年 10 月更名为“华讯方舟”
8	000709	河钢股份（唐钢股份；河北钢铁）	1997-04-16	深市 A 股	制造业	—	2010 年 1 月更名为“河北钢铁”；2016 年 1 月更名为“河钢股份”
9	000778	新兴铸管	1997-06-06	深市 A 股	制造业	—	
	000783	石炼化	1997-07-31	深市 A 股			于 2007 年 12 月 27 日变更注册地为湖北武汉
10	000848	承德露露	1997-11-13	深市 A 股	制造业	—	
11	000889	茂业通信（华联商城；渤海物流；茂业物流）	1997-12-18	深市 A 股	批发和零售业	—	2002 年 8 月更名为“渤海物流”；2013 年 7 月更名为“茂业物流”；2015 年 10 月更名为“茂业通信”
12	600135	乐凯胶片	1998-01-22	沪市 A 股	制造业	—	
-	600001	邯郸钢铁	1998-01-22	沪市 A 股	制造业	2009-12-29	2009 年 12 月因合并退市
13	000856	*ST 冀装（唐山陶瓷；冀东装备）	1998-08-13	深市 A 股	制造业	—	2011 年 7 月更名为“冀东装备”；2016 年 4 月被实施退市风险警示（*ST 冀装）
14	600155	宝硕股份	1998-09-18	沪市 A 股	制造业	—	
15	000923	河北宣工	1999-07-14	深市 A 股	制造业	—	
16	000937	冀中能源（金牛能源）	1999-09-09	深市 A 股	采矿业	—	2010 年 1 月变更为“冀中能源”

续表

上市公司累计数	证券代码	证券名称	上市时间	所属板块	所属行业（大类）	退市时间	备注
17	600149	廊坊发展（邢台轧辊；华夏建通；ST 建通）	1999－10－14	沪市 A 股	综合类	—	2003 年 12 月更名为“华夏建通”；2012 年 3 月更名为“廊坊发展”
18	000958	东方能源（东方热电）	1999－12－23	深市 A 股	电力、热力、燃气及水生产和供应业	—	2014 年 10 月更名为“东方能源”
19	600230	*ST 沧大（沧州大化）	2000－04－06	沪市 A 股	制造业	—	2016 年 3 月被实施退市风险警示（*ST 沧大）
20	000158	常山股份	2000－07－24	深市 A 股	制造业	—	
21	200160	南江 B（帝贤 B；大路股份）	2000－09－29	深市 B 股	房地产业	—	2009 年 11 月更名为“大路股份”；2012 年 9 月更名为“南江 B”
22	600550	保变电气（天威保变；*ST 天威）	2001－02－28	沪市 A 股	制造业	—	2014 年 3 月被实施退市风险警示（*ST 天威）；2015 年 3 月撤销退市风险警示，股票简称变更为“保变电气”
—	600553	太行水泥	2002－08－22	沪市 A 股	制造业	2011－02－18	因被北京金隅股份首次公开发行 A 股暨换股吸收合并退市
—	600357	承德钒钛	2002－09－06	沪市 A 股	制造业	2009－12－29	2009 年 12 月因合并退市
23	600559	老白干酒（裕丰股份）	2002－10－29	沪市 A 股	制造业	—	2007 年 10 月更名为“老白干酒”
24	600409	三友化工	2003－06－18	沪市 A 股	制造业	—	
25	600480	凌云股份	2003－08－15	沪市 A 股	制造业	—	
26	600340	华夏幸福	2003－12－30	沪市 A 股	房地产业	—	

续表

上市公司累计数	证券代码	证券名称	上市时间	所属板块	所属行业（大类）	退市时间	备注
27	600997	开滦股份	2004-06-02	沪市A股	制造业	—	
28	600965	福成股份（福成五丰）	2004-07-13	沪市A股	农林牧渔业	—	2016年4月更名为“福成股份”
29	600482	中国动力（风帆股份）	2004-07-14	沪市A股	制造业	—	2016年6月更名为“中国动力”
30	002049	紫光国芯（晶源电子；同方国芯）	2005-06-06	中小企业板	制造业	—	2012年7月更名为“同方国芯”；2016年6月更名为“紫光国芯”
31	002108	沧州明珠	2007-01-24	中小企业板	制造业	—	
32	002146	荣盛发展	2007-08-08	中小企业板	房地产业	—	
33	002282	博深工具	2009-08-21	中小企业板	制造业	—	
34	002342	巨力索具	2010-01-26	中小企业板	制造业	—	
35	300081	恒信移动	2010-05-20	创业板	批发和零售业	—	
36	601000	唐山港	2010-07-05	沪市A股	交通运输、仓储和邮政业	—	
37	002442	龙星化工	2010-07-06	中小企业板	制造业	—	
38	002459	天业通联（*ST天业）	2010-08-10	中小企业板	制造业	—	2014年3月17日起被实行“退市风险警示”（“*ST天业”）；2015年4月撤销退市风险警示，股票简称变更为“天业通联”
39	300107	建新股份	2010-08-20	创业板	制造业	—	
40	002494	华斯股份	2010-11-02	中小企业板	制造业	—	

续表

上市公司累计数	证券代码	证券名称	上市时间	所属板块	所属行业（大类）	退市时间	备注
41	300138	晨光生物	2010－11－05	创业板	制造业	—	
42	300137	先河环保	2010－11－05	创业板	制造业	—	
43	601258	庞大集团	2011－04－28	沪市 A 股	批发和零售业	—	
44	002603	以岭药业	2011－07－28	中小企业板	制造业	—	
45	300255	常山药业	2011－08－19	创业板	制造业	—	
46	601633	长城汽车	2011－09－28	沪市 A 股	制造业	—	2003 年 12 月发行 H 股并在香港联合交易所上市
47	002691	冀凯股份（石中装备）	2012－07－31	中小企业板	制造业	—	2015 年 7 月更名为“冀凯股份”
48	300368	汇金股份	2014－01－23	创业板	制造业	—	
49	300371	汇中股份	2014－01－23	创业板	制造业	—	
50	300428	四通新材	2015－03－19	创业板	制造业	—	
51	300446	乐凯新材	2015－04－23	创业板	制造业		
52	300491	通合科技	2015－12－31	创业板	制造业		

注：1. 证券名称为 2016 年 12 月 31 日的名称，括号中为最初上市时的名称和后续变更的名称。

2. 本表统计截至日为 2016 年 12 月 31 日。

附表2 河北省在境外上市公司一览

序号	股票代码	公司名称	上市时间	上市地点	所属行业	注册地	总部所在地
1	01093	石药集团有限公司	1994-06-21	香港联合交易所	制药	香港	石家庄
2	02688	新奥能源控股有限公司	2002-06-03	香港联合交易所	燃气公用事业	开曼群岛（英属）	廊坊
3	02333	长城汽车股份有限公司	2003-12-15	香港联合交易所	汽车制造商	河北保定	保定
4	00581	中国东方集团控股有限公司	2004-03-02	香港联合交易所	钢铁	百慕大	唐山
5	02877	中国神威药业集团有限公司	2004-12-02	香港联合交易所	制药	开曼群岛（英属）	石家庄
6	02038	富智康集团有限公司	2005-02-03	香港联合交易所	电子制造服务	开曼群岛（英属）	廊坊
7	03899	中集安瑞科控股有限公司	2006-07-20	香港联合交易所	工业机械	开曼群岛（英属）	石家庄
8	02118	天山发展（控股）有限公司	2010-07-15	香港联合交易所	房地产开发	开曼群岛（英属）	石家庄
9	00956	新天绿色能源股份有限公司	2010-10-13	香港联合交易所	石油与天然气的储存和运输	河北石家庄	石家庄
10	01231	新矿资源有限公司	2011-07-04	香港联合交易所	钢铁	开曼群岛（英属）	邢台
11	03777	中国光纤网络系统集团有限公司	2011-07-14	香港联合交易所	通信设备	开曼群岛（英属）	石家庄
12	08090	中国融保金融集团有限公司	2012-01-06	香港联合交易所	特殊金融服务	开曼群岛（英属）	张家口
13	01281	隆基泰和控股有限公司	2012-01-12	香港联合交易所	房地产开发	开曼群岛（英属）	保定
14	01370	恒实矿业投资有限公司	2013-11-28	香港联合交易所	钢铁	开曼群岛（英属）	保定
15	03369	秦皇岛港股份有限公司	2013-12-12	香港联合交易所	海港与服务	河北秦皇岛	秦皇岛
16	08099	中国优材（控股）有限公司	2014-01-06	香港联合交易所	林业产品	开曼群岛（英属）	邯郸
17	06168	中国优通控股有限公司	2014-08-01	香港联合交易所	建筑与工程	开曼群岛（英属）	石家庄
18	08067	东方大学城控股（香港）有限公司	2015-01-16	香港联合交易所	房地产经营公司	香港	廊坊

续表

序号	股票代码	公司名称	上市时间	上市地点	所属行业	注册地	总部所在地
19	01301	德基科技控股有限公司	2015－05－27	香港联合交易所	建筑机械与重型卡车	开曼群岛（英属）	廊坊
20	01596	河北翼辰实业集团股份有限公司	2016－12－21	香港联合交易所	工业机械	河北石家庄	石家庄
21	JASO	晶澳太阳能有限公司	2007－02－07	纳斯达克证券交易市场	太阳能电池	开曼群岛（英属）	邢台
22	YGE	英利绿色能源控股有限公司	2007－06－08	纽约证券交易所	其他太阳能设备	开曼群岛（英属）	保定
23	ONP	河北省东方造纸有限公司	2009－12－17	美国证券交易所	造纸及纸制品	河北保定	保定
24	AXN	河北奥星集团药业有限公司	2010－04－14	美国证券交易所	制药	美国佛罗里达州	石家庄
25	E94	立中车轮集团有限公司	2005－10－19	新加坡证券交易所	汽车零部件与设备	新加坡	保定

图书在版编目（CIP）数据

河北上市公司财务发展报告. 2017 / 袁振兴等著
. -- 北京 : 社会科学文献出版社, 2018.4
ISBN 978-7-5201-2531-4

Ⅰ.①河… Ⅱ.①袁… Ⅲ.①上市公司-财务管理-研究报告-河北-2017 Ⅳ.①F279.246

中国版本图书馆CIP数据核字（2018）第058663号

河北上市公司财务发展报告（2017）

著 者 / 袁振兴 和丽芬 等

出 版 人 / 谢寿光
项目统筹 / 宋月华 韩莹莹
责任编辑 / 袁卫华

出 版 / 社会科学文献出版社 · 人文分社（010）59367215
地址：北京市北三环中路甲29号院华龙大厦 邮编：100029
网址：www.ssap.com.cn
发 行 / 市场营销中心（010）59367081 59367018
印 装 / 北京京华虎彩印刷有限公司

规 格 / 开 本：787mm×1092mm 1/16
印 张：21.25 字 数：348千字
版 次 / 2018年4月第1版 2018年4月第1次印刷
书 号 / ISBN 978-7-5201-2531-4
定 价 / 128.00元